R. Klußmann **Psychotherapie**

Springer
Berlin
Heidelberg
New York
Barcelona
Hongkong
London
Mailand
Paris
Singapur
Tokio

Rudolf Klußmann

Psychotherapie

Psychoanalytische Entwicklungspsychologie
Neurosenlehre
Psychosomatische Grundversorgung
Behandlungsverfahren
Aus- und Weiterbildung

Dritte, vollständig überarbeitete Auflage

Springer

Professor Dr. med. Rudolf Klußmann
Leiter der Psychosomatischen Ambulanz
Medizinische Poliklinik der Universität München
Pettenkofer Straße 8 a, 80336 München

ISBN 3-540-66586-2 3. Auflage
Springer-Verlag Berlin Heidelberg New York

ISBN 3-540-56181-1 2. Auflage Springer-Verlag Berlin Heidelberg New York

Die Deutsche Bibliothek – CIP-Einheitsaufnahme
Klußmann, Rudolf:
Psychotherapie: psychoanalytische Entwicklungspsychologie, Neurosenlehre, psychosomatische Grundversorgung, Behandlungsverfahren, Aus- und Weiterbildung / Rudolf Klußmann. – 3., überarb. und erw. Aufl.. –
Berlin; Heidelberg; New York; Barcelona; Hongkong; London; Mailand; Paris; Singapur; Tokio: Springer, 2000
ISBN 3-540-66586-2

Springer-Verlag ist ein Unternehmen der Fachverlagsgruppe BertelsmannSpringer

Printed in Germany

Einbandgestaltung: de'blik, Berlin
Satz: Fotosatz-Service Köhler GmbH, Würzburg

SPIN: 10720424 26/3134SM – 5 4 3 2 1 0 – Gedruckt auf säurefreiem Papier

Für
Barbara

Aus dem Unergründlichen steigt Leben auf,
erhalten wird es durch die Urkraft des Lebens,
offenbar wird es durch das Leibhafte,
vollendet durch den Zielwillen des Lebens.

Daher verehren die Lebenden das Unergründliche,
nicht, weil es die Pflicht geböte,
sondern, weil es ihr Inneres so will.

Denn das Unergründliche gibt allen das Leben,
  es läßt im Frühling alles werden und wachsen,
  ernährt und erhält es im Sommer,
  läßt es im Herbst reifen und vollenden,
  schützt es im Winter.

Erzeugen, ohne etwas dafür haben zu wollen,
dem Leben zu dienen, ohne etwas zu erwarten,
es zu fördern, ohne es beherrschen zu wollen;
Das ist das Geheimnis innerlich kraftvollen Lebens.

Laotse,
Tao-Te-King
(Nr. 51)

Die Psychoanalyse beabsichtigt und leistet nichts anderes
als die Aufdeckung des Unbewußten im Seelenleben.

Sigmund Freud

Für
Barbara

Aus dem Unergründlichen steigt Leben auf,
erhalten wird es durch die Urkraft des Lebens,
offenbar wird es durch das Leibhafte,
vollendet durch den Zielwillen des Lebens.

Daher verehren die Lebenden das Unergründliche,
nicht, weil es die Pflicht geböte,
sondern, weil es ihr Inneres so will.

Denn das Unergründliche gibt allen das Leben,
  es läßt im Frühling alles werden und wachsen,
  ernährt und erhält es im Sommer,
  läßt es im Herbst reifen und vollenden,
  schützt es im Winter.

Erzeugen, ohne etwas dafür haben zu wollen,
dem Leben zu dienen, ohne etwas zu erwarten,
es zu fördern, ohne es beherrschen zu wollen;
Das ist das Geheimnis innerlich kraftvollen Lebens.

Laotse,
Tao-Te-King
(Nr. 51)

Die Psychoanalyse beabsichtigt und leistet nichts anderes
als die Aufdeckung des Unbewußten im Seelenleben.

Sigmund Freud

Vorwort zur 3. Auflage

Die Akzeptanz der Psychotherapie/Psychosomatik hat sich im Bewußtsein der Gesellschaft wie auch der Verantwortlichen im Gesundheitswesen unerwartet schnell geändert und gebessert. Vor Drucklegung der 2. Auflage dieses Buches war der „Facharzt für Psychotherapeutische Medizin“ zusammen mit einigen anderen Änderungen dieser Art auf dem Deutschen Ärztetag 1992 beschlossen worden. Das neue Psychotherapeutengesetz aus dem Jahre 1998, das es nun auch den psychologischen Psychotherapeuten erlaubt, in weitgehender Unabhängigkeit vom Arzt behandeln zu dürfen, hat weitere Umwälzungen nach sich gezogen. Als Basiskompetenz in dem Bereich Psychotherapie/Psychosomatik gilt die „Psychosomatische Grundversorgung“. Darauf aufbauend kann die Zusatzbezeichnung „Psychotherapie“ erworben werden. Diese kann nur in Verbindung mit einem Facharzt geführt werden. Bei der Aus- und Weiterbildung liegt der Schwerpunkt in der tiefenpsychologisch-psychoanalytischen Richtung oder in der Verhaltenstherapie. Der Titel der „Psychoanalyse“ dagegen kann unabhängig von einer Facharztanerkennung von Ärzten wie Psychologen nach entsprechender Ausbildung geführt und ausgeübt werden. Psychotherapeutische Basisqualifikationen werden jetzt auch für den neu geschaffenen „Arzt für Psychiatrie und Psychotherapie“ und für den „Arzt für Kinder- und Jugendlichenpsychiatrie und Psychotherapie“ gefordert. „Psychologische Psychotherapeuten“ sind nach Erhalt der Approbation durch das zuständige Ministerium jetzt auch zur psychotherapeutischen Krankenbehandlung zugelassen.

Wenn sich auch noch vieles in der Diskussion befindet, so haben wir versucht, die heutigen Gegebenheiten in dieser neuen Auflage zu berücksichtigen. So schienen uns die Aufnahme der neuen Psychotherapierichtlinien zur Orientierung auch der psychologischen Psychotherapeutenn (wie der Ärzte) ebenso wichtig wie deren Weiterbildungsnotwendigkeiten und der Hinweis darauf, in welch einer Institution dieses geschehen kann. Dazu ist eine theoretische wie praktische Fortbildung erforderlich und führt auch den psychologischen Psychotherapeuten an das Krankenbett. Wenn auch noch nicht sicher festgelegt ist, an welchen Kliniken dieser praktische Teil der Fortbildung stattfinden kann, so haben wir doch eine Auswahl getroffen und sie im Anhang mit den neuen Adressen und Telefonnummern angefügt. In Umbruchzeiten wie der unsrigen ist es immer günstig, sich „letzte“ Informationen bei den zuständigen Fachgesellschaften, den Ärztekammern der Länder und evtl. auch der Kliniken und Ausbildungsinstitute einzuholen, insbesondere mit der Frage nach der Anerkennung der ausgestellten Zeugnisse.

Es war erforderlich, diese berufspolitische Seite in der vorliegenden Ausgabe auf den neuesten Stand zu bringen. Von fachlicher Seite sind ebenfalls erhebliche Änderungen und Ergänzungen notwendig geworden. So haben wir ein ausführlicheres

Kapitel über die „Psychosomatische Grundversorgung" und eines für die differentialtherapeutischen Überlegungen eingefügt. Letzteres erschien uns wichtig, weil eine genauere Diagnosestellung auch in der Psychotherapie/Psychosomatik möglich ist und damit die therapeutischen Überlegungen gezielter angestellt werden können. Insbesondere die Abwägung konfliktaufdeckender, stützender und konfliktzudeckender Verfahren sollte bei der Indikationsstellung differenzierter erfolgen. Der Abschnitt „Angst" wurde ebenso überarbeitet und ergänzt wie derjenige zu Fragen der Depression und deren psychodynamischem Hintergrund; die Fragen zur Kleinkindforschung wurden erweitert, auf die Persönlichkeitsstruktur und -organisation wurde intensiver eingegangen und zu einzelnen neurotischen Krankheitsbildern wurden zusätzlich weitere Vignetten von Krankengeschichten zum besseren Verständnis hinzugefügt.

Insgesamt hoffen wir, daß die vorliegende neue Auflage den Bedürfnissen in Psychotherapie und Psychosomatischer Medizin als Basisverständnis den Psychotherapeuten dienlich ist und damit unseren Patienten besser geholfen und ihren schweren Weg erleichtern kann. Zudem haben wir uns bemüht, den zusammenfassenden Übersichtscharakter des Buches, der sich bewährt hat, zu erhalten. Spezielle Definitionen sowie erläuternde Fallbeispiele sind zusätzlich optisch hervorgehoben.

Die gute Zusammenarbeit mit dem Lektorat des Springer-Verlages hat sich auch bei der Bearbeitung dieser neuen Auflage wie gewohnt bewährt. Ich bin dem Verlag für seine Gründlichkeit wie für sein Verständnis dankbar.

München, im Frühjahr 2000 Rudolf Klußmann

Vorwort zur 1. Auflage

Wie schon unsere Zusammenstellung *Psychosomatische Medizin: Eine Übersicht* (Springer-Verlag 1986)[1] ist auch die vorliegende Publikation aus Vorlesungen für Studenten entstanden.

Das Interesse an den tabellarischen Darstellungen war wiederum so groß, daß um eine Veröffentlichung gebeten wurde. Kritik und Gefahr wiederholen sich. Auch handelt es sich um einen Stoff, der aus Büchern nicht erlernbar ist. Dem Interessierten geht es so, wie es Freud bereits 1910 in seiner Arbeit „Über ‚wilde' Psychoanalyse" zu dem Thema geäußert hat:

> ... Wäre das Wissen des Unbewußten für den Kranken so wichtig wie der in der Psychoanalyse Unerfahrene glaubt, so müßte es zur Heilung hinreichen, wenn der Kranke Vorlesungen hört oder Bücher liest. Diese Maßnahmen haben aber ebensoviel Einfluß auf die nervösen Leidenssymptome wie die Verteilung von Menükarten zur Zeit einer Hungersnot auf den Hunger. Der Vergleich ist sogar über seine erste Verwendung hinaus brauchbar, denn die Mitteilung des Unbewußten an den Kranken hat regelmäßig die Folge, daß der Konflikt in ihm verschärft wird und die Beschwerden sich steigern ...
>
> Es reicht also für den Arzt nicht hin, einige der Ergebnisse der Psychoanalyse zu kennen; man muß sich auch mit ihrer Technik vertraut gemacht haben, wenn man sein ärztliches Handeln durch die psychoanalytischen Gesichtspunkte leiten lassen will. Diese Technik ist heute noch nicht aus Büchern zu erlernen und gewiß nur mit großen Opfern an Zeit, Mühe und Erfolg selbst zu finden. Man erlernt sie wie andere ärztliche Techniken bei denen, die sie bereits beherrschen ... (GW Bd. 8, S. 123 f.; Imago, London, 1950)

In den Vorlesungen haben wir versucht, die vorliegenden Tabellen – den Kern psychoanalytischen Wissens – mit „Fleisch" zu umgeben. Patientenvorstellungen, Kranken- und Behandlungsberichte, erweiterte Anamnesen, Erklärungen der oftmals mißverständlichen und allzu leicht als Eigengut angesehenen und verwendeten Begriffe waren der wesentliche Inhalt der Darlegungen im Auditorium, in den Seminaren und Kursen. Dennoch gilt die Mahnung Freuds in besonderem Maße; im Mittelpunkt der Ausbildung zum Psychoanalytiker steht ausbildungsbegleitend – also über Jahre hinweg – die psychoanalytische Selbsterfahrung vor allem in Einzel-, aber auch in Gruppen- und Kontrollsitzungen. Niemand wird Psychoanalyse richtig und erfolgreich betreiben können, der nicht seine eigene Persönlichkeit in seiner ganzen – besonders auch unbewußten – Dimension mit seinen unterdrückten (Trieb)wünschen, Abwehrkonstellationen und neurotischen Kompensationen kennengelernt und wenigstens teilweise korrigiert hat.

---

[1] Aufgrund der thematischen Überschneidungen konnten aus diesem Buch (die 2. Auflage ist 1992 erschienen) die Seiten 17, 19–25, 51–54, 56–63 in die vorliegende Arbeit übernommen werden. Heute in 4. Auflage: *Psychosomatik. Ein Kompendium für alle medizinischen Teilbereiche* (Springer-Verlag 1998).

Das allgemeine Interesse an den Themen ist jedoch groß. Die Häufigkeit von Neurosen, insbesondere von Frühstörungen, nimmt weiterhin zu. Die psychosomatischen Störungen – häufig ein Ausdruck dieser frühen Schädigungen – nehmen inzwischen einen so breiten Raum ein, daß es nicht übertrieben ist festzuhalten, daß jeder zweite Patient, der einen Arzt aufsucht, auch psychotherapeutisch behandelt werden müßte. Das wird aber nur möglich sein mit Hilfe von fundierten Kenntnissen in der

- Organmedizin,
- psychosomatischen Medizin *und* der
- Entwicklungspsychologie und Neurosenlehre.

Dem Symptomangebot wie der Not der Patienten in der ärztlichen Praxis ist nicht mehr Herr zu werden ohne psychoanalytisch-psychotherapeutisch-psychosomatisches Wissen, dessen Grundlagen die Entwicklungspsychologie und die Beziehungspathologie sind. Insbesondere die niedergelassenen Ärzte, die sich während der meist langen Betreuungszeit ihren Patienten gegenüber verantwortlich fühlen, beginnen dieses Defizit deutlicher zu spüren.

In der vorliegenden Übersicht haben wir uns bemüht, den Kenntnisstand zu diesen Problemen tabellarisch zusammenzufassen. Wir gehen dabei v. a. auf die psychoanalytische Entwicklungspsychologie Freuds mit den Weiterentwicklungen der Psychologie des Selbst und des Narzißmus ein. Die Auswirkungen auf die (pathologische) Persönlichkeitsentwicklung werden insbesondere in der speziellen Neurosenlehre dargelegt. Es folgt das Kapitel zur Psychotherapie mit den verschiedenen Formen therapeutischer Ansätze und Möglichkeiten, deren Hintergrund meist auf der Lehre und den Erkenntnissen der Psychoanalyse beruht. Der Suchende findet die Weiterbildungsmöglichkeiten mit Adressen der einschlägigen Institutionen, auch Literaturempfehlungen. Angeführt ist auch eine Auswahl der Namen psychotherapeutisch-psychosomatischer Einrichtungen, die es dem Praktiker erleichtern möge, Kontakt herzustellen, um Patienten einzuweisen; die Ausbildungsinstitute haben überdies häufig Ambulanzen, zu denen Patienten überwiesen werden können.

So wendet sich dieses Buch auch an den praktisch tätigen Arzt, der es als Nachschlage- und Übersichtswerk schätzen lernen könnte. Die in der psychoanalytischen Ausbildung Befindlichen finden Zusammenfassungen, die sie sich sonst bei ihrer Arbeit selbst notieren würden, um sich Grundwissen anzueignen und einen Überblick zu gewinnen. Psychologen können Hinweise zur Vertiefung ihres psychoanalytischen Verständnisses finden. Psychagogen wie Sozialarbeiter können für ihre tägliche Arbeit ebenfalls aus den Erkenntnissen der Psychoanalyse und der daraus abgeleiteten Beziehungspathologie Nutzen ziehen.

München, Jahreswende 1987/88 — Rudolf Klußmann

Inhaltsverzeichnis

Teil 1 Entwicklungspsychologie, allgemeine Neurosenlehre

1 Die vier Psychologien der Psychoanalyse 3
Triebpsychologie/Libidotheorie (nach Freud) 4
Strukturmodell („psychischer Apparat") 5
Phasenlehre 6
Ich-Psychologie 20
Abwehrmechanismen 20
Psychologie des Selbst und Psychologie der Objektbeziehungen 29
Allgemeines 29
Narzißmus 29
Individuation/Narzißmus nach verschiedenen Autoren 42

2 Traum 59
Traumtheorie (nach Freud) 59
Technik der Traumdeutung 61
Arten der Traumdeutung (des Traumgeschehens) 61

Teil 2 Spezielle Neurosenlehre

3 Konflikt 65

4 Neurosen 67
Charakterisierung, Differentialdiagnose, Therapie 67
Dynamisches Neurosenverständnis der Psychoanalyse 69
Typische Charakterstrukturen 69
Abwehrmechanismen und Neurosenstrukturen 71
Beurteilung des Schweregrades 71
Prognostische Kriterien 72
Therapierbarkeit der Neurose 74
Hauptneurosenstrukturen 75
Schizoide Struktur 75
Depressive Struktur 80
Zwanghafte Struktur 85
Hysterische Struktur 89
Persönlichkeitsstruktur 94

Psychische Struktur 94
Psychoanalytischer Strukturbegriff 94
Einteilung des Ausmaßes und der Qualität struktureller Gestörtheit und Störbarkeit 95
Weitere Einteilungen 96
Spezielle Neurosenformen 101
Psychoneurosen 101
Neurotische Depression 101
Zwangsneurose 109
Konversionsstörung 112
Angstkrankheiten 116
Phobie 128
Hypochondrisches Syndrom 132
Rentenneurose 136
Weitere Persönlichkeitsstörungen 139
Borderline-Persönlichkeitsstörungen 139
Perversionen 146
Charakterneurosen/Persönlichkeitsstörungen 150
Typische Persönlichkeitsstörungen 150
Verlaufs- und Ergebnisforschung 151
Behandlungserfolge 152
Psychotherapeutische Behandlungsergebnisse einzelner Krankheitsbilder 153

Teil 3 Kleinkind- und Säuglingsforschung und Psychoanalyse

5 Moderne Säuglingsforschung 157
Zusammenfassung 157
Im Säugling vorprogrammierte grundlegende Motivationsprinzipien 159
Frühe Beziehungsmotive 161
Zur Säuglingsforschung 161
Folgen der Säuglingsforschung 162
Moderne Säuglingsforschung und Psychoanalyse 163
Verbindung zu psychoanalytischen Annahmen 164

Teil 4 Diagnostik

6 Diagnostik 169
Diagnostisches Vorgehen 170
Drei Ziele der Diagnostik 170
Bedingungen für die Anamneseerhebung 171
Verhalten von Patienten, die den Psychotherapeuten aufsuchen 171
Psychoanalytisch und psychosomatisch diagnostische Verfahren 172
Diagnostische Handlungsschritte der erweiterten Anamnese 174
Praktische Hinweise zur Anamneseerhebung 175
Anamnestische Fragen 176
Schwierigkeiten der diagnostischen Zuordnung 178

7 Therapieformen . . . 180
Psychoanalytische Psychotherapie . . . 180
Ablauf, Hauptfaktoren und -aspekte . . . 181
Analytische Kurz- und Fokaltherapie . . . 190
Fokaltherapie . . . 190
Analytische Gruppentherapie . . . 192
Ziel der Gruppenpsychotherapie . . . 194
Rangstruktur der Gruppenteilnehmer . . . 194
Weitere Formen der Gruppenpsychotherapie . . . 195
Tiefenpsychologisch fundierte Psychotherapie . . . 195
Vorgehen . . . 195
Behandlungsziel . . . 196
Behandlungstechnik . . . 196
Spezifische Interventionen . . . 197
Indikationsbereich . . . 197
Verhaltenstherapie (lerntheoretische Verfahren) . . . 200
Grundannahmen . . . 200
Schwerpunkte . . . 201
Diagnostik und Verhaltensanalyse . . . 201
Indikationen . . . 202
Methoden der Verhaltensmodifikation . . . 202
Andere psychotherapeutische Verfahren . . . 205
Ärztliches Gespräch . . . 205
Gesprächspsychotherapie . . . 206
Katathymes Bilderleben . . . 207
Psychodrama . . . 208
Gestalttherapie . . . 209
Bioenergetik . . . 210
Biofeedback . . . 211
Themenzentrierte Interaktion . . . 212
Familientherapie . . . 213
Autogenes Training . . . 214
Hypnose . . . 215
Konzentrative Bewegungstherapie . . . 217

8 Stationäre Psychotherapie . . . 218
Stationäre Behandlung akuter Krisen . . . 221
Psychotherapieverfahren im Leistungskatalog der Krankenkassen . . . 222

9 Balint-Arbeit . . . 223

10 Psychopharmaka und Psychotherapie . . . 225

11 Psychosomatische Grundversorgung . . . 226
Prüfung der Indikation zur Psychotherapie . . . 228
Inhalte . . . 229

12 Differentialtherapeutische Überlegungen . . . 233
Stationäre Psychotherapie . . . 236
Stationäre Rehabilitation . . . 237
Tagesklinik, teilstationäre Psychotherapie . . . 238
Psychoanalyse . . . 239
Modifizierte psychoanalytische Verfahren . . . 241
Verhaltenstherapie . . . 243

13 Therapeutisches Bündnis/Arbeitsbündnis/Pakt . . . 245

Teil 5 Leitfaden zur Antragstellung für Psychotherapie nach den Psychotherapie-Richtlinien

14 Begriffsbestimmungen . . . 251
Grundsatzüberlegungen zur Antragstellung . . . 252

15 Vordrucke zur Antragstellung und Informationsblatt . . . 253
Informationsblatt für tiefenpsychologisch fundierte und analytische Therapie bei Erwachsenen . . . 253
Orientierungshilfen für die Formulierung eines Antrages auf Feststellung der Leistungspflicht für Psychotherapie . . . 261

16 Beispiele . . . 264
Zur Antragstellung für analytische Einzeltherapie . . . 264
Zur Antragstellung für eine tiefenpsychologisch fundierte Psychotherapie . . . 266

Anhang

A1 Ebenen der psychosomatisch-psychotherapeutischen Versorgung . . . 273
Erläuterungen zur Neufassung der Psychotherapie-Richtlinien . . . 274
Psychotherapie-Richtlinien . . . 276
A Allgemeines . . . 276
B Psychotherapeutische Behandlungs- und Anwendungsformen . . . 278
C Psychosomatische Grundversorgung . . . 280
D Anwendungsbereiche . . . 281
E Leistungsumfang . . . 282
F Konsiliar-, Antrags- und Gutachterverfahren . . . 284
G Qualifikation zur Durchführung der Psychotherapie und der psychosomatischen Grundversorgung . . . 287
H Psychotherapie-Vereinbarungen . . . 288
I Inkrafttreten . . . 288
Vereinbarung über die Anwendung der Psychotherapie in der vertragsärztlichen Versorgung (Psychotherapie-Vereinbarung) . . . 289
A Allgemeines . . . 289
B Zur Ausübung Berechtigte . . . 289

C Durchführung der Behandlung 295
D Vergütung 298
E Vordrucke 299
F Übergangsbestimmungen 300
Ausbildungs- und Prüfungsverordnung
für Psychologische Psychotherapeuten (PsychTh-APrV) 302
Ausbildungs- und Prüfungsverordnung für Kinder- und
Jugendlichenpsychotherapeuten (KJPsychTh-APrV) 313

A2 Aus- und Weiterbildung nach den Psychotherapie-Richtlinien 325
Aus- und Weiterbildung für Gebietsbezeichnungen 325
Gebietsbezeichnung „Psychotherapeutische Medizin" 325
Gebietsbezeichnung „Psychiatrie und Psychotherapie" 327
Gebietsbezeichnung „Kinder- und Jugendpsychiatrie
und -psychotherapie" 330
Ausbildung zum Psychoanalytischen Therapeuten („Vollausbildung") . . . 333

A3 Auswahl von Aus- und Weiterbildungsinstituten
im Bereich Psychotherapie und Psychoanalyse 337
Deutschland 338
Schweiz 341
Österreich 342
Italien 342

A4 Auswahl klinisch psychosomatischer
und psychotherapeutischer Einrichtungen 343
Deutschland 343
Schweiz 353
Österreich 354

Literatur 355

Sachregister 359

Teil 1
Entwicklungspsychologie, allgemeine Neurosenlehre

1 Die vier Psychologien der Psychoanalyse

1. Triebpsychologie/Libidotheorie (nach Freud)

Der Mensch wird betrachtet unter Gesichtspunkten von:

- Bedürfnissen und Wünschen, geformt in frühen Erfahrungen, verkörpert in bewußten und unbewußten Phantasien;
- Wünsche oft unannehmbar; Zeichen der Konflikte und ihrer Lösungen:
  - Angst,
  - Schuld,
  - Scham,
  - Hemmungen,
  - Symptombildungen,
  - pathologische Charakterzüge.

2. Ich-Psychologie

Der Mensch wird betrachtet unter dem Gesichtspunkt von:

- Fähigkeit zur Anpassung,
- zur Realitätsprüfung,
- Abwehrprozessen,
- Umgehen mit der inneren Welt der Bedürfnisse, Affekte, der äußeren Welt der Realitätsanforderungen.

Entwicklungsstörungen im Bereich der Anpassung = „Ich-Defekt".

3. Psychologie des Selbsterlebens

Der Mensch wird betrachtet unter dem Gesichtspunkt von:

- seinem anhaltenden subjektiven Befinden in Hinblick auf eigene Grenzen, Kontinuität, Wertschätzung, Reaktion auf Schwankungen des subjektiven Zustands;
- Selbst-Erleben;
- der zentralen Stellung des Selbst:
  - sein Differenzierungsgrad (Getrenntsein von der Mutter)
  - sein Grad von Ganzheit/Fragmentierung,
Kontinuität/Diskontinuität,
Wertschätzung.

4. Psychologie der Objektbeziehungen

Der Mensch betrachtet unter dem Gesichtspunkt von:

- Objektbeziehung, so wie sie vom Kind erlebt wurde/wird, was sich im Gedächtnis niederschlägt, was sich wiederholt;
- der Wiederholung des Familiendramas (Suche nach Liebe, Streben nach Bewältigung).

Triebpsychologie/Libidotheorie (nach Freud)

1. *Dualistisch* geprägt: Unterscheidung von Selbsterhaltungs (= Ich-)Trieben (Hunger, Macht) und Sexualtrieb (Arterhaltung); Strukturmodell: unbewußt, vorbewußt, bewußt;
2. *monistisch* geprägt (1914): Selbstliebe (Narzißmus) wird in die Sexualtriebe mit einbezogen; Instanzenmodell: Es – Ich – Über-Ich;
3. *dualistisch* geprägt (unter dem Eindruck des 1. Weltkriegs): Lebens- und Todestrieb.

DEFINITION

Libido: Grundantrieb, der sowohl das bewußte als auch insbesondere das unbewußte seelische Leben durchwirkt;
- narzißtische Libido: autoerotisch, Interesse auf das Selbst bezogen,
- Objektlibido: Umwelt mit Libido besetzt.

Instinkt: festgelegte und vererbte Reaktionsweisen auf der Basis der Reflexe.

(Psycho)sexualität: alles, was mit „Lust und Liebe" geschieht, jedes Motiv, jeder Antrieb, der mit sinnlicher Sehnsucht geschieht, der nach Erfüllung und Befriedigung drängt;
genitale Lust: Untergruppe der Sexualität.

Alle (An)*triebe* haben gemeinsam:
- ein Ziel,
- ein Objekt,
- eine somatische Quelle,
- Drangcharakter,
- große Lust bei Befriedigung,
- sind ans Körperliche gebunden.

Erkenntnisse Freuds
- Es gibt eine kindliche (infantile) Sexualität (Lustgewinn aus erogenen Zonen: Streicheln, Saugen, Spielen mit Genitalien, Afterschleimhaut).
- Es gibt eine Entwicklung dieser Sexualität (auch beim Erwachsenen vorzufinden, hier z. T. als Perversionen anzusehen; das Kind jedoch ist „polymorph pervers"; das Autoerotische ist hier normal; bei Erwachsenen Fixierungen auf Partialtriebe möglich; Ansatz von Neurosen).
- Es gibt einen zweizeitigen Ansatz der sexuellen Entwicklung mit einer Latenzperiode (Triebe abgebaut, Schulzeit). Die autoerotischen Partialtriebe schließen sich in der Reife zu einer normalen Liebesfähigkeit zusammen; diese wird unter das Primat der Genitalien gestellt.
- Der Mensch ist bisexuell veranlagt.
- Die Entwicklung ist störbar.
- Sexualität ist nicht gleich (Aktivität zur) Fortpflanzung.

Strukturmodell („psychischer Apparat") (Abb. 1)

Es

- unterste, ursprüngliche Schicht,
- arbeitet nach dem Lust-Unlust-Prinzip,
- will sofortige und totale Befriedigung der Impulse,
- kennt keine Logik, Moral, Beständigkeit,
- ist zeitlos, unberechenbar, unbelehrbar,
- hängt eng mit dem Somatischen zusammen.

Ich

- zu definieren aufgrund seiner Funktionen (Ich-Funktionen):
  - Wahrnehmung (Unterscheidenkönnen),
  - Gedächtnis,
  - (willkürliche) Motorik;
- arbeitet nach dem Realitätsprinzip.
- denkendes, planendes System,
- Träger des Bewußtseins (wenn auch z. T. unbewußt);
- synthetische Funktion des Ich: es muß umgehen mit
  - Verboten des Über-Ich,
  - Strebungen der Umwelt und
  - muß Erfahrungen sammeln, um in die Umwelt eingreifen zu können;
- steuert „wie der Reiter das Pferd",
- schützt durch Entwicklung von (Signal)angst (Folge: Gegenbesetzungen des Es, die zu Abwehrmechanismen führen),
- ist psychisches Selbsterhaltungsorgan,
- ist die „eigentliche Angststätte" (Freud).

Über-Ich

- System aller Motive, die aus der Familie oder Sozietät genommen sind,
- Gewissen (aber eigenständiger, personaler),
- einschränkend, verfolgend,
- hängt mit gefürchtetem Eltern-Objekt zusammen.

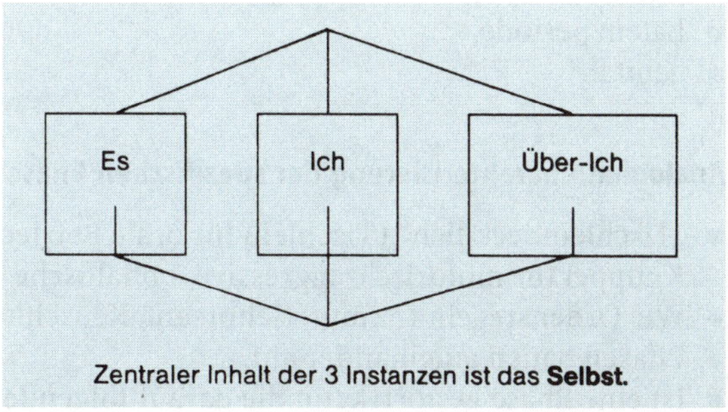

Abb. 1. Die psychischen Instanzen (Struktur). (Nach Battegay 1971)

Ideal-Ich: Ich-Ideal
- im Über-Ich lokalisiert oder als eigenständige Instanz angesehen;
- umfaßt das innere Wunschbild einer Person (bzw. diejenigen Aspekte der Selbstrepräsentanz, die angeben, wie man selber gern sein möchte);
- läßt sich erkennen:
  - am Ehrgeiz,
  - an den Werten der persönlichen Lebensgestaltung;
- Maßstab der Eigenentwicklung;
- geliebte Seite des Vaters, der Mutter;
- liefert dem Individuum „narzißtische Gratifikation“ für idealorientiertes Verhalten.

Phasenlehre

Freud
- oral,
- anal-sadistisch,
- phallisch,
- Latenzperiode,
- genital.

Abraham
- oral <
  - oral-passiv (rezeptiv),
  - oral-sadistisch (kannibalistisch);
- anal-sadistisch <
  - negativ-destruktiv,
  - positiv-bemächtigend;
- phallisch,
- Latenzperiode,
- genital.

Schultz-Hencke (Antriebserleben)
- intentional,
- oral-kaptativ,
- anal-retentiv,
- motorisch-aggressiv,
- urethral,
- phallisch,
- Latenzperiode,
- genital.

Analogien/Charakterisierung der spezifischen Phasen

- „Tischleindeckdich“ (Tischlein für orale Befriedigung; Esel für Besitz, anale Phase; Knüppel für motorisch-aggressive – phallische – Phase).
- Wie Ordensregeln (Armut, Gehorsam, Keuschheit),
- Phasen bauen aufeinander auf.
- Ist eine Phase gestört, kann die darauf folgende nicht adäquat bewältigt werden.

Tabelle 1. Entwicklungspsychologie. (Nach Bräutigam 1994)

Lebensalter, psychosexuelle Phase	Körperzone und Organmodus	Psychosozialer Modus	Grundgefühl und psychosozialer Konflikt	Neurosenpsychologische Fixierung
1. Lebensjahr:				
– intentionale Phase	Haut, Wärmegefühl, gleichmäßige Ruhe	atmosphärisches Fühlen, Hören, Riechen, Sehen	Urvertrauen gegen Urmißtrauen	schizoide oder narzißtische Neurose
– orale Phase	Mund: einverleibend und kaptativ zupackend	rezeptives Aufnehmen und sich verschließen	Nähe gegen Trennung	depressive Neurose
2.–3. Lebensjahr:				
– anale Phase, muskuläre Phase	Anus, Muskulatur, Urethra	sich bewegen und durchsetzen; festhalten und hergeben	Autonomie gegen Scham und Zweifel	zwanghafte Neurose
– anal-urethrale Phase	retentiv-eliminativ; spannen-entspannen	Trotz – Fügsamkeit		
4.–6. Lebensjahr:				
– phallisch-lokomotorische Phase	Genitale: Penis – Scheide	Geschlechtsrollenfindung; Werben in Phantasie und Spiel	Initiative gegen Schuldgefühl	hysterische Neurose
– genital-ödipale Phase	eindringen – umschließen	vergleichen und konkurrieren		

Tabelle 2. Funktionsphänomenologie der 4 Hauptneurosenstrukturen. (Nach Hau 1986)

Bereich \ Struktur	– schizoid	– depressiv	– zwangsneurotisch	– hysterisch
Wahrnehmung	blaß – „fremd“	elektiv – getrübt	selektiv – einzelheitlich	lückenhaft – flüchtig
Vorstellung	überschießend – irreal, nicht füllig	arm – dämonisch	magisch – eingeengt	wuchernd – verdrängt
Denken	abstrackt – konstruierend	verlangsamt – eingeengt	induktiv – systematisierend	assoziativ – sprunghaft
Gefühl	inadäquat – unheimlich	lustlos – maßlos	zwiespältig – eingeengt	schwankend – überschießend
Motilität	disharmonisch – eckig	matt – verarmt	gebremst – verkrampft	impulsiv – ungesteuert
Handlung	gesperrt – abrupt	schwunglos – initiativearm	zögernd – vermeidend	planlos – propulsiv

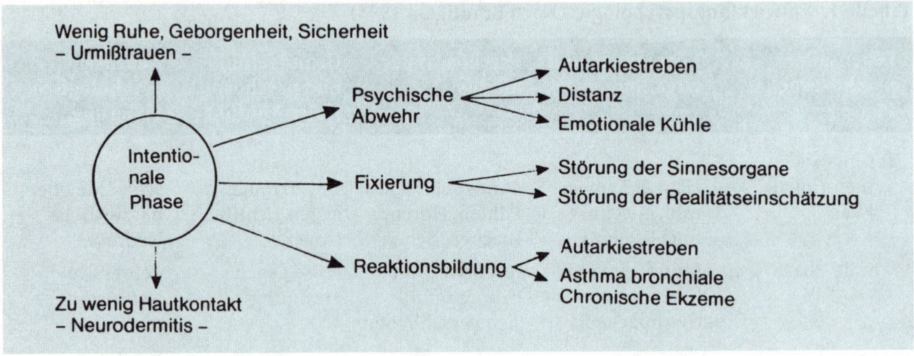

Abb. 2. Schema der intentionalen Phase

Intentionale Phase (erste Wochen bis Monate) (Abb. 2)

1. Der Säugling nimmt über die Tiefensensibilität (autonomes Nervensystem) wahr (koenästhetischer Zustand):
   - Gleichgewichtsreize, Rhythmus, Tempo, Dauer der Bewegung,
   - Körperhaltung,
   - Spannungen in der Muskulatur, Vibration,
   - Haut- und Körperkontakt,
   - Klangfarbe und Tonskala beim Sprechen.
2. Der Säugling braucht:
   - gleichmäßige Ruhe,
   - reichlich Hautkontakt,
   - die Möglichkeit des sorglosen Sichgehenlassen.
3. Der Säugling entwickelt:
   - „Urvertrauen“,
   - Zufriedenheit, Behagen,
   - Lust an der Welt,
   - Vertrautheit mit der Welt,
   - seelische Wärme und Nähe, Fähigkeit zu lieben.

Störungsmöglichkeiten
- schwere Krankheit, Tod der Mutter („Objektverlust“),
- feindselige Einstellung der Mutter,
- häufiger Ortswechsel,
- frühe Krankenhausaufenthalte (Heim, Hort, Krippe).

(Spätere) Folgen
- Klagen über Sinnverlust des Lebens,
- Selbstmordtendenzen,
- Unvermögen, mit praktischen Dingen umzugehen,
- Angst vor Durchbruch kalter Mordtendenzen,
- Unfähigkeit, jemanden zu lieben,
- Depersonalisationserscheinungen,

- Entfremdung vom eigenen Ich,
- Gefühle von Leere und Sinnlosigkeit,
- Kontaktstörungen,
- *körperlich:* Hauterkrankungen, insbesondere chronische Ekzeme, Störungen der Sinnesorgane (Gleichgewichtsstörungen), Asthma bronchiale.

Schizoide Struktur
- Urmißtrauen,
- großes Unabhängigkeitsbedürfnis,
- Mangel an Intimität,
- Autarkiestreben,
- Distanz, Kühle,
- leichte Kränkbarkeit.

Aber auch:
- souveräne Selbständigkeit,
- affektlos-kühle Sachlichkeit,
- scharfe Beobachtungsgabe,
- eigene Meinung,
- keine Gefühlsduselei.

Abwehrmechanismen
- Projektion,
- Isolierung,
- Rationalisierung,
- Regression,
- Spaltung,
- Verleugnung.

Orale Phase (bis $1^1/_2$ Jahre) (Abb. 3)

Die Liebesbeziehung zur Mutter wird wesentlich durch die Bedeutung des Essens gekennzeichnet (zunächst passiv-rezeptiv-aufnehmend, dann kaptativ-aktiv-zupackend):
- das lustspendende Objekt wird mit Libido besetzt,
- oral akzentuierte Liebe („Liebe geht durch den Magen"),
- Greifen („Greifling") bedeutet Machtzuwachs,
- zunehmende Sprachentwicklung mit beginnender Symbolisierungsfähigkeit,
- Beginn der diakritischen Phase (Fremden- und Achtmonatsangst),
- Beginn der Trennung von Selbst- und Objektrepräsentanzen (gute/böse Mutter – Gewährung/Versagung).

Störungsmöglichkeiten
- Versagung bei exakter Pflichtmutter,
- plötzliches Abstillen,
- langes Hungernlassen,
- Ablehnung des Kindes durch die Mutter,
- Krankenhaus-, Heim-, Hort-, Krippenaufenthalte,
- Tod der Mutter,

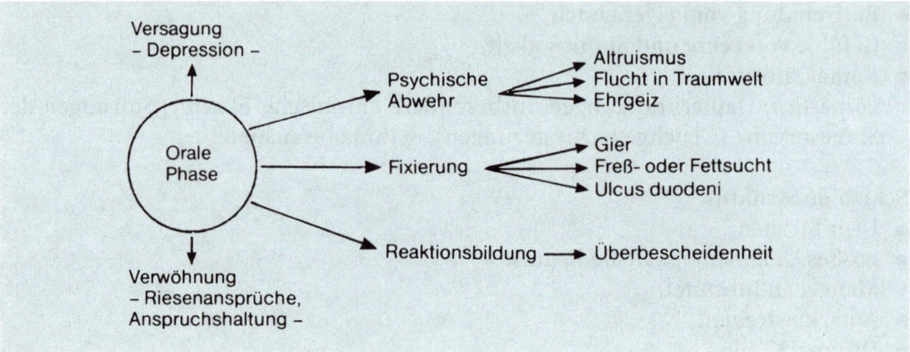

Abb. 3. Schema der oralen Phase

- zu große Verwöhnung („orale Vergewaltigung"),
- ängstlich übertriebene Besorgtheit.

(Spätere) Folgen

1. psychisch:
   - Hoffnungslosigkeit und Verzweiflung,
   - Selbstanklagen,
   - Kraftlosigkeit, Mattigkeit (Morgenmüdigkeit!),
   - Sinnlosigkeit des Lebens,
   - Suizidwünsche, meist verschwiegen;
2. körperlich:
   - Darniederliegen vitaler Lebensimpulse,
   - Schlafstörungen,
   - Appetitlosigkeit oder Freßsucht,
   - Morgenmüdigkeit,
   - sexuelle Apathie bis zur Impotenz,
   - Anginen,
   - Schluckstörungen,
   - Gastritis, Zwölffingerdarmgeschwür,
   - Fett- und Magersucht.

Depressive Struktur

- große Antriebsarmut,
- Überbescheidenheit,
- keine schöpferischen Phantasien,
- Welt ist grau, hat keinen Aufforderungscharakter,
- Flucht in die Traumwelt,
- Sichzurückziehen („Eigenbrötler"),
- passive (riesenhafte) Erwartungsvorstellungen,
- sekundäre neurotische Bequemlichkeitshaltung,
- Hingabe ist Hergabe, Selbstaufgabe, Auslieferung,
- Asketen, Träumer, Pessimisten, Dulder, Märtyrer,

- Mangel an Selbstvertrauen,
- große Angst vor Verlust der Liebe des Objekts.

Aber auch:

- altruistische, fürsorglich-hilfsbereite Einstellungen,
- geduldiges Wartenkönnen, anhänglich in Gefühlsbeziehungen,
- Fähigkeit zum Verzicht,
- leichte Anpassung an harte Lebensbedingungen.

Abwehrmechanismen

- Identifikation,
- Introjektion,
- Verdrängung,
- Regression,
- Projektion.

Anale Phase (ca. $1^1/_2$–3 Jahre) (Abb. 4)

1. Akzentuierung des Zwiespalts zwischen: Verweigern – Hergebensollen, Sich-Beherrschen – Sich-gehenlassen-können.
2. Erster Ansatz zu aggressiven Impulsen (jemand „anscheißen"), Erfahrung des Eigenwillens und der Selbstbehauptung.
3. Kategorien der Ordnung, Zeit, Sauberkeit.
4. Vertrauen zu dem, was in einem steckt, was man „ausdrücken", produzieren kann.
5. Erleben des Rückzugs in die eigene Intimität.

Störungsmöglichkeiten

Sauberkeitserziehung(-einstellung) zu früh – zu streng – zu prüde.

(Spätere) Folgen

1. psychisch:
   - Sexualstörungen,
   - Stottern,
   - Zauderer,

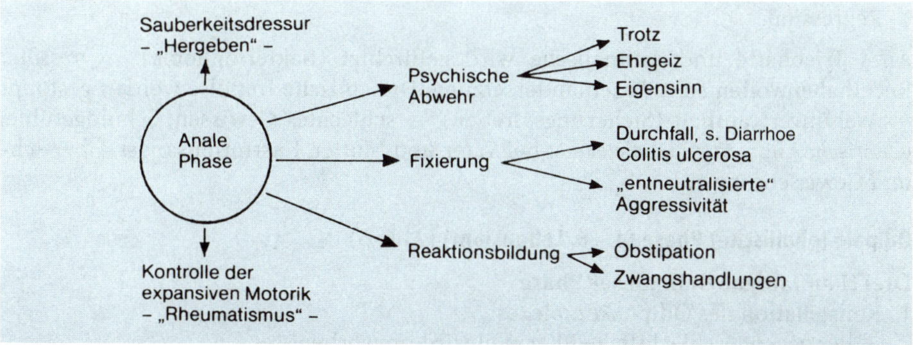

Abb. 4. Schema der analen Phase

- starrer Moralist,
- Geiz,
- neurotischer Eigensinn („analer Charakter"),
- Querulant,
- korrekter Beamter,
- Sammler,
- Bankier,
- Wissenschaftler;

2. körperlich:
- chronische Verstopfung s. Obstipation, Diarrhö,
- Colitis ulcerosa,
- Vaginismus, Impotenz,
- Migräne,
- erhöhter Blutdruck,
- Krankheiten des Bewegungsapparates.

Zwanghafte Struktur
- mangelnde Spontaneität,
- zwanghaftes Kausalitätsbedürfnis,
- Gefühlsverarmung,
- Angst vor Hingabe, vor dem Wechsel,
- Zentripetalität („Totstellreflex"),
- ständige Skrupel, teils Pseudobescheidenheit,
- Tendenz zum Absoluten, ewig Gültigen,
- Ausschalten des Lebendigen,
- Sicherungstendenz,
- wanderndes Über-Ich.

Aber auch: verläßlich, stabil, pflichttreu, planvoll.

Abwehrmechanismen
- Ungeschehenmachen,
- Reaktionsbildungen,
- Isolierung,
- Verschiebung (z. B. auf das Kleinste),
- Rationalisierung (Ideologiebildung),
- Sublimierung (zu früh),
- Regression.

Alles Triebhafte und Animalische wird gefürchtet (Bakteriophobie). *Aggression:* Rechthabenwollen statt Auseinandersetzung. Dynamische Impulse werden gestoppt → Weltunvertrautheit (Sicherungsstreben) → schlechtes Gewissen, Schuldgefühle; *genetisch:* Angst vor Liebesverlust bei Vater und Mutter, Kastrationsangst, Über-Ich- und Gewissensangst.

Ödipale (phallische) Phase (4.–6. Lebensjahr) (Abb. 5)

Drei Hauptaufgaben in dieser Phase

1. Konstellation des Ödipuskomplexes:
   - der gegengeschlechtliche Elternteil wird umworben,
   - Scheitern an der Realität mit Angst verbunden (Kastration),

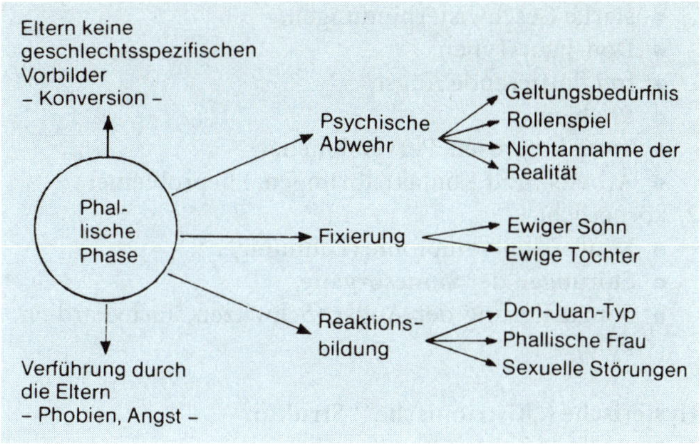

Abb. 5. Schema der (ödipalen) phallischen Phase

- bei Mädchen Vorstellung, die Kastration sei schon vollzogen,
- *Lösung:* Identifikation mit dem Vater/der Mutter (Überwindung des Ödipuskomplexes).

2. Bewußtes Erleben des Geschlechtsunterschieds:
   - Doktorspiel als gesunde Ich-Funktion.
   - Resultat: Sich-mit-der-eigenen-Rolle-Abfinden (Freud: „Die Anatomie ist unser Schicksal"),
   - Entwicklung eines „Körperstolzes" ohne Scham.
3. Infantile Sexualforschung:
   - Fragen nach Geburt, woher die Kinder kommen,
   - Vorstellungen bei Fixierung auf:
     - orale Phase: Befruchtung und Geburt durch den Mund,
     - anale Phase: „Kloakentheorie": Kinder kommen durch den After auf die Welt,
     - motorisch-aggressive Stufe: Eltern ringen miteinander, Vergewaltigungsphantasien,
     - urethrale Stufe: Eltern urinieren miteinander.

Störungsmöglichkeiten

- wenn übrige Phasen nicht störungsfrei durchlaufen sind,
- unbefriedigter Partner bindet das Kind ersatzweise an sich,
- „seelisches Aprilklima", hin- und hergerissen zwischen den Eltern, keine klare Linie,
- jeweiliger Elternteil lehnt Werben ab,
- Elternteile sind keine adäquaten Vorbilder, haben sich selbst nicht mit ihrem Geschlecht identifizieren können.

(Spätere) Folgen

1. psychisch:
   - Aufdringlichkeit, Distanzlosigkeit,
   - ewiger Sohn, ewige Tochter,
   - phallische Frau, Vamp, Dirne,
   - homosexuelle Entwicklungen,

- starke Geschwisterbindungen,
- Don-Juan-Typen,
- frei flottierende Angst,
- Phobien,
- Sexualneurosen, Perversionen,
- Arbeits- und Kontaktstörungen, Eheprobleme;

2. körperlich:
   - Konversionssymptome (Lähmungen),
   - Störungen der Sinnesorgane,
   - Somatisierung der Angst (Schwitzen, Tachykardien, Atemnot, Erstickungsanfälle).

Hysterische („histrionische") Struktur
- mangelnde Zentriertheit,
- Subjektivität,
- überwertiges Geltungsbedürfnis,
- Zentrifugalität (umweltbezogen),
- Nichtannahme der Realität (unpünktlich),
- Mangel an Gefühlsechtheit,
- Konversionsneigung,
- Rollenspielen.

Aber auch: risikofreudig, elastisch, lebendig, spontan, neugierig, nimmt nichts zu ernst.

Abwehrmechanismen
- vorwiegend Verdrängung,
- Konversion,
- Projektion der eigenen Schuldgefühle auf einen Sündenbock,
- Nicht-ernst-Nehmen.

Genetisch
Entfaltung der Realitätsneugier mißglückt, die Findung der eigenen Geschlechtsrolle mißlingt ebenso wie die Bewältigung des Ödipuskomplexes.

Zusammenfassung der Wechselwirkungen zwischen körperlichen und seelischen Krankheiten

Störungen in der Phasenentwicklung der frühen Kindheit als Ursache neurotischer Persönlichkeitsentwicklungen entstehen durch ausgeprägte Versagungen oder Verwöhnungen.

1. Intentionale oder sensorische Phase (erste Wochen):
   - Leitorgan: Haut, Sinne,
   - kommunikative Funktion: Atmung,
   - Beziehung: Ich – Welt,
   - Kind geht aktiv mit Sinnesorganen auf Welt zu,
   - das Kind erlebt Urvertrauen,
   - Symbiose zwischen Mutter und Kind („Seelischer Uterus"),
   - wichtig: Ruhe – Geborgenheit – Wärme,

- Störung:
  - schizoide Neurosenstruktur:
    - Angst vor Nähe, Hingabe
    - Psychosomatik:
      Asthma bronchiale,
      Hauterkrankungen
2. Orale Phase (0 – 1 bis $1^1/_2$ Jahre):
   - Leitorgan: Mund, „Mundwelt“,
   - kommunikative Funktion: Nahrungsaufnahme,
   - Beziehung: Ich – Du, mütterliche Welt,
   - Säugling fühlt sich angenommen, zufrieden, wenn er genug zu essen bekommt,
   - Greifen, Be-greifen bedeutet Machtzuwachs, Eigenmacht,
   - Grundlage zum Optimisten oder Pessimisten,
   - Störung:
     - depressive Neurosenstruktur:
       - große Objektabhängigkeit,
       - Sinnlosigkeit des Lebens, Hoffnungslosigkeit,
       - Angst vor der Ich-Werdung,
       - Psychosomatik:
         Störungen des oberen Verdauungstraktes bis Ulcus duodeni,
         Eßstörungen.
3. Anale Phase (1–$1^1/_2$ bis $2^1/_2$ bis 3 Jahre):
   - Leitorgan: After (Anus), „Afterwelt“,
   - kommunikative Funktion: Ausscheidung („Töpfchensituation“),
   - Beziehung: Ich – Selbst,
   - wichtige Muster:
     - hergeben/schenken – verweigern/behalten,
     - sich-gehen-lassen – sich-beherrschen,
     - etwas produzieren,
     - Rückzug auf eigene Intimität,
     - Kategorien der Zeit und Ordnung.
   - Störung:
     - zwanghafte Neurosenstruktur:
       - Zwangsideen, Ordnungsliebe, Pedanterie,
       - Unfähigkeit zur Entscheidung,
       - Psychosomatik:
         unterer Verdauungstrakt (Colitis ulcerosa),
         Stottern, Zittern, Tics,
         Krankheiten des Bewegungsapparates,
         Bluthochdruck,
         Migräne,
         Potenzstörungen,
       - Angst vor Hingabe.
4. Phallische (ödipale) Phase ($3^1/_2$–6 Jahre)
   - Leitorgan: Genitale,
   - kommunikative Funktion: Körper,
   - Beziehung: Ich – Wir,
   - wichtige Muster:

  - Konstellation des Ödipuskomplexes, (Identifikation mit gleichgeschlechtlichem Elternteil),
  - Bewußtes Erleben des Geschlechtsunterschiedes,
  - infantile Sexualforschung;
- Rivalität, Finden der eigenen Rolle, Selbstverwirklichung,
- Aggression (von „ad-gredi" – auf die Welt zugehen),
- Störung:
  - hysterische (histrionische) Neurosenstruktur:
    - überwertiges Geltungsbedürfnis, Fülle ohne Ich,
    - Mangel an Gefühlsechtheit, Rollenspiel, Subjektivität,
    - Psychosomatik:
      Konversionen jeder Art,
      Ohnmachten,
      Lähmungen,
      Erröten,
      Atemnot,
      Schwindel;
    - Angst vor dem Unausweichlichen, dem Endgültigen.

Neurosentypisches Kommunikationsverhalten

(Gegenübertragung)

1. Schizoid-narzißtisch:
   - Spaltung,
   - Suche nach Selbstbestätigung,
   - übertriebenes Selbstbewußtsein,
   - Kränkbarkeit,
   - Unzugänglichkeit,
   - narzißtische Wut,
   - Mangel an Humor,
   - hypochondrische Selbstbeobachtung.

   Verspüren von Kühle, Distanz, Ferne, – auch Unberechenbarkeit, Humorlosigkeit

2. Depressiv:
   - Erwartungshaltung
   - Anklammerung,
   - mangelndes Selbstwertgefühl,
   - Abhängigkeit
   - Passivität,
   - Aggressionshemmung,
   - depressive Stimmung,
   - unklare Schmerzen.

   Verspüren von Trauer, auch Mitleid, Bedürfnis von Helfenwollen

3. Zwanghaft:
   - Isolierung
   - Haften am Konkreten,
   - Zaudern,
   - Rigidität,
   - Geiz,
   - Mißtrauen,
   - Rituale,
   - starke Körperhaltung.

   Verspüren von „Tauziehen", Machtkampf, Rechthabenwollen, Verspannungen

4. Hysterisch:
- Infantilität,
- Sexualisierung,
- Gefühlslabilität,
- Chaos (von Gefühlen, Konflikten und Beziehungen),
- Dramatisierung,
- Konkurrenz,
- Wunschdenken.

Verspüren von „Verführtwerden", erotische, knisternde Atmosphäre

Psychosomatische Kommunikationsstile (Alexithymie)
(nach Wirsching u. Stierling 1982)
- Haften am Detail,
- Unfähigkeit, Gefühle auszudrücken,
- Phantasiemangel,
- Handlung statt Gefühlsausdruck,
- Handeln zur Konfliktvermeidung,
- Schildern von Begleitumständen statt Gefühlen,
- Mangel an emotionaler Kommunikation,
- gedankliche Beschäftigung mit äußeren Ereignissen statt Gefühlen.

Verspüren von Leere, Langeweile, Sinnlosigkeit, Müdigkeit, Agieren

Latenzphase (6.–10. Lebensjahr)

- Libidoentwicklung ruht,
- Ich-Funktionen bilden sich aus,
- anschaulich-begrifflich-realistisches Denken beginnt,
- das Kind wird schulfähig:
  - Wissensdrang nach Realität befriedigt,
  - denkerisch-begriffliche Überwindung der Realität,
  - Anwendung der in der phallischen Phase erworbenen Bezugsfähigkeiten zu anderen Menschen,
  - Kind ist sozial reif geworden,
  - Gruppenfähigkeit in der Schule;
- Über-Ich orientiert sich auch an Lehrerpersönlichkeiten,
- aus Familienkreis in Klassengemeinschaft,
- Herrschaft des Ich-Ideals,
- Triebthematik kann sublimiert werden (höheres soziales Niveau),
- Zuwachsen Ich-gerechter Energie,
- genitale Motive treten in den Hintergrund,
- je gesünder ein Kind, desto deutlicher die Latenzphase,
- Störungen (Kinderneurosen):
  - Eßstörungen,
  - Bettnässen,
  - nächtliches Aufschreien,
  - Einkoten,
  - Tics.

Pubertät (12.–15. Lebensjahr)

- Enormer hormoneller Schub,
- Vorpubertät (Flegeljahre), ab 10. Lebensjahr:
  - Libido enorm verstärkt,
  - Es-Kräfte erhalten Zuwachs,
  - verdrängte Triebe drängen hervor,
  - partielle Triebstrebungen werden neu mobilisiert (*oral:* Freßphase; *anal:* Schmutzphase; *aggressiv:* Wildheit, Grausamkeit);
- Ich zwischen Es und Über-Ich eingeklemmt,
- zunehmend Strafängste selbstzerstörerischer Art (erstmalige Suizidtendenzen),
- Pubertätsexzesse: Halbstarke, auch Asketen,
- Gefahr: Es oder Über-Ich werden zu Diktatoren,
- wichtig: sublimierte Ersatzbefriedigungen (Sport, Basteln, Musik, Tanzen, Freundschaften),
- Ödipuskonflikt aktualisiert:
  - erotischer Anteil verlagert sich auf Elternersatzfiguren: Idol, Lehrer,
- Onanie als genitaler Anteil nur dann pathologisch, wenn sie nicht unter das sexuelle Primat im Partnerbezug einmündet und als narzißtischer Bezug beibehalten wird.

Störungen
- Perversionen können sich ausprägen,
- Psychosen können erstmals auftreten,
- narzißtische Positionen können festgehalten werden mit
  - Alleingängertum,
  - Selbstbespiegelung.

Gelernt werden muß
- Ablösung von den Eltern,
- Ausreifung aller Funktionen mit zunehmender Verselbständigung,
- Reifung der Liebesfähigkeit zur reifen Partnerliebe.

Mögliche Folgen bei extremem Über-Ich
- Pubertätsaskese: Abwehrvorgang zur Bewältigung der Triebangst (auf jede Triebbefriedigung wird verzichtet),
- Intellektualisierung: gedankliche Überwindung von Triebproblemen (mit Grübelzwang den Sinn des Lebens ergründen).

Es als Diktator
- keine Entwicklung des Spannungsbogens,
- fehlender Halt, fehlende emotionale Zuwendung in Familie mit
  - Verwahrlosung,
  - Triebdurchbrüchen,
  - Ansätzen zur Kriminalität,
  - Suchttendenzen.

Tabelle 3. Übersicht der Entwicklungsphasen

Phase	Zeit	Leitorgan	Kommunikative Funktion	Beziehung	Angst vor	Struktur
intentional	erste Wochen	Haut, Sinne	Atmung	Ich – Welt	Nähe, Hingabe	schizoid
oral	$0-1^1/_2$	Mund (Welt)	Nahrungsaufnahme	Ich – Du	Ich – Werdung	depressiv
anal	$1^1/_2-3^1/_2$	After (Anus)	Sprache, Kategorien der Ordnung, Zeit Sauberkeit	Ich – Selbst	Vergänglichkeit, Risiko, Wandel	zwanghaft
ödipal-phallisch	$3^1/_2-6$	Genitale	Körper-Zeigen, Werben, Erobern, Realität	Ich – Wir	Endgültigem, Unausweichlichem	hysterisch

Tabelle 4. Stark vereinfachende Zuordnung von (triebdefinierten) Entwicklungsstadien, Konflikten und Symptombildungen. (Nach Hoffmann u. Hochapfel 1991)

Psycho-sexuelle Entwicklung	Bedürfnisse	Konflikte	Neurose
Oral	Selbstbild-bezogene (narzißtische)	Narzißtische Konflikte	→ „frühe Störung“
Oral	anaktlitische	Abhängigkeits-Konflikte	→ depressiv
Anal	aggressive selbstbestimmende	Agressions-Konflikte Autonomie-Konflikte	→ zwangsneurotisch
Phallisch/ödipal	(genital-) sexuelle	Ödipale Konflikte	→ hysterisch
Latenz	–	–	–
Pubertät	aggressive/sexuelle	autonomie-/ Ödipale Konflikte	–

Literatur

Abraham K (1925) psychoanalytische Studien zur Charakterbildung. Internationaler Psychoanalytischer Verlag, Leipzig
Abraham K (1955) Clinical papers and essays on psychoanalysis. Hogarth, London
Battegay R (1971) Psychoanalytische Neurosenlehre. Huber, Bern
Bräutigam W (1994) Reaktionen – Neurosen – Abnorme Persönlichkeiten, 6. Aufl. Thieme, Stuttgart New York
Freud S (1952) Gesammelte Werke, Bd 1–17. Imago, London
Hau TF (1986) Psychosomatische Medizin. Verlag für angewandte Wissenschaften, München
Hoffmann SO, Hochapfel G (1991) Einführung in die Neurosenlehre und Psychosomatische Medizin, 4. Aufl. Schattauer, Stuttgart
Riemann F (1999/Jubiläumsausgabe) Grundformen der Angst. Reinhardt, München
Schultz-Hencke H (1988) Lehrbuch der analytischen Psychotherapie, 5. Aufl. Thieme, Stuttgart New York
Wirsching M, Stierling H (1982) Krankheit und Familie. Klett-Cotta, Stuttgart

Ich-Psychologie

DEFINITION

Die Ich-Psychologie steht in Einklang mit dem grundlegenden Es-Ich-Über-Ich-Struktur-Modell der Freudschen Theorie.

Durch Aufmerksammachen der Beziehung zwischen den Trieben und den Ich-Funktionen wurde die traditionelle psychoanalytische Theorie – alles Verhalten und alle physischen Funktionen seien sekundäre Ableitungen der Urtriebe – jedoch erweitert.

Abwehrmechanismen

Wie verhält sich das Ich, wenn es durch das Es bedroht wird?

Abwehrmechanismen
(Funktionen des Ich, mit denen es die Angst mildern, abweisen oder sich ersparen will):

- abgewehrt wird immer Angst und Unlust,
- Motiv (Trieb, Affekt) wird frustriert → Angst tritt auf → Angst ruft Abwehr hervor → Abwehrmechanismen treten auf;
- Abwehrmechanismen richten sich gegen ein Triebmotiv;
- Abwehrmechanismen sind normal und ubiquitär, können jedoch auch führen zu
  - Realitätsverlust,
  - dynamischem Kräfteverlust,
  - schweren Charakterveränderungen,
  - Körperstörungen;
- Abwehrmechanismen ersparen Angst, kosten Freiheit und Lebendigkeit.

Beispiel: Ein Kind möchte einen Keks essen, der im Schrank eingeschlossen ist.

Es-Motiv: „Ich möchte einen Keks essen." Der Schrank ist verschlossen. Das Kind erlebt heftige Unlust und antwortet mit Aggression, es kann
- Wutanfälle bekommen und an die Schranktür schlagen,
- sich überlegen, daß die Eltern verboten haben, zu dieser Zeit einen Keks zu essen (wie werden die reagieren?),
- sich ablenken.

Reifste Reaktion: es sucht den Schrankschlüssel oder fragt die Eltern.

Verdrängung

- Leugnung und Isolierung,
- Nichtwissenwollen, Nichtsehenwollen mit der Folge: Lücken im Erkennenkönnen der Welt und der eigenen Person; also:
- Einschränkung der Realitätswahrnehmung mit
  - Fehlurteilen,
  - Fehlerwartungen,
  - neurotischen Symptomen, wenn verdrängte Impulse unkontrolliert vordrängen („partielle Seelendummheit").

Ziel der Behandlung
- Impulse wieder wahrnehmen,
- sich damit auseinandersetzen,
- Entscheidung treffen hinsichtlich eines echten Verzichts oder echter Tat.

Beispiel: Das Kind tut so, als gebe es den Keks nicht, es schaltet eine wichtige Realität aus, leugnet sie partiell, isoliert den Keks und den Wunsch danach.

Identifikation

- Fremde Motive werden verinnerlicht, als eigene betrachtet,
- Identifikation mit dem wahren Träger der Motive,
- je früher und prägenitaler die Identifikationen, desto globaler, starrer und individueller sind sie.

Normal: Identifikation im Rollenspiel, d. h. mit der Erwachsenenwelt vertraut werden. Identifikation kann jederzeit aufgegeben werden, im Gegensatz zur neurotischen;
- partielle Identifikation: später (hysterisch), nicht so fest fixiert;
- totale Identifikation: früher (intentionale, orale Phase), tiefsitzender, starrer;
- durch Synthese und Assimilation wird das abgewehrt, was das Ich nicht fernhalten kann.

Positive Seite: Identifikation aus Liebe, ohne Abwehr.

Neurotische Identifikationen
- Identifikation mit einer archetypischen, mythischen Gestalt:
  Bei hysterischen Strukturen: Identifikation mit Maria, einem Heiligen (Abwehr tabuisierter Wünsche, vor Sexualität, Angst vor Schwangerschaft), aus der Angst wird eine Tugend gemacht.
  Bei Psychotikern: Schuldabwehr; eigene Persönlichkeit wird aufgegeben: psychotische Inflation mit Ich-Verlust; „Ich-Mythisierung".

- Identifikation mit Elternfiguren:
  Äußerlich werden die Eltern oft abgelehnt
  (spielt bei männlicher Homosexualität eine Rolle);
  Identifikation mit dem geliebten Toten (Tod als Realität verleugnet, Verlust an Eigenständigkeit, keine Trauerarbeit).
- Identifikation in der Depression:
  Endlose Selbstanklagen als Aggression gegen das introjizierte Objekt, verstanden als Rache des Ich. Im Umweg über die Selbstbestrafung wird Rache genommen. Nimmt alle Libido in Anspruch (keine Auseinandersetzung mit Umwelt mehr).
- Identifikation bei „Gefühlsansteckung":
  Abwehr der eigenen selbstkritischen Reifung;
  psychische Identifikation mit anderen (Mädchen), wobei Schuldgefühle durch hysterisches Leiden beschwichtigt werden (Massenhysterie).
- Identifikation mit dem Angreifer (nach A. Freud 1992):
  Der Bedrohte verwandelt sich in den Bedroher,
  Flucht nach vorn, Pseudotapferkeit aus Angst,
  Bewältigung des Umgangs mit angsterregenden Objekten der Außenwelt,
  Schuldprojektion nach außen (beim Kind Durchgangsstadium, beim Erwachsenen neurotisch).
- Identifikation aus Abwehr eigener Impulse:
  Der zu Seitensprüngen neigende Partner projiziert diese Wünsche in Form von Eifersucht auf den Partner; kann bis zur Wahnbildung führen.

Beispiel: Das Kind wehrt seinen Wunsch nach dem Keks ab, indem es sich mit der Mutter identifiziert, die während der Arbeit zu dieser Zeit auch nicht essen kann. Das Kind spielt „Mutter", ahmt ihre Tätigkeit nach.

Projektion

- Der Unlust erregende Impuls wird in die Außenwelt verlagert; Zuschreibung eigener Triebregungen an den anderen.
- Impulse aus dem Es und Über-Ich werden nicht im Ich, sondern in der Umgebung wahrgenommen;
- bei projizierten Über-Ich-Impulsen wird der andere schuldbewußt erlebt;
- bei projizierten Es-Impulsen kommt es zu Intoleranz und Fanatismus (gegen Vergehen, die man selber tun möchte).

Vorgang: Das Ich wehrt den verbotenen Impuls ab (vermeintlich) → keine echte Lösung → Verzerrung der Realitätswahrnehmung (evtl. mit Dämonisierung der Umwelt, die dann wieder Angst macht, was bis zur Neurose, zur Wahnbildung führen kann);

- bei oralem Impuls: Umwelt als überfordernd, verschlingend, bemächtigend erlebt (depressiv),
- bei sexuellem Impuls: kann zum sensitiven Liebes- und Beziehungswahn führen,
- bei aggressivem Impuls: Umwelt als aggressiv erlebt,
- bei intentionalem Wunsch: Umwelt als abweisend erlebt,
- bei der Phobie: Projektion und Verschiebung (Freud: der kleine Junge mit Angst vor Pferden, damit er seinen aggressiven Vater lieben kann);

Preis der Projektion
- Störung der Realitätswahrnehmung (es wird etwas hinzugedichtet, das gar nicht da ist),
- Dämonisierung der Umwelt (die angstmachend ist),
- Vermeidung der Umwelt (wegen Dämonisierung, Kontaktstörungen aus phobischer Angst, Rückzug auf sich selbst; evtl. bis Ich-Zerfall).

Altruismus (A. Freud 1992: spezieller Fall der Projektion)
- Verdrängte Triebwünsche werden auf Ersatzperson projiziert, mit der man sich identifizieren kann (Wünsche werden für andere durchgesetzt, nicht für sich selber);
- für andere oral und aggressiv sein (Kupplerin: insgeheim mitgenießen; für andere einen Mord begehen).

Vorteil:
- sichert das Wohlwollen der anderen,
- gibt lustvolle Triebbefriedigung, die vom Über-Ich nicht gestattet werden würde.

Übertragung: Grundlage ist die Projektion; gute Möglichkeit des Zugangs zu verdrängten Wünschen.

Beispiel: Das Kind erlebt seinen Impuls auf den Keks nicht, sondern meint, seine Puppe möchte einen Keks, befriedigt seinen Impuls an der Puppe. Es spielt: „Keksessen" mit der Puppe (Projektion des Es-Impulses) oder „Du darfst jetzt keinen Keks essen" (Projektion des Über-Ich-Impulses).

Regression

- Wiederbelebung früherer Entwicklungsstufen vor unlustvollen Impulsen.
- Vorbedingung der Regression ist die Fixierung:
  Zurücklassen eines Libidodepots auf einer früheren Entwicklungsstufe (Freud: Das Heer schreitet weiter, läßt aber ein Lager zurück);

Fixierung entsteht
- Eine Entwicklungszeit lange ausgekostet, dann plötzlich abgebrochen;
- wichtige Phase wurde nicht echt durchlebt (es besteht Nachholbedarf);
- Regression oft verbunden mit Verdrängung (besonders auf sexuellem Gebiet, weil Impulse als Perversionen angesehen werden könnten),
- regressive Symptome: Nägelkauen, Bettnässen, Onanie
- Regressionen treten auf
  - bei Übertragung,
  - in Wunschphantasien,
  - in Träumereien;
- regressive Phantasien zerstören die echten:
  - lassen Schwierigkeiten wegfallen,
  - bewirken eine größere Diskrepanz zum Alltag,
  - sind stark libidinös besetzt,
  - werden in Analyse oft spät berichtet, weil man sich schämt/sie sich nicht nehmen lassen will;
- Regressionen besonders häufig bei Zwangsneurotikern (die Triebe selbst regredieren).

Normale Regression

- in Kunst und Religion (auf Allmachtsphantasien des Kindes wird zurückgegriffen),
- im Witz: befreiende Regression mit Erhalt des Realitätsbezuges,
- im Urlaub,
- im Schlaf,
- im religiösen Erleben;
  - → erfaßt nicht das gesamte Ich,
  - → Ich ist nicht Opfer der Regression,
  - → Alltag wird nicht entstellt, sondern erhellt.

Beispiel: Das Kind, das den Keks nicht bekommen kann, zieht sich zurück, lutscht am Daumen, spielt mit (entwicklungspsychologisch) längst abgelegten Spielsachen.

Verschiebung

- Der Konflikte auslösende Impuls (meist ein aggressiver) wird im sozialen Rahmen von der Person, der sie eigentlich gilt, auf eine Ersatzperson (die als weniger bedrohlich erscheint) verschoben.
- Nur das Ich kann entscheiden, ob es ein Ersatzobjekt (oder das eigentliche) ist; Es und Über-Ich streben nur nach Impulsbefriedigung,
- (häufig:) Ärger an jemandem auslassen,
- jemandem Schuld zuweisen,
- pathologisch bei der Phobie (z. B. Pferdephobie),
- bei Zwangsneurosen „Verschiebung auf das Kleinste",
- (unbewußte) Schuldgefühle werden auf eine Nebensache abgeleitet,
- (bei schizoiden Persönlichkeiten häufig:) wegen mangelnder Realitätskontrolle und -prüfung.

Beispiel: Das Kind, das keinen Keks bekommen kann, läßt seine Wut an den Spielsachen, an einem Gegenstand, aus.

Reaktionsbildung

- Der Unlust erregende Impuls wird durch sein Gegenteil ersetzt;
- setzt ein besonders strenges Über-Ich voraus,
- verpönte Es-Impulse werden kontrolliert → das Über-Ich antwortet mit einem Strafmotiv → das Ich bildet eine Gegenreaktion aus, um der Strafe zu entgehen (betonte Liebe aus Haß; Übergüte aus Aggressivität; aus Angst Tapferkeit),
- ähnlich der Überkompensation,
- Vorkommen besonders bei Zwangsneurose und Hysterie.

Beispiel: Das Kind, das nicht an den Keks herankommt, mobilisiert den gegenteiligen Impuls und sagt sich „Ach, ich mag gar keine Kekse" und spielt diesen Impuls mit seiner Puppe (Reaktionsbildung und Verschiebung).

Konversion

- Umsetzung eines unerfüllten, für den Patienten unerfüllbaren Es- oder Über-Ich-Wunsches in ein körperliches Symptom. Dieses drückt den Wunsch symbolisch aus. Das Ich schützt sich durch Isolierung;

- wenn das Leibliche das Seelische vertritt, anstatt es zu begleiten,
- besonders bei hysterischer Struktur.

Beispiel:
- Arc de cercle: sexuelle Wünsche,
- Ohnmacht mit schlaffer Lähmung: Hingabewunsch, der nicht gelebt werden darf,
- hysterische Blindheit: Abwehr eines Schauwunsches (sexuell, aggressiv, kaptativ),
- spastische Armlähmung: unbewußte Es-Wünsche zuzuschlagen plus Über-Ich-Verbot,
- Globus hystericus: Abwehr von oral-aggressiven Einverleibungswünschen (auch sexuell-symbolisch).
- Durch Verschiebung genitaler Libido auf ein (nicht sexuelles) Organ wird dieses sexualisiert; *Folge:* Über-Ich-Bestrafung.

Rationalisierung

- Das abgewehrte Motiv wird durch eine unbewußte Scheinbegründung, intellektuelle Rechtfertigung ersetzt;
- sehr häufig,
- tritt genetisch später auf,
- es gibt Rationalisierungen aus Liebe und existentiellem Selbstschutz,
- meist eine Lebenslüge mit Realitätsverfremdung,
- Ideologien auf Rationalisierungen aufgebaut,
- für jede Neurosenstruktur gibt es eine Ideologie:
  - Depression: Bescheidenheit, Askese, Demut ideologisiert,
  - Hysterie: Lebendigkeit, Wechsel ideologisiert,
  - Zwang: Sauberkeit, Korrektheit ideologisiert;
    geschieht oft mit Hilfe von Idealbildern, verbunden mit erheblichem narzißtischem Gewinn („Vorurteilskrankheit"),
- neurotische Religiosität:
  - zwanghaftes Vermeiden von bösen Taten, verbunden mit Belohnungsanspruch an Gott,
  - gesundes Fragen tabuisiert: Gefahr für den Glauben,
  - aus verdrängten Wünschen wird eine Tugend gemacht (Antinomie von Demut und Aggression, Bedürfnislosigkeit und Lebensgenuß),
  - Reglementierung der Sexualität;
- neurotische Philosophien:
  - subjektives Empfinden als Wahrheit verkündet,
  - keine Beobachtung der Wirklichkeit,
  - Macht- und Geltungswünsche nicht adäquat erlebt;
- neurotischer Ästhetizismus:
  - Störung vertrauensvoller Beziehung zur Umwelt,
  - Neigung zur Stilisierung,
  - Weltfremdheit,
  - schöngeistige Salonatmosphäre anstatt Behagen;
- wo kein Urvertrauen entstehen kann, kommt es leicht zu Rationalisierungen nihilistischer Art.

Beispiel: Wenn sich das Kind, das nicht an den Keks herankommt, sagt, daß gerade die Kekse in dem Schrank „doch nicht schmecken"; außerdem die Süßigkeiten zwischendurch „zu schlechten Zähnen führen, zu dick machen" u. ä.

Sublimierung

- Es-Impulse werden im Ich in sozial wertvolle Motive umgewandelt;
- der Verschiebung verwandt,
- Impulse und Phasen:
  - *oral:* sprechen,
  - *kaptativ:* hören, lesen, Eindrücke sammeln,
  - *anal:* sammeln, basteln, schreiben, zeichnen, malen,
  - *aggressiv:* Sport,
  - *sexuell:* Caritas, pädagogischer Eros;
- Kulturbegabung des Menschen liegt in der Sublimierungsfähigkeit,
- pathologisch:
  - Weltflucht, Vermeidungs- und Ausweichtendenzen,
  - entsinnlicht, spirituell, „heilig", manieriert,
  - morbid, snobistisch, Fehlen von Vitalität,
  - ausgeprägte Egozentrizität, sekundärer Narzißmus.

Beispiel: Das Kind veredelt seinen Impuls, einen Keks zu essen, indem es sich ein Schlaraffenlandmärchen ausdenkt, indem es besonders intensiv liest oder Musik hört („Ohrenschmaus").

Spaltung

- Teilung des Ich, wobei ein Zustand, der ursprünglich Ausdruck mangelhafter Integration war, nun aktiv zu bestimmten Zwecken herbeigeführt wird;
- aktives Auseinandersetzen konträrer Introjektionen und Identifizierungen,
- Schutz des Ich vor Konflikten durch Dissoziation von miteinander in Konflikt stehenden Introjektionen und Identifizierungen,
- tritt meist im Frühstadium der Ich-Entwicklung (während des 1. Lebensjahres) auf,
- wird später ersetzt durch Verdrängung, Reaktionsbildung, Isolierung, Ungeschehenmachen,
- Verstärkung und pathologische Fixierung von Spaltungsvorgängen, v. a. bei Borderlinepersönlichkeitsstrukturen, auch bei psychosomatisch Kranken,
- Spaltungsprozesse sind Hauptursache der Ich-Schwäche,
- die Prozesse behindern die Neutralisierung (libidinöser und aggressiver Triebabkömmlinge) und damit die Ich-Entwicklung,
- Ich-Schwäche und Spaltung verstärken sich gegenseitig,
- Manifestation von Spaltungsvorgängen:
  - gegensätzliche Seiten eines Konfliktes wechseln sich ab (Patienten sind über die Widersprüchlichkeit ihres Verhaltens nicht betroffen),
  - mangelnde Impulskontrolle in bestimmten Bereichen mit episodischen Durchbrüchen primitiver Ich-syntoner Impulse,
  - Aufteilung äußerer Objekte in „total gute" und „total böse",
- Spaltung kommt nicht isoliert, sondern immer in Kombination mit anderen Abwehrmechanismen vor.

Verleugnung

- Objektive Sinneseindrücke werden als unwahr hingestellt, wenn sie traumatisierend wirken würden (von Freud zur Erklärung des Fetischismus und der Psychosen beschrieben);
- archaischer Mechanismus, adäquat für kindliches Abwehrverhalten mit Verleugnung der Wirklichkeit und Ersatz durch Phantasiegebilde, Tagträume, symbolische Handlungen,
- umfaßt breites Spektrum von Abwehrvorgängen unterschiedlichen Funktionsniveaus:
  - auf „höherem Niveau" Beziehungen zur Isolierung, Distanzierung, Verleugnung in Wort und Handlung, in der Phantasie,
  - auf „niederem Niveau" Beziehung zur Spaltung,
- exakte Realitätsprüfung als Zeichen eines reifen Ich behindert,
- oft verbunden mit rechthaberischem, phantasielosem Verhalten,
- Formen:
  - „wechselseitige" Verleugnung zweier emotional gegensätzlicher und verselbständigter Bewußtseinsbereiche,
  - Ignorieren, Nichtwahrhabenwollen eines bestimmten Bereiches des subjektiven Erlebens oder der wahrgenommenen Außenwelt,
  - höhere, reifere Form der Verleugnung Bestandteil des Mechanismus der Verneinung (Freud 1925),
  - bestimmte Emotionen werden durch entgegengesetzte, gerade dominierende ersetzt: z. B. manische Verleugnung einer Depression.

Projektive Identifikation

Spaltung herrscht vor (bei Projektion: Verdrängung); primitiver Abwehrmechanismus;

Definition

Subjekt projiziert unerträgliche intrapsychische Erlebnisse auf ein Objekt, verbleibt in Einfühlung mit dem, was es projiziert und bringt das Objekt in einer echten Interaktion unbewußt dazu, das auf ihn Projizierte tatsächlich zu erleben:

- bei Borderline-Persönlichkeitsstörungen,
- bei psychotischen Persönlichkeitsstörungen,
- bei der Neurose durch Projektion ersetzt.

Psychosoziale Abwehr

- Abwehrkampf wird nach „draußen" auf die zwischenmenschliche Ebene verlagert,
- unbewußte zwischenmenschliche Konstellation, die die intrapsychische Abwehr rechtfertigt, bestätigt, als real erscheinen läßt,
- Wahl eines Partners mit komplementären neurotischen Bedürfnissen,
- Rollenzuweisungen (von Eltern an die Kinder),
- Manipulation, Verführung, Beeinflussung enger Bezugspersonen, auch des Arztes,
- Manifestation einer Neurose erst nach Zusammenbruch eines derart gestalteten psychosozialen Arrangements.

Abwehr im Entwicklungskontinuum von primitiven zu reifen Formen

1. Idealisierung:
   - primitiv: Abspaltung des idealisierten Objekts von verfolgenden;
   - narzißtisch; Selbstidealisierung (ich-synton oder projiziert) steht Entwicklung gegenüber;
   - neurotisch: Reaktionsbildung gegen Schuldgefühle;
   - normale Idealisierung: Externalisierung integrierter Anteile des Ich-Ideals.
2. Verleugnung (Dissoziation widersprüchlicher Ich-Zustände):
   - primitiv: Form der Verneinung;
   - reifer/neurotischer: beruht auf Verdrängung.
3. Introjektion:
   - primitiv:
     - Selbst- und Objektrepräsentanzen können nicht unterschieden werden;
     - Vorläufer der Identifikation (wie für reife Ich- und Über-Ich-Zustände charakteristisch).
4. Projektive Identifikation:
   - primitiv: entscheidende Abwehr: Spaltung (primitive Dissoziation);
   - neurotisch: Projektion (grundlegende Abwehr: Verdrängung).

Literatur

Battegay R (1971) Psychoanalytische Neurosenlehre, Huber, Bern
Blanck G, Blanck R (1978 a) Angewandte Ich-Psychologie. Klett, Stuttgart
Blanck G, Blanck R (1978 b) Ich-Psychologie II. Klett, Stuttgart
Brenner C (1967) Grundzüge der Psychoanalyse. Internationale Psychoanalyse, München
Fenichel O (1974) Psychoanalytische Neurosenlehre. Walter, Olten
Freud A (1965) Normality und pathology in childhood. Int Univ Press, New York
Freud A (1992) Das Ich und die Abwehrmechanismen, 15. Aufl. Kindler, München
Freud S (1924) Der Realitätsverlust bei Neurose und Psychose. GW Bd 13, S 361–368. Imago London, 1947
Freud S (1925) Die Verneinung. GW Bd 14, S 9–15. Imago, London, 1948
Gaus E, Köhle K (1996) Psychische Anpassungs- und Abwehrprozesse bei lebensbedrohlich Erkrankten. In: Uexküll T von (Hrsg) Psychosomatische Medizin, 5. Aufl. Urban & Schwarzenberg, München
Hartmann H (1964) Psychoanalyse und Entwicklungspsychologie. Psyche 1:354–366
Hartmann H (1972) Ich-Psychologie. Klett, Stuttgart
Hoffmann SO, Hochapfel G (1999) Neurosenlehre, Psychotherapeutische und Psychosomatische Medizin, 6. Aufl. Schattauer, Stuttgart
Kernberg OF (1983) Borderline-Störungen und pathologischer Narzißmus. Suhrkamp, Frankfurt
Kernberg OF (1989) Projektion und projektive Identifikation. Forum Psychoanal 5:267–283
Mentzos S (1982) Neurotische Konfliktverarbeitung – Einführung in die psychoanalytische Neurosenlehre unter Berücksichtigung neuer Perspektiven. Kindler, München
Nunberg H (1959) Neurosenlehre. Huber, Bern
Rohde-Dachser C (1991) Neurosen und Persönlichkeitsstörungen. In: Kisker KP, Freyberger H, Rose HK, Wulff E (Hrsg) Psychiatrie, Psychosomatik, Psychotherapie, 5. Aufl. Thieme, Stuttgart
Thomä H, Kächele H (1996) Lehrbuch der psychoanalytischen Therapie, 2. Aufl. Springer, Berlin Heidelberg New York Tokyo
Wirsching M, Stierlin H (1982) Krankheit und Familie. Klett-Cotta, Stuttgart

Psychologie des Selbst und Psychologie der Objektbeziehungen

Selbst = das Gesamt des Psychischen bei einem Menschen unter Berücksichtigung der bewußten und unbewußten Psyche als auch der Gegenüberstellung der eigenen Person mit den Objekten der äußeren Welt.

Allgemeines

1. Weg der Triebabfuhr beim Erwachsenen:
   - vokal,
   - genital,
   - motorisch.

Eine optimale Entspannung tritt ein, wenn die Triebabfuhr im Dienste des Ich steht (sonst Mißbrauch, Schädigung).

2. Präverbaler Weg der Triebabfuhr:
   - Psychosomatisch (Körpersprache, Organsprache),
   - Somatisierung als Regression (Schur 1955):
     - stille physiologische Abfuhr ins Innere (normal beim Neugeborenen), Triebenergie undifferenziert, Triebe noch ent-neutralisiert;
     - das Kind lebt zunähst ganz im Körper, bevor Psyche und Soma sich langsam differenzieren;
     - keine vollständige Trennung von Psyche und Körper (Körperbild als Selbstrepräsentanz aufgebaut).
3. Allgemein:
   - Das Ich benutzt die verbalen statt die somatischen Bahnen zur Abfuhr;
   - Das Ich beherrscht die Sprachorgane;
   - Das Ich benutzt alle Körperteile als Hilfsmittel zur Verbalisation (auch deshalb Objektbeziehungen wichtig!);
   - Sprachentwicklung als wesentlicher Motor zur Differenzierung von Psyche und Soma;
   - Psychosomatische Phänomene = Regression auf präverbale Stufe (keine Trennung von Soma und Psyche, Triebabfuhr nach innen statt nach außen).

Narzißmus

DEFINITION

Konzentration seelischen Interesses auf das Selbst; Aufrechterhaltung eines affektiven Gleichgewichts von innerer Sicherheit – Wohlbehagen – Selbstsicherheit.

Entwicklung des narzißtischen Systems (Abb. 6–8)

1. Harmonischer Primärzustand:
   - intrauterine Einheit von Mutter und Kind,
   - Harmonie, Geborgenheit, Sicherheit,
   - kein Unterschied zwischen innen/außen, Ich/Nicht-Ich.

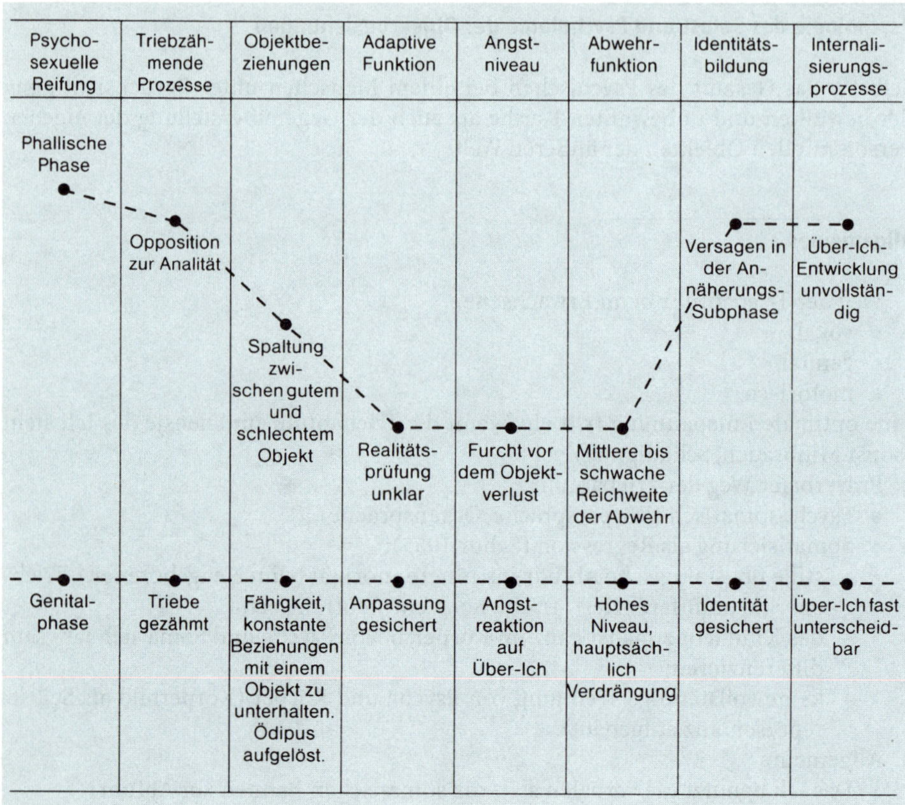

Abb. 6. Entwicklungsgang. (Nach Blanck u. Blanck 1978)

2. Trennung von Selbst und Objekt (Urverunsicherung):
   - zunehmende Wahrnehmungsfähigkeit,
   - wachsende Bedürfnisse,
   - unvermeidliche Frustrationen; diese als
   - Anreiz zur Ich-Entwicklung: es entstehen innere Bilder
     - der eigenen Person = Selbstrepräsentanzen,
     - der Objekte = Objektrepräsentanzen;
   - Verunsicherung löst Angst und Ärger aus, auch Hilflosigkeit, Ohnmacht („Vertreibung aus dem Paradies").
3. Kompensationsmechanismen:
   - Regression auf den Primärzustand mit Verschmelzungsphantasien,
   - Verleugnung (der eigenen Mängel) und Idealisierung (also Verkehrung ins Gegenteil),
   - Angleichung an die Realität,
   - Verinnerlichung (Internalisierung); Verluste werden dadurch aufgehoben; Bildung eines Ideal-Selbst (mit Pufferfunktion).
4. Funktion des gesunden narzißtischen Systems:
   - Ich als regulierende Instanz vermittelt, sorgt für gesundes Selbstwertgefühl.

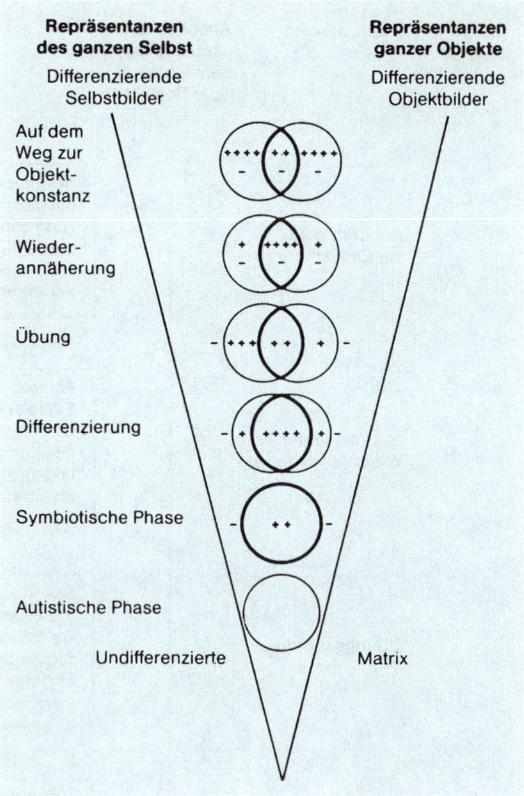

Abb. 7. Selbst-Objekt-Differenzierung. (Nach Blanck u. Blanck 1980)

DEFINITION

Objektkonstanz
Fähigkeit des Selbst, ein inneres Bild des Objektes zu errichten und festzuhalten ohne dessen realer Anwesenheit.

Konstitutiv wirken folgende Bildungsprozesse:
- Entwicklung der Fähigkeit zur Bildung einer symbolischen Repräsentation (Objektrepräsentanz) einer engen Bezugsperson (Mutter);
- Fähigkeit zur Erinnerung an diese Repräsentanz bei Abwesenheit (der Mutter), um Sicherheit auch bei Abwesenheit zu entwickeln;
- Erleben der mütterlichen Objektrepräsentanz mit neutralisierten und aggressiven Emotionen (um nicht in symbolische Undifferenziertheit von Selbst- und Objektrepräsentanzen zu regredieren);
- Vereinheitlichung der „guten" und „bösen" Teilobjektrepräsentanzen, um entwicklungsadäquate Aufspaltung der mütterlichen Objektimago aufgeben zu können.

Ausbildung einer männlichen Geschlechtsidentität
- „biologische Kraft",
- Bewußtsein über anatomische und physiologische Gegebenheiten,

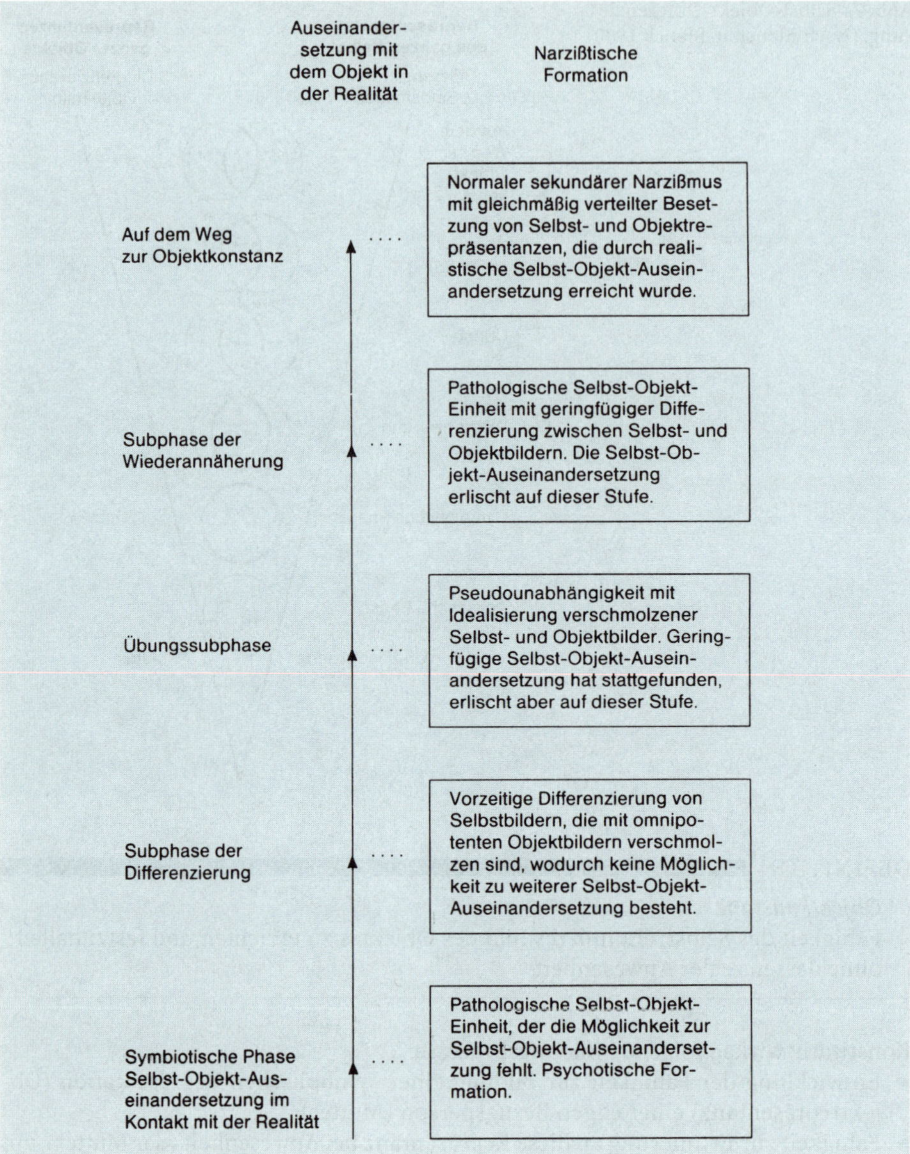

Abb. 8. Stufen der pathologischen narzißtischen Formation. (Nach Blanck u. Blanck 1980)

- Geschlechtsrollenzuweisung von den Eltern und anderen Bezugspersonen,
- Entidentifizierung von der Mutter und neue Identifikation mit dem Vater.

Bedeutung des Vaters in den ersten 3 Lebensjahren

- Beginn der spezifischen Bindung an den Vater bereits in der symbiotischen Phase; keine Fremdenangst zu ihm;

Tabelle 5. Psychosexuelle Entwicklung und Selbst. (Henseler 1979; Mertens 1996)

Entwicklungsstufen	Grandioses Selbst	Idealisiertes Objekt
oral	An sich selbst Genüge haben; alles schon haben, unbegrenzte Sättigung, fragloses Akzeptiertsein	Unerschöpfliche Quelle des Nährens, Gebens, Wärmens, Sorgens, Sicherheitgebens, stetige Anwesenheit
oral-sadistisch	Unbegrenzte Verfügungsgewalt, absolute Vernichtungsmacht	Fragloser Garant für Schutz, Geborgenheit, Sicherheit
anal	Grandioser Wert, Einzigartigkeit, unerhörte Größe	Grandioser Wert, Einzigartigkeit, unerhörte Größe
anal-sadistisch	Unerhörte Macht, Allmacht, Unbezwingbarkeit	Unerhörte Macht, Allmacht, Unbezwingbarkeit
phallisch	Unerreichbare Überlegenheit, Vollkommenheit	Unerreichbare Überlegenheit, Vollkommenheit
phallisch-sadistisch	Unbesiegbare Überlegenheit, Siegeszuversicht, Eroberungsmacht bzw. Verführungsmacht	Siegreicher Held bzw. schönste und erfolgreichste Frau

- Hinwendung zum Vater in der Übungssubphase (Mahler 1972); Mutter gilt als „Heimatbasis";
- Vater als „Landepunkt" einer sich vergrößernden Welt; Vater als anderes, aber auch faszinierendes Objekt;
- Mädchen: nehmen früher Beziehung zum Vater auf, Jungen: nähern sich weniger gefühlshaft als exploratorisch;
- Am Ende der Übungssubphase wird der Vater mehr als eigene Person, die Mutter mehr im Sinne des symbiotischen Erlebens (introjektiv und projektiv verzerrte Mutterimago) erfahren;
- früheste Objektrepräsentanz des Vaters manifestiert sich etwas später als die Mutterrepräsentanz;
- Befriedigende Beziehung zum Vater wichtig für die Lösung der Ambivalenz gegenüber der Mutter in der Wiederannäherungsphase;
- Befreiung von der Abhängigkeit von der Mutter;
- bei unterschiedlicher Beziehung zum Vater und zur Mutter bessere Trennung zwischen Selbst- und Objekt (Mutter)repräsentanzen und damit Aufbau von Selbst- und Objektkonstanz;
- Übergang aus der dualen Mutter-Kind- in die trianguläre Mutter-Vater-Kind-Beziehung;
- wichtige Voraussetzung: harmonische Mutter-Vater-Beziehung;
- Identifikation des Jungen mit dem Vater wird als Abgrenzung von der Mutter erlebt: Ansätze zu reflexivem Selbstbewußtsein.

Narzißmusklassifikation

- Primärer = erste Vereinheitlichung des Subjekts vor der Objektwahl (Ich und Es nicht unterschieden; völliges Fehlen einer Beziehung zur Umwelt).
  Stufenfolge: Autoerotismus → Narzißmus → Objektliebe.

Tabelle 6. Entwicklungskontext. (Nach Blanck u. Blanck 1974)

Psychosexuelle Reifung	Triebzähmende Prozesse	Objektbeziehungen		Adaptive Funktion		Angstniveau
	Ambivalenz aufgelöst			Ineinanderpassen		Furcht vor Über-Ich
Genital			Postödipal			
	Neutralisierte Libido dient dem Narzißmus	und auch der Fähigkeit, konstante Beziehungen zum Objekt aufrechtzuerhalten	Objektkonstanz	Synthetische und integrative Funktionen	*Sekundärprozeß*	
				Abstraktes Denken		
Phallisch		Besetzung der Objektrepräsentanzen mit Werten				Angst vor Kastration
	Neutralisierte Aggression dient der Identitätsbildung	Beginnende Ausstattung der Objektrepräsentanzen mit Werten		Sprache Objektverständnis		Angst vor Verlust der Liebe des Objekts
Anal						
	Neutralisierung des Aggressionstriebs dient der Aufrichtung eines Abwehrmechanismus	Diakritische Perzeption bringt Gewahrwerden der bedürfnisbefriedigenden Funktion des Objekts	Semantische Kommunikation, ein neues Niveau der Objektbeziehungen 8-Monats-Angst	Lokomotion		Signalangst erreicht
	Libido und Aggression verschmelzen		Fusion von „guten" und „schlechten" Objektrepräsentanzen	Realitätsprüfung Intentionalität	*Primärprozeß*	Furcht vor Verlust des Objekts
	Triebe differenzieren sich in Libido und Aggression	Gewahrwerden der Bedürfnisbefriedigung	Reaktion des Lächelns, Anfang der psychischen Beziehungen	Motilität Perzeption		
Oral	Neutralisierung beginnt	Koenästhetische Rezeptivität	Undifferenziertes Stadium, biologische Bedürfnisbefriedigung, objektloses Stadium	Aufschub Gedächtnisspuren		Angst vor Vernichtung
		– u n d i f f e r e n z i e r t e				
Geburt				Undifferenziert Triebe und Apparate der primären Autonomie einschl. Motilität, Gedächtnis, Intentionalität.		
▼ *Es*						▼ *Ich*

Tabelle 6 (Fortsetzung)

Abwehrfunktion	Intensitätsbildung				Internalisierungsprozesse
Sekundäre Autonomie. Abwehr verändert Funktion und wird adaptiv	Konstante Besetzung der differenzierten Selbst- und Objektrepräsentanzen		Über-Ich wird strukturiert		
Verdrängung	Zunehmende Internalisierung durch Ich- und Über-Ich-Identifizierungen führt zur Identität		Auflösung des Ödipus durch Identifizierung mit gleichgeschlechtlichem Elternteil		Ich-Ideal
Regression					
Intellektualisierung	Trennung von Individuation komplett, Objektkonstanz erreicht	*Trennung und Individuation*	Identifizierung mit phallischer Leistungsfähigkeit		
Isolierung					
	Geschlechtsidentität		Reinlichkeitserziehung leitet Identifizierung mit Stärke und Reinlichkeit ein		
Reaktionsbildung	Annäherungssubphase				
					Allmähliche Enttäuschung mit omnipotenten Objekten
Ungeschehenmachen	Übungssubphase				
Identifizierung, Verschiebung, Umkehrung, Wendung gegen sich selbst					
	Differenzierungs-Subphase	*Symbiose*	Selektive Identifizierung beginnt	*Idealisierte Objekte*	*Grandioses Selbst*
			Imitation		
Projektion	Zusammengeflossene Selbst- und Objektrepräsentanzen				
Introjektion					
Verleugnung					
	Autistisches Stadium				Primärnarzißmus
		Matrix –			
Intelligenz, Perzeption, Denken, und anderes					
					Über-Ich

(Freud 1911, aufgegeben 1916/17: Verlagerung des Schwerpunktes auf den sekundären Narzißmus)

- Sekundärer = einer den Objekten entzogenen und auf das Ich gewendeten Libido (stärkere narzißtische Besetzung bedingt geringere Objektbesetzung).
- Heute = Narzißmus und Objektbesetzung entwickeln sich parallel, d.h. ein starkes Selbstgefühl schließt ein starkes Objektgefühl nicht aus.
  (Spitz 1957; Joffe u. Sandler 1967; Kohut 1973; Kernberg 1983).
  Narzißmus nicht Derivat der Objektlibido wie bei Freud.
  Narzißmus = unabhängige Größe.
- Revisionsvorschläge:
  - Joffe u. Sandler (1967):
    Narzißmus = Summe aller positiv gefärbten Gefühlszustände, die mit der Vorstellung des Selbst (der Selbstrepräsentanz verbunden sind).
    - Pathogene Ausformungen: übertriebene Arten narzißtischer Objektwahl (Nymphomanie, Formen von Homosexualität, auch Selbstbestrafung, depressive Reaktionen), Flucht oder regressive Verschmelzung in Phantasieobjekte (Argelander 1971).
    - Libido und Narzißmus unterscheiden sich durch Besetzungsvorgänge.
    - libidinös: Spannung und Entladung.
    - narzißtisch: Zustand von Wohlbehagen, ozeanisches Gefühl.
    - sekundärer Narzißmus = neutralisierter Abkömmling des primären Narzißmus.
    - „narzißtischer Charakter" (Gegenstück zu Joffe/Sandler). Betonung von
      Selbständigkeit, Unabhängigkeit
      Erfolg, Leistung,
      manipuliert Außenwelt,
      unfähig, andere Menschen als eigenständige Wesen wahrzunehmen.
  - Kernberg (1975/1984):
    - lehnt das Konzept des primären Narzißmus ab.
    - Entwicklungslinie des Narzißmus: → libidinöse Besetzung der noch undifferenzierten Selbst-Objekt-Imago, → (nach Differenzierung in Selbst- und

Tabelle 7. Vom Autismus – über Symbiose/Loslösung und Individuation/Differenzierung/Übungsphase/Wiederannäherung – bis zur Objektkonstanz. (Nach Blanck u. Blanck 1980)

A. Leben im Körper	▶	Leben im Geist (Struktur)
B. Interpersonelle Interaktion	▶	Inter- und intrasystemische Operationen
C. Primärprozeßhaftes Denken	▶	Sekundärprozeßhaftes Denken
D. Undifferenziertes Selbst-Objekt	▶	Differenziertes Selbst mit Geschlechtsidentität
E. Unmittelbare Impulsabfuhr	▶	Das Ich als Vermittler
F. Angst vor Vernichtung ... Objektverlust .... Liebesverlust ...	▶	... vor Kastration .... Überich
G. Organismisches Unbehagen .. Besänftigung von außen .. Selbstbesänftigung	▶	Signalangst
H. Nichtorganisierte Abwehrfähigkeit	▶	Abwehr- und Widerstandsfähigkeit
I. Einfache Affekte „für" und „gegen" ...... Affektdifferenzierung	▶	vollständiges affektives Repertoire
J. Ambitendenz	▶	Ambivalenz
K. Gespaltene Selbst und Objektbilder	▶	.. (Verschmelzung) .... Ganzes Selbst und Objektrepräsentanzen
L. Bedürfnisbefriedigung .... Objektliebe ...	▶	Selbst- und Objektkonstanz
M. Suche nach dem primären Objekt (Erwiderung [von Gefühlen])	▶	Übertragungsfähigkeit
N. Dyadische Beziehung .... erweiterte Objektwelt	▶	Ödipale Objektbeziehungen

Objekt-Imagines und der Triebstruktur in libidinöse und aggressive Strebungen), → Besetzung des Selbst (mit aggressiven, besonders libidinösen Anteilen = libidinöse Besetzung des Selbst).
- Gleichursprünglichkeit von narzißtischer und Objektbesetzung,
- „narzißtische Persönlichkeit" um pathologisches Größen-Selbst zentriert (als Abwehr gegenüber früheren Entwertungen wichtiger Objekte).

• Kohut (1973, 1979) (s. auch Abb. 6):
- Auseinanderbrechen des primären Narzißmus:
Libido, die sich Objekten zuwendet („Objektliebe"),
Libido, die sich auf Selbst-Objekte bezieht (= „narzißtische Libido").

- Narzißtisches Gleichgewicht stark störanfällig → „unmodifizierter Narzißmus" (= das archaische, grandiose Selbst bleibt narzißtisch besetzt und setzt sich gegen die Außenwelt verächtlich ab).
- Störungen:
  • zu einem sehr frühen Zeitpunkt:
    - allgemeine Strukturschwäche mit diffuser narzißtischer Verwundbarkeit;
    - Bedürfnis nach Verschmelzung mit einem idealisierten Objekt (Drogensucht, süchtige Abhängigkeit von anderen Personen: Symbiose);

Tabelle 8. Übertragung bei narzißtischen Störungen. (Nach Mertens 1996)

Selbstobjektübertragungen	Gegenübertragungsgefühle
1. *Spiegelübertragung*	
a) archaische Verschmelzung (Patient erlebt Analytiker als Teil seiner selbst).	Je nach narzißtischer Verletzbarkeit des Analytikers: Schwierigkeit, dem Patienten in seinem vereinnahmendem Monologisieren zuzuhören; Langweile, Schläfrigkeit; Verlieren des empathischen Kontakts; Ironie; Ansprechen einer kränkenden lebensgeschichtlichen Begebenheit, um sich abzugrenzen.
b) Alter-Ego- bzw. Zwillingsübertragung (Analytiker soll die gleichen Meinungen, Werte, Überzeugungen teilen wie der Analysand).	Bestreben, seine eigene Meinung zu betonen, seine eigenen Gefühle für sich eigens zu erleben.
c) Spiegelübertragung im eigentlichen Sinn (Analytiker, der jetzt schon stärker – als bei a) – als Person in seinem eigenen Recht erfahren wird, soll den Patienten bewundern, den gesunden Exhibitionismus bestätigen und anerkennen.	Leichte Verärgerung über die narzißtische Ansprüchlichkeit des Patienten.
2. *Idealisierende Übertragung*	
a) Analytiker wird als jemand gebraucht, der ruhig, stark und zuverlässig ist und aus diesem Grund auch idealisiert wird.	Bedürfnis, den Patienten darauf aufmerksam zu machen, daß der Analytiker nicht so stark, vollkommen, grandios ist, wie er vom Patienten gesehen wird, anhand von realitätsorientierten Hinweisen oder Selbstabwertung.
b) Bei Abwehr gegen die idealisierende Übertragung: Analytiker wird arrogant abgewertet und kritisiert.	Gefühle des Verletzt- und Gekränktseins.

Tabelle 9. Internalisierung und Externalisierung innerhalb der Entwicklung (nach Mentzos 1989)

	Alter in Jahren							
	0	½	1	1½	2	3	4	5
Triebentwicklung	oral				anal		infantil-genital	
Objektbeziehungen	*Symbiose* *Zweierbeziehung* vom narzißtischen Selbstobjekt zum Liebesobjekt		*Separation – Individuation* *Triangulierung*			*Liebesobjektbeziehung* *Dreierbeziehung*		
Selbst- und Objekt-repräsentanzen *Das Selbstsystem*	*Subjekt-Objekt-* Differenzierung Primärzustand		*Selbstfragmente* *Teil-Objekte*		*Grandioses Selbst* *Idealisierte Objekte*		*Ideal-Selbst* *reales Selbst* *reale Objekte* *Ich-Ideal–Über-Ich*	
Internalisierungen und Beispiele für daraus sich ableitende Abwehr- und Restitutionsvorgänge	**Inkorporation** Suchtmittel-Einverleibung		**Introjektion** Pathologische Introjektion in der Depression		**Identifikation** Identifikationen bei der hysterischen Symptombildung – Identifikation mit dem Angreifer – Rollenübernahme			
Externalisierungen und Beispiele für daraus sich ableitende Abwehr- und Restitutionsvorgänge	**Exkorporation** Halluzinationen „Familien-psychosomatik"		**Projektion** Verfolgungswahn Kollektive Externalisierungen		**Selbst-Objektivierung** Nicht-psychotische Projektion Delegation (z. B. innerhalb der Familie)			

  - später, aber noch präödipal:
    - Übertragung narzißtischer Energien auf Vorformen des Ichs blockiert (Aufgabe der Triebkontrolle und -neutralisierung können nicht erfüllt werden): Fixierung an perverse Phantasien;
  - ödipale Phase:
    - betrifft wesentlich das Über-Ich;
    - narzißtische Besetzung (z.B. an tatsächliche Macht des Vaters) bleibt bestehen, wird verinnerlicht, → permanente Suche nach äußeren Idealfiguren; → aber auch „autoritärer Charakter“ mit externalisiertem Über-Ich, Ich-Schwäche, bedingungslose Anpassungsbereitschaft.
- Alter-Ego-Übertragung = Objekt wird als getrennter Träger der eigenen Vollkommenheit erlebt.
- Spiegel-Übertragung = Objekt hat zwar deutliche Konturen, wird aber auf die Funktion eines Spiegels des Größen-Selbst reduziert.
- idealisierende Übertragung = Größen-Selbst erweitert seine Grenzen und verschmilzt mit dem Objekt.
- Narzißtische Wut: entspringt der Fixierung an das Größen-Selbst
  - gerichtet auf:
    - Außenwelt oder
    - gegen die eigene Person (z.B. Selbstverstümmelung, Selbstmord; gegen ein als minderwertig empfundenes Organ; als temporärer Durchbruch);
    - Entstehung von psychosomatischen Erkrankungen??
- Kritik an Kohut (Kernberg 1981/1991):
  - Größen-Selbst und idealisierende Übertragung sind pathologisch, Unterscheidung nicht gerechtfertigt;
  - Größen-Selbst als Abwehrformation hochgradig konflikthafter Objektbeziehungen;
  - Schicksale des Narzißmus nicht von den Objektbeziehungen zu trennen (geschehen vielmehr simultan).

Pathologie des Narzißmus

Zentrales Symptom: labiles Selbst(wert)gefühl;
Frage nach dem Umgang mit Kränkungen:

- reife Reaktion auf eine Kränkung hin:
  - Realitätsprüfung (trifft der Vorwurf zu?),
  - Stellenwert der Kränkung prüfen (ist es wirklich so schlimm?),
  - Möglichkeit zur Korrektur offen lassen,
  - Möglichkeit, sich angemessen zu wehren;
- unreife Reaktion auf eine Kränkung hin:
  Ursache: Kränkung sehr schwer oder Kränkbarkeit sehr groß (labiles Selbstgefühl);
  Kompensationsversuche:
  - Verleugnung und Idealisierung,
  - Repräsentanzen des grandiosen Selbst und der idealsierten Objekte kommen zum Tragen (Selbst und Objekte aufgebläht),
  - hohes Anspruchsniveau, realitätsfernes Ich-Ideal, ständiges Oszillieren zwischen Größenphantasien und Minderwertigkeitsgefühlen,
  - Regression auf den harmonischen Primärzustand.

Zur Diagnostik narzißtischer Störungen

Zepf (1985) unterscheidet 5 Verhaltensweisen psychosomatisch Kranker, an denen die Pathologie abzulesen ist.

1. Charakter der Wortgebilde:
   entemotionalisierte, emotionslose Sprache,
   undifferenzierte affektive Gefühlsäußerungen und zwanghafte Strukturanteile;
2. Selbstwertgefühl:
   kompensatorisch übersteigert oder vermindert;
3. Aggressionsverhalten:
   gestörter Umgang mit Aggressionen, auch Gehemmtheiten, „entneutralisierte" Aggressivität;
4. Verhaltensnormalität:
   normative Verhaltenserwartungen werden erfüllt,
   Kritikunfähigkeit,
   auffällig kooperatives Verhalten,
   kompromißloses Unterwerfen in Streitfällen;
5. Objektbeziehungen:
   Anlehnungstyp – anaklitisch,
   narzißtisch bzw. ambivalent.

Symptome des krankhaften Narzißmus

Grandiose wie depressive Individuen müssen zwanghaft die Erwartungen der introjizierten Mütter erfüllen:

- der Grandiose erlebt sich als gelungenes Kind,
- der Depressive erlebt sich als Versager.

Gemeinsamkeiten

- falsches Selbst (Verlust des eigentlichen, möglichen Selbst),
- Brüchigkeit der Selbstachtung (keine Sicherheit über das eigene Fühlen und Wollen),
- Perfektionismus als Ausdruck des hohen Ich-Ideals,
- Verleugnung der verachteten Gefühle,
- Überwiegen narzißtischer Objektbeziehungen:
  Anlehnungstyp: der andere kommt eigenen Bedürfnissen entgegen,
  narzißtischer Typ: der andere entspricht dem eigenen inneren Bild,
- große Angst vor Liebesverlust (deshalb große Anpassungsbereitschaft),
- starke, aber abgespaltene, deshalb nicht neutralisierte Aggressivität,
- Neid (auf die Gesunden),
- Anfälligkeit für Kränkungen,
- Anfälligkeit für Scham- und Schuldgefühle,
- Ruhelosigkeit.

Präödipale Reifungsstörungen (psychodynamische Anzeichen)

- Depressivität nach Objektverlust,
- Hilflosigkeit/asthenische Entmutigung,
- Hoffnungslosigkeit/apathisch-düsteres Resigniertsein,
- narzißtische Störung,

- oral-regressive Züge (manifeste Abhängigkeit oder Pseudounabhängigkeit),
- Aggressionsabwehr (Verhaltensnormalität),
- introspektive Einschränkung.

Literatur

Abelin EL (1975) Some further observations and comments on the earliest role of the father. Int J Psychoanal 56:293–302
Argelander H (1971) Ein Versuch zur Neuformulierung des primären Narzißmus. Psyche 25: 358–373
Balint M (1960a) Primärer Narzißmus und primäre Liebe. Jahrb Psychoanal 1:3–34
Balint M (1960b) Angstlust und Regression. Klett, Stuttgart
Balint M (1971) Therapeutische Aspekte der Regression. Die Theorie der Grundstörung. Klett, Stuttgart
Blanck G, Blanck R (1978) Angewandte Ich-Psychologie. Klett, Stuttgart
Blanck G, Blanck R (1980) Ich-Psychologie II. Klett, Stuttgart
Breuer S (1992) Sozialpsychologische Implikationen der Narzißtheorien. Psyche 46:1–31
Edgcumbe R, Burgner M (1972) Some problems in the conceptualisation of early object relationship, part I: The concepts of need satisfaction and need-satisfying relationships. Psychoanal Study Child 27:283–314
Edgcumbe R, Burgner M (1975) The phallic-narcissistic phase. A differentiation between praeoedipal and oedipal aspects of phallic development. Psychoanal Study Child 30:171–189
Freud S (1914/1952) Zur Einführung des Narzißmus. Imago, London, GW Bd 10, 1946
Greenson R (1973) Technik und Praxis der Psychoanalyse. Klett, Stuttgart
Henseler H 81973) Zur Entwicklung und Regulation des Selbstwertgefühls. In: Ohlmeier D (Hrsg) Psychoanalytische Entwicklungspsychologie. Olten, Freiburg
Henseler H (1974) Narzißtische Krisen. Zur Psychodynamik des Selbstmords. Rowohlt, Hamburg
Herrmann AP (1986) Das Vaterbild psychosomatisch Kranker. Springer, Berlin Heidelberg New York Tokyo
Jacobson E (1973) Das Selbst und die Welt der Objekte. Suhrkamp, Frankfurt
Joffe WG, Sandler J (1967) Über einige begriffliche Probleme im Zusammenhang mit dem Studium narzißtischer Störungen. Psyche 21:152–165
Kernberg OF (1981) Objektbeziehungen und Praxis der Psychoanalyse. Klett, Stuttgart
Kernberg OF (1983) Borderline-Störungen und pathologischer Narzißmus, Suhrkamp, Frankfurt
Kernberg OF (1991) Schwere Persönlichkeitsstörungen, 3. Aufl. Klett-Cotta, Stuttgart
Kohut H (1973) Narzißmus. Suhrkamp, Frankfurt
Kohut H (1979) Die Heilung des Selbst. Suhrkamp, Frankfurt
Mahler MS (1998) Symbiose und Individuation, 7. Aufl. Klett, Stuttgart
Mahler MS, Pine F, Bergman A (1978) Die psychische Geburt des Menschen. Fischer, Frankfurt
Mentzos S (1989) Neurotische Konfliktverarbeitung. Fischer, Frankfurt
Mertens W (1996) Psychoanalyse, 5. Aufl. Kohlhammer, Stuttgart
Peters UH (1999) Wörterbuch der Psychiatrie, Psychotherapie und medizinische Psychologie, 5. Aufl. Urban & Schwarzenberg, München
Pulver SW (1972) Narzißmus: Begriff und metapsychologische Konzeption. Psyche (Stuttg) 26: 34–55
Schur M (1955) Comments on the metapsychology of somatization. Psychoanal Study Child 10: 119–164
Spitz R (1957) Die Entstehung der ersten Objektbeziehungen. Klett, Stuttgart
Spitz R (1992) Vom Säugling zum Kleinkind, 10. Aufl. Klett, Stuttgart
Zepf S (1985) Narzißmus, Trieb und die Produktion von Subjektivität. Springer, Berlin Heidelberg New York Tokyo

Individuation/Narzißmus nach verschiedenen Autoren

S. Freud

(Zu Freuds Narzißmuskonzept s. auch Pulver 1972)

- Triebaspekt in Zusammenhang mit Autoerotismus und Perversion,
- spezifische Modi der Objektwahl,
- Problem des Selbstwertgefühls,
- spezifische Entwicklungsstadien,
- der Homosexuelle liebt sein eigenes Ideal (1910),
- Vertauschung von Objekt und Subjekt,
- Narzißmus angesiedelt zwischen Autoerotismus und Objektliebe (1905),
- Objekt fällt mit eigenem Ich zusammen, Primat der Genitalzone noch nicht erreicht (1913);
- Zeugnis für Narzißmus: Allmacht der Gedanken bei Primitiven (1912),
- Narzißmus als libidinöse Ergänzung zum Egoismus des Erhaltungstriebes (1914);
- primärer Narzißmus = ursprüngliche Libidobesetzung des Ich (1914),
- sekundärer Narzißmus = Objektbesetzungen werden einbezogen;
- Objektwahl nach dem Anlehnungstyp: das Individuum wählt sein späteres Objekt nach dem Vorbild des ersten Sexualobjekts, der versorgenden Mutter,
- narzißtische Objektwahl: das spätere Liebesobjekt wird nach dem Vorbild der eigenen Person gewählt: man liebt
  - was man selbst ist,
  - was man selbst war,
  - was man selbst sein möchte,
  - die Person, die ein Teil des eigenen Selbst war (1914);
- bei Verwandlung von Ich-Libido in Objektlibido gelangt das Objekt in den Besitz der gesamten Selbstliebe des Ich (1921),
- Ziel und Befriedigung bei der narzißtischen Objektwahl ist das Geliebtwerden (1914),
- 3 Quellen des Selbstwertgefühls (1914): je 1 Anteil
  - ist primär (Rest des kindlichen Narzißmus),
  - stammt aus der Erfahrung im Sinne einer bestätigten Allmacht (Erfahrung des Ich-Ideals),
  - stammt aus der Befriedigung der Objektlibido;
- vom (intrauterinen) selbstgenügsamen Narzißmus zum Beginn der Objektfindung (1921),
- Bestimmung des primären Narzißmus libido-, d.h. triebtheoretisch,
- primärer Narzißmus als Erscheinungsform der Triebentwicklung (1917).

Literatur

Freud S (1905) Drei Abhandlungen zur Sexualtheorie. Imago, London, GW Bd 5, S 21–145, 1942
Freud S (1910a) Eine Kindheitserinnerung des Leonardo da Vinci. GW Bd 8, S 127–211, 1943
Freud S (1910b) Beiträge zur Psychologie des Liebeslebens. GW Bd 8, S 65–91, 1943
Freud S (1912) Totem und Tabu. GW Bd 9, 1940
Freud S (1913) Die Disposition zur Zwangsneurose. GW Bd 8, S 441–452, 1943
Freud S (1914) Zur Einführung des Narzißmus. GW Bd 10, S 137–170

Freud S (1917) Vorlesungen zur Einführung in die Psychoanalyse. GW Bd 11
Freud S (1921) Massenpsychologie und Ich-Analyse. GW Bd 13, S 71–161
Pulver SE (1972) Narzißmus: Begriff und metapsychologische Konzeption. Psyche 26:34–55

H. Hartmann

Hartmann entwickelte die Ich-Psychologie:

- Die Anlage des Ich ist biologisch bestimmt, also ein Entwicklungsprodukt zum Zweck der intstrumentalen Anpassung;
- Steuerungs- und Kontrollfähigkeit des Ich tritt an die Stelle instinktiver Regulierung der Triebe;
- das Ich rückt an die Stelle des verloren gegangenen Instinktes und wird damit zum natürlichen Anpassungsapparat (Triebe sind der Umwelt entfremdet und wirken der Anpassung entgegen);
- These der primären (und sekundären) Autonomie des Ich und einer konfliktfreien Sphäre.
  Bei Freud:
  - Ich entwickelt sich aus dem Es;
  - Ich bleibt abhängig von den Trieben;
  - Ich bleibt abhängig von der Umwandlung der Triebziele.
- Genetisch:
  - Ich als biologische Anlage;
  - Ich-Organisation als Instrument der Anpassung (an die Umwelt);
- Hauptquelle der Energieversorgung des Systems „Ich“: die Neutralisierung des Destruktionsbetriebes (Entaggressivierung): nichtneutralisierte Form von Libido und Aggression im Zuge der Entwicklung übergeführt in neutralisierte durch Aufbau von Ich-Strukturen;
- Leitgedanke: unkontrollierte, nichtneutralisierte Triebenergie bedroht das Ich; Folge: das Kind ist in prekärer Lage, weil das Ich-System noch nicht entwickelt ist;
- Vorstellung einer Einheit von Trieb und Ich entfällt in der Ich-Psychologie ebenso wie die einer qualitativen Eigenbedeutung und Eigenentwicklung der Triebe;
- das Ich-System ist unabhängig vom Lustprinzip (das Realitätsprinzip kann nicht aus dem Lustprinzip allein hervorgegangen sein; Reduzierung des Todestriebes auf den Destruktionstrieb);
- Begriff der Ich-Stärke beruht auf
  - dem Organisationsgrad und der damit verbundenen
  - Steuerungsfunktion des Ich (zum Zweck der Triebbeherrschung);
- Begriff des Selbst von Hartmann eingeführt; er beinhaltet die Abgrenzung und Trennung in kognitiver und emotionaler Hinsicht;
- Unterscheidung zwischen
  - funktionalem „System Ich“ und
  - „Ich als Person“;
- Ich-psychologisches Verständnis von Narzißmus:
  Narzißmus ist libidinöse Besetzung des Selbst (nicht des Ich);
- beim Neugeborenen gibt es kein Selbst (entwickelt sich erst langsam im Organisationsprozeß des Ich), konstituiert sich, wenn das Ich fähig wird, zwischen eigenem Selbst und Objekten zu unterscheiden;
- Konstitution des Selbst als Ergebnis von kognitiven Ich-Funktionen (Wahrnehmung, Erinnerung, Denken);

- Unterscheidungsfähigkeit von Selbst und Objekt in Zusammenhang mit der Funktionsfähigkeit des Ich gesehen (nicht so bei Freud);
- Begriff des Selbst als Funktion des Ich: Fähigkeit des Ich, eine abgegrenzte Vorstellung von sich selbst und den Objekten haben (gelingt das nicht: → Ich-strukturelle Störung);
- Kern der Ich-psychologischen Betrachtungsweise:
  - realistische, kognitive Einschätzung der Objekte;
  - realistische Einschätzung des Selbst.

Literatur

Hartmann H (1927) Grundlagen der Psychoanalyse. Thieme, Leipzig

Hartmann H (1950 a) Psychoanalysis und developmental Psychology. Psychoanal Study Child 5:7–17

Hartmann H (1950 b) Comments on the Psychoanalytic Theory of the Ego. Psychoanal Study Child 5:74–96

Hartmann H (1972) Ich-Psychologie, Klett, Stuttgart

Knapp G (1988) Narzißmus und Primärbeziehung. Psychoanalytische Grundlagen für ein neues Verständnis von Kindheit. Springer, Berlin Heidelberg New York Tokyo

M. Balint

Narzißmuskonzept

- Ursprünglich harmonisch einander durchdringende Verschränkung von Mutter und Kind,
- Natur der Objektbeziehung – vollkommen passiv:
  Objekt (Mutter) wird gebraucht ohne kleinste Gegenleistung, dann
- Übergang zu einer aktiven Objektliebe;
- wird primäre Objektliebe nicht adäquat befriedigt dann
- *Grundstörung* (überbetonter Narzißmus; Autoerotismus als Trostmechanismus), Ausprägungen:
  - Oknophilie (Anklammerung an Objekt, als narzißtische Stütze bei defizitär entwickeltem Ich),
  - Philobatie (Scheinautonomie mit Verleugnung der Abhängigkeit vom primären Objekt; Fluchttendenz aufgrund schmerzhafter Enttäuschung).
- Jede Form von Narzißmus ist ein Sekundärphänomen;
- narzißtische Phänomene sind Erscheinungsformen der Entwicklung der primären Objektliebe (und nicht Triebwünsche, die an erogenen Zonen gebunden sind);
- letztes Ziel aller Triebe (oral, anal, genital) ist die Verschmelzung mit dem Objekt, die (Wieder)herstellung der Ich-Objekt-Einheit;
- der Orgasmus kommt dem Ziel am nächsten („unio mystica“).
- Verschränkung von Kind und Objekt (Mutter) in einer
  - passiven,
  - primitiven,
  - primären,
  - archaischen Objektliebe;
- primäre Liebe,
- Ohnmacht und Abhängigkeit des Kindes vom Objekt,

- kein Konzept eines primären Narzißmus als Zustand subjektiver Objektlosigkeit,
- Omnipotenzgefühle sind Sekundärbildungen (als Versuch, sich gegen ein vernichtendes Gefühl der Ohnmacht zu verteidigen),
- *Symptome* narzißtischer Personen:
  - erhöhte Objektabhängigkeit, gegen die Abwehr mobilisiert wird,
  - erhöhte Empfindlichkeit und Sensibilität,
  - verstärkte Verletzbarkeit,
- tiefe Sehnsucht nach grenzenloser Harmonie mit dem Objekt.

Literatur

Balint M (1960 a) Primärer Narzißmus und primäre Liebe. Jahrb Psychoanal 1:3–34
Balint M (1960 b) Angstlust und Regression. Klett, Stuttgart
Balint M (1997) Die Urformen der Liebe und die Technik der Psychoanalyse, 2. Aufl. Klett-Cotta, Stuttgart
Balint M (1997) Therapeutische Aspekte der Regression, 2. Aufl. Die Theorie der Grundstörung. Klett-Cotta, Stuttgart

R. Spitz

1. Organisator (bis ca. 6. Lebensmonat): Vorstufe des Objektes,
2. Organisator (bis ca. 12. Lebensmonat): Bildung des Objektes der Libido,
3. Organisator (bis ca. 24. Lebensmonat): Ursprung und Beginn der menschlichen Kommunikation.

Organisator
(Begriff aus der Embryologie) bedeutet hier:
- Konvergenz mehrerer Linien der biologischen Entwicklung an einem bestimmten Punkt im Organismus des Embryos; dadurch Auftreten von Wirkkräften und Regulierungselementen („Organisatoren“); beeinflussen weitere Entwicklung;
- Schrittmacher für bestimmte Entwicklung;
- Zentrum von dem weiterer Einfluß ausgeht;
- (im Psychischen) Umstrukturierung des psychischen Systems auf der Ebene höherer Komplexität.

Psychosomatische Störung aufgrund neurotischen Verhaltens – erklärt über eine gestörte Mutter-Kind-Beziehung.

1. Organisator (Vorstufe des Objekts):
   - „Dreimonatslächeln“ als Objektvorläufer (Maske von vorn, Bewegung);
   - von der Rezeption von Innenreizen zur Wahrnehmung von Außenreizen;
   - Realitätsprinzip hat angefangen zu wirken;
   - Gedächtnisspuren sind hinterlegt;
   - Teilung von bewußt/vorbewußt/unbewußt (topischer Aspekt);
   - Verschieben einer Erinnerungsspur auf eine andere;
   - Auftauchen eines rudimentären Ich;
   - Strukturierung von Soma und Psyche („Somatopsyche“);
   - Zunehmende Koordinierung und Zielgerichtetheit der Muskelaktivität;

Tabelle 10. Ätiologische Klassifizierung von psychogenen Erkrankungen im Säuglingsalter entsprechend den Einstellungen der Mütter. (Nach Spitz, 1972)

	Ätiologischer Faktor, Einstellung der Mutter		Krankheit des Säuglings
Psychotoxizität (Qualität)	Primäre unverhüllte Ablehung	→	Koma des Neugeborenen
	Primäre ängstliche übertriebene Besorgnis	→	„Dreimonatskolik“
	Feindseligkeit in Form von Ängstlichkeit	→	Neurodermitis des Säuglings
	Kurzschlägiges Oszillieren zwischen Verwöhnung und Feindseligkeit	→	Hypermotilität (Schaukeln)
	Zyklische Stimmungsverschiebungen	→	Koprophagie
	Bewußt kompensierte Feindseligkeit	→	Aggressiver Hyperthymiker
Mangelerscheinungen (Quantität)	Partieller Entzug affektiver Zufuhr	→	Anaklitische Depression
	Völliger Entzug affektiver Zufuhr	→	Marasmus

- rudimentäres Ich (Körper-Ich nach Freud);
- Beginn der sozialen Beziehungen;
- Bedürfnisbefriedigung wird mit sozialem Lächeln beantwortet, bei Frustration (Entfernung des Partners): Weinen.

2. Organisator (Bildung des Objekts der Libido):
   - „Achtmonatsangst“:
     - Kind unterscheidet zwischen Freund und Fremden (Vergleich von Gedächtnisspuren),
     - Gesicht der Mutter einzigartig,
     - Beginn der Entwicklung von Objektbeziehungen,
     - Funktion des Urteilens und Entscheidens erworben,
     - größere Unabhängigkeit von der Mutter möglich durch: Nachahmung und Identifizierung, Erwerb von Handlungsabläufen;
   - „Objektbildung“ möglich durch:
     - (im Somatischen) Myelinisation der Nervenbahnen, Muskelapparat besser ausgestattet, Regelung von Körperhaltung und Gleichgewicht;
     - (im Psychischen) Ich-System ist funktionierende Einheit, Objektbeziehungen beginnen, fortschreitende Differenzierung von Aggression und Libido („gutes“ und „schlechtes“ Objekt nach Melanie Klein);
       Konstituierung des Objektes,
       Auftreten von Abwehrmechanismen;
       (Denkapparat) wachsende Zahl von Erinnerungsspuren,
       gerichtete Handlungsabfolgen.
3. Organisator (Ursprung und Beginn der menschlichen Kommunikation):
   - „Verneinungsgeste“: Ursprung der verbalen Kommunikation, Kommunikation auf Distanz eingeführt, Handeln durch das Wort ersetzt;
   - Konflikt zwischen Initiative des Kindes und Befürchtungen der Mutter;
   - mütterliches Eingreifen von Wort und Gebärde geprägt;
   - selbständige Lokomotion mit Gefahren verbunden;

- Verständnis für Verbote wächst;
- erste Identifizierungen;
- beginnende Loslösung.

Aber: Es gibt auch Säuglinge, die keine symbiotische Vereinigung zulassen können!

Literatur

Spitz R (1957a) No and yes. International University Press, New York
Spitz R (1957b) Die Entstehung der ersten Objektbeziehungen. Klett, Stuttgart
Spitz R (1992) Vom Säugling zum Kleinkind, 10. Aufl. Klett, Stuttgart

M. S. Mahler

1. Autistische Phase (bis 3.–4. Woche);
2. Symbiotische Phase (3. Monat);
3. Phase der Trennung:
   a) Subphase der Differenzierung (5.–10. Monat),
   b) Subphase als Übungssubphase (frühe und eigentliche) 10.–16. Monat,
   c) Subphase der Wiederannäherung (16.–24. Monat):
      - beginnende Wiederannäherung,
      - Wiederannäherungskrise,
      - individuelle Lösung;
4. Individuation.

1. Autistische Phase (3.–4. Lebenswoche):
   - Aufrechterhaltung des homöostatischen Gleichgewichts,
   - Zustand primitiver halluzinatorischer Desorientiertheit,
   - Steigerung der Empfindlichkeit (nachgewiesen im EEG),
   - „Bersten der autistischen Schale" (das bedürfnisbefriedigende Objekt wird wahrgenommen).
2. Symbiotische Phase (Beginn 3. Lebensmonat):
   - halluzinatorisch-illusorische, somatophysische, omnipotente Fusion mit der Mutterrepräsentanz,
   - gesteigerte Aufmerksamkeit des Kindes,
   - affektiv-wahrnehmende Besetzung von Reizen,
   - Schaffung eines spezifischen Bandes zur Mutter („Dreimonatslächeln"; vgl. R. Spitz),
   - weg von koenästhetischem Empfinden:
   - sensorisches Erleben des mütterlichen und des eigenen Körpers langsam getrennt,
   - Höhepunkt der Erforschung der Haut und des Mundes.
3. Trennungs- und Individuationsphase (5.–24. Monat)
   a) *Subphase der Differenzierung* (5.–10. Monat):
   5. Monat: Bedeutung der Berührung für Abgrenzung und der libidinösen Besetzung des kindlichen Körpers durch die Mutter:
      - Säugling schmiegt sich an Mutter an,

- Umgang mit Übergangsobjekten,
- Kinder wacher, zielgerichteter;

6. Monat: „Ausschlüpfen“; Loslösung erprobt durch:
- Ziehen an Haaren, Ohren, Schmuck,
- Essen in den Mund stecken,
- wegstoßen, um Mutter zu sehen,
- eigener Körper von dem der Mutter getrennt erlebt;

8. Monat: Muster des Nachprüfens („checking back“):
- abtasten, vergleichen – was ist Mutter?
- Reaktion auf Fremde: Fremdenangst („Achtmonatsangst“; vgl. R. Spitz),
- nicht nur Angst, auch Neugier,
- lustvolles Forschungsverhalten.

Ideale Beziehung: Mutter hat Symbiose ohne Konflikte genossen.
Pathologisch: Mutter ambivalent, parasitär:
- Kind wird bedrängt, erstickt;
  Folge: gestörte Differenzierung.
- Kind kann sich nicht auf Mutter verlassen, muß sich selbst bemuttern (Symbiose verlängert);
  Folge: Entwicklung eines falschen Selbst;
- rasches „Ausschlüpfen“ mit Angstreaktionen bei unbehaglicher Symbiose;
  Folge: kein ausreichendes Reservoir an Urvertrauen, um die Mutterwelt zu verlassen.

b) *Subphase als Übungssubphase* (10.–16. Monat):
- Frühe Übungssubphase:
  - Krabbeln, Watscheln, Klettern, Sichaufrichten, Interesse an unbelebten Objekten (Decke, Windeln),
  - Mutter muß forschendem Kind Freiheit geben, aber sie bleibt „Heimatbasis“ zum „emotionalen Auftanken“,
  - Kurze Phase gesteigerter Trennungsangst möglich.
- Eigentliche Übungssubphase:
  - freie aufrechte Fortbewegung,
  - Üben motorischer Fähigkeiten libidinös besetzt,
  - körperliches Hochgefühl, sensorische Empfänglichkeit,
  - Penis wird entdeckt,
  - Erleben des Laufens kann nicht überschätzt werden,
  - „Liebesverhältnis mit der Welt beginnt“ (Greenacre 1959),
  - Höhepunkt des Narzißmus (Beherrschung der Welt) mit Unempfindlichkeiten gegenüber Frustrationen,
  - narzißtische Besetzung der Körperfunktionen und des ganzen Körpers,
  - autonome Funktionen und Geschicklichkeit werden geübt,
  - Flucht aus der Verschmelzung,
  - Schritt zur Identitätsbildung.

c) *Subphase der Wiederannäherung* (16.–24. Monat)
Freie Fortbewegung und zunehmende kognitive Entwicklung (Sprache, Symbolisierungsfähigkeit),
Selbständigkeit wird verteidigt durch „nein“ („Verneinungsgeste“: vgl. R. Spitz),
Getrenntheit von der Mutter wird bewußter.

- Beginnende Wiederannäherung:
  - „Weltbeherrscher“ in Frage gestellt,
  - eigene Wünsche (von Mutter und Kind),
  - Körper wird als Eigentum erlebt,
  - soziale Interaktion:
    Versteck- und Nachahmungsspiele, Vater wird wichtiger;
  - bei Trennung:
    Aktivität gesteigert, Trauer abgewehrt, ohnmächtige Wut, Hilflosigkeit.
- Wiederannäherungskrise:
  - Einüben von Selbständigkeiten,
  - Mutter wegstoßen und sich anklammern (Ambitendenz),
  - gleichzeitiges Verlangen (Ambivalenz),
  - Gefühle von Mutter getrennt (sonst erneut Fremdenangst),
  - Mutter als Erweiterung des Selbst,
  - Beginn der Empathie,
  - höheres Niveau der Ich-Identifizierung,
  - Aufspaltung der Objektwelt,
  - „gute“ und „böse“ Mutter,
  - Übergangsphänomene (bis Mutter wieder da: Stuhl als Organobjekt, Garderobe als „Übungszimmer“).
- Individuelle Lösung:
  - Sprachentwicklung (Objekte benennen, kontrollieren),
  - Verinnerlichungsprozeß (Identifizierung),
  - symbolisches Spiel,
  - Erkennung des Unterschieds zwischen Jungen und Mädchen.

Zusammenfassung

- Orale, anale, frühe genitale Konflikte und Zwänge fallen zusammen.
- Das Kind muß auf symbiotische Allmacht verzichten.
- Körperschema (und körperliches Unbehagen) wird wahrgenommen.
- Glaube an die Allmacht der Mutter wird erschüttert, Furcht vor Objektverlust gemildert, Internalisierung elterlicher Anforderungen (Über-Ich); dadurch Angst, die Liebe des Objektes zu verlieren; größere Verletzbarkeit.
- Körperliche Empfindungen und Beeinträchtigungen werden wahrgenommen (oral, anal, genital).
- Entdeckung des Geschlechtsunterschiedes.

Bei nicht optimaler Entwicklung:

- ausgeprägter Ambivalenzkonflikt (Anklammern und Negativismus = Ambitendenz),
- Objektwelt in „gut“ und „böse“ gespalten, Ausübung von Zwang gegenüber der Mutter.

Literatur

Greenacre P (1959) Play in relation to creative imagination. Psychoanal Study Child 14:61–80
Mahler MS (1975) Symbiose und Individuation. Psyche 29:609–625
Mahler MS (1998) Symbiose und Individuation, 7. Aufl. Klett-Cotta, Stuttgart
Mahler MS, Pine F, Bergman A (1993) Die psychische Geburt des Menschen, 6. Aufl. Fischer, Frankfurt

O. F. Kernberg

Genese narzißtischer Prsönlichkeitsstörungen
Ursache der pathologischen Verschmelzung von Idealselbst, Idealobjekt- und Realselbstrepräsentanzen ist eine pathologisch verstärkte Ausprägung oraler Aggression. Diese kommt zustande:

- konstitutionell:
  - starker Aggressionstrieb,
  - geringe Angsttoleranz hinsichtlich aggressiver Impulse;
- entwicklungspsychologisch:
  - schwere Frustrationen in den ersten Lebenswochen,
  - dominierende, kalte, narzißtische und überfürsorgliche Mütter,

verbunden mit

- Gefühlen des Ungeliebtseins;
- Rache, Neid, Haß wird abgewehrt und kompensiert: „Ich bin etwas Besonderes";
- Kinder haben tatsächlich etwas Besonderes, was narzißtisch bedürftige Mütter aus- bzw. benutzen.

Narzißtische Persönlichkeitsstörungen

- Entwicklungsschicksale der libidinösen und aggressiven Impulse lassen sich nicht von der Entwicklung der Objektbeziehungen trennen.
- Narzißtische Persönlichkeiten haben Störungen des Selbstwertgefühls, der zwischenmenschlichen Beziehungen.
- Symptome:
  - Größenphantasien,
  - Minderwertigkeitsgefühle,
  - Angewiesensein auf Bewunderung durch andere,
  - oberflächliches Gefühl,
  - Grundverfassung: Leere, Gleichgültigkeit,
  - großes Maß an Selbstbezogenheit im Umgang mit anderen Menschen,
  - wenig Empathie,
  - Unfähigkeit, echte Abhängigkeit von anderen Menschen zu entwickeln,
  - starker Neid auf andere,
  - Neigung zur Idealisierung oder
  - Entwertung anderer,
  - mitmenschliche Beziehungen ausbeuterisch bis parasitär.

Gestörte Individuen haben:

- primitive verinnerlichte Objektbeziehungen bedrohlicher Art,
- auch idealisierte Gestalten: entstammen der Projektion eigener überhöhter Selbstbilder,
- pathologisches Größenselbst mit verkümmerten Objektbeziehungen,
- Größenselbst als Verschmelzungsprodukt von Anteilen des Realselbst, des Idealselbst, der Idealobjekte,
- *Folgeerscheinungen:*
  - gestörte Über-Ich-Integration (Aspekte enthalten primitive, aggressive, entstellte Qualität),
  - Externalisierungen aggressiver Über-Ich-Anteile in Form paranoider Projektionen,

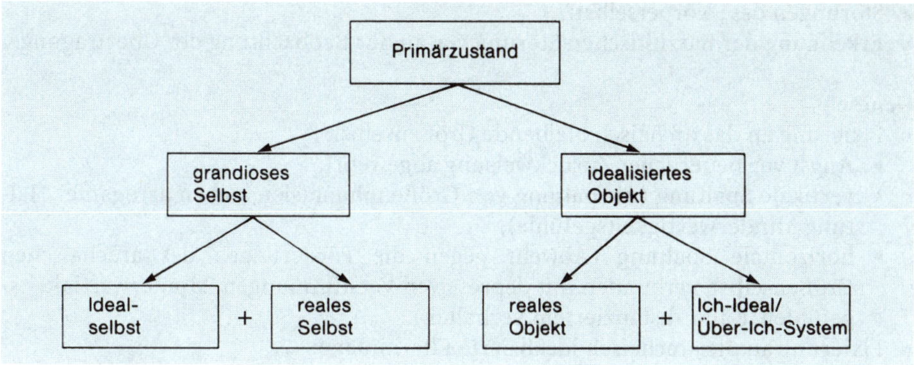

Abb. 9. Schema des Narzißmus

- Abhängigkeit von äußerer Quelle der Bewunderung (Defekt des Ich-Ideals),
- pathologische Objektbeziehungen mit Verleugnung der Abhängigkeit (und evtl. Entwertung).

Drei Untergruppen narzißtischer Persönlichkeitsstörungen

- mit hohem Strukturniveau:
  - gute, aber oberflächliche Funktionstüchtigkeit (Probleme zeigen sich häufig erst in der Lebensmitte beim Zusammenbruch der Illusionen von Grandiosität),
- mittlerem Strukturniveau:
  - mit Beziehungsstörungen, Leeregefühlen, neurotischen Symptomen,
- Borderlineniveau:
  - mit primitiver Abwehrkonstellation, Ich-Schwäche mit mangelnder Angsttoleranz und Affektkontrolle.

Literatur

Kernberg O (1975) Zur Behandlung narzißtischer Persönlichkeitsstörungen. Psyche 29:890–905
Kernberg O (1981) Objektbeziehungen und Praxis der Psychoanalyse. Klett-Cotta, Stuttgart
Kernberg O (1983) Borderline-Störungen und pathologischer Narzißmus. Suhrkamp, Frankfurt

H. Kohut

Symptome bei narzißtischer Persönlichkeitsstörung

- Arbeits- und Konzentrationsstörungen,
- perverse Handlungen,
- schwere Selbstwertprobleme,
- intensive Gefühle der Leere, der Verlassenheit, der Sinnlosigkeit,
- Depression,
- Schamanfälligkeit,
- Kränkbarkeit,

- Störungen des „Körperselbst",
- Erkennung der narzißtischen Störung v.a. an der Beobachtung der Übertragung.

Genese

- Fixierung an das archaisch bleibende Größenselbst:
  - Angst vor neuerlicher Zurückweisung abgewehrt,
  - vertikale Spaltung (Abspaltung von Größenphantasien; neben arroganter Haltung Minderwertigkeitsgefühle),
  - horizontale Spaltung (Abwehr gegen die Forderungen des arachaischen Größenselbst, verbunden mit depressiven Verstimmungen, Minderwertigkeitsgefühlen, Kälte, distanziertem Verhalten).
- Fixierung an die arachaisch idealisierte Elternimago:
  - Unterbrechung des normalen Prozesses der Entidealisierung der Elternimago,
  - Verinnerlichung elterlicher Funktionen verhindert,
  - daraus resultierende Störungen:
    - allgemeine Strukturschwäche,
    - narzißtische Verwundbarkeit,
    - mangelhafte Fähigkeit zur Neutralisierung sexueller und aggressiver Triebimpulse,
    - immer auf der Suche nach äußeren Autoritäts- und Idealfiguren (unvollkommene Idealisierung des Über-Ich).

Klassifizierung der Selbstobjektübertragungen

- Spiegelübertragung,
- idealisierende Übertragung,
- Zwillings- oder Alter-Ego-Übertragung.

Kernpsychopathologie

- Primärer Defekt des Selbst (nicht mehr Defekte des Ich, Über-Ich und Funktionsstörungen):
  - tiefste Schichten betroffen,
  - Störungen im Bereich des archaischen Größenselbst,
  - Ursprünge in der präverbalen Phase,
  - mangelnde Spiegelung der Mutter,
  - gesunde Grandiosität des Kindes mißlingt.

  Defensive (sekundäre) Strukturen des Selbst dienen der Abwehr des Selbstdefekts:
  - aktiviert bei narzißtischen Kränkungen,
  - kompensatorische Struktur oft Bestandteil des Selbst (System von Idealen, Ich-Funktionen und den Folgen mit Kreativität, Produktivität) mit der Chance, ein kohärentes Selbst zu entwickeln.

Das Selbst besteht aus 3 Bereichen (sie entsprechen den Selbstobjektbedürfnissen); 3 Pole:

- Strebungen,
- idealisierte Ziele,
- Fertigkeiten und Begabungen.

Literatur

Kohut H (1966) Formen und Umformungen des Narzißmus. Psyche 20:561–567
Kohut H (1971) Introspektion, Empathie und Psychoanalyse. Psyche 25:831–855
Kohut H (1973 a) Narzißmus. Suhrkamp, Frankfurt
Kohut H (1973 b) Überlegungen zum Narzißmus und zur narzißtischen Wut. Psyche 27:513–533
Kohut H (1975) Die Zukunft der Psychoanalyse. Suhrkamp, Frankfurt
Kohut H (1979) Die Heilung des Selbst. Suhrkamp, Frankfurt
Kohut H (1987) Wie heilt Psychoanalyse? Suhrkamp, Frankfurt

E. Jacobson

- Ich und Es und beide Arten von Trieben zuerst undifferenziert („frühestes psychophysiologisches Selbst").
- Unterscheidung von Selbst und Objekt, wie es erlebt wird, von dem realen Selbst und Objekt („Repräsentationen").
- Neben dem Fütterungsvorgang spielen alle befriedigenden und frustrierenden Erfahrungen eine Rolle: Überwindung des psychosexuellen Aspekts der Oralphase.
- Primär affektive Identifizierungen verschmelzen mit dem Objekt (durch Fähigkeit zur Empathie).
- Selektive Identifizierungen durch teilweise Introjektion.
- Förderung einer festen libidinösen Besetzung des Selbst und der Objekte durch erträgliches Maß an Frustration.
- Wachstumsfördernde Eigenschaften des Aggressionstriebes; das Kind erlebt nicht nur Frustration, sondern auch
  - Ambition,
  - Besitzgier,
  - Rivalität,
  - Enttäuschung,
  - Versagen.
- Dauerhafte Identifizierungen hängen vom Gleichgewicht von Libido und Aggression ab.
- Objektbeziehungen wachsen entsprechend dem Erreichen der Identität.
- Schritte zur Strukturierung (erste Wochen):
  - Triebe haben sich geschieden in libidinöse und aggressive,
  - Neutralisierung hat begonnen,
  - Repräsentationen des Selbst und der Objektwelt werden aufgebaut.

Theorie der Psychose

- undifferenzierte Selbst- und Objektrepräsentanzen verschmelzen,
- dem Psychotiker fehlt die Identität.

Depression

- intrapsychischer Konflikt zwischen der Wunschvorstellung des Selbst und der Imago des versagenden Selbst;
- bei frühem Objektverlust, Unfähigkeit des primitiven Ich zu trauern und narzißtische und Ambivalenzkonflikte aufzulösen;
- Objekte unterschätzt und überidealisiert.

Über-Ich

Außer den bekannten Funktionen:

- Aufrechterhaltung der Identität durch das Über-Ich;
- liefert ein stabiles Gleichgewicht,
- reguliert die Selbsterhaltung,
- ist Indikator des gesamten Ich-Zustands,
- trägt zur Entwicklung einer kohärenten, konsistenten Abwehrorganisation bei (wird sonst dem Ich zugeschrieben).

Literatur

Jacobson E (1973) Das Selbst und die Wahl der Objekte. Suhrkamp, Frankfurt
Jacobson E (1975) Denial and regression. J Am Psychoanal Assoc 5:61–87
Jacobson E (1978) Depression. Suhrkamp, Frankfurt

M. Klein

Zur präödipalen Phase des Kindes

- Betonung des oralen Sadismus, der Einverleibung bzw. Inkorporation.
- Das Kind hat Angst vor dem eigenen Sadismus, schützt sich durch die Phantasien der Einverleibung des väterlichen Gliedes.
- Introjiziertes Glied bildet Grundlage des Über-Ich mit der Möglichkeit, Haßimpulse zu projizieren bzw. sadistische Wünsche zu hemmen.

I. Phase der oralen Aggression

1. Sadismus der mütterlichen Brust gegenüber.
2. Sadismus wird auf das väterliche Glied übertragen.
3. Das väterliche Glied ist im Leib der Mutter.
4. Der Sadismus richtet sich allgemein gegen die Mutter.

II. Phase der Abwehr

1. Das Glied wird introjiziert.
2. Damit wird die Grundlage des Über-Ich gebildet.
3. Dies ermöglicht Projektion und Aggression in die Umwelt.
4. Die Aggression kann durch Strenge eingedämmt werden.

III. Phase von wechselnder Projektion durch Introjektion

1. Die Projektion sadistischer Impulse in die Umwelt schafft „böse" Objekte.
2. Diese werden durch orale Aggression wieder inkorporiert und introjiziert.
3. Introjektionen bilden zusätzlich die Grundlage des Über-Ich.
   - Entwicklung des Ödipuskomplexes vor der eigentlichen ödipalen Phase.
   - Entwicklung des Über-Ich vor der oralen Phase.
   - Unterschied in der Entwicklung von Mädchen und Jungen:
     - Das Mädchen identifiziert sich mit der Mutter, die den Penis einverleibt hat, glaubt deshalb, auch ein Glied zu besitzen (deshalb Entwicklung eines stärkeren Über-Ich und länger anhaltendender Allmachtsvorstellungen).
     - Der Junge entdeckt früh die Existenz seines Gliedes; er will das väterliche Glied im Leib der Mutter zerstören; erst dann entwickelt sich die Kastrationsangst.

Depression

- Unbewußte Phantasien über die endgültige Zerstörung des „guten“ Objektes (Mutterbrust oder Mutter-und-Vater-Imago);
- das Ich kann die „guten“ Objekte nicht gegen die sadistischen Impulse schützen.

Neurose/Psychose

- Versuche des Ich, die Angst zu überwinden, sich nicht gegen die sadistischen Impulse wehren zu können.

Literatur

Klein M (1962) Das Seelenleben des Kleinkindes und andere Beiträge zur Psychoanalyse. Klett, Stuttgart (Beiheft zur „Psyche“)

Knapp G (1988) Narzißmus und Primärbeziehung. Psychoanalytisch-anthropologische Grundlagen für ein neues Verständnis von Kindheit. Springer, Berlin Heidelberg New York London Paris Tokyo

Money-Kyrle RE (1975) Melanie Kleins Beiträge zur Psychoanalysse. Psyche 29:223–241

Wyss D (1972) Die tiefenpsychologischen Schulen von den Anfängen bis zur Gegenwart. Vandenhoeck & Ruprecht, Göttingen

D.W. Winnicott

Eigene Thesen

- Das Selbst ist wieder das werdende Selbst.
- Wichtig: ausreichend gute/nicht ausreichend gute „child care“.
- Enge symbiotische Beziehung („There is no such thing as a baby“).
- Der Säugling ist ein erlebendes („experiencing“) Individuum in der Beziehung zu seiner Umwelt.
- Zwei Aspekte des Selbst:
  - erfährt sich aus der interpersonalen Kommunikation; aus der gemeinsamen Lebenserfahrung zwischen Kleinkind und Mutter zur Erfahrung des intermediären Raumes, zum Erleben in der kulturellen Erfahrung;
  - das nicht kommunizierende, zentrale Selbst kommuniziert in Fällen von Gesundheit primär nicht.
- Für die „continuity of being“ ist eine perfekte Umgebung nötig. Sie paßt sich aktiv den Bedürfnissen der neugeformten Psyche-Soma-Struktur an („good-enough mother“).
- „Fördernde Umwelt“ für Reifungsprozeß unabdingbar.
- Aus der primären Nichtintegration entwickelt sich die Integration.
- Erreichen einer psychosomatischen Existenz durch die mütterlich Pflege.
- Die gesunde Entwicklung setzt die Spiegelfunktion der Mutter voraus.
- Konzept des „wahren und falschen Selbst“:
  - das wahre Selbst stammt aus der Lebendigkeit des Körpers (Herzschlag, Atmung, Muskelaktivität); die spontane Geste ist das wahre Selbst in Aktion;
  - das falsche Selbst stammt aus der Anpassung des Säuglings an die Mutter; die „not good-enough mother“ drängt dem Kind ihre eigene Geste auf.
- Prägung des Begriffs „Übergangsobjekt“, Übergangsphänomen im Sinne des Erkennens als Nicht-Ich-Objekt.

- Es gibt drei bedeutsame Entwicklungsaufgaben:
  - Integration der Persönlichkeit,
  - Personalisierung = Verknüpfung von Soma und Psyche,
  - Aufnahme von Beziehungen zum Objekt.
- Ich-Stärke verbunden mit
  - „von der Abhängigkeit zur Unabhängigkeit",
  - der „Fähigkeit, von einem zum anderen zu wechseln",
  - der „seelischen Beweglichkeit",
  - der „Möglichkeit zur spielerischen Entspannung",
  - einem Körper als Quelle lustvoller Freude.
- Gesundheit oder Normalität ist eine Frage der Reife und nicht des Freiseins von Symtomen.
- „Geistig-seelische Erkrankungen sind Muster des Kompromisses zwischen Erfolg und Scheitern in der emotionalen Entwicklung des Individuums".
- Zur Psychosomatik:
  - Das „Ziel psychosomatischer Symptombildung liegt häufig darin, die gefährdete psychosomatische Partnerschaft zwischen Körper und Seele wiederherzustellen bzw. abzusichern":
  - Das „Fehlen einer psychosomatischen Krankheit kann Gesundheit bedeuten, jedoch nicht unbedingt Leben":
  - Gesundheit heißt, daß „ein Mann und eine Frau das Gefühl haben, ihr eigenes Leben zu leben: sie besitzen ein Gefühl für ihr eigenes Selbst und ihr eigenes Sein".
  - Der Gesunde benötigt wenig „Technik der Verleugnung und Projektion".
  - Das Spiel ist Ausdruck von Gesundheit: denn „Spielen ermöglicht Reifung";
  - Gesundheit umschrieben mit Begriffen:
    - „innere Freiheit der Person",
    - „Fähigkeit zu Glauben und Vertrauen",
    - „Fähigkeit zur Realitätsprüfung und Objektkonstanz",
    - „Freiheit von Selbsttäuschungen" und
    - „Reichtum der persönlichen psychischen Realität".
- Zur Psychoneurose:
  - = "Ausdruck, mit dem man die Erkrankung von Menschen bezeichnet, die im Stadium des Ödipuskomplexes krank geworden sind, in dem Stadium, in dem die Beziehung zwischen drei ganzen Personen erlebt werden kann".
  - Gehört zu den Abwehrmechanismen, die sich „um Ängste und Konflikte relativ normaler Menschen aufgebaut" haben;
  - Der Grad der Krankheit spiegelt sich im Grad der Starrheit der Abwehr";
  - „Der Psychoneurotiker ist im frühesten Säuglingsalter angemessen versorgt worden".
- „Bei der Borderlineerkrankung ist der Kern der Störung ein psychotischer ..., wobei der Patient allerdings soweit psychoneurotisch organisiert ist, daß er stets in der Lage bleibt, psychoneurotische oder psychosomatische Störungen zu produzieren, wenn die eigentliche psychotische Angst in unverarbeiteter Form durchzubrechen droht".
- Zur Depression:
  - „Zwischen Psychoneurose und Schizophrenie liegt das ganze Gebiet, das man mit dem Wort Depression bezeichnet";

  - „Am Ende der Skala, jenseits der schizoiden Depression, steht die eigentliche Schizophrenie".
- Zur Psychose:
  - „Im Zentrum steht ein grundlegender Mangel an echter Beziehung zur äußeren Realität";
  - die „Objektbeziehungen laufen schief";
  - die Fähigkeit zur Symbolisierung fehlt;
  - das „Fehlen von Widerständen weist auf Mängel der Ich-Entwicklung hin";
  - es besteht nur eine „rudimentäre Verbundenheit zwischen Psyche und Soma";
  - „intellektuelle Funktionen sind hypertrophiert";
  - „Abwehrmechanismen sind in einem chaotischen Zustand, Desintegration und primitive Abwehr herrschen vor";
  - „der Psychotiker wehrt sich gegen die Vernichtungsdrohung";
  - Psychotische Ängste = „primitive Qualen":
    - in Stücke zu zerfallen,
    - unaufhörlich zu fallen,
    - „psychosomatische Partnerschaft, Realitätsprüfung und jegliche Kommunikationsfähigkeit zu verlieren";
  - Psychotische Erkrankung als „Abwehrorganisation ..., die das wahre Selbst stützen soll";
  - „Abwehr der schrecklichen Ängste des paranoiden Zustandes im frühesten Säuglingsalter": (Möglichkeiten)
    - „Rückzug in den autistischen Zustand",
    - „Aktive Desintegration der infantilen Psychose";
    - „Entwicklung einer infantilen Schizophrenie" (Desintegration richtet sich gegen die archaische Angst, wenn das Halten im Stadium der absoluten Abhängigkeit fehlt);
    - „Entwicklung des falschen Selbst" [eines „Pseudo-Selbst, das eine Ansammlung von zahllosen Reaktionen auf eine Aufeinanderfolge von verfehlten Anpassungsversuchen" (der Umwelt) ist];
    - „Intellektuelles falsches Selbst": „Die Lücke zwischen der vollständigen und unvollständigen Anpassung (der Mutter) wird durch die intellektuellen Prozesse des Individuums bewältigt ...". „Bestimmte Arten des Versagens, insbesondere unberechenbares Verhalten, rufen eine übermäßige Aktivität der geistigen Funktionen hervor."
      Folge: „Hypertrophie von intellektuellen Prozessen".

(Wörtliche Zitate: Winnicott, aus Auchter 1989.)

Literatur

Auchter T (1989) Gesundsein und Kranksein. Ein fiktives Gespräch mit Donald W. Winnicott. Forum Psychoanal 5:153–167

Winnicott DW (1974) Reifungsprozesse und fördernde Umwelt. Kindler, München

Winnicott DW (1997) Vom Spiel zur Kreativität. Übergangsobjekte und ihre Funktion bei der Entwicklung des Ich und des Selbst, 9. Aufl. Klett-Cotta, Stuttgart

Wilfried Rupprecht Bion (1897–1979)

- Nachfolger Melanie Kleins;
- „Theorie des Denkens“ = Modell „Container - Contained“:
  - Modell
    - der Konzeption (Penis in Scheide, Spermien in Ovar)
    - der Gestation (Embryo in Uterus)
    - des Stillens (Brustwarze-im-Mund, Milch-im-Bauch)
    - des Ausscheidens (Kotstange-im-Dickdarm).
- Basis für psychosomatisches Erleben von Anfang des Lebens an.
- Sinn und Zweck des „Containers“: → „Etwas“ = „Contained“ in sich aufnehmen → dadurch entsteht etwas Drittes zum Vorteil aller drei.
- Modell für die Entstehung der Denkfähigkeit für das Lernen aus Erfahrung = somato-psychische Erfahrung, besteht aus:
  - „Beta-Elementen“ („Rohbausteine“, die sich Platz suchen, wo sie wachsen und transformiert werden können),
  - „Alpha-Elementen“ = durch „Rêverie“ und „Alpha-Funktion“ umgewandelte „Beta-Elemente“,
  - „negative Kapazität“ = Fähigkeit aufzunehmen, ohne zu beurteilen, zu erklären, „mit dem Erlebten einfach sein können“; erfordert Geduld und Sicherheit.

Das aufnehmende Objekt (die Psyche des Containers) muß in der Lage sein, das vom Subjekt Aufgenommene (Hineinprojizierte, Schmerzhafte, Unverstandene, „Nichtdenkbare“) zu metabolisieren, den Vorgang nachzuvollziehen. Erst dann kann es dieses dem Subjekt dosiert zurückgeben.

Literatur

Bion WR (1990) Lernen durch Erfahrung. Suhrkamp, Frankfurt

Lazar RA (1990) Supervision ist unmöglich: Bions Modell des „Container und Contained“. In: Pühl H (Hrsg) Handbuch der Supervison. Beratung und Reflexion in Ausbildung, Beruf und Organisation. Edition Marhold im Wissenschaftsverlag Volker Spiess, Berlin

2 Traum

Entscheidungsfreiheit, Traum und Tod heben den Menschen über das Tier mit seinem nur instinktiven Verhalten hinaus.

Traum allgemein

- Hüter des Schlafes,
- Ventil für Konflikte,
- Mittel der Wunscherfüllung,
- Mittel der Bestrafung (durch Angst),
- existentielles Geschehen (das dem Träumer „etwas sagen will"),
- „Schattenseitenerleben" (nach Jung „dunkle Seite" der Person),
- Stück Lebensgeschichte,
- Versuch einer „Problemlösung".

3 Traumkategorien

- sinnvoll, verständlich (Träume lassen sich, v. a. bei Kindern, in Erlebniszusammenhang einfügen);
- sinnvoll, aber befremdlich (scheinbar nicht zum Erleben passend);
- sinnlos, befremdlich (scheinbar unzusammenhängend und verworren).

Traumtheorie (nach Freud)

Der manifeste *Traum* (das, was erzählt wird) entsteht aus den *dahinterliegenden Traumgedanken* durch die *Traumarbeit*; diese unterliegt einer inneren *Zensur*, um peinliche, angstauslösende Gedanken herauszufiltern durch

- Verdichtung (wie mehrfach übereinander belichteter Film; „Mischpersonen"; Doppelsinn),
- Verschiebung (emotional Bedeutsames wird auf Nebensächliches „verschoben"),
- Symbolik (ähnlich wie Bilderrätsel; Zuständigkeiten werden durch Gegenständliches ausgedrückt),
- Traumarbeit (die durch Deutungsarbeit „rückgängig" gemacht wird).

Die Traumsprache artikuliert sich vorwiegend bildhaft. Der Analytiker hat eine Übersetzungsaufgabe: Bilder sollen in Worte und Gedanken gefaßt werden. Inzwischen bekannt: Im REM-Schlaf (REM = „rapid eye movement") werden eher irrationale, im Non-REM-Schlaf eher „vernünftige" Träume geträumt.

Zwei Arten von vollständig und lebhaft erinnerten, normalen Träumen

1. Der Träumer spürt nichts von seinem Körper:
   - das Ich im Traum ist ein seelisches Ich,
   - Libido ist dem Körper entzogen, zum Es zurückgeströmt,
   - Ich trifft auf Objektvorstellungen, die von der libidinösen Besetzung aktiviert wurden = bis zur Illusion der Realität – der Träumer spürt seinen Körper nicht.
2. Der Träumer spürt lebhafte Empfindungen körperlich:
   - „typische" Träume vom Fliegen, von Nacktheit,
   - Träumer stellt sich selbst dar, allenfalls Teilobjekte erscheinen im Traum,
   - lebhaft, Details der Umgebung, Landschaft, Personen, der Realität.

Traumentstehung (s. Abb. 10)

- Tagesreste und
- infantile (unbewußte) Wünsche;
- Ursprung, Wesen, Funktion des Traumes als Versuch der Beseitigung psychischer Reize mit Hilfe halluzinatorischer Befriedigung (Freud 1916/17);
- Traum als Kompromiß zwischen
  - Schlafwunsch und
  - Selbstbestrafungswunsch (vom Über-Ich ausgehend);
- Träume sind absolut egoistisch (Freud 1900);
- im Traum geht es um Selbstdarstellungen durch Identifizierungen;
- „Selbstzustandsträume" (nach Kohut 1979; bildhafte Darstellung der bedrohlichen Selbstauflösung, z. B. Flugträume).

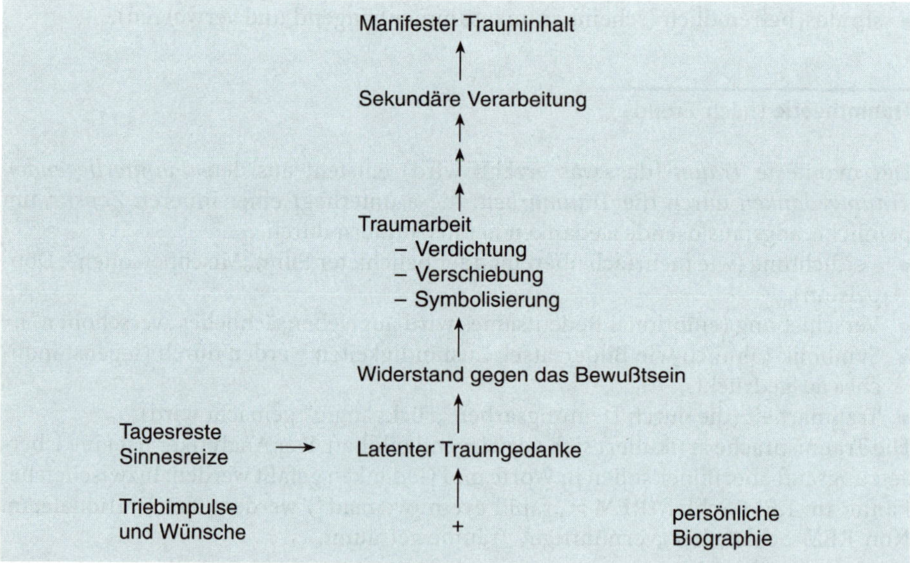

Abb. 10. Traumentstehung. (Nach Mertens 1999)

Technik der Traumdeutung

Sinn: Sinnbewußtes (Triebe, Abwehrmechanismen, Tabus, genetische Zusammenhänge, Übertragungsgeschehen) bewußt machen; Traumarbeit rückgängig machen, latente Gedanken wiederfinden, und zwar mittels

- freier Assoziation (freie Einfälle zum Traum)
- Herstellen der „analytischen Situation" (Analysand soll keine Reaktion des Analytikers wahrnehmen, um nicht beeinflußt zu werden),
- Konfrontation, um
  - eine Erschütterung zu bewirken,
  - eine Bewußtseinserweiterung zu ermöglichen,
  - Kräfte freizusetzen, die in den Abwehrmechanismen gebunden waren,
  - Ziele aufzuzeigen oder auf Ziele hin den Analysanden wachsen zu lassen.

Arten der Traumdeutung (des Traumgeschehens)

- Objektstufendeutung (Verdichtung der Erlebnisse mit realen Personen),
- Subjektstufendeutung (vorkommende Personen als Personifizierung eigener Wesenszüge, leibhaftig gewordene „Teilseelen"),
- Übertragungsdeutung (bezogen auf die analytische Situation),
- kategoriale Deutung (dynamischer Aspekt, was tut der Träumende?),
- Symboldeutung (heute eher vorsichtig gehandhabt).

Drei Widerstandsformen

- endlose Assoziationen (gehen nicht in die Tiefe),
- Patient träumt nicht, vergißt die Träume,
- Traumüberschwemmung (Analytiker wird mit Material zugedeckt).

Initialtraum: Wichtig, enthält oft Struktur, Genese, Problematik, Ansatzmöglichkeiten für die Gesundung (kann oft erst am Ende der Analyse verstanden werden).

Gefahr der Spekulation; Schutz durch

- Einfälle des Träumers, nicht die des Analytikers heranziehen, Zurückhaltung eigener Aktivität;
- jeden Traum in Zusammenhang mit dem ganzen Leben des Träumers sehen (Tagesrest, Diagnose, Stand der Analyse);
- Therapeut muß eigene Erfahrung haben; sie kontrollieren lassen von Erfahrenen;
- Evidenzerlebnisse des Analysanden wichtig.

Die Traumdeutung muß 3 Komponenten haben

- Übertragungsbeziehung,
- aktuelle Außenbeziehung,
- historische Dimension.

Anforderungen an die Traumdeutung (nach French u. Fromm 1964)

- Die verschiedenen Bedeutungen eines Traumes müssen zusammenpassen.
- Sie müssen zur emotionalen Situation des Träumers im Augenblick des Träumens passen.

- Ein Teil darf nicht für das Ganze genommen werden.
- Prokrustesbett-Technik darf nicht angewendet werden.
- Zwei Schritte der Deutungsarbeit:
  - aktuelles Problem,
  - gleichartiges historisches Problem (evtl. Übertragungsaspekt).
- Prüfbarkeit:
  - Rekonstruktion der kognitiven Struktur des Traumes,
  - Widersprüche als wichtige Hinweise für neue Ideen.
- Mehrere Träume sind nötig für „historical interpretations".

Literatur

Anzieu D (1991) Das Haut-Ich. Suhrkamp, Frankfurt
French TM, Fromm E (1964) Dream interpretation. Basic Books, New York
Freud S (1900/1952) Traumdeutung. Imago, London, GW Bd 3, 1942
Freud S (1916/17, 1952) Vorlesungen zur Einführung in die Psychoanalyse. GW Bd 11, 1940
Freud S (1925/1952) Bemerkungen zur Theorie und Praxis der Traumdeutung. GW Bd 13, S 299–314, 1940
Greenson RR (1973) Technik und Praxis der Psychoanalyse. Klett, Stuttgart
Jung CG (1943) Über die Psychologie des Unbewußten. Rascher, Zürich
Kohut H (1979) Die Heilung des Selbst. Suhrkamp, Frankfurt
Lüders W (1982) Traum und Selbst. Psyche 36:813–829
Mertens W (1999) Traum und Traumdeutung. Beck, München
Spence DP (1981) Toward a theory of dream interpretation. Psychoanal Contemp Thought 4: 383–405
Thomä H, Kächele H (1996) Lehrbuch der psychoanalytischen Psychotherapie, 2. Aufl. Springer, Berlin Heidelberg New York Tokyo
Wolman BB (ed) (1975) Handbook of dreams. Van Nostrand, New York

Teil 2
Spezielle Neurosenlehre

3 Konflikt (Abb. 11, 12)

Konfliktreaktion

- abnorme Erlebnisreaktion,
- erlebnisreaktive Störungen
  - mit psychischen und körperlichen Symptomen,
  - von begrenzter Dauer,
  - mit guter Prognose,
  - sind keine Neurosen.

Erschöpfungsreaktion

- unspezifische Gruppe von Beeinträchtigungen vorwiegend vegetativer Art mit fließenden Übergängen zur Neurose.

Neurotischer Konflikt

- Konflikt zwischen Es und Ich,
- verinnerlichter Konflikt zwischen ursprünglichen Bedürfnissen des Individuums und den Bedürfnissen und Interessen der Außenweltobjekte.

Einteilung der Konflikte

- *Äußerer Konflikt, realer Konflikt*, mit Realangst einhergehend zwischen Individuum und Umwelt; Umwelt entscheidend, muß nicht neurotisch sein.
- *Verinnerlichter Konflikt, Gewissenskonflikt*, mit Gewissens- oder Über-Ich-Angst einhergehend; äußere Konfliktsituation durch Internalisierung verinnerlicht; Konflikt zwischen Ich und Über-Ich (Wünsche nach Befriedigung u. Versagung der Befriedigung); Umwelt indirekt beteiligt; muß nicht neurotisch sein.
- *Innerer Konflikt, neurotischer Konflikt*, mit Es- oder Triebangst einhergehend; Konflikt zwischen Es und der durch das Über-Ich verstärkten Abwehrstrukturen des

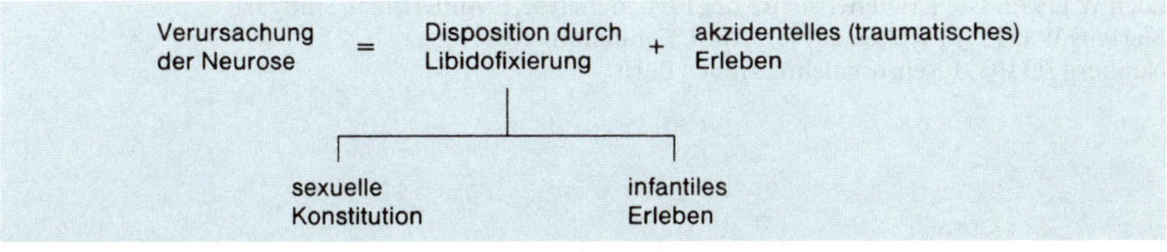

Abb. 11. Verursachung der Neurose nach Freud. (Nach Mertens 1996)

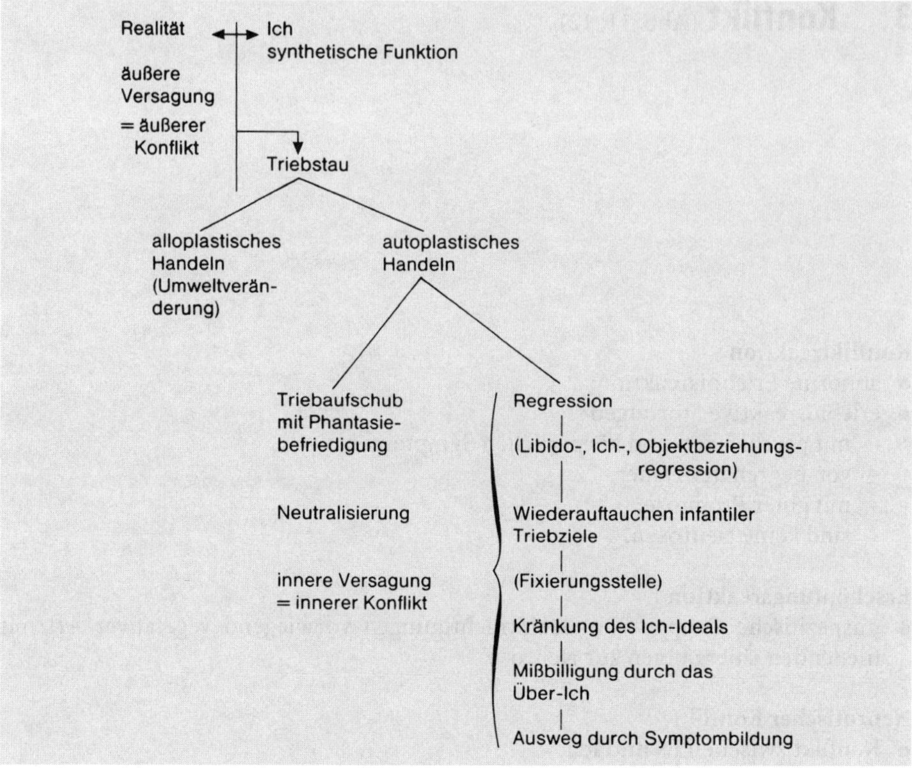

Abb. 12. Zusammenhang von äußerem und innerem Konflikt. (Nach Mertens 1996)

Ich; Ambivalenzkonflikt (triebhafte gegensätzliche Impulse vorhanden), ohne Beteiligung der Umwelt.

Literatur

Bräutigam W (1994) Reaktionen – Neurosen – Abnorme Persönlichkeiten, 6. Aufl. Thieme, Stuttgart New York
Freud S (1895/1952) Studien über Hysterie. Imago, London, GW Bd 1, 1952
Freud S (1915/1952) Einige Charaktertypen aus der psychoanalytischen Arbeit. GW Bd 10, 1946
Freud S (1916/17, 1952) Vorlesungen zur Einführung in die Psychoanalyse. GW Bd 11, 1940
Loch W (1999) Die Krankheitslehre der Psychoanalyse, 6. Aufl. Hirzel, Stuttgart
Mertens W (1995) Psychoanalyse, 5. Aufl. Kohlhammer, Stuttgart
Nunberg H (1959) Neurosenlehre. Huber, Bern

4 Neurosen

Charakterisierung, Differentialdiagnose, Therapie (Abb. 13)

DEFINITION

- Mißlungene Verarbeitungs- und Lösungsversuche unbewußter, von ihrer Genese her infantiler Konflikte, die durch eine auslösende Situation reaktiviert wurden (Psychoanalyse);
- Lösungsversuche von unbewußten Trieb-Abwehr-Konflikten mit intraindividuell unteroptimalem Ausgang (Psychoanalyse);
- erlerntes, fehlangepaßtes Verhalten mit der Ausbildung bedingter Reflexe (Lerntheorie).
- Neurosen sind geprägt von
  - Kompromißbildungen,
  - Folgezuständen reaktivierter, unbewußter, infantiler Konflikte,
  - Lösungsversuchen.

Mechanismus neurotischer Symptombildungen

- konflikthafte verdrängte Erlebniszusammenhänge dringen in das Bewußtsein ein; sie bestehen aus 5 Teilstücken:
  - Vorstellung (im Symptom etwa als Zwangsvorstellung sichtbar),
  - dazugehöriger Affekt (neurotische Depression),
  - korrespondierender motorischer Impuls (v.a. bei Zwangshandlungen und Konversionssymptomen),
  - vegetative Begleiterscheinungen des Affekts (Zittern, Erröten),
  - sekundärer negativer Affekt, mit dem Komplex gekoppelt, führte ursprünglich zu seiner Verdrängung (meist Angst).

Neurose geht einher mit

- Entwicklungsstörungen der Persönlichkeit; dabei Einschränkungen
  - im emotionalen Bereich,
  - der zwischenmenschlichen Entfaltungsmöglichkeiten,
  - der Selbstbejahung,
  - der Entfaltung sexueller, motorischer, aggressiver Triebregungen,
  - der Fähigkeit zu vertrauensvoller Hingabe;
- Fixierung an eine belastende infantile Grunderfahrung mit Bildung von „Komplexen", die Weltbezug stören;

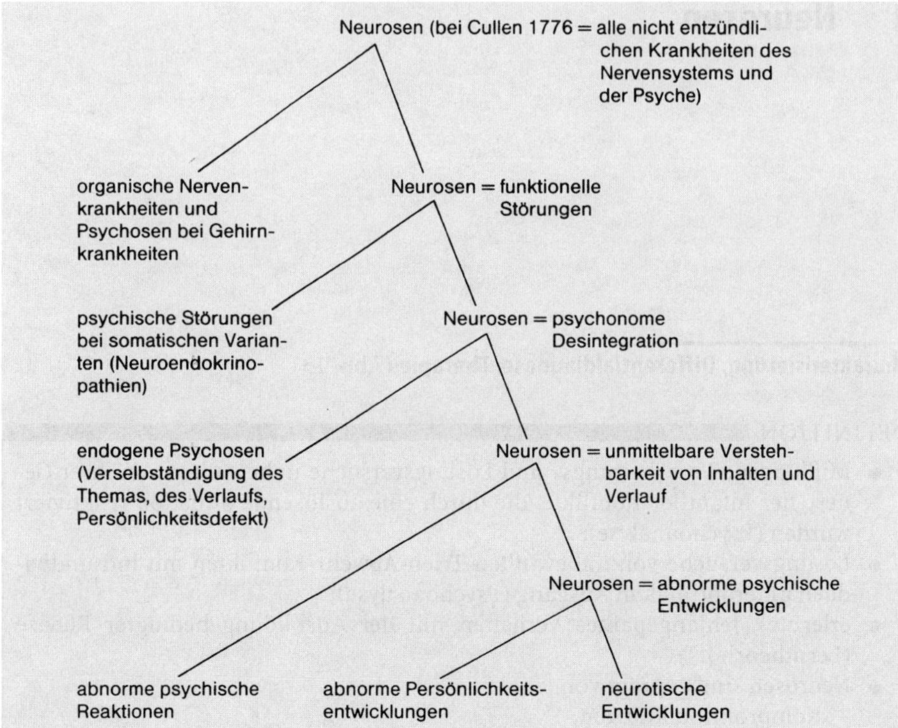

Abb. 13. Begriffsentwicklung. (Nach Binder, zit. nach Bräutigam 1978)

- unbewußten Einschränkungen;
- Konflikt zwischen bestimmten (Es-)Vorstellungen und verdrängenden (Über-Ich-)Tendenzen;
- charakterliche Fehlhaltungen mit
  - Unsicherheit, Ängstlichkeit, Hemmungen,
  - Ambivalenzkonflikten in Beziehungen,
  - Störungen der eigenen Gefühlswelt,
  - Störungen in der Gefühlsbeziehung zu anderen Personen;

Tabelle 11. Einteilung (geschichtlich). Nach Laplanche u. Pontalis 1986)

1915	Aktualneurosen	Neuropsychosen		
		Übertragungs ~	narzißtische ~	
1924	Aktualneurosen	Neurosen	narzißtische Neurosen	Psychosen
Gegenwärtige Einteilung	Psychosomatische Affektionen	Neurosen	Psychosen	
			manisch-depressive ~	Paranoia, Schizophrenie

- Symptomen wie
  - phobischen Ängsten,
  - Zwangsgedanken und -impulsen,
  - wiederholten Verstimmungen,
  - körperlichen Konversionserscheinungen,
  - charakterlichen Fehlhaltungen.

Neurose umschreibt
- emotionale und kognitive Entwicklungsstörungen.

Dynamisches Neurosenverständnis der Psychoanalyse
(Nach Hoffmann u. Hochapfel 1995)

DEFINITION

> Neurosen sind Versuche (Kompromißbildungen), unlösbare Konflikte in einen subjektiv leichter erträglichen Zustand umzuwandeln.

Zur Genese: Die neurotischen Konflikte sind
- unbewußt,
- biographisch verstehbar,
- infantile Internalisierungen ursprünglich sozialer Konflikte.

Zur Finalität: Die neurotischen Erscheinungen (Symptome) sind
- ein Kompromiß zwischen subjektiv unvereinbaren Tendenzen,
- Versuche, Angst (und/oder Unlust) um jeden Preis zu vermeiden,
- ein Rekonstruktions- und Selbstheilungsversuch,
- die individuell bestmögliche Organisationsform eines psychischen Konflikts,
- ein Versuch einer subjektiv erträglichen Selbstwahrnehmung und Selbstdarstellung,
- als Konfliktlösung letztlich unzureichend („unteroptimal").

Typische Charakterstrukturen
(Nach Freud, zit. nach Hoffmann u. Hochapfel 1995) (Abb. 14)

Oraler Charakter
- Gier nach Speisen und Menschen,
- Abhängigkeit von anderen,
- Tendenz zu symbiotischen Bezügen und Identifikationen,
- Sublimierung: Feinschmecker, Redner,
- Reaktionsbildung: Askese, Ungeselligkeit.

Analer Charakter
- Neigung zu Wutausbrüchen,
- sadistische Impulse, Ärger, Haß, Rachsucht,
- Reaktionsbildung (analer Charakter im gebräuchlichen Sinne):
  - Ordnungsliebe (Pedanterie),

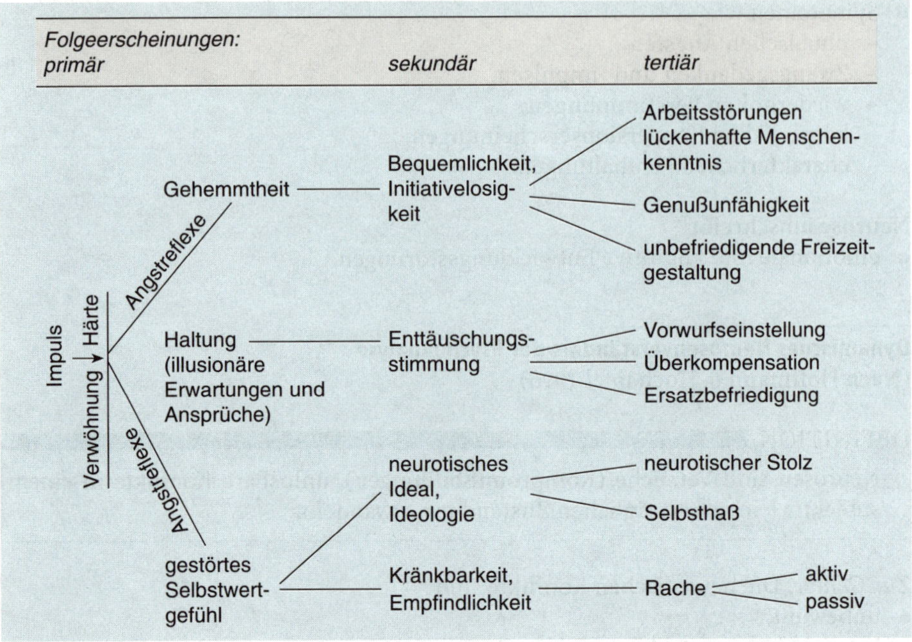

Abb. 14. Neurotische Störungen im Rahmen des Strukturmodells (Nach Heigl 1987)

- Sparsamkeit (Geiz),
- Eigensinn (Intoleranz).

Urethraler Charakter
- Ehrgeiz,
- Herrschsucht,
- Rivalität.

Phallischer Charakter
- Neid, Rivalität, (bei Frauen) Minderwertigkeitsgefühle gegenüber den Männern,
- Unzufriedenheit mit der eigenen Geschlechtsrolle,
- Aggressivität,
- Wünsche, andere zu dominieren.

Narzißtischer Charakter
- Selbstliebe, Selbstverherrlichung,
- Wunsch nach (passivem) Geliebtwerden,
- Selbsterhaltung,
- kühle Menschen, die sich als unwiderstehlich erleben,
- Sublimierung:
  - Schauspieler,
  - Führertypen, die andere beeinflussen können.

Tabelle 12. Grobe Zuordnung der Konflikte und Symptome zu den Entwicklungsphasen. (Nach Hoffmann u. Hochapfel 1991)

Psychosexuelle Entwicklung	Impulse	Konflikte	Neurose
– oral/intentional	selbstbildbezogene (narzißtische)	narzißtische	„frühe Störung"
– oral	anaklitische	Abhängigkeits ~	depressiv
– anal	aggressive selbstbestimmende	Aggressions ~, Autonomie ~	zwanghaft
– phallisch/ödipal	(genital-)sexuelle	ödipale	hysterisch
– Latenz	–	–	–
– Pubertät	aggressive/sexuelle	Autonomie ~/ ödipale	

Genitaler Charakter

- Reif, liebevoll, freundlich, kontaktbereit.

Abwehrmechanismen und Neurosenstrukturen

Hysterische Neurose/Phobie

- Verdrängung,
- Verleugnung,
- Verschiebung,
- Projektion.

Neurotische Depression

- Identifizierung mit dem Aggressor,
- Wendung gegen das Selbst,
- Introjektion.

Zwangsneurose

- Intellektualisierung,
- Rationalisierung,
- Reaktionsbildung,
- Isolierung vom Inhalt, vom Affekt,
- Ungeschehenmachen.

Beurteilung des Schweregrades

Der Schweregrad hängt ab von

- Symptomen:
  - Art und Dauer der Symptomatik,
  - Einstellung des Patienten zu den Symptomen,
  - Umgang des Patienten mit den Symptomen,
  - Leiden an den Symptomen;

Tabelle 13. Neurosenlehre und psychosomatische Medizin (nosologische Gesamtübersicht). (Nach Hoffmann u. Hochapfel 1991)

	Psychische Symptome	Körperliche Symptome	Charakterliche Störung
„Frühe Störungen“	Atypische Neurosen, Borderlinesyndrome, narzißtische Neurosen, Psychosen		Süchte, Delinquenz, Soziopathie, neurotische Charaktere, Perversionen
Psychoneurosen	Klassische Psychoneurosen, „Übertragungsneurosen“	(Hysterische) Konversionsneurose, Ausdruckskrankheiten (v. Uexküll 1969)	Charakterneurosen
Psychosomatosen (im engeren Sinne)		Psychosomatosen („Somatopsychosomatosen“ nach Engel u. Schmale 1967) Organneurosen (Alexander 1950), Bereitstellungskrankheiten (v. Uexküll 1969)	Alexithymie?
Psychovegetative Erscheinungen		Funktionelle Syndrome „vegetative Dystonie“	

- sozialer Situation:
  - Modifizierbarkeit der Lebenssituation,
  - Einstellung des Lebenspartners,
  - finanzielle Möglichkeiten;
- biologischen Gegebenheiten:
  - Alter,
  - Intelligenz und Begabungen,
  - körperliche Krankheiten.

Prognostische Kriterien

Art der Symptomatik

- Alle länger anhaltenden Verhaltensstörungen sind Ausdruck einer schweren Neurose (Perversionen, Süchte).

Krankheitswert der Symptomatik

- Leise, unauffällige Krankheitserscheinungen (Charaktersymptome) deuten auf eine schwere, lärmende auf eine leichtere Neurose hin.
- Symptome sind dann schwerer therapierbar, wenn sie das Leben des Kranken bedrohen oder ihn hindern, eine soziale Rolle einzunehmen (Anorexia nervosa, Asthma bronchiale).

Tabelle 14. Differentialdiagnose entwicklungsbedingter Störungen. (Nach Hoffmann u. Hochapfel 1991)

	Konfliktreaktionen	Neurotische Entwicklungen	Abnorme Persönlichkeitsentwicklungen
Symptomatik	Abnorme Erlebnis- und Verhaltensweisen (Depression, Erschöpfung, Selbstmordversuch usw.)	Symptome von Krankheitswert wie hysterische Zeichen; Hemmungen, Verstimmbarkeit, Selbstunsicherheit	Gesellschaftlich unangepaßtes Verhalten durch starres Handelnmüssen und eingeengtes Erleben
Auslösung	Als Antwort auf äußere Belastungen und Konflikte	Charakteristische Versuchungs- und Versagungssituationen (Schlüsselerlebnisse)	Geringe äußere Anlässe (Schwellensituationen) oder schleichend
Verlauf	Abklingen mit Konfliktverarbeitung	Primordialsymptomatik in der Kindheit, Manifestation zwischen 20 und 40 Jahren, Neigung zur Chronifizierung	Bei eigenweltbestimmter und umweltstabiler Entwicklung eher in der 2. Lebenshälfte, Chronifizierungen
Ausgangspersönlichkeit	Bei unauffälligen, ausgeglichenen Persönlichkeiten	Bei introvertierten Persönlichkeiten, die auf eine unbewußte innere Konfliktsituation fixiert sind	Bei extravertierten, primär abnormen Persönlichkeiten, die agierend ihr Konfliktfeld in die äußere Umwelt projizieren

Dauer der Symptomatik

- Je länger sie besteht, desto schwerer ist sie behandelbar („chronisch“: länger als 1–$1^1/_2$ Jahre).
  - Versuchungs- und Versagungssituationen immer schwerer erinnerlich;
  - chronifizierende Abwehrhandlungen:
    sekundärer Krankheitsgewinn,
    Rationalisierungen,
    Gewöhnung,
    Finalisierung.

Primordialsymptomatik

- Bei Persistenz Zeichen einer schweren Neurose.

Einstellung des Patienten zu seinen Symptomen

- Beharren auf organischer Ursache der Krankheit deutet auf schwere Neurose hin (nicht iatrogene Fixierung!).

Umgang mit der Symptomatik

- Anstreben eines materiellen Vorzuges mit Hilfe der Symptome (z.B. Rente) weist auf schwere Neurose hin.

Leiden an der Symptomatik

- Bei Leiden an der irrealen, subjektiven Bedeutung des Symptoms liegt meist eine schwere Neurose vor.

Auslösesituation

- Bei leichter Versuchungs- oder Versagungssituation liegt eher eine schwere Neurose vor.

Strukturelle Kriterien

- Art des Leidensgefühls,
- Gestörtheit des Selbstwertgefühls (Kränkbarkeit, Rachetendenzen),
- neurotische Ideologie,
- Ausmaß der illusionären „Riesen"erwartungen,
- Ausmaß der (einer) Ersatzbefriedigung (Alkohol, Tabletten),
- Art der Freizeitgestaltung (schöpferische Möglichkeiten).

Therapierbarkeit der Neurose

(s. auch Kap. Differentialtherapeutische Überlegungen)

Sie hängt ab von

- phänomenalen Faktoren:
  - Symptomatik und soziale Situation,
  - biologische und konstitutionelle Faktoren;
- Möglichkeiten des Patienten:
  - Art der Psychodynamik,
  - neurotischer Struktur;
- Möglichkeiten des Therapeuten:
  - Art der Persönlichkeit,
  - eigene Antinomien;
- Setting:
  - im Liegen/Sitzen,
  - Stundenfrequenz,
  - räumliche Umgebung.

Literatur

Alexander F (1950, dt 1951) Psychosomatische Medizin. De Gruyter, Berlin
Battegay R (1971) Psychoanalytische Neurosenlehre. Huber, Bern
Binder H (1962) Der psychopathologische Begriff der Neurose. Schweiz Arch Neurol Psychiatr 89: 185–198
Bräutigam W (1994) Reaktionen-Neurosen-Abnorme Persönlichkeiten, 6. Aufl. Thieme, Stuttgart New York
Brenner C (1992) Grundzüge der Psychoanalyse, 15. Aufl. Fischer, Frankfurt
Cullen W (1777) First lines of the practice of physics, for the use of students (zit. nach Peters UH, 1984, Wörterbuch der Psychiatrie und medizinischen Psychologie. Urban & Schwarzenberg, München)
Elhardt S (1998) Tiefenpsychologie. Eine Einführung, 14. Aufl. Kohlhammer, Stuttgart
Engel GL, Schmale AH (1967, dt 1969) Eine psychoanalytische Theorie der somatischen Störung. Psyche 23: 241

Fenichel O (1977) Psychoanalytische Neurosenlehre. Walter, Olten
Heigl F (1987) Indikation und Prognose in Psychoanalyse und Psychotherapie, 3. Aufl. Verlag für Medizinische Psychologie, Vandenhoeck & Ruprecht, Göttingen
Hoffmann SO, Hochapfel G (1999) Einführung in die Neurosenlehre, Psychotherapeutische und Psychosomatische Medizin, 6. Aufl. Schattauer, Stuttgart (5. Aufl. 1995)
Laplanche J, Pontalis JB (1986) Das Vokabular der Psychoanalyse. Suhrkamp, Frankfurt
Loch W (1967) Krankheitslehre der Psychoanalyse. Hirzel, Stuttgart
Nunberg H (1971) Neurosenlehre. Huber, Bern
Rohde-Dachser C (1991) Neurosen und Persönlichkeitsstörungen. In: Kisker KP, Freyberger H, Rose HK, Wulff E (Hrsg) Psychiatrie, Psychosomatik, Psychotherapie, 5. Aufl. Thieme, Stuttgart
Waelder R (1983) Grundlagen der Psychoanalyse, 2. Aufl. Klett-Cotta, Stuttgart
Uexküll T von (1969) Funktionelle Syndrome in psychosomatischer Sicht. Wien Klin Wochenschr 81: 391

Hauptneurosenstrukturen

Schizoide Struktur

Zur Genese

- Störung aus der intentionalen Phase (erste Lebenswochen und -monate);
- für den Säugling wenig Gleichmäßigkeit, Verläßlichkeit, Wärme, Stabilität, Geborgenheit, Zuwendung;
- uneheliche Geburt;
- ablehnende Haltung der Umgebung;
- Heim- oder Klinikkinder;
- Kinder werden nicht in ihrem Wesen bejaht;
- mangelhafte Transformierung von narzißtischer Libido in Objektlibido: Die Welt bleibt fern, fremd, unvertraut, unheimlich, wird nicht „begriffen", kann nur aus „sicherer" Distanz erlebt werden.

Positionen des Schizoiden

- Wachsende Kluft zur Welt: Welt nicht mit Libido besetzt, wird blaß, farblos; innere Bilder und Empfindungen werden wichtiger; Körpergefühl kann Hypochondrie registrieren;
  archetypische Bilder tauchen auf, drohen, die Seele zu überschwemmen.
- Der Schizoide kann nur schwer zwischen den Objekten und seinem Ich unterscheiden (Ich-Findung setzt Objektfindung voraus);
  Unsicherheit, ob er es mit Außen- oder Innenobjekten zu tun hat (setzt sich der Nachbarzug in Bewegung oder der eigene?); dadurch
  Förderung der Wahnbildung; eigene Wünsche werden in die Umwelt projiziert: der Wahn wird zur Gewißheit und gibt (trügerischen) Halt; der Wahn tritt an die Stelle der äußeren Realität.
- Aggressive und sexuelle Antriebe sind kalt und urtümlich;
  durch mangelnden Objektbezug können sich die vitalen Triebe nicht entfalten, werden zurückgestaut – mit großer Explosivkraft;
  der Schizoide überspringt die Vorstufen der Annäherung, die eine menschliche Beziehung einleiten;
  erste Sexualpartner sind Dirnen oder masochistische Frauen.

- Schizoide spüren genau ihre eigene Gefährdung und die anderer Menschen;
  große Sensibilität, deshalb wird Kontakt zu den anderen vermieden;
  ständiges Mißtrauen gegen sich und andere;
  Derealisation;
  Verlust der Selbstidentität (fühlt sich als ein Fremder, Gedanken gehören nicht mehr ihm selber).

Verhaltensweisen/Haltungen des Schizoiden
- Ausgeprägtes Streben nach Autarkie und Unabhängigkeit,
- Distanziertheit, vornehme Kühle, unpersönlich,
- verletzendes Verhalten, Absonderlichkeiten mit gespreizter Sprache und Gestik,
- Interessen eher sachlich, objektiv betont.
- Beruf: eher abstrakte Bereiche (Kernphysik, Mathematik, Astronomie, Philosophie, Naturwissenschaften), um nicht mit Menschen und Emotionen in Kontakt zu kommen.
- Aufrechterhalten eines Fernkontakts zur Welt,
- Rationalist,
- Zyniker mit „treffenden" Urteilen, selbstüberheblicher Kritiker,
- in Gesellschaft: oft destruktives, zersetzendes Verhalten,
- Variationsbreite von mimosenhafter Empfindlichkeit bis zur Stumpfheit und Abschaltung jeglicher Gefühle (hoch differenzierte Künstler bis zu primitiven Rohlingen),
- Unfähigkeit, Wünsche zu äußern,
- erzwungene Höflichkeit, um nicht zu verletzten,
- Gefahr des Zurückweichens auf Stufe primitiver Undifferenziertheit,
- Gefahr des Zerfließens,
- kein Gefühl für Abgrenzung vom anderen (Haut als Kontaktorgan, auch als Grenze zwischen Ich und Nicht-Ich spielt eine große Rolle),
- läßt sich nur auf Unverbindliches ein,
- hat sexuelle Verhältnisse, keine Liebesbeziehungen,
- Rückzug auf Onanie oder Perversion,
- geschulte Intuition,
- exakte Beobachtungsgabe, Atmosphäre wird seismographisch erfaßt,
- kann die Gefühle abstellen,
- alles wird reflektiert, nicht erlebt: jedoch sehr brüchig, Kleinigkeiten können stören und zu unangepaßtem Verhalten führen,
- neigt zu Atheismus oder zu abstraktem Gottesbegriff,
- Herrenmoral, Radikalismus,
- Gefühlsbeziehung zu Kindern und Tieren oft möglich, da hier Gefühlsüberlegenheit nicht angetastet wird,
- emotionaler Rückzug in die Natur.

Charakterologische Ausprägungen des Schizoiden
- negativ:
  - Sonderling,
  - der Distanzlose,
  - der Kalte, Distanzierte,
  - der primitive Rohling.

- positiv:
  - der feinsinnige Künstler,
  - der Selbständige, Unabhängige,
  - der Sachliche,
  - der Unbestechliche,
  - Wissenschaftler, Mathematiker, Physiker,
  - der Klare,
  - der Vorurteilslose.

Symptomatik des Schizoiden

- Psychisch:
  - Klagen über Sinnverlust des Lebens,
  - Isolierung,
  - Selbstmordtendenzen,
  - allgemeines Unvermögen, mit praktischen Dingen zurechtzukommen,
  - Angst vor Durchbruch von kalten Mord-, auch Selbstmordtendenzen,
  - Unfähigkeit, jemanden zu lieben;

  in Grenzfällen:
  - Depersonalisations- und Derealisationserscheinungen,
  - Entfremdung vom eigenen Ich,
  - Gefühl der Leere, Sinnlosigkeit, Langeweile,
  - paranoide Tendenzen,
  - Wahnzustände,
  - Angst vor Psychose;
- körperlich:
  - Hautaffektionen aller Art, Ekzeme
  - Störungen der Sinnesorgane:
    Gleichgewichtsstörungen,
    Sensibilitätsstörungen,
    Geruchsstörungen,
    evtl. auch Schielen (bei Kindern);
  - Asthma bronchiale.

Spezifische Angstinhalte

Grundhaltung: „Ich kenne keine Angst“ (Angst bedroht Autarkiestreben).

- Angst vor Nähe, Kontakt, emotionaler Bezogenheit,
- durch fehlendes Vertrauen wird jede Hingabetendenz abgewehrt,
- Verleugnung der Sehnsucht nach dem Objekt,
- Leiden an Einsamkeit wird verdrängt,
- narzißtische Libido wird verstärkt: alle Interessen kreisen um die eigene Person.

Träume

- eher abstrakt,
- weiße Landschaften,
- kein oder oberflächlicher Personenbezug,
- leere Räume,
- schwarz-weiß/entweder-oder,
- Extremsituationen,

- astronomische Bilder, Betrachten des Weltalls durch Fernrohr,
- Einsamkeit,
- Kontakte über Instrumente (Telefon, Funker),
- kahle Gebirge, keine Wiesen und Blumen,
- träumen sich mit Prothesen,
- Weltuntergangs- und Katastrophenträume.

Diagnoseleitmerkmale beim Schizoiden
- Kühle,
- Distanz,
- Autarkiestreben,
- großes Unabhängigkeitsbedürfnis,
- Mangel an Intimität und Emotionalität bei großer Sensibilität und Verletzbarkeit,
- tiefes Mißtrauen.

Positive Aspekte der schizoiden Struktur
- Souveräne Selbständigkeit und Unabhängigkeit,
- affektlos-kühle Sachlichkeit,
- kritisch-unbestechliche Einstellung,
- scharfe Beobachtungsgabe,
- keine Gefühlsduselei,
- eigene Meinung,
- unabhängig von Urteilen und Dogmen,
- schwer oder nicht zu täuschen.

Zunahme der schizoiden Struktur
- Auflösung der Geborgenheit in Tradition und Überlieferung,
- Abbau absoluter Normen,
- Zusammenbruch der sittlichen und religiösen Dogmen,
- Angst vor Zerstörung der Umwelt,
- Angst vor Folgen der Anwendung von Atomenergie,
- allgemeine „Verdünnung" elementarer Erlebnisse,
- Entemotionalisierung der Familienbande,
- Entemotionalisierung der Berufstätigkeit,
- weniger Hautkontakt zwischen Mutter und Kind (unhygienisch).

Abwehrformationen
- Projektion,
- Isolierung,
- Rationalisierung,
- Intellektualisierung,
- Regression („in sich selbst zurückkriechen").

Therapeutische Möglichkeiten
- Urvertrauen nachholen,
- Objektbeziehungen wachsen lassen,
- kein Zeitdruck: Kontakt muß langsam wachsen,

- nicht zu viel aktiven Kontakt anbieten, Patienten ziehen sich sonst leicht wieder zurück,
- Gefahr der (negativen) Gegenübertragung sehr groß, weil Schizoide mit ihrer scharfen Beobachtungsgabe und Sensibilität schnell die Schwächen des Therapeuten aufdecken können.

Fallbeispiel für eine überwiegend schizoide Struktur

Der 27jährige Student der Fachhochschule für Sozialwesen fühlt sich schon immer krank; verstärkt habe sich alles seit etwa 2 Jahren. „Ich habe nachts immer so Schweißausbrüche und so schwere Träume, schwere Vorstellungen im Dunkeln; da muß ich aufspringen, renne im Zimmer hin und her; gottlob wohne ich im Parterre, sonst könnte es gefährlich sein. Da bricht dann die Decke über mir zusammen, alles fällt auf mich; dann kommt ein Lastwagen auf mich zu. Auch höre ich Menschen, die ich dann nicht verstehe, die sich aber über mich unterhalten. Und ich weiß nicht – es passiert gleich etwas mit mir. Bei der Angst habe ich dann auch Schwindelgefühle. Wenn ich länger mit Bekannten zusammen bin, dann fühle ich mich plötzlich so massiv unwohl, daß ich davonrennen könnte. Das alles geht eigentlich schon seit der Kindheit. Da habe ich nachts schon Angst gehabt. Das Licht mußte immer brennen bleiben. In der letzten Zeit ist es schlimmer geworden; deshalb bin ich zum Arzt gegangen."

Der Patient ist unehelich geboren; die Eltern heirateten 9 Jahre später, als der Bruder auf die Welt kam. Im 1. Lebensjahr sei er bei einer Art Pflegemutter gewesen, weil die Mutter im Geschäft habe arbeiten müssen. Der Vater (37 Jahre älter) sei selbständiger Kunstmaler, eigentlich weich, habe aber auch hart zuschlagen können. Dominierend sei eigentlich die Mutter (30 Jahre älter) gewesen. Sie habe alles in der Hand gehabt; zu ihr habe er sich immer hingezogen gefühlt. Er habe viel Zeit bei einer älteren Freundin der Mutter verbracht; die habe ihm alles gegeben. Die sei vor 2 Jahren gestorben; das bewege ihn noch heute. Spielkameraden habe er keine gehabt, er sei meist allein gewesen. Mit 15 Jahren sei er aus dem Elternhaus auf ein Internat gegangen, habe dann Verlagsbuchhändler gelernt, was ihn jedoch gelangweilt habe. Nach dem Zivildienst habe er seine Frau kennengelernt, die er jetzt geheiratet habe; sie studiere Medizin. Seither interessiere er sich für soziale Probleme. Jetzt arbeite er schon bei der Rehabilitation Geistesgestörter mit, wo er sich fast übernehme. Er habe den Wunsch, viel allein zu sein. Er liebe sie aber, brauche sie auch. Er selber sei ordentlich bis „pingelig", perfekt müsse alles sein. Er könne schwer Kontakt halten, sei empfindlich, schäme sich leicht, müsse immer geben, brauche auch Liebe, sei aber am liebsten allein und gebe sich seinen Phantasien hin. Er höre gern Musik, male gern.

Im Vordergrund der Problematik stehen die Kontaktstörungen des Patienten, die mit mangelndem Urvertrauen in Zusammenhang gebracht werden können. Sie gehen auf Störungen der intentionalen Phase der frühen Kindheit zurück. Als Kind unerwünscht, wurde er einer anderen Frau überlassen, die sich z.T. überprotektiv um ihn kümmerte. Als diese vor 2 Jahren starb, verschlechterte sich der Zustand des Patienten. Zusätzlich dürfte die Beziehung zu seiner Frau einwirken, die ihm nur Zuwendung und Liebe gibt, „wenn sie dafür Zeit hat" – eine Parallelsituation zur mütterlichen Haltung. Seine Phantasien mit inneren, archaischen Bildern geben ihm eine „sichere" Rückzugsmöglichkeit in eine „heile Welt", bedrohen jedoch seine Realitätswahrnehmung. Der Wunsch nach Nähe ist deutlich sichtbar, eine adäquate Annäherung an den Partner ist jedoch nur schwer möglich. Projektive Mechanismen mit dem sozialen Engagement halten die aggressive und sexuelle Problematik – die sich z.T. stark und „kalt" äußert – noch weitgehend in Schach.

Depressive Struktur

Zur Genese

(3 Ansätze: oral, anal, motorisch-aggressiv)

- orale Phase:
  - Kind zu kurz gekommen,
  - Tod der Mutter,
  - mangelhafte Ernährung,
  - mangelhafte Zuwendung,
  - Feindseligkeit,
  - Ernährungsmangel und emotionale Entbehrungen: plötzliches Abbrechen des Stillaktes (Zahnen), empfunden als Liebesentzug;
- anale Phase:
  - zu frühe und dressurhafte Reinlichkeitserziehung:
  - Kind soll mehr hergeben als es kann,
  - erzwungene Gefügigkeit,
  - meist keine Trotzphase;
- motorisch-aggressiv:
  - aus Angst vor Objekt-Verlust kein Auf-den-anderen-zugehen,
  - brav, still, traurig, wenig unternehmungslustig bzw. spielfreudig,
  - „Nesthäkchen", „Mutterkinder";
- Dynamik nach außen fehlt, tobt sich nach innen aus,
- Entwicklung eines strengen Über-Ich,
- ständiger Kampf zwischen Ich und Über-Ich,
- Forderungen des Über-Ich unerfüllbar,
- permanente Schuldgefühle.

Positionen des Depressiven

- Im rechten Moment kann nicht adäquat zugegriffen werden;
  Chancen werden nicht wahrgenommen; Unentschlossenheit;
  man kann sich nichts herausnehmen.
- Sich-überfordern-lassen:
  - (Frauen:) bei kleinem Geschenk sich hingeben müssen;
  - Gegenstände können Forderungen stellen: Bücher *wollen* gelesen werden, schönes Wetter *verlangt* einen Spaziergang.
- Enttäuschungsprophylaxe:
  - Reize werden nicht wahrgenommen, nicht beantwortet („Saure-Trauben-Politik");
  - die Welt wird freud- und farblos;
  - man wird blind für positive Möglichkeiten.

- Gestaute Wünsche werden so übermächtig, daß sie sekundär auf die Umwelt projiziert werden; dadurch erscheint die Umwelt fordernd;
  Hypertrophie der Hingabeseite;
  nicht Nein-sagen-können;
  keine Möglichkeit, selber zu fordern.
- Gefahr der Katastrophe (Suizid) bei Zurückziehen des Partners.

Verhaltensweisen/Haltungen des Depressiven
- Unterschätzt in passiver Zurückhaltung und Bescheidenheit seine Chancen und Möglichkeiten,
- läßt sich leicht überfordern,
- kann selber keine Forderungen stellen,
- vermeidet aggressive Selbstbehauptung,
- geht Auseinandersetzungen durch Rückzug aus dem Wege,
- Mangel an Selbstvertrauen und positivem Selbstwertgefühl,
- keine Initiative,
- bleibt in Abhängigkeit, sucht sie geradezu,
- sucht Nähe eines anderen, klammert sich an,
- fühlt sich in Gruppensituationen meist nicht wohl,
- strahlt Wärme aus, hat Gemüt,
- stets auf der Suche nach Geborgenheit,
- Angst, allein gelassen zu werden,
- Angst vor Objektverlust,
- Angst vor Verlust der Liebe des Objekts, Trennungsangst,
- alle Impulse der Ich-Werdung werden vermieden,
- Selbständigkeit wird gefürchtet,
- braucht das Du,
- hat Einfühlungsvermögen,
- Anpassung, Gefügigkeit überwertig entwickelt,
- altruistische Eigenschaften: Mitleid, Verzicht, Selbstlosigkeit, Aufopferung,
- verborgen: Riesenansprüche an den Partner: Passivseite und Anpassung werden zur reaktiven Strategie,
- Partner repräsentiert Mutterfigur,
- je mehr Verwöhnung, desto mehr Riesenerwartungen und Bequemlichkeiten,
- überwertiges Wuchern passiv-rezeptiver Wünsche,
- Suchtgefahr: verwöhnende Mutter wird durch Suchtmittel ersetzt,
- Erlösungssehnsüchte, neurotische Religiosität (Jenseits als versprochenes Paradies),
- Rückzug auf Tagträumereien, (Onanie),
- Asket, Dulder, Träumer, Spießer, Pechvogel, Büßer mit viel Selbstmitleid,
- Onanie und Tagträumerei als Lustgewinn statt erlebter Lebensfreude,
- nicht geglückter Verzicht erzeugt Gram, Trauer, Resignation, Ressentiment, Neid, Mißgunst, Nörgelei,
- Neid wird aber nicht voll erlebt,
- auslösend: Aufhören einer masochistischen Objektbeziehung,
- Verlust eines Objekts bewirkt ein Zurückziehen der Libido auf das Selbst: durch Identifikation entgeht man scheinbar dem Objektverlust; frei gewordene Libido wird nicht auf ein neues Objekt gerichtet.

Charakterologische Ausprägungen des Depressiven

- Negativ:
  - Pechvogel,
  - Spießer,
  - Träumer,
  - der Resignierte,
  - der Neidische,
  - der Nörgler,
  - der Kritikaster.
- Positiv:
  - Asket,
  - Dulder,
  - Altruist,
  - der Anhängliche,
  - der Gefühlswarme,
  - der Fromme,
  - der zum Verzicht Bereite,
  - der Hilfsbereite,
  - der Humorvolle.

Symptomatik des Depressiven

- Psychisch:
  - Hoffnungslosigkeit und Verzweiflung als Grundstimmung,
  - Mattigkeit, Morgenmüdigkeit, Selbstanklagen,
  - Sinnlosigkeit des Lebens,
  - Langeweile,
- körperlich:
  - Vagotonus erhöht,
  - vitale Lebensimpulse liegen darnieder,
  - Schlafstörungen,
  - Appetitlosigkeit oder Freßsucht,
  - sexuelle Apathie (bis zur Impotenz),
  - psychosomatische Störungen im oralen Bereich:
    Anginen,
    Schluckstörungen,
    chronische Gastritiden,
    Geschwüre am Magenausgang und Zwölffingerdarm,
    Fettsucht,
    Magersucht.

Spezifische Angstinhalte

- Trennungsangst,
- Verlustangst gegenüber Dingen und Menschen.

Träume

- Haben Erwartungscharakter,
- Bilder oraler Thematik: Gasthäuser, Warenhäuser, Milchstuben, Mutterfiguren,
- ausgeprägte orale Wünsche: Schlaraffenland, Lottogewinn,

- Depressive kommen in ihren Träumen selbst oft zu kurz,
- auch:
  Aschenputtelträume,
  Lehrer,
  Respektspersonen;
- Essen und Trinken im Vordergrund,
- Zähne, Hände (kaptativer Anteil),
- schmutzige Hände (Schuldgefühle),
- amputierte Beine (nicht selbständig sein können),
- Träume von Frauen, die sich anbieten, von Brüsten,
- hoffnungslose Tantalus-Situationen (zugreifen, aber es ist nichts da).

Diagnoseleitmerkmale beim Depressiven
- Sinn- und Hoffnungslosigkeit,
- Selbstanklagen,
- Anklammerungstendenzen,
- Objektabhängigkeit,
- Darniederliegen vitaler Lebensimpulse,
- Morgenmüdigkeit.

Positive Aspekte der depressiven Struktur
- Sich in andere einfühlen können, sich ihrer annehmen können,
- fürsorglich-hilfsbereite Einstellung,
- geduldiges Wartenkönnen,
- relativ wenig Egoismus,
- schlicht, anspruchslos,
- anhänglich in Gefühlsbeziehungen,
- Fähigkeit, Humor als gesundes Gegengewicht zu entwickeln,
- Gläubigkeit, Lebensfrömmigkeit,
- Fähigkeit zum Verzicht ohne Bitterkeit,
- leichte Anpassung an harte Lebensbedingungen.

Abwehrformationen
- Identifikation,
- Introjektion,
- Verdrängung,
- Regression,
- Projektion.

Therapeutische Möglichkeiten
- Nachentfaltung der 3 Impulse:
  - Zugreifen,
  - Verweigern,
  - Sichdurchsetzen;
- Neid, Haß, Aggressionen müssen frei werden,
- schwerstes Hindernis: die Lust zu leiden, zu opfern, weil ethisch hoch bewertet,
- der Depressive muß lernen, Subjekt zu sein.

Differentialdiagnose der Depression

- *Somatogene Depression:*
  - nachgewiesene organische Störung (z. B. Depression nach Hirntrauma, bei Tumor);
- *depressive Psychose („endogene Depression“):*
  - somatische Faktoren werden angenommen, häufig psychische Auslöser (nach Hysterektomie, nach Umzug usw.);
- *neurotische Depression:*
  - Mehrzahl der Fälle: psychische Faktoren mit Reaktualisierung infantiler Konflikte;
- *reaktive Depression:*
  - Reaktion auf äußere Belastung.

Fallbeispiel für überwiegend depressive Struktur

Die 32 Jahre alte Patientin ist angenehm, aber unauffällig gekleidet, wirkt insgesamt recht kindlich, teils herzlich-anbiedernd. Hinter einer Fassade von Pseudosicherheit verbirgt sich Unselbständigkeit, fast Hoffnungslosigkeit. Sie kommt in die psychotherapeutische Sprechstunde, weil sie seit Jahren Magenbeschwerden hat. „Ich habe Angst, weil ich nicht weiß, was das sein könnte, mal geht es mir gut, dann bin ich wieder am Boden zerstört.“ Wechselnd Durchfall und Verstopfung. Primordialsymptomatik: Bettnässen, Nägelkauen (bis heute).

Die Patientin hat eine 4 Jahre ältere Schwester und einen 5 Jahre jüngeren Bruder. Sie habe eigentlich schon immer isoliert gelebt, habe ein Zimmer im Keller gehabt, habe sich schon zu Hause aus allen Streitigkeiten herausgehalten, habe sich dann gleich zurückgezogen. Sie sei aber sehr beliebt, auch „Vaters Liebling“ gewesen. Der Vater (32 Jahre älter) sei kaufmännischer Angestellter, sehr jähzornig. Als die Patientin mit 18 in einer Gruppe wegfuhr, habe er sie zum Gynäkologen gebracht mit der Frage nach der Empfängnisverhütung; als die zurückgekehrt sei, habe er in ihre Scheide gefaßt, um zu sehen, ob sie noch Jungfrau sei. Mutter (31 Jahre älter) hing sehr an den Kindern, habe die Betroffene aber als Mädchen nicht akzeptiert, es habe nie eine offene Herzlichkeit, Vertrauen zu den Eltern gegeben, auch wenig Zärtlichkeiten, statt dessen aber viele Zwänge. Ein besonderes Problem sei für sie (gewesen), daß ihre Schwester immer besser gekleidet gewesen sei, sie habe deren Sachen auftragen müssen; der Schwester sei viel erlaubt worden.

Bis vor etwa 2 Jahren habe sie einen 40jährigen Freund gehabt, der wie ein Ersatzvater gewesen sei. „Der konnte Konflikte lösen, zu dem konnte ich gehen, mit ihm reden. Bei dem habe ich mich total wohl gefühlt. Die Eltern sind jetzt mit ihm befreundet.“ Aber dann sei es auseinandergegangen; seither verstehe sie sich mit dem Vater nicht mehr.

Die Patientin ist in Ausbildung zur Krankenschwester. Die Schwierigkeiten, die sich durch das wenig empathische häusliche Milieu ergeben haben, zeigen sich in der Primordialsymptomatik wie in den organischen Beschwerden und dem Gefühl von Angst und Unsicherheit. Die Patientin hängt sich an andere Menschen, fand in ihrem väterlichen Freund die tiefste Zuneigung und wurde schwer enttäuscht, als die Beziehung auseinander ging und sie damit nicht nur den Freund, sondern auch ihre eigene Familie, insbesondere den Vater verlor. In ihrem Erleben haben ihr die Eltern den Freund „weggenommen“. Neben der Besitz- und Versorgungsthematik werden ödipale und inzestuöse Wünsche, die hochambivalent erlebt werden, angesprochen. Vertrauen, Herzlichkeit, Offenheit gab es in der Familie nicht, alles Kreative und Kreatürliche wurde unterbunden. Die Patientin kann sich in bezug auf ihren Freund den Eltern gegenüber nicht durchsetzen. Sie läßt sich in jeder Weise überfordern und gibt sich einem Beruf hin, wo sie hoffen kann, daß ihr eigenes soziales Defizit in der Fürsorge für andere ausgeglichen wird.

Zwanghafte Struktur

Zur Genese

- Ansatz in der oralen Phase mit Hemmungen im oral-kaptativen Bereich → in der anal-rententiven Phase wird zurückgehalten, getrotzt (Geiz, Pedanterie, frühe Willenskontrolle);
- in der motorisch-aggressiven Phase: das aggressive Sichbehaupten gilt als böse (pedantische Ordnung im Elternhaus), Angst vor Liebesverlust bewirkt Vermeidung von entsprechenden Impulsen: Beherrschung, starkes Über-Ich;
- in der phallischen Phase: Abwehr sexueller Impulse aus Kastrations-, Über-Ich- und Gewissensangst;
- anal-sadistische, anal-aggressive und sexuelle Impulse sind blockiert.

Positionen des Zwanghaften

- 3 Phasen sind zu unterscheiden:
  - dynamische Impulse werden gestoppt →
  - Weltunvertrautheit; Sicherungsstreben →
  - Schuldgefühle, schlechtes Gewissen (z.T. mit Haßüberkompensierung gefällte Entscheidungen erhalten Ewigkeitswert).
- Angst vor Substanzverlust (bei Schenken, Hergeben; Geiz, Arbeitsstörungen, kein Genießenkönnen, Zweifel am Wert der eigenen Produkte).
- Alles Triebhafte und Animalische wird gefürchtet (Infektionsangst, übertriebene Hygiene, häufiges Händewaschen; auf Selbstbefriedigung regredieren: auch das kann schmutzig sein → Waschzwang, „verkappte“ Onanie).
- Angst vor der Aggression: trotziges Rechthabenwollen statt gesunder Zornausbrüche;
- Sarkasmus; Ironie; auch gefügiges Nachgeben,
- der Zwanghafte wird nie ein Rotlicht überfahren, aber immer seine Vorfahrt erzwingen. Zwangsgrübeln („was steckt dahinter?“ - anal),
- Erstellen einer absoluten Ordnung.

Verhaltensweisen/Haltungen des Zwanghaften

- Atmosphäre von Zwang, Beherrschung, Kontrolle, Gesetz,
- keine Spontaneität, keine Lebendigkeit,
- wirkt gebremst, starr, unelastisch, gedrosselt, prinzipienhaft,
- zögert oft lange Handlungen hinaus,
- trägt überwertige Verantwortung,
- ernst, humorlos,
- alles Neue bedeutet Gefahr,

- übertriebene Skepsis, Spitzfindigkeit, Haarspalterei,
- typischer Vermeider,
- will alles hundertprozentig machen,
- ist ein wandelndes Über-Ich, mit Schuldgefühlen belastet,
- Moral gilt mehr als Ethik, Takt mehr als Rhythmus,
- hart gegen sich und andere (Introjekte zwanghafter Elterntypen),
- asketisch, fanatisch,
- Sicherungstendenz mit zentripetalem Charakter,
- neigt zu Totstellreflex,
- Zeit und Geld spielen – als Sicherung – eine große Rolle,
- Was dem Normalen zur Selbstentfaltung dient (Besitz, Geld), ist beim Zwanghaften vollgültiger Lebensersatz;
- betont konventionell,
- „man"-Typen,
- Kehrseite des „man": Faszination von Intimitäten (Dirnenwesen, Perversionen, Nacktkultur),
- Erleben zum Partner: als Über- oder Unterlegener, nicht als Gleichgestellter,
- Ehe als Vertrag mit festen Bindungen, kein Eigenleben mehr,
- erstarrte Bindungen,
- ständiger Machtkampf in zwischenmenschlichen Beziehungen,
- ewiger Kampf zwischen Über-Ich und Es führt zu rebellischen Zügen: Jähzorn bei geringen Anlässen.

Symptomatik des Zwanghaften

- Psychisch:
  - Zwangsideen, Zwangsvorstellungen – werden als Ich-fremd empfunden,
  - Unfähigkeit zur Entscheidung,
  - Zweifeln an allem, auch an sich selbst,
  - Wasch-, Zähl-, Grübel-, Versicherungszwang,
  - Probleme im zwischenmenschlichen Bereich,
  - Hingabestörungen,
  - Konzentrationsstörungen,
- körperlich;
  - Stottern,
  - Gliederzittern,
  - Tics aller Art;
- psychosomatisch:
  - unterer Verdauungstrakt:
    Obstipation, Durchfälle,
    Colon irritabile,
    Colitis ulcerosa,
    andere „anale" Krankheiten;
  - Krankheiten des Bewegungsapparates:
    Gelenkrheumatismus,
    Weichteilrheumatismus,
    Muskelverhärtungen und -verkrampfungen;
  - Anfallsleiden:
    Epilepsie;

- Herz-Kreislauferkrankungen:
  essentielle Hypertonie,
  Migräne,
  psychogener Kopfschmerz;
- sexueller Bereich:
  Impotenz,
  Ejaculatio praecox/retarda.

Spezifische Angstinhalte
- Angst vor der Hingabe,
- Angst vor den lebendigen Impulsen,
- Angst vor Kontakt mit anderen,
- Angst vor der eigenen Vergänglichkeit,
- Angst vor dem Wechsel, dem „stirb und werde",
- Straf- und Vergeltungsangst als Angst vor der Rache des ins Über-Ich introjizierten Objekts.

Träume
- Anale Träume (sitzt auf WC),
- Landschaftsbilder mit Schlamm, Moor, Festungen, Burgen, Stühlen,
- Müllmänner, Straßenfeger, Schuster (arbeitet mit Pech und Leder),
- Farben: braun, schwarz und betont weiß, steril,
- Bombenangriffe, Vulkanausbrüche, Kriegshandlungen,
- Schußwaffen mit Ladehemmungen,
- körperlich: Rücken,
- freie Assoziation erschwert, erinnert sich an Nebensächliches (Therapeut wird um das Wichtigste „beschissen"),
- kein aktiv-aggressiver Zugriff in den Raum,
- Glaube an die Allmacht der Gedanken und Wünsche.

Diagnoseleitmerkmale beim Zwanghaften
- Anale Trias: Sparsamkeit – Ordnung – Aggressionshemmung,
- Zwangsvorstellungen, -handlungen, -ideen,
- überwertige Kontrolliertheit,
- ausgeprägtes Über-Ich.

Positive Aspekte der zwanghaften Struktur
- Verläßlich,
- ordentlich, stabil,
- korrekt,
- verantwortungsbewußt,
- ausdauernd.

Abwehrformationen
- Ungeschehenmachen,
- Verdrängung,
- Reaktionsbildung,
- Isolierung,

- Verschiebung auf das Kleinste,
- Rationalisierung (Ideologiebildung),
- Sublimierung,
- Regression.

Therapeutische Möglichkeiten
- Durcharbeiten von Alltagssituationen mit Vermeidungstendenzen,
- Erlebbarmachen anal-aggressiver Impulse,
- Bewußtmachen der Rationalisierungen und Reaktionsbildungen,
- Patient muß lernen auszuprobieren, nachzuvollziehen,
- Haltungsanalyse (gegen starre, steife Körperhaltung),
- Affekte in bezug auf Geld und Zeit bearbeiten,
- Unterstützung der analytischen Arbeit durch körperentspannende Verfahren, durch Sport, Tanz u.ä., um das Körpergefühl erlebbar zu machen,
- Sicherungsstreben bearbeiten,
- Aggressionen gegen den Therapeuten zulassen.

Fallbeispiel für überwiegend zwanghafte Struktur
Der 51jährige Drucker kommt wegen seines Errötens „bei völlig nichtigen Anlässen" in die psychotherapeutische Sprechstunde. Er habe „wahnsinnige Minderwertigkeitskomplexe", daß er nichts leiste und auch nichts könne. Er sei dann ganz niedergeschlagen. Schon als Kind habe er starke Dunkelangst gehabt, sei lange Bettnässer gewesen und habe an den Nägeln gekaut. Im körperlichen Bereich habe er Schwierigkeiten mit dem Magen, er sei „Luftschlucker", leide unter Blähungen, müsse deshalb aufpassen, was er esse. Er habe auch Schwierigkeiten mit der Wirbelsäule, da klemme sich manchmal ein Wirbel ein. Sein letzter Traum sei gewesen: „Die Zähne sind mir ausgefallen, ich glaube die Vorderzähne."

Er macht auf den Untersucher einen verspannten, verklemmten Eindruck. Er ist überkorrekt gekleidet, alles „sitzt" genau, die Haare sind in einer Tolle gekämmt und pomadisiert. Er ist peinlich sauber und ordentlich. „Ich bin in allem sehr genau, aber es passieren mir überall Fehler. Alles ist zu Hause richtig aufgeräumt, jedes Teil hat seinen Platz. Wenn Besuch kommt, räume ich schnell alles weg, was die Frau liegen gelassen hat. Ungerechtigkeiten regen mich schnell auf. Ich versuche, nicht zu streiten, da hab' ich Hemmungen. Ich tue es nur, wenn ich weiß, daß ich 100%ig recht habe. Meine Frau sagt, ich sei stur. Ich könnte mich auch niemals gehen lassen. Und dann will meine Frau jetzt ein Kind – da habe ich die größten Bedenken. Auch habe ich nie einen richtigen Freund gehabt, den gibt es wohl nicht, auf den man sich 100%ig verlassen kann." Mit Geld gehe er sparsam um, alles sei genau eingeteilt – „sonst kommt man zu nichts". Auch würde er nur fernsehen, wenn er sich weiterbilden könne, sonst sei es Zeitverschwendung. Es sei immer ein Zwang in ihm, sich weiterzubilden.

Sein Vater – ebenfalls Drucker - sei erst aus dem Krieg gekommen, als er – Einzelkind – 5 Jahre alt gewesen sei. Die Eltern hätten viel Verständnis gehabt. Streitigkeiten habe es nie gegeben. Zärtlichkeiten seien eher verpönt gewesen. So sei er auch nie aufgeklärt worden. „Wenn ich einen Dreier im Zeugnis hatte, schimpfte Vater nicht, zeigte mir nur *seine* Zeugnisse: „Wenn du weiterkommen willst, dann mußt du mehr leisten." Damit hat er auch recht gehabt; er mußte ja auch so viel leisten und arbeiten." Zu Hause sei alles sehr geordnet zugegangen, alles sei blitzblank gewesen, die Mutter habe einen „Putzfimmel" gehabt. Bei Tisch habe er alles aufessen müssen, Anstand sei immer besonders wichtig gewesen, nicht reden beim Essen, stillsitzen waren entscheidende Pflichten.

Von dem Patienten geht eine Atmosphäre des Zwanges aus, die er in seinem wenig emphatischen, aber überprotektiven Elternhaus erlebt hat. Eine sichere Selbstwertfindung ist ihm nicht geglückt, die kleinsten Fehler oder Mängel treiben ihm die „Röte ins Gesicht". Kontaktstörungen, Störungen im sexuellen Bereich mit der Leistungsproblematik und dem Sich-nicht-fallen-lassen-Können sind die Folge. Der aggressive Bereich wurde durch die starren Regeln erheblich behindert und findet seinen Ausdruck in Störungen des Muskel-Skelett-Apparates.

Hysterische Struktur

Zur Genese

- Realitätsneugier (sexuelle Neugier) der phallischen Phase nicht entfaltet:
  - Einschränkung der Ich-Funktionen, Skotomisierung,
  - Verdrängung genitaler Regungen,
  - Umgehung des Über-Ich durch körperliche Innervation,
  - Verdrängung realer, unlusterzeugender Erlebnisse;
- die bewußte Findung der Geschlechtsrolle mißlingt:
  - Angst vor Festlegung der eigenen Geschlechtsrolle,
  - man möchte sich alles offenhalten,
  - Kastrationsangst,
  - Über-Ich, Gewissensangst, Angst, sich festlegen zu müssen und Lebendigkeit zu verlieren;
- Bewältigung des Ödipuskomplexes mißlingt: infantile Ansprüche an die Elternfiguren bleiben bestehen;
- Mangel an gesunder Führung durch die Eltern,
- Mangel an geschlechtsspezifischen Vorbildern,
- chaotische Umwelt,
- Mangel an Orientierungsmöglichkeit und Wahrheit,
- „man hat nichts gelernt",
- Unerfahrenheit im Umgang mit der Welt.

Positionen des Hysterikers

- „Was ich nicht sehe, ist auch nicht da" (Vogel-Strauß-Politik);
  - starke Wunschbesessenheit;
  - Drang zur sofortigen Befriedigung;
  - kurzer Spannungsbogen.
- Mißachtung von Ursache und Wirkung;
  - Geschicklichkeit, um sich drücken zu können;
  - Schwindeleien,
  - Verabredungen werden nicht eingehalten;
  - Aufgaben werden übernommen, deren Konsequenzen man nicht übersieht;
  - Faszination des Augenblicks, zukunftslos;
  - hat immer Konflikte, alles wird relativiert, bagatellisiert.

- Wunschwelt mit planloser Aktivität; unzentrierter, unkontrollierter Zick-Zack-Kurs.
- Wunschwelt ungeklärt: er sehnt sich und weiß nicht recht nach was.
- Ordnung und Gesetz für eigene Person nicht anerkannt;
  - Großzügigkeit auf Kosten anderer;
  - verächtliches Herabschauen auf bürgerliche Menschen;
  - Gefühl der eigenen Wichtigkeit;
  - Ethik und Moral relativiert;
  - lebt emotional, aber punktförmig, schillernd;
  - kein stabiler Ich-Kern;
  - Mangel an Einsicht und Lernfähigkeit;
  - Rollenspiel;
  - eigene Mängel nach außen projiziert („Lebenslüge“).
- Krise in der Lebensmitte, wenn man sich über die eigene Unsicherheit nicht mehr hinwegtäuschen kann;
  - Flucht in die Krankheit, Zusammenbruch;
  - Ausweichen in die Sucht.
- Identifikation mit Idolen aller Art;
  - ganze Wunschwelten werden in Freundschaften, in die Ehe getragen; Traum von der „großen Liebe“.

Verhaltensweisen/Haltungen des Hysterikers

- Viele Gegensätze zum Zwanghaften: Ich ohne Fülle – Fülle ohne Ich,
- planlos, unstet, schillernd, rasch wechselnd, bunt, wenig verläßlich, von augenblicklichen Gefühlen geleitet,
- Mangel an Zentriertheit: Fülle ohne Ich,
- Subjektivität: schwaches Über-Ich, mangelhafter Ich-Kern;
- Überwertiges Geltungsbedürfnis;
  - exhibitionistische Schau oder beleidigtes Sich-Zurückziehen,
  - großer Beachtungsanspruch,
  - sekundärer Narzißmus,
  - Eitelkeit bis zur Erpressung;
- Zentrifugalität:
  - umweltbezogen,
  - bei Gefahr: Fluchtreflex, Flucht nach vorn;
- Nichtannahme der Realität:
  - unpünktlich, unorientiert bis zur hysterischen Amnesie,
  - Vergangenheit wird umgedeutet, Konflikte verdrängt, Schuld anderen zugeschoben; kein logisches Verhalten; Nixentyp bei Frauen: unreif, jung, infantil, ewige Kinder;
- Mangel an Gefühlsechtheit:
  - sentimental, nicht gefühlstief, alles bleibt an der Oberfläche;
- Konversionsneigung:
  - Körper wird Darsteller der Konflikte: hysterische Ohnmacht, Lähmung (autoplastische Funktion des Hysterikers);
- Rollenspiele:
  - je nach Situation übernimmt Hysteriker eine Rolle, ohne sich damit echt zu identifizieren.

Charakterologische Ausprägungen des Hysterikers

- Negativ:
  - Angeber,
  - Intrigant,
  - hysterisch Verlogener,
  - ewiger Backfisch,
  - ewige/r Tochter/Sohn,
  - Dirne, Strichjunge, Sexualprotz,
  - Tratschtante,
  - distanzlos Neugieriger,
  - Voyeur/Voyeuse,
  - Mannweib,
  - Muttersöhnchen;
- positiv:
  - der Lebendige, Schillernde,
  - der Risikofreudige, Neugierige,
  - der Optimist.

Symptomatik des Hysterikers

- Psychisch:
  - frei flottierende Angst, die lärmend nach Soforthilfe drängt,
  - Angstneurosen bis zu Phobien,
  - Sexualneurosen, Perversionen,
  - Lebensschwierigkeiten allgemeiner Art,
  - Beziehungsstörungen, Eheschwierigkeiten,
  - Arbeitsstörungen,
  - Konzentrationsstörungen;
- körperlich:
  - Lähmungen,
  - Störungen der Sinnesorgane,
  - Somatisierung der Angst mit Schwitzen, Erröten, Schwindelanfällen, Tachykardien, Atemnot, Erstickungsnot,
  - auch Schmerzzustände, Parästhesien, Abasien, Ataxien,
  - Hyperventilationstetanie.

Spezifische Angstinhalte

- Angst vor dem Endgültigen, Unausweichlichen,
- Angst vor der Notwendigkeit, vor allem Festlegenden,
- Freiheit *von* etwas wird als Freiheit *zu* etwas gesucht.

Träume

- reiche, füllige Träume:
  - farbenreich, viele Menschen, öffentliche Plätze,
  - Urlaub, Reise, viele Zuschauer (Tribünenexhibitionismus),
  - lose Aneinanderreihung von Situationen;
- Flucht- und Angstträume:
  - Schweben, Fliegen (Hysteriker haben keine Erdung),
  - Luftschlösser,

  - intime sexuelle Situationen,
  - Elternfiguren, auch „Traumpartner";
- oft starke Übertragungsträume:
  - mit starken Hingabetendenzen,
  - Kontaktsüchtigkeit mit Bemächtigungstendenz,
  - „Peinlichkeiten" (z.B. nackt in Gesellschaft).

Diagnoseleitmerkmale beim Hysteriker
- Nichtannahme der Realität mit Rollenspielen,
- überwertiges Geltungsbedürfnis,
- sehr umweltbezogen,
- Konversionsneigung,
- schillernde Gefühlswelt.

Positive Aspekt der hysterischen Struktur
- Risikofreude,
- immer bereit, sich etwas Neuem zuzuwenden,
- elastisch, plastisch, lebendig, impulsiv, spontan,
- Liebe zum Neubeginn,
- optimistische Grundstimmung,
- beschwingend, suggestiv, nichts wird zu ernst genommen,
- neue Impulse werden gesetzt, es wird etwas in Gang gebracht.

Abwehrformationen
- Verdrängung (überwiegend),
- Konversion,
- Projektion (der eigenen Schuldgefühle auf einen „Sündenbock").

Therapeutische Möglichkeiten
- Therapieplan mit klarem (äußerem) Rahmen,
- eindeutige Festlegung der Bedingungen,
- laufende Realitätsprüfung,
- klare Absprache der Zeit- und Geldfragen,
- klare Versagung bei gleichbleibendem Wohlwollen (Patient muß wissen: dem Therapeuten kann ich nicht „den Kopf verdrehen"),
- Ödipussituation muß durchgearbeitet werden,
- Ziel: Aufhebung der zahlreichen Verdrängungen.

Fallbeispiel für überwiegend hysterische Struktur
Die 26jährige Postangestellte wirkt frisch und offen, erscheint flexibel und wandlungsfähig, ist gut bis auffallend gekleidet und geschminkt, temperamentvoll mit einer verführerischen Komponente. – Sie kommt in die psychotherapeutische Sprechstunde mit Angstzuständen; sie könne nachts nicht schlafen, traue sich nichts mehr zu, könne nicht mehr Straßenbahnfahren. Dann werde ihr schwindelig, sie sei auch schon ohnmächtig geworden. Dabei manchmal Herzklopfen. „Und dann kommt die Angst vor dem Moment, wo ich die Selbständigkeit verliere; allein der Gedanke daran ist schrecklich. Dann kommen noch Magenschmerzen dazu,

wenn ich Angst habe, der Magen bläht sich dann so auf. Alles hat mit 23 Jahren begonnen." Seit dem 27. Lebensjahr rezidivierende Nierenbeckenentzündungen.

Aus der Vorgeschichte ist erwähnenswert, daß sie eine „schöne Kindheit" gehabt, meist mit Jungen gespielt habe und auf den Bäumen herumgeklettert sei. Ihre früheste Kindheitserinnerung sei eine „Kissenschlacht mit den Burschen im Haus", als sie 5 Jahre alt war. Sie habe damals Angst in der Dunkelheit gehabt, ihre Mutter habe nicht weggehen können, sie habe dann geschrieen. „Dann hat mich Mutter abends mit zum Tanzen mitgenommen. Das war fein. Ich war dann so schön angezogen. Und Vater war schon lange fort." Der um 10 Jahre ältere Bruder habe eigentlich die Vaterstelle eingenommen. Der habe dann das Haus verlassen und geheiratet. Mit 13 habe sie erst erfahren, daß sie nicht das Kind des Vaters, sondern ein „Russenkind" sei. „Ich war nicht traurig, denn eigentlich mochte ich Vater nicht." Er habe sich viel rumschubsen lassen, habe dann wieder kommandiert.

„Wenn er mit mir nicht zurechtgekommen ist, dann hat er geheult." Der Vater habe nach der Trennung von seiner Frau wieder geheiratet. Die Verbindung zu ihrer „Stiefmutter" und deren Kindern sei nicht gut gewesen; deswegen sei sie mit 14 gleich aus dem Haus gegangen. Der sexuelle Bereich sei tabu gewesen. „Ich bin nicht aufgeklärt worden – mit 14 habe ich noch an den Klapperstorch geglaubt." Die Patientin lebt seit dem 17. Lebensjahr in München, hat bald geheiratet, weil sie schwanger war. Sie verdiene mehr als ihr Ehemann als Malergeselle. Sie hätte sich einen „idealeren Partner" vorgestellt. „Heut sagt mir mein Mann nichts mehr, auch nicht im Sexuellen. Früher war er stürmisch, da haben wir uns verstanden. Aber jetzt habe ich furchtbare Schmerzen dabei. Dann trinke ich Alkohol und lasse es über mich ergehen." Wegen dieser Unzufriedenheit habe sie viele andere Männer gehabt. „Aber scheiden lassen will ich mich nicht, weil mein Mann den Sohn haben will."

Die Symptomatik der Patientin brach aus, als sie einen „etwas jüngeren Mann mit idealer Fassade" kennenlernte. Sie hätten sich über längere Zeit immer donnerstags getroffen. Schwärmend sagt sie: „Das war mein Donnerstagsmann." Der habe ihr sehr geholfen. „Daran denke ich heute noch. Und ich mußte immer wieder zurück zu meinem Mann ... Dann bin ich in einen Westernclub gegangen, wo ich Kommandeuse bin. Da gibt es viele Cowboys, vor allem wenn Fasching ist. Aber sonst fühle ich mich so eingeengt und weiß nicht, was ich machen soll."

Die Findung der eigenen Geschlechtsrolle ist bei der Patientin erheblich erschwert. Frühe Verführungssituationen bei mangelhaftem mütterlichem Vorbild, die ambivalente Einstellung zum Vater, der das Haus verließ, als sie 5 Jahre alt war, erschweren die Bildung eines sicheren Selbstwertgefühls. Koketterien, Rollenspiel hat die Patientin früh gelernt und „kommt dadurch an", kann sich jedoch nur schwer adäquat einem Partner zuwenden. Idealisierungen, Schwärmereien bei einer Unentschiedenheit der eigenen Geschlechtsrolle gegenüber weisen u.a. auf eine ödipale Störung hin.

Literatur

Battegay R (1977) Narzißmus und Objektbeziehungen. Huber, Bern

Brenner C (1992) Grundzüge der Psychoanalyse, 15. Aufl. Fischer, Frankfurt

Dührssen A (1969) Psychogene Erkrankungen bei Kindern und Jugendlichen. Vandenhoeck & Ruprecht (Verlag für Med Psychologie), Göttingen

Elhardt S (1998) Tiefenpsychologie. Eine Einführung, 14. Aufl. Kohlhammer, Stuttgart
Fenichel O (1945) The psychoanalytic theory of neurosis. Norton, New York (dt. 1983: Psychoanalytische Neurosenlehre. Ullstein, Berlin)
Freud S (1952) Gesammelte Werke, Bd 1–17. Imago, London
Mertens W (1996) Psychoanalyse, 5. Aufl. Kohlhammer, Stuttgart
Nunberg H (1959) Neurosenlehre, Huber, Bern
Riemann F (1999) Grundformen der Angst, 20. Aufl. Reinhardt, München
Schultz-Hencke H (1951) Lehrbuch der analytischen Psychotherapie. Thieme, Stuttgart New York

Persönlichkeitsstruktur

Psychische Struktur

DEFINITION

Potentialität und Regelhaftigkeit des Erlebens und Verhaltens zeigt sich
- im sozialen Handeln,
- in der Integration,
- unter besonderer Berücksichtigung der (entwicklungsgeschichtlichen) genetischen Faktoren.

Ergebnis eines Reifungsprozesses mit zunehmender Differenzierung und Integration mit
- dem Aufbau von Objektrepräsentanzen,
- dem Aufbau von Selbst- und Integrationsrepräsentanzen,
- der Einstellung des Selbst, auch im Umgang mit der Objektwelt.

- Ist dynamisch zu verstehen mit langsamem Veränderungspotential (Slow-change-Modell),
- gründet sich auf angeborene Persönlichkeitsdispositionen, diese unterliegen aber Veränderungen,
- realisieren sich in konkreten, aktuellen Situationen.

Psychoanalytischer Strukturbegriff

Topographisches Modell = Zusammenspiel von Ich, Es, Über-Ich im „psychischen Apparat, um das System Unbewußt/Bewußt zu unterscheiden."

Charakterstruktur = charakterliche Haltungen, Persönlichkeitsstörungen (als Diagnostikum); Charakterneurose Gegentyp zur Konfliktneurose.

Neurosenstruktur = charakterliche Folgeerscheinungen bestimmter Triebverdrängungen (schizoid-depressiv-zwanghaft-hysterisch), verstanden als neurotische Persönlichkeitsstruktur (meist sog. Mischstrukturen).

Strukturen des Ich, des Selbst, der Beziehungen = Prozesse der zunehmenden Differenzierung und Integration des Selbst in seinen Beziehungen zu den Objekten:
- angeborene, objektsuchende Aktivität des Säuglings,
- Funktionen des Ich entfalten sich,
- Entwicklung der Struktur des Selbst,
  - das Ich kann sich selbst zum Objekt nehmen,

- Bildung von Repräsentanzen (18. Lebensmonat),
- Entstehung eines „Selbstwertgefühls“ durch zunehmende Kohärenz, Abgegrenztheit und der Fähigkeit zur Selbstorganisation,
- Fähigkeit zur
  - Selbstwahrnehmung (Selbstreflexion; Introspektionsfähigkeit = affektive Seite innerseelischer Vorgänge differenzieren; Identitätsbildung = Selbstbild konstant halten),
  - Selbststeuerung (Selbstwert regulieren; eigene Bedürfnisse, Affekte organisieren und integrieren),
  - Abwehr (das Ich kann sich der Abwehrmechanismen bedienen, um seelisches Gleichgewicht zu erhalten),
  - Kommunikation (affektive Signale des anderen verstehen, sich emotional darauf einlassen),
  - Bindung (Objektinternalisierung = innere Repräsentanz des Gegenüber errichten können; Objektkonstanz = Möglichkeit, zwischen Bindung und Lösung wechseln zu können),
- Entwicklung innerhalb der ersten 5–6 Lebensjahre.

Strukturelle Störung = defizitäre Entwicklung mit regressiver Entdifferenzierung mit den Symptomen

- einer unreifen, unvollständig ausgebildeten, gestörten Selbststruktur (kann nicht autonom sein, ist nicht selbstreflexionsfähig; keine verläßliche Bindung an haltgebende Objekte),
- regressive Prozesse bei innerer oder äußerer Belastung aufgrund frühkindlicher traumatischer Beziehungserfahrungen (Schlafmangel, Alkohol, weitere Drogen),
- Entwicklungsstörung zeigt sich in der Nichtverfügbarkeit psychischer Funktionen
  - ein kohärentes Selbstbild zu entwickeln,
  - ein Identitätsgefühl auszubilden,
  - sich selbst zu steuern,
  - das Selbst und den Anderen als eindeutig voneinander getrennt wahrzunehmen und zu „bewerten“,
  - innere Objekte aufzubauen und affektiv zu besetzen.

Strukturelle Ich-Störung gekennzeichnet durch Einschränkung

- der Introspektionsfähigkeit,
- der Frustrationstoleranz,
- im Ertragen von Affekten,
- der Fähigkeit, Impulse zu steuern,
- der Möglichkeit, sich durch adaptive und selektive Wahrnehmung von Reizen abzuschirmen,
- der Fähigkeit, die Wirkung des eigenen Verhaltens auf andere vorauszusehen,
- der Fähigkeit, Regression im Dienste des Ich zuzulassen.

Einteilung des Ausmaßes und der Qualität struktureller Gestörtheit und Störbarkeit

Vier Integrationsniveaus der Struktur

Gute Integration („reife“ neurotische Störungen):

- intrapsychische und interpersonell regulierende Funktionen sind verfügbar bei auftretenden intrapsychischen Konflikten (Auseinandersetzung mit dem Über-Ich),

- zentrale Angst: Verlust der Liebe des Objekts,
- Gegenübertragung: Wahrnehmen der Wiederbelebung biographisch relevanter Konflikte mit historisch erlebten Personen.

Mäßige Integration:
- Die Fähigkeit zur Lösung intrapsychischer Konflikte insbesondere situativ erheblich herabgesetzt: gierige Bedürftigkeit und Bemächtigungsaffekte stehen einem rigiden, strafenden Über-Ich gegenüber,
- Zentrale Angst: Verlust oder Zerstörung des stützenden, steuernden Objekts,
- Gegenübertragung: gelegentlich schwer auszuhaltendes Erleben früher relevanter Beziehungserfahrungen des Analysanden.

Geringe Integration:
- mehr interpersonelle Konflikte (Partnerschaft, Beruf, soziales Umfeld) als intrapsychische;
  - regulierende Funktion deutlich und dauerhaft reduziert,
  - Idealstrukturen wenig differenziert,
  - normative Strukturen dissoziiert (Über-Ich),
  - unbewußte Bedürfnisregungen richten sich direkt nach außen,
- zentrale Angst: Vernichtung des Selbst durch das böse Objekt oder Verlust des guten Objekts,
- Gegenübertragung:
  - abrupte Veränderungen des Erlebens,
  - Interaktionspartner werden zum Substitut intrapsychisch nicht verfügbarer Ich-Funktionen (biographisch relevante Konflikte werden am Gegenüber *nicht* wiederholt).

Desintegration:
- Kohäsives Selbst nicht ausgebildet,
- Gefahr der Fragmentierung des Selbst,
- Versuch, Stabilität zu erreichen durch Abspaltung und Verleugnung von Triebimpulsen und narzißtischen Bedürfnissen,
- projektive Verarbeitung im Rahmen psychotischer Dekompensation (die anderen sind aggressiv und bedrohlich),
- Entweder: Gefahr einer Fusion mit dem Objekt
  oder: isolierende Abgrenzung
  oder: narzißtische Selbstüberhöhung
  als Kompensation schwerster Selbstzweifel.

Weitere Einteilungen

Kernberg unterscheidet zwischen
- neurotischem, Borderline- und psychotischem Strukturniveau und
- „higher" – „intermediate" – „lower" und „psychotic level" (s. auch Abb. 15)
- Kriterien: Einschränkungen durch
  - Über-Ich,
  - Ich-Identität,
  - Realitätsprüfung,
  - Triebentwicklung,
  - Abwehr,
  - Charakterzüge,

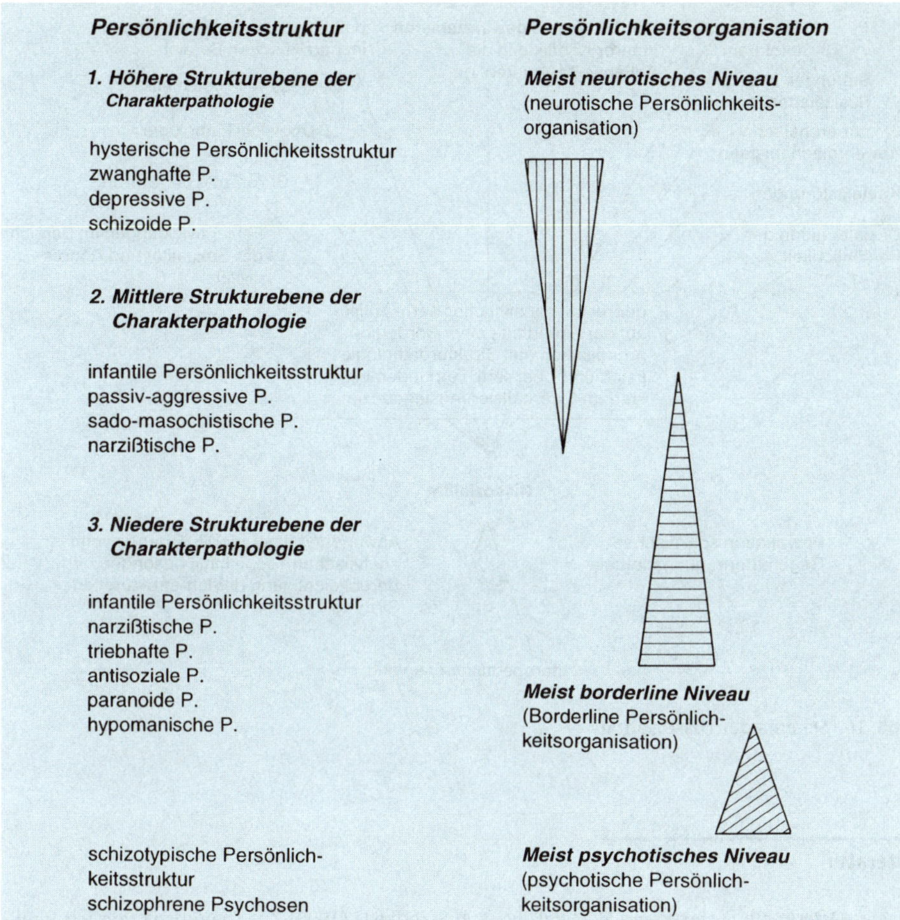

Abb. 15. Schema zur Strukturdiagnose. (Nach Kernberg 1970)

  - Objektbeziehungen,
  - Affekte.

Lohmer et al. unterscheiden zwischen

- neurotischem, mittlerem und Borderlineniveau (s. Abb. 16).
- Kriterien: Beurteilung der
  - Ich-Struktur,
  - Abwehrmechanismen,
  - Über-Ich-Entwicklung,
  - Qualität der Angst,
  - Arzt-Patienten-Beziehung.

Weitere Einteilungen s. Literatur und Tabellen 15–17.

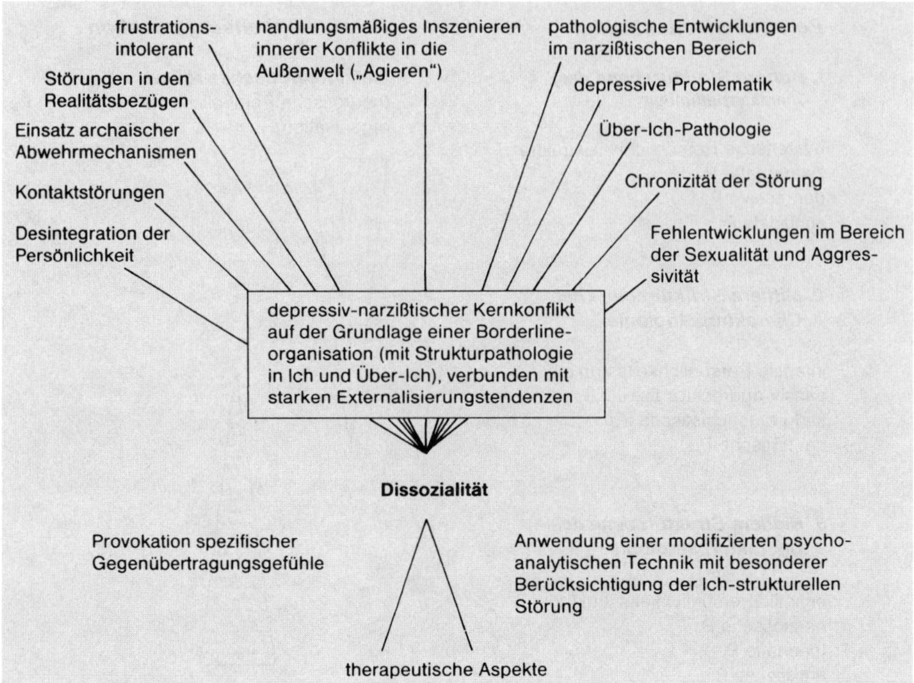

Abb. 16. Schema der Dissozialität

Literatur

Davies-Osterkamp S, Hartkamp N, Heigl-Evers A, Standke G (1992) Zur Diagnostik von Ich-Funktionen und Objektbeziehungen. Z Psychosom Med 38:17–30

Kernberg OF (1970) A Psychoanalytical Classification of Character Pathology. J Am Psychoanal Assoc 18:800–822

Kernberg OF (1981) Structural interviewing. Psychiatr Clin North Am 4:169–195

Kernberg OF (1988) Schwere Persönlichkeitsstörungen. Klett-Cotta, Stuttgart

Lohmer M, Klug G, Herrmann B, Pouget D, Rauch M (1992) Zur Diagnostik der Frühstörung. Versuch einer Standortbestimmung zwischen neurotischem Niveau und Borderlinestörung. Prax Psychother Psychosom 37:243–255

Pouget-Schors D (in Vorbereitung) Das Strukturniveau der Persönlichkeitsentwicklung in der ambulanten und stationären Basisdokumentation

Rudolf G (1993) Die Struktur der Persönlichkeit. In: Rudolf G (Hrsg) Psychotherapeutische Medizin. Enke, Stuttgart, S 55–83

Rudolf G, Buchheim P, Ehlers W, Küchenhoff J, Muhs A, Pouget-Schors D, Rüger U, Seidler GH, Schwarz F (1995) Struktur und strukturelle Störung. Z Psychosom Med 41:197–212

Volkan YD (l990) Eine modifizierte psychoanalytische Technik bei der Behandlung der Borderline-Struktur. In: Streeck U, Werthmann HV (Hrsg) Herausforderungen der Psychoanalyse. Pfeiffer, München

Weinryb RM, Rössel RJ (1991) Psychodynamic profile. Acta Psychiat Scand Suppl 363:5–23

Tabelle 15. Differenzierung der Persönlichkeitsorganisation. (Nach Kernberg 1988)

Strukturelle Kriterien	Neurotische Organisation	Borderline-Organisation	Psychotische Organisation
	Selbst- und Objektvorstellungen sind scharf voneinander abgegrenzt.		
		Identitätsdiffusion: widersprüchliche Aspekte vom Selbst und von anderen sind schwach integriert und werden getrennt gehalten.	
Identitätsintegration	Integrierte Identität: widersprüchliche Selbst- und Objektbilder sind in umfassende Konzepte integriert.		Selbst- und Objektvorstellungen sind schwach voneinander abgegrenzt, oder es besteht eine phantasierte Identität.
Abwehrmechanismen	Verdrängung und Abwehrmechanismen höherer Ebene: Reaktionsbildung, Isolierung, Ungeschehenmachen, Rationalisierung, Intellektualisierung.	Hauptsächlich Spaltung und Abwehrmechanismen niederer Ebene: primitive Idealisierung, projektive Identifizierung, Leugnung, Omnipotenz, Entwertung.	
	Abwehrmechanismen schützen den Patienten vor intrapsychischem Konflikt. Interpretation verbessert das Funktionieren.		Abwehrmechanismen schützen den Patienten vor Desintegration und Verschmelzung von Selbst und Objekt. Interpretation führt zu Regression.
	Fähigkeit zur Realitätsprüfung ist erhalten: Differenzierung von Selbst und Nicht-Selbst sowie von intrapsychischen und äußeren Ursprüngen der Wahrnehmungen und Reize.		
		Veränderungen in der Beziehung zur Realität und in Gefühlen hinsichtlich der Realität treten auf.	
Realitätsprüfung	Fähigkeit zur realistischen und tiefgehenden Einschätzung des Selbst und anderer ist vorhanden.		Fähigkeit zur Realitätsprüfung ist verlorengegangen.

Tabelle 16. Persönlichkeitsorganisation und Repräsentanzenbildung. (In Anlehnung an Volkan 1990)

Störung	Form der Integration der	
	Selbst- und	Objektrepräsentanz
neurotisch	integriert	integriert
narzißtisch	gespalten: - grandioses Selbst (reales + ideales Selbst + ideales Objekt) - entwertetes Selbst	gespalten: - idealisiert - entwertet
Borderline-niveau	gespalten: - gutes Selbst - böses Selbst	gespalten: - gutes Objekt - böses Objekt
psychotisch	verschmolzen	verschmolzen

Tabelle 17. Persönlichkeitsorganisation und Triebabkömmlinge. (In Anlehnung an Volkan 1990)

Störung	Entwicklung der Triebabkömmlinge	Folgen
neurotisch	neutralisiert	- Post-Ambivalenz - Ambivalenz
narzißtisch	weniger neutralisiert	- viel Libido in grandioses Selbst investiert - bei Bedrohung des grandiosen Selbst Auftreten von narzißtischer Wut - Sadismus gegenüber entwertetem Selbst und Objektimagines
Borderline-niveau	nicht oder weniger neutralisiert	- Übermäßig orale Aggression und Neid - Angst vor Zusammentreffen der gegensätzlichen Selbst- und Objektrepräsentanzen
psychotisch	nicht neutralisiert	

Spezielle Neurosenformen

Psychoneurosen

Tabelle 18. Symptomorientierte Synopsis der neurotischen (Kursivdruck) und anderer klinischer Bilder. (Hoffmann u Hochapfel 1995)

Charakterneurose Abnorme Persönlichkeit	Kurzzeitige Reaktion	Neurose	Psychose
Paranoider Charakter	Paranoide Reaktion	Sensitive Entwicklung (paranoide Neurose)	Paranoide Psychose „Paranoia“
Schizoider Charakter		(schizoide Neurose)	Schizophrene Psychose
Narzißtischer Charakter	Narzißtische Krise	Narzißtische Neurose („Pan-Neurose“) Borderline-Syndrom	(simplex, Hebephrenie)
	Episodische Depersonalisation/ Derealisation	*Depersonalisation Derealisation bei Neurosen*	Depersonalisation Derealisation bei Psychosen
	Hypochondrische Reaktion	*Hypochondrie*	Hypochondrischer Wahn
Depressiver Charakter	Depressive Reaktion (Trauer?)	*Neurotische Depression*	Depressive Psychose („endogene Depression“) („Melancholie“)
Zwangscharakter	(„anankastische Reaktion“)	*Zwangsneurose*	Zwangserscheinungen bei verschiedenen Psychosen
(Angstcharakter)	„Angstanfall“	*Angstneurose Phobie* (Angsthysterie)	Angstzustände bei verschiedenen Psychosen
Hysterischer Charakter	(hysterische Reaktion)	*Hysterische Neurose/ Konversionsneurose*	(„hysterische Psychose“)

Neurotische Depression

- Krankheitsbild mit chronisch depressiver Verstimmung, das sich deutlich von der psychotischen (endogenen) Depression abgrenzen läßt. Häufigste Begleitreaktion: Ängste.
- Depression ist ein ubiquitärer, nicht auf bestimmte Krankheiten beschränkter Affektzustand, pathognomonisch bei
  - psychotischer Depression,
  - Depression auf Borderline- und Frühstörungsniveau,
  - depressiver Reaktion.

Epidemiologie

- Mehr als die Hälfte aller „psychiatrisch" auffälligen Patienten in der Allgemeinpraxis sind depressiv,
- 1/3 aller Patienten einer Allgemeinpraxis sind „psychiatrisch" behandlungsbedürftig,
- die Hälfte der Patienten sind 10 und mehr Jahre krank,
- Krankheit wird spät diagnostiziert (30% länger als 5 Jahre).
- Morbidität: etwa 5–10% der Bevölkerung,
- ca. 10–20% in der Neurosengruppe,
- mehr Frauen als Männer (etwa 1:2–3),
- 3.–4. Lebensjahrzehnt (bei psychotischer ca. 5.–6. Lebensjahrzehnt),
- transkulturell:
  - bei Baptistensekte der Hutteriten (Kinder früh in jeglicher Expansion eingeengt) außergewöhnlich häufiges Auftreten von (neurotischen und psychotischen) Depressionen.

Charakteristika einer akuten depressiven Erkrankung („Depression")

Verlust:
- als endgültig erlebt,
- Trauerreaktion unmöglich, dafür Einsetzen des depressiven Prozesses mit Ich- und Selbstverlust.

Rückzug:
- innerpersonal auf das eigene Ich, als depressive Reaktion auf Enttäuschung,
- Brücken zum realen Objekt vorhanden mit oral-passiven Wünschen, Anklammerung, Haß, Vorwürfen.

Regression:
- Triebregression zur „Saug- und Beißlust",
- Regression des Selbstgefühls mit Einschränkung von differenzierten Funktions- und Regulationsmöglichkeiten.

Aktivierung eines unbewußten Konflikts:
- statt objekt- und realitätsbezogener Wünsche selbstbezügliche Emotionen („me-emotions").

Hemmung/Verlangsamung:
- globale Einschränkung:
  - von Ich-Funktionen,
  - der Symbolisierungsfähigkeit,
  - der Psychomotorik,
  - von vitalen Funktionsabläufen.

Depressive Verstimmung:
- als generalisierter, lang anhaltender affektiver Ich-Zustand bei Verlusterlebnissen und folgender emotionaler Hilflosigkeit.

Selbstwertgefühl herabgesetzt durch:
- Über-Ich-Aggressionen,
- orale Abhängigkeit,
- Hilflosigkeit des Ich,
- narzißtische Selbstentwertung.

Triebentmischung:
- Entlibidinisierung gleichsam mit Streben nach Lustverlust und Wendung gegen die eigene Person.

Phantasierte Wunscherfüllung nach Verlust.
Depression als Abwehr:
- mit allgemeiner Hemmung der:
  - Ich-Funktionen,
  - aggressiven und sexuellen Impulse und Phantasien,
  - Wahrnehmung nach innen und außen.

Gegenübertragung:
- mit Gefühlen von Schwere, Dunkelheit, Tragik, Mitleid, Aggressivität (umgekehrt wie bei hysterischen Patienten).

Depression als ein kreativer Akt des Unterbewußten.

Symptomatik

1. Allgemeine Auflistung:

- 2 Grundtypen (über narzißtische Regulation zu verstehen):
  - mehr hysterisch (= abhängig und fordernd),
  - mehr zwanghaft (= pedantisch, skrupulös, gewissenhaft);
- traurige oder ängstliche Grundstimmung,
- Antriebshemmung, Lust- und Interesselosigkeit,
- Minderwertigkeitsgefühle,
- Selbstvorwürfe,
- Suizidgedanken,
- hypochondrische Beschwerden,
- Schlaf- und Appetitstörungen,
- Erschöpfung, Kopfdruck,
- starke Abhängigkeit von Liebes- und Zuneigungsbeweisen,
- Unselbständigkeit und fordernde Haltung (DD: hysterische Persönlichkeit),
- Anklammerungstendenzen,
- geringe Frustrationstoleranz gegenüber Versagungen,
- rigide Über-Ich-Bildung (DD: Zwangsneurose),
- manifeste oder somatisierte Ängste;
- Suizidalität häufig:
  - je stärker die hysterische Komponente, um so appellativer die Suizidversuche (DD: depressive Verstimmungen bei hysterischer Neurose).
- Leitsymptom:
  - chronisch depressiver Verstimmungszustand;
- Cluster-Analyse:
  - oft schleichender Beginn,
  - allgemeine Zeichen von „Neutrotizismus",
  - erhaltene Reaktionsfähigkeit gegenüber der Umwelt,
  - hypochondrische Züge,
  - offen geäußerte Aggressionen.

Depressives Syndrom, aufgelistet nach gestörten Funktionsbereichen

Psychische Symptome
Traurige Verstimmung, Angst, Gereiztheit, Hoffnungslosigkeit, Insuffizienzgefühle, Gefühl der Gefühllosigkeit, innere Leere, Denkhemmung, Apathie oder innere Unruhe, Entscheidungslosigkeit, Schuldgefühle.

Psychomotorische Symptome
Psychomotorische Hemmung: Hypo- und Amimie, Bewegungsarmut, Stupor,
Psychomotorische Agitiertheit: rastlose Unruhe, Getriebenheit, leerer Beschäftigungsdrang.

Somatische Symptome

Vitalstörungen:	Müdigkeit, Kraftlosigkeit, Energiemangel, Druck oder Schmerz in Herz- oder Magengegend.
Schlafstörungen:	Einschlafstörungen, zerhackter Schlaf, frühes Erwachen.
Tagesschwankungen:	Morgentief.
vegetative Störungen:	Mundtrockenheit, Atembeschwerden, Schwindel, Obstipation, Herzrhythmusstörungen.

2. Systematik

Über-Ich-oder Schulddepression
Zentrale Emotion: Schuld- und Selbstanklage („Ich habe niemandem etwas angetan, ich bin böse"):

- Das Über-Ich hat alle aggressiven und destruktiven Regungen übernommen und gegen das Ich gewendet.
- Die ursprüngliche Aggression gegen das Objekt wird gegen die eigene Person gewendet, das Objekt bleibt geschützt. In der Melancholie Anklage gegen das Liebesobjekt.
- Liebessehnsucht Depressiver führt zur Abwehr aggressiver Impulse und zeigt die Ambivalenz auf.
- Hauptkonflikt: Gegensatz von Liebeswünschen und Haßimpulsen. Konflikt nach innen genommen, zwischen Über-Ich und Ich (nicht zwischen Objekt und Ich ausgetragen).
- Schuldgefühl entspringt der Über-Ich-Angst: deren Entladung durch Selbstbestrafung.

Oral-abhängige Depression
Zentrale Emotion: Ängstliche Sehnsucht und Enttäuschung („Ich brauche Liebe, Trost und Unterstützung, aber bekomme zu wenig"):

- Korrelation zwischen Oralität, Depression und oral-abhängigen Objektbeziehungen bei oraler, masochistischer, zwanghaft-depressiver Struktur.
- Orale Optimisten ziehen sich auf die Saug-Lust oral-libidinöser Triebwünsche zurück, orale Pessimisten auf oral-sadistische Impulse (Beißlust).
- Je stärker passiv-libidinöse Triebwünsche mit Enttäuschung verbunden (Vorwürfe gegen das Objekt), um so quälender wird die oral-sadistische Fixierung.
- Abhängigkeit bewirkt Wut gegen das Objekt, verbunden mit Angst vor Verlust der Liebe des Objekts; „feindselige Abhängigkeit" = "dependent and demanding":

orale Aggression mit enttäuschendem Rückzug von allen Objekten mit „Stolz des Alleinseins".

Ich-Depression
Zentrale Emotion: Hilf- und Hoffnungslosigkeit („Mir ist etwas zugestoßen, ich kann nicht mehr"):

- Frühkindliche (anaklitische) Depression als direkte Reaktion des infantilen Ichs auf Objektverlust.
- Störung des Ich, mit Einschränkung der regulierenden Ich-Funktionen (Erschöpfungsdepression, depressive Belastungsreaktion).
- Zusammenbruch des Selbstwertgefühls durch Gefühl der Hilflosigkeit (= narzißtische Kränkung): kein Über-Ich-Konflikt, sondern Frage nach Regulierungsmöglichkeit des Selbstwertgefühls mit Hilfe der Ich-Funktionen.
- Trauma der Hilflosigkeit des Ich:
  - Gefühle von Ohnmacht, Lähmung,
  - Hilf- und Hoffnungslosigkeit,
  - Gefühllosigkeit, Leere,
  - Beziehungslosigkeit = "giving-up – given-up complex" von Schmale und Engel.

Narzißtische Depression
Zentrale Emotion: Scham- und Selbsterniedrigung („Ich bin nichts wert, ich bin ein Versager"); unbewußter Vorwurf: Ich habe mir selbst etwas angetan, weil ich meinem Ideal von mir selbst nicht entsprechen konnte = depressive Zustände, die mit Gefühlen von Beziehungslosigkeit, Leere, Beschämung, Selbstverachtung einhergehen.

- Verlust des Selbstwertgefühls.
- Konflikt zwischen wunschbestimmter Imago und der Imago des scheiternden Selbst (Jacobson).
- Hinter Selbstzweifeln oft Selbstüberhöhung.
- Narzißtisch stabilisierende Quellen versiegen mit der Folge:
  - enttäuschter Rückzug,
  - verstärkte Besetzung des Selbst,
  - Aktivierung von Repräsentanzen des grandiosen Selbst, und idealisierter Objekte.
  - Verstärkung der Gefühle von Minderwertigkeit, Versagen, Beschämung.
- Narzißtisch Depressive halten an einem pathologischen Größen-Selbst fest; kann nicht in ein angemessenes Ich-Ideal umgewandelt werden (Kohut).

Realistische und schöpferische Depression
Zentrale Emotion: Traurigkeit, verbunden mit Hoffnung („Was geschehen ist, tut weh, aber es gibt eine Zukunft für mich"):

- depressive Position als Überwindung der paranoid-schizoiden Position;
- wenn der Depressive hilfreiche Objektimagines in sich trägt, wird die Depression produktiv;
- tragende innere und äußere Objekte helfen, die Verluste zu innerer Entwicklung beitragen zu lassen: Bindungen helfen, Trauer zu überwinden.

Zentrales Thema:

- Realisieren eines frühen Verlusterlebnisses (nicht akuter Verlust einer geliebten Person).

- Aufgeben idealisierter Selbst- und Objektbilder,
- Überwindung pathologischer Abwehrmuster (z. B. hypochondrischer und psychosomatischer Beschwerden).
- Liebe und Haß können in ihrem ambivalenten Zusammenhang wahrgenommen werden.
- Fazit: erst Verlust, Enttäuschung annehmen; dann werden eigene Kräfte mobilisiert, verfügbare Objekte besetzt – bei bestehender Sehnsucht nach dem Verlorenen.

3. Determinanten des Schuldgefühls:

- Eigenexistenz als schuldhaft erlebt,
- Selbstentfaltungstendenzen als „böse" erlebt,
- kann seinen grandiosen Selbstforderungen nie gerecht werden, bleibt immer etwas „schuldig",
- kann auf autonome Erfolgserlebnisse nicht zurückgreifen (weil sich realer Mangel an Fähigkeiten eingestellt hat),
- „Sühnemittel", das der Depressive mit seiner Depression fordert.

4. Abgrenzung zur endogenen Depression:

- Schuldgefühle elementarer, werden als Wesensmerkmale empfunden,
- depressive Wahnbildungen, schwere depressive Stuporzustände, elementare Agitiertheit fehlen,
- Tages- und Jahresrhythmen,
- sprechen gut auf Psychopharmaka an.

5. „Larvierte" Depression

- Depressives Syndrom, das durch körperliche Symptome (Tabelle 19) und Angst charakterisiert ist; die psychischen Symptome sind durch die körperlichen maskiert, wie durch eine „Larve" verdeckt, und leiten den Arzt oft fehl.

Therapieprinzipien
- Berücksichtigung der Syndromgenese,
- körperlich begründbare Depression – je nach Ursache, dazu evtl. Antidepressiva,

Tabelle 19. Art und Häufigkeit von körperlichen Symptomen. (Nach Dilling et al. 1978)

Körperliche Symptome	[%]
Unklare Allgemeinbeschwerden	18,1
Zentralnervöse Beschwerden	26,7
Gastrointestinale Beschwerden	22,2
Beschwerden von seiten des Muskel- und Skelettsystems	11,5
Kardiovaskuläre Beschwerden	10,7
Urogenitale Beschwerden	4,8
Atembeschwerden	3,0
Beschwerden von seiten der Sinnesorgane	1,9
Beschwerden von seiten der Haut	1,1

- bei „endogenen" Depressionen Antidepressiva im Mittelpunkt,
- sorgsames Erwägen psychotherapeutischer Behandlungsmöglichkeiten.

Persönlichkeit

Drei Grundtypen

- Überwiegend hysterisch/narzißtisch (abhängig und fordernd):
  - Unselbständigkeit mit fordernder Haltung,
  - starke Abhängigkeit von Liebes- und Zuneigungsbeweisen von der Umwelt,
  - geringe Frustrationstoleranz gegenüber Versagungen;
- überwiegend zwanghaft:
  - pedantisch, skrupulös, gwissenhaft,
  - rigide Über-Ich-Bildung (DD: Zwangsneurose);
- oral-gehemmte Charakterstruktur:
  - überbescheiden, anspruchslos, aufopfernd,
  - äußert keine Wünsche, verzichtet eher, als unbescheiden zu wirken,
  - stellt an sich hohe Ansprüche,
  - hat infantile Abhängigkeitswünsche (dadurch fühlen sich andere überfordert, grenzen sich feindselig ab),
  - In der Partnerschaft:
    Mit der Haltung des Sich-aufopferns und gleichzeitig forderndem Liebesanspruch drohen sie, den Partner zu erdrücken.

Psychodynamik

Störung der oralen Phase und der narzißtischen Regulation während dieser Zeit

- Frühe Frustration = Versagung:
  - liebloses Klima,
  - frühzeitige Resignation und Hoffnungslosigkeit,
  - Wut abgewehrt durch Wendung gegen sich selbst = Selbstaggression,
  - hoher Selbstanspruch bei schwachem Ich;
    der Depressive hat die Beziehung zu einem Teil von sich selbst verloren, dadurch entstehen verminderte Selbstachtung, Selbstvorwürfe, Empfindlichkeit und narzißtische Kränkbarkeit.
- Frühe Frustration = grenzenlose Verwöhnung:
  - Kind wird abhängig und hilflos gehalten,
  - entwickelt keine Aktivitäten,
  - hat die Beziehung zu sich selbst zum Teil verloren,
  - Triebbefriedigung löst Angst aus,
  - starker Anspruch auf Liebe und Zuwendung führt zu Abhängigkeitshaltung.
- Beim Depressiven läuft der Verlust als unbewußte Phantasie ab:
  - Verlust ist mit Gefühlen eigener Schuld und Strafe verbunden (Hintergrund: reale Entbehrungen der mütterlichen Zuwendung).
- Depressive haben die Vorstellung, daß der andere das geben kann, was er selber entbehrt [„Auf der Suche nach dem Glanz im Auge der Mutter" (Kohut)]:
  - Verlustangst durch Anklammern beherrschen:
    Symbiotische Beziehungen,
    Verschmelzungswünsche;
  - Vereinsamung, weil der Partner das nicht aushält.

- Ausbildung von unbewußten Größenphantasien:
  - als Schutz vor Minderwertigkeitsgefühlen,
  - als „Puffer“ (Ideal-Ich) vor Kränkungen.
- Ständige Versagungserlebnisse führen zum Affekt der Aggression, die meist nach innen, gegen das eigene Selbst gerichtet ist.
- Rigides Gewissen mit hohen Über-Ich- und Ideal-Ich-Ansprüchen.
- Wendung der Aggression gegen die eigene Person:
  - Kleinkind „darf“ Wut nicht äußern, weil auf Umwelt existentiell angewiesen, deshalb Wendung gegen sich selbst;
  - Verständnisreihe:
    Frustration → reaktive Wut → Wendung der Aggression gegen das eigene Selbst.
- Erhöhte Verletzbarkeit des Selbstwertgefühls:
  - Ich-Hemmung,
  - Absinken der Selbstachtung,
  - Hilflosigkeit.

Auslösesituationen

- Reale oder phantasierte Objektverluste oder Trennungserlebnisse,
- narzißtische Kränkungen,
- Enttäuschungen des passiven Liebesbedürfnisses (drohender oder realer Partnerverlust s. oben),
- frustriertes, passives Liebesverlangen,
- frustrierte Größenphantasien.

Therapie (Verlauf eher chronisch)

Strenge Indikationsstellung
- Psychoanalyse mit Strukturkorrektur,
- Verhaltenstherapie kann zur Korrektur der verzerrten Selbstkognitionen und Fehlerwartungen an die Umwelt führen,
- auf latent vorhandene Suizidalität ansprechen,
- körperliche Aktivierung (Sport, physikalische Therapie usw.),
- medikamentös (viel seltener erforderlich als in der Praxis eingesetzt):
  - bei ängstlich-agitierter Form:
    Antidepressiva mit sedierend anxiolytischer Wirkung [z. B. Doxepin (®Aponal), Amitryptilin (®Saroten), Trimipramin (®Stangyl)],
  - bei vitaler gestörter Ausprägung:
    Antidepressivum ohne sedierend-anxiolytische Wirkung [z. B. Imipramin (®Tofranil), Fluoxetin (®Fluctin), Dibenzepin (®Noveril)].

Arzt-Patienten-Beziehung
- Gegenübertragung:
  - passiv-abhängige unterwürfige Haltung des Depressiven ruft im Arzt sadistische, aggressive Regungen hervor → verstärkt den autoaggressiven Zirkel im Patienten;
  - Wünsche des Patienten nach Versorgung verleiten den Arzt, zu viel zu gewähren → Abhängigkeit vom Arzt wird verstärkt;

  - Trennungserlebnisse – auch Arztwechsel – sind für diese Kranken schwierig zu verarbeiten.
- Übertragung:
  - s. Persönlichkeit des Depressiven;
  - anklammernd, fordernd,
  - große, umfassende Hilfe erwartend,
  - um Verständnis und Zuwendung werbend.

Literatur

Dilling H, Weyerer S, Enders I (1978) Patienten mit psychischen Störungen in der Allgemeinpraxis und ihre psychiatrische Überweisungsbedürftigkeit. In: Häfner H (Hrsg) Psychiatrische Epidemiologie. Springer, Berlin Heidelberg New York Tokyo

Elhard S (1981) Neurotische Depression. Psychother Psychosom Med Psychol 1:10–14

Feldmann H (1984) Psychiatrie und Psychotherapie. Karger, Basel

Hoffman SO, Hochapfel G (1999) Neurosenlehre, Psychotherapeutische und Psychosomatische Medizin, 6. Aufl. Schattauer, Stuttgart

Kohut H (1973) Narzißmus. Suhrkamp, Frankfurt

Lesse S (1968) Masked depression – a diagnostic and therapeutic problem. Dis Nerv Syst 29: 169–173

Mattussek P, Söldner ML, Neurotic Depresion. Results of the Cluster Analysis. J Nerv Ment Dis 170: 588–597

Rudolf GAE (1992) Therapieschemata, 2. Aufl. Urban & Schwarzenberg, München

Schmauß MG (1989) Die Diagnose der larvierten Depression in der Allgmeinpraxis. Z Allg Med 65: 308–312

Will H (1994) Zur Phänomenologie der Depression aus psychoanalytischer Sicht. Psyche 48: 361–385

Zwangsneurose

(Zwangssyndrom; anankastisches Syndrom; Zwangskrankheit)

Epidemiologie

- Gesamtmorbidität ca. 0,05%,
- in Psychotherapie-Ambulanz: unter 5%,
- Frauen ebenso häufig betroffen wie Männer,
- häufiger in mittleren und höheren sozialen Schichten.

Differentialdiagnose

- anankastische Depression,
- bei Schizophrenie,
- hirnorganisches Zwangssyndrom (z. B. nach Enzephalitis).

Symptomatik

Zwang (= Anankasmus)
Bestimmte Vorstellungen, Denkinhalte, Handlungsimpulse drängen sich immer wieder auf und können nicht unterdrückt werden. Patient lehnt sie als unsinnig ab, kann sich aber nicht dagegen wehren.

Zwänge:
- Zwangsgedanken (zusammen mit Zwangsbefürchtungen am häufigsten):
  - bestimmte Gedankeninhalte (aggressive, sexuelle, obszöne) drängen sich immer wieder auf (Grübeln, Weitschweifigkeit) → machen Schuldgefühle → Gegenteil wird oft gleich dazu gedacht,
  - magische Allmacht der Gedanken.
- Zwangsbefürchtungen:
  - unsinnige Befürchtungen mit aggressivem, obszönem, „verbotenem" Inhalt.
- Zwangsimpulse:
  - Aufdrängende Impulse, anderen zu schaden (wird fast nie verwirklicht) → abwehrende Verhaltensweisen, oft ideologisiert → Vermeidung entsprechender Situationen.
- Zwangshandlungen:
  - dienen der Abwehr und Absicherung anderer Zwänge (z. B. Waschzwang, Zählzwang, Ordnungszwang, Kontroll- und Vergewisserungszwang, Vermeidungen),
  - ausgebaut zu Zwangsritualen mit bestimmter Reihenfolge und Häufigkeit.
- Krankhafte Zweifel:
  - Kontrollzwang = Zweifel, ob eine Handlung wirklich richtig ausgeführt wurde,
  - Waschzwang = Zweifel, ob wirklich kein Schmutz zurückgeblieben ist,
  - Wiedergutmachungszwang = Zweifel, ob man jemandem geschadet hat,
  - nichts ist sicher, alles muß bezweifelt werden.
- Viele Zwänge haben etwas Magisches mit Allmachtsphantasien (Dinge müssen gemieden werden, weil sie Unglück bringen).
- Zwangsneurotisches Organsyndrom mit:
  - Kopfschmerzen, Obstipation, Ermüdung, Schlafstörungen, funktionellen Herzbeschwerden.
- Zwangsinhalte werden als Ich-zugehörig erlebt.
- Trias
  - Emotionale Autarkie („Ich brauche niemanden": der Zwangsneurotiker ist ein „affektiver Selbstversorger"),
  - Vermeidung echt autonomer Handlungen (Vermeidung jeder Fehlermöglichkeit),
  - Gefühl des Getriebenseins.
- Entwicklung von Gegengedanken, um negative Wirkung zu neutralisieren.

Persönlichkeit

Zwanghafte Persönlichkeitsstruktur
- Äußerlich:
  - fügsam, beherrscht, kontrolliert, in Körperhaltung unfrei, starr:
- untergründig:
  - aggressive Haltung, Eigensinn, Neigung zur Willkür,
  - kann eigene Fehler nicht zugeben, macht indirekt Vorwürfe,
  - moralisch streng,
  - unterwirft sich Autorität, zwingt aber übertriebene Genauigkeit, Reinlichkeit usw. auf,
  - sparsam, pedantisch, eigensinnig.

Psychodynamik

- anal-aggressive Triebimpulse:
  - aggressiv-sadistisch,
  - antisozial, zerstörerisch,
  - Macht, Willkür ausübend;
- dazu aber:
  - strenge Gewissensbildung (strenges Über-Ich),
  - Selbstzweifel, Angst, Schuldgefühle;
- Konfliktbereich:
  - zügellose anale und sexuelle Antriebe stehen in Widerstreit mit rigorosen Gewissensnormen:
    Folge: Zwangssymptom als „Ersatzbefriedigung":
  - unerlaubte Triebimpulse verwirklichen sich in entstellter Form in Zwangsbefürchtungen, -gedanken, -impulsen oder haben
  - Charakter der Abwehr in Form von Sicherung, Vermeidung, Selbstbestrafung;
  - Über-Ich-Strenge (gegen antisozial erlebte Triebwünsche);
  - Ich-Störung (Unfähigkeit des Ich zur freien, eigenwilligen Handlungsführung; „gefährliche" Triebimpulse können nicht zugelassen werden);
- Abwehrmechanismen:
  - Regression auf Stufe des magischen Denkens,
  - Ungeschehenmachen durch Abwehrhandlung,
  - Isolierung der Impulse aus erlebnismäßigem Gesamtzusammenhang,
  - Reaktionsbildung gegen anal-sadistische Antriebe;
- Auslösesituationen:
  - Ereignisse, die bisherigen Verdrängungsschutz lockern:
    krisenhafte Zuspitzungen im zwischenmenschlichen Bereich (Eltern - Kinder; zwischen Eheleuten usw.) → rufen aggressive, sexuelle und/oder Schuldgefühle wach → Verstärkung der Abwehr mit Hilfe der Zwangssymptome.

Psychogenese

- strenge, einengende Familienatmosphäre,
- unnachsichtiges Sauberkeitstraining,
- starre Moralvorstellungen,
- Unterdrückung von Spontaneität,
- keine motorische Entfaltung möglich,
- statt Autonomiegefühl entstehen Scham und Zweifel,
- Quint: „Beim Zwangsneurotiker fehlt eine ausreichende positive Beurteilung ausprobierenden Handelns."
- Reaktion auf elterliche Einengungen → Wut, die reaktiv Schuldgefühle hervorruft → Schuld-Angst und ohnmächtige Wut müssen verdrängt werden,
- biogenetische Anlagefaktoren werden zusätzlich zu psychosozialen angenommen.

Therapie

- Psychoanalytische Psychotherapie: Besserung in der Hälfte der Fälle,
- Verhaltenstherapie bei Zwangshandlungen („Impulstechnik"),
- autosuggestive und körperentspannende Verfahren können lindern,

- „paradoxe Intention" kann gelegentlich helfen,
- bei zwangsneurotischer Dekompensation und begleitender depressiver Verstimmung:
  - anxiolytische Thymoleptika,
  - Phenothiazine (Clomipramin = Anafranil);
- stereotaktische Operationen können – bei seltenen Indikationen – das „Imperative, die quälende Aufdringlichkeit der Zwangssymptome lindern" (Feldmann).

Literatur

Feldmann H (1984) Psychiatrie und Psychotherapie. Karger, Basel

Hoffmann SO, Hochapfel G (1999) Neurosenlehre, Psychotherapeutische und Psychosomatische Medizin, 6. Aufl. Schattauer, Stuttgart

Quint H (1970) Über die Zwangsneurose. Vandenhoeck & Ruprecht, Göttingen

Shapiro D (1965) Neurotic Styles. Basic Books, New York

Woodruff R, Pitts FN (1960) Monozygotic twins with obsessional illness. Am J Psychiatr 120: 1075–1080

Konversionsstörung

(hysterische Neurose, dissoziative Störung)

Konversion ist die Umsetzung eines nicht bewußtseinsfähigen Konfliktes („Komplex"), der verdrängt werden muß, in die körperliche Symptombildung:

- ohne organische Läsion,
- betrifft nur den Willkürbereich der quergestreiften Muskulatur,
- bringt in symbolischer Weise den verdrängten Konflikt zur Darstellung.

Epidemiologie

- Unsicher,
- die am meisten fehldiagnostizierte Erkrankung,
- als wahrscheinlich gilt:
  - leichtere Formen: die Mehrzahl der Patienten im Bereich der Inneren Medizin, Allgemeinmedizin, Gynäkologie, Neurologie, Augen- und HNO-Heilkunde;
  - schwere Formen: in der Psychiatrie.

Nosologie (DSM-IV; nach Hoffmann u. Hochapfel 1995)

1. Somatisierungsstörung:
   - polysymptomatischer Typ der Hysterie,
   - dem funktionellen Syndrom nahe,
   - überwiegend Frauen betroffen.
2. Konversionsstörung:
   - Konversionstyp der Hysterie,
   - „Anfälle", Störungen der Sensibilität und der Wahrnehmung,
3. Dissoziative Störung:
   - Dissoziativer Typ der Hysterie,
   - mit Bewußtseinsstörungen verbunden.
4. Histrionische Persönlichkeit (Neubenennung der hysterischen Persönlichkeit).

5. Hysterische Dysphorie:
   - entspricht der hysterieformen Depression.

Symptome

Grundpersönlichkeit – hysterischer Charakter

Bräutigam:
„Die Symptomatik der Hysterie ist bunt. Sie kann proteushaft, d.h. wie der sich wandelnde griechische Meergott, jede Krankheit vom Hirntumor bis zum Ileus, vom Gelenkrheumatismus bis zum epileptischen Anfall imitieren."

I. Konversionssymptome:
   1. hysterische „Anfälle":
      - großer hysterischer Anfall mit arc de cercle (meist tonisch) (DD: großer epileptischer Anfall),
      - psychomotorische Anfälle,
      - psychogene Synkopen;
   2. motorische Konversionsstörungen:
      - schlaffe Lähmungen:
        - Stand- und Gangstörungen (Astasien, Abasien),
      - psychogene Dys- und Aphonien,
      - Tics, Tremor;
   3. sensorisch-sensible Konversionsstörungen:
      - psychogene Blindheit, Taubheit,
      - sensible Dysfunktionen:
        - Par-, Hyper-, Hypoästhesien,
        - hysterische Hemianästhesie,
      - Schmerzen, Cephalgien;
   4. vielfältige subjektive Körperbeschwerden:
      - jede Krankheit kann imitiert werden,
      - globus hystericus, Globusgefühl,
      - Brechneurose,
      - Scheinschwangerschaft;

II. Bewußtseinsstörungen und dissoziative Phänomene:
   - Hysterische Dämmerzustände,
   - Ohnmachten,
   - Derealisation- und Depersonalisationserscheinungen,
   - Überschneidung mit dem Borderline-Syndrom (s. S. 136)
     - multiple Persönlichkeiten (mehrere Persönlichkeiten in einer, können alternieren);

III. Gedächtnisstörungen:
   - hysterische Amnesie (geht oft mit Bewußtseinsveränderungen einher, Angstabwehr des Hysterikers);

IV. Angstphänomene und Phobien;

V. sexuelle Funktionsstörungen:
   - bei Frauen:
     - Sexualekel,
     - Orgasmusstörungen,

- Frigidität,
- Dyspareunie,
- Vaginismus;
- bei Männern:
  - Ejaculatio praecox,
  - erektile Störungen,
  - fehlende sexuelle Satisfaktion;
- häufige Partnerwechsel,
- Partnerbeziehungen:
- häufig mit „Szenen" verbunden,
- „sadomasochistische Kampfehe",
- hysterische Frauen suchen sich eher zwanghaft-depressive Männer und umgekehrt;

VI. Arbeitsstörungen;
VII. Hyperventilationstetanie (s. Psychosomatische Medizin, Klußmann 1998).

Psychodynamik/Genese

1. Körperliche Bereitschaft wird angenommen.
2. Eigene Krankheitserlebnisse (oftmals früher organisch verursachte Leiden).
3. Ödipale Probleme:
   - starke Fixierung auf inzestuöse sexuelle wünsche auf den gegengeschlechtlichen Elternteil,
   - Stärke der sexuellen Triebwünsche entspricht der Heftigkeit der Abwehr,
   - sexuelle Phantasien oft an der Oberfläche; das eigentlich Sexuelle ist verdrängt.
4. Orale Probleme:
   - Abhängigkeitskonflikt:
     - Wunsch nach Zusendung und Abhängigkeit, gleichzeitig Angst vor Liebesverlust (mit Zurückstoßen des Partners),
   - Entwicklungsschäden als Folge von Verlusterlebnissen, Traumen.
5. Starke Neigung zur Identifizierung:
   - Grundlage für einfühlendes Verstehen,
   - schauspielerische Fähigkeiten,
   - auch mit „Krankheitsmustern" (Krankheiten werden perfekt übernommen),
   - starke Suggestibilität,
   - Bezug zur eigenen Krankheitsgeschichte.
6. Hyperemotionalität:
   - mit affektiven Durchbrüchen, „Nervenzusammenbrüchen", „Anfällen",
   - Auseinandersetzungen mit einem Über-Ich und sozialem Gegenüber,
   - hofft auf Verzeihung (die nicht gewährt wird, weil sie „unecht" wirkt),
   - Neigung zum Agieren (= Handeln aus unbewußter Motivation).
7. Schwäche der Selbstrepräsentanz mit Neigung zum Theatralischen.
8. Verdrängung des Selbstbildes:
   - es entsteht ein „besseres" Selbstbild durch Regression: Appell an die eigene Hilflosigkeit,
   - übt dadurch Druck auf andere aus.
9. Eigentliche Konversion des psychischen Konfliktes in das Körpergeschehen:
   - Symbolisierung: Darstellung des unbewußten Konfliktes im Symptom,

- Konflikt kann auf jeder Entwicklungsstufe ins Körperliche konvertiert werden, am häufigsten in der ödipalen.

10. Dissoziation:
    - „bewußtseinsspaltender" Effekt,
    - Abspaltung unerträglicher Gefühlsanteile aus dem Erleben,
    - Mechanismus der Verdrängung reicht zur Erklärung nicht aus.
11. Hysterischer Abwehrstil:
    - ödipaler Konflikt ständig neu inszeniert, um Angst abzuwehren,
    - Hauptabwehrmechanismen (der hysterischen Neurose):
      - Verdrängung, Verleugnung (verantwortlich für Amnesien und Wahrnehmungsstörungen),
      - Verschiebung (für den Affektbereich),
      - Projektion (im Bereich nicht akzeptierter Triebimpulse).

Persönlichkeit

Durch momentane Umweltreize leicht ansprechbar,

- reagiert impulsiv,
- läßt sich nicht festlegen,
- sprunghaftes Verhalten:
  - leicht ansprechbar,
  - labil,
  - rasches Umschlagen der Gefühle;
- Gruppenverhalten:
  - beansprucht Aufmerksamkeit,
  - lebhaft beteiligt,
  - blickt werbend um sich,
  - „belohnt" durch Blickkontakte,
  - Gegenüber fühlt sich besonders angesprochen und emotional einbezogen;
- sexuell leicht erregbar, vereitelt aber Befriedigung,
- Konkurrieren mit dem anderen Geschlecht (insbesondere bei Frauen),
- wirken egozentrisch, theatralisch-unecht, verführerisch, provokant, dabei gefühlskalt, auch intrigant;
- Tragik:
  - ständiger Konflikt zwischen Zuwendungswünschen und Angst vor Festlegung, zwischen sexuellem Wunsch und Angst vor der Realisierung.

Prognose und Therapie

- Günstig, wenn Sublimierung der sexuellen Impulse möglich,
- therapieresistent bei starker infantiler Abhängigkeit und oral-forderndem Verhalten,
- Arzt-Patienten-Beziehung erschwert,
  - wenn anspruchsvolles Verhalten Abwehr des Arztes hervorruft,
  - wenn starkes Agieren Verbalisierung und damit die Möglichkeit des Bearbeitens verhindert;
- zunächst klären, ob symptom- oder konfliktzentrierte Behandlung indiziert ist,
- bei akut auftretenden Symptomen:
  - suggestive, hypnotische Behandlung (kommt infantilem Wunsch nach Hilfe und Zuwendung entgegen),

- verhaltenstherapeutische Verfahren,
- physikalische Therapie, dazu:
- wenn möglich analytisch orientierte Gespräche;
- bei Chronifizierung:
  - s. Behandlung bei akuter Symptomatik,
  - intensive Behandlung der sekundären organischen Schäden (z. B. fehlende körperliche Belastbarkeit durch langdauerndes Schonverhalten),
  - Einstellung des Therapeuten:
    Geduld,
    sachlich-wohlwollendes Verhalten;
- s. auch Kapitel „Angstkrankheiten“, Behandlung S. 130–131.

Literatur

Feldmann H (1984) Psychiatrie und Psychotherapie. Karger, Basel
Hoffmann SO, Hochapfel G (1999) Neurosenlehre, Psychotherapeutische und Psychosomatische Medizin; 6. Aufl. Schattauer, Stuttgart
Klußmann R (1998) Psychosomatische Medizin. Ein Kompendium für alle Medizinischen Teilbereiche, 4. Aufl. Springer, Heidelberg New York Tokyo Berlin
Rudolf GAE (1992) Therapieschemata, 2. Aufl. Urban & Schwarzenberg, München
Saß H, Wittchen H-U, Zaudig M (1996) Diagnostisches und statistisches Manual psychischer Störungen (DSM-IV), dt. Bearbeitung. Hogrefe, Göttingen

Angstkrankheiten

Allgemeines

- Angst und Angstbewältigung Zentralproblem jeder Neurose,
- Ängste des erwachsenen Neurotikers stehen in Zusammenhang mit kindlichen Erlebnissen,
- Angst in der Kindheit besonders ausgeprägt durch
  - Abhängigkeit,
  - Hilflosigkeit,
  - Angewiesensein auf Bezugspersonen,
  - (später) Über-Ich-Ängste;
- Angst ist nötig für die Entwicklung: es sind normale Erlebnisqualitäten von Mensch und Tier,
- krankhaft ist die frei flottierende Angst ohne sichtbaren Anhaltspunkt,
- Angst unter genetischem Gesichtspunkt:
  - Seit wann besteht diese Angst?
  - Bei welcher Situation ist sie entstanden?
  - Zu welch einem Zeitpunkt war sie noch bewußte Furcht?
- Angst unter strukturellem Gesichtspunkt:
  - Wie hat dieser Mensch als Kind versucht, diese Angst zu bewältigen?
  - Welche Abwehrmechanismen hat er aufgebaut?
  - Sind diese reflektorisch geworden?
  - Welche Folgen sind für die Charakterhaltung entstanden?
- Furcht ist auf etwas gerichtet, Angst ist gegenstandslos.

Angst als existentielles menschliches Erleben, als

- Entwicklungsbedingung der Persönlichkeit,
- elementare Schutzreaktion,
- Reiz für Anpassung an und Veränderung der Umwelt,
- Entstehungsbedingungen allen neurotischen Erlebens.

Epidemiologie

- Prävalenz in der Bevölkerung 2,9–8,4%,
- Frauen häufiger betroffen,
- Phobien bei Frauen am häufigsten unter allen psychischen Störungen, bei Männern an 2. Stelle (hinter Alkoholismus),
- Angststörungen machen $^1/_6$ bis $^1/_3$ aller Arztbesuche aus,
- mehr als 50% der Patienten mit Angststörungen weisen „sekundäre Depression" auf,
- ängstliche und depressive Störungen gehören (neben Suchterkrankungen) zu den häufigsten Problemen der medizinischen Primärversorgung.

Abklärung gegenüber

- organischen Störungen:
  - koronare Herzerkrankung,
  - paroxysmale Tachykardie,
  - hypertensive Krise,
  - Hypoglykämie,
  - Hyper- und Hypothyreose,
  - Temporallappenepilepsie,
  - Hirntumoren,
  - Innenohrerkrankungen,
  - Koffein-, Drogen-, Alkoholintoxikation,
  - Benzodiazepinentzug;
- psychiatrischen Störungen:
  - psychoorganische Syndrome (z.B. Alkoholdelir),
  - schizophrene Psychosen (z.B. schizoaffektive Psychose),
  - affektive Erkrankungen (z.B. agitierte Depression),
  - hypochondrische Störungen sowie
  - Persönlichkeitsstörungen (z.B. Borderline-Syndrom).

Psychiatrische Diagnoseklassifizierung (Abb. 17)

1. Panikattacke/Paniksyndrom:
   - Panikattacke: unerwartet und ohne bedrohliche Situation oder durch einen umschriebenen phobischen Stimulus ausgelöster Anfall von intensiver Angst (verbunden mit vegetativen Begleitsymptomen wie Atemnot, Erstickungs- und Beklemmungsgefühlen, Benommenheit, Palpitationen, Schwitzen usw.);
   - Paniksyndrom: Auftreten von mindestens 3 Panikattacken innerhalb 3 Wochen.
2. generalisiertes Angstsyndrom: wochenlang bestehende ängstliche Verstimmung, die nicht durch eine andere psychische Störung (wie Depression oder Schizophrenie) bedingt ist. Geht einher mit motorischer Spannung, vegetativer Hy-

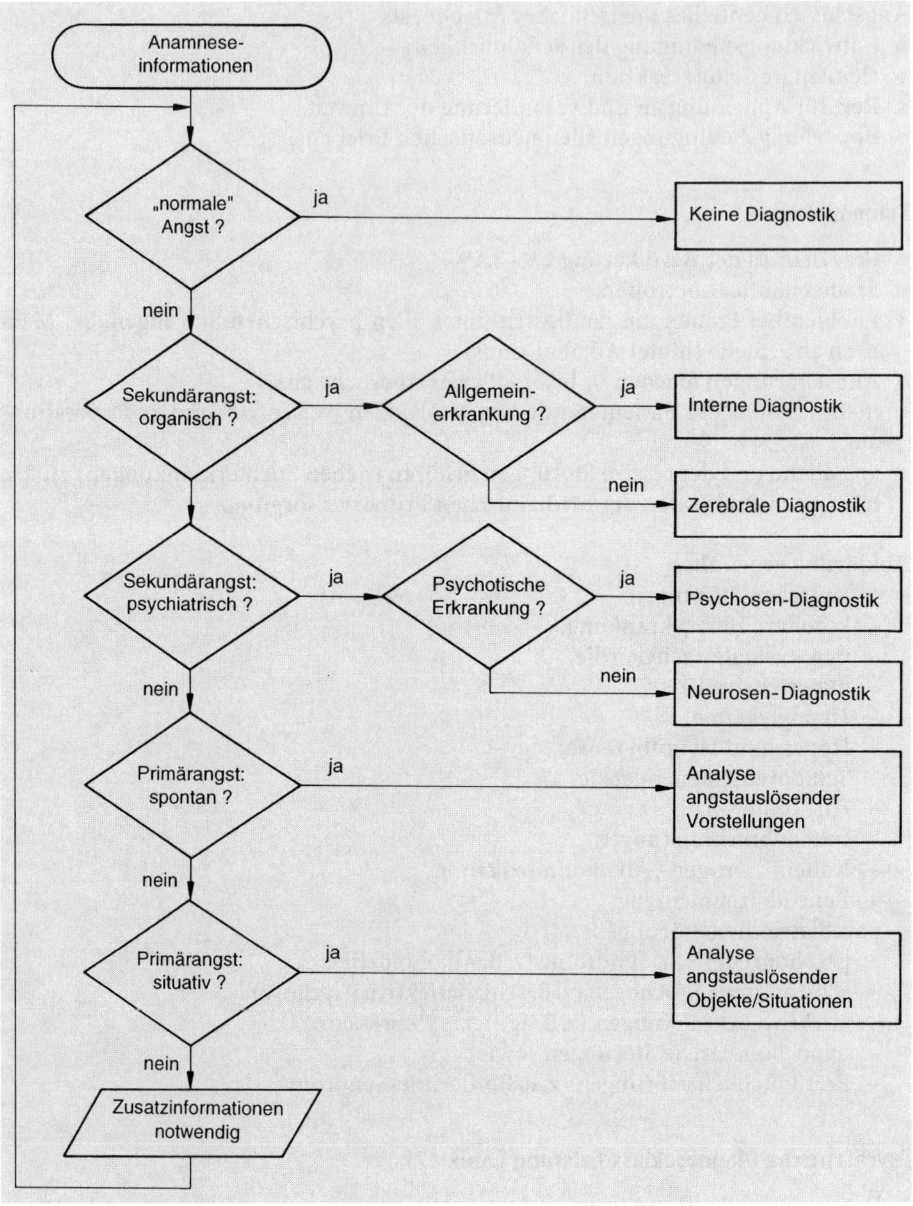

Abb. 17. Diagnostisches Flußdiagramm bei klinischen Angstsyndromen

peraktivität, Erwartungsangst, Überwachheit, ständigem Überprüfen der Umgebung;
3. Phobie: an klar definierte Auslösereize gebunden.

Diagnostische Kriterien nach DSM-IV

Diagnostische Kriterien des Paniksyndroms (Abb. 18)

- Mindestens drei Panikattacken innerhalb eines Zeitraumes von drei Wochen, unter Umständen, die nicht auf einer ausgeprägten körperlichen Erschöpfung oder einer lebensbedrohenden Situation beruhen. Die Attacken werden nicht durch Exposition gegenüber einem umschriebenen phobischen Stimulus ausgelöst.
- Panikattacken zeigen sich in abgegrenzten Perioden mit Ängstlichkeit oder Furcht und in mindestens vier der folgenden Symptome während jeder Attacke:
  1. Dyspnoe,
  2. Palpitationen,
  3. Schmerzen oder Unwohlsein in der Brust,

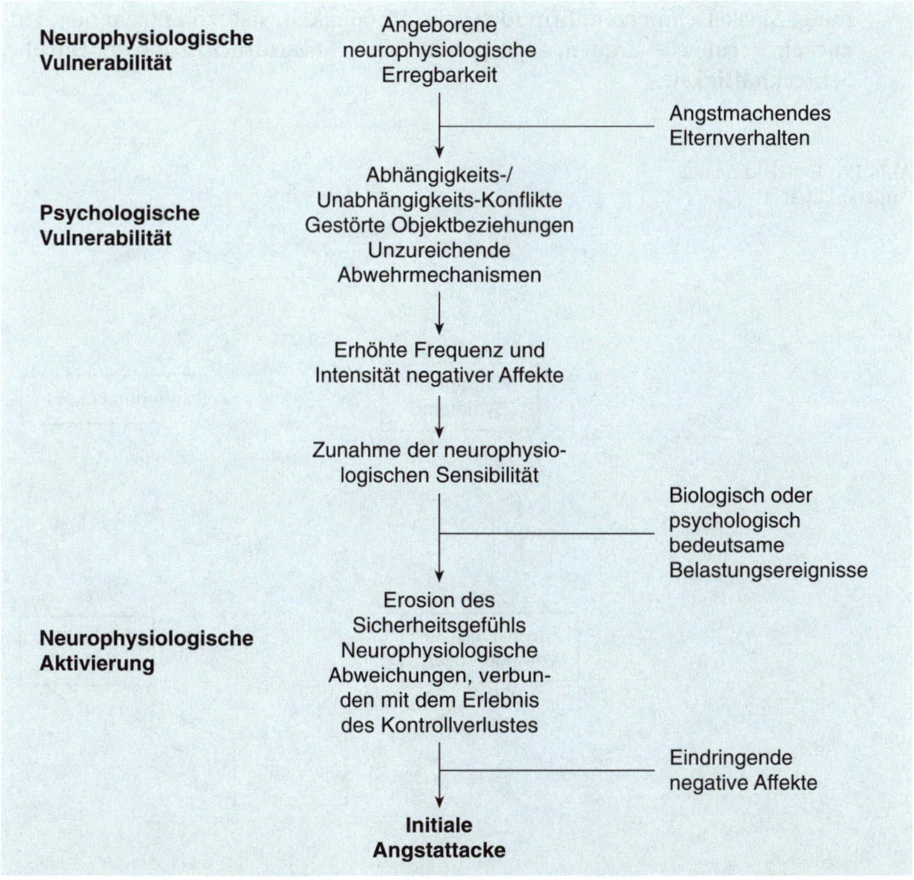

Abb. 18. Ein psychodynamisches Modell der Panikstörung (Shear et al. 1993)

4. Erstickungs- oder Beklemmungsgefühle,
5. Benommenheit, Schwindel oder Gefühl der Unsicherheit,
6. Gefühl der Unwirklichkeit,
7. Parästhesien (Kribbeln in Händen oder Füßen),
8. Hitze- und Kältewellen,
9. Schwitzen,
10. Schwäche,
11. Zittern oder Beben,
12. Furcht zu sterben, verrückt zu werden oder während einer Attacke etwas Unkontrolliertes zu tun.

- Nicht durch eine körperliche oder eine andere psychische Störung wie typische Depression, Somatisierungssyndrom oder Schizophrenie bedingt.
- Nicht mit Agoraphobie (Platzangst) verbunden.

Diagnostische Kriterien des Generalisierten Angstsyndroms (Abb. 19)

- Generalisierte, anhaltende Ängstlichkeit, die sich in Symptomen aus mindestens drei der folgenden vier Kategorien ausdrückt:
  1. *Motorische Spannung:* Beben, Aufgeregtheit, Sprunghaftigkeit, Zittern, Anspannung, Muskelschmerzen, Ermüdbarkeit, Unfähigkeit, sich zu entspannen, Lidzucken, gerunzelte Brauen, angespannter Gesichtsausdruck, Zappeln, Unruhe, Schreckhaftigkeit;

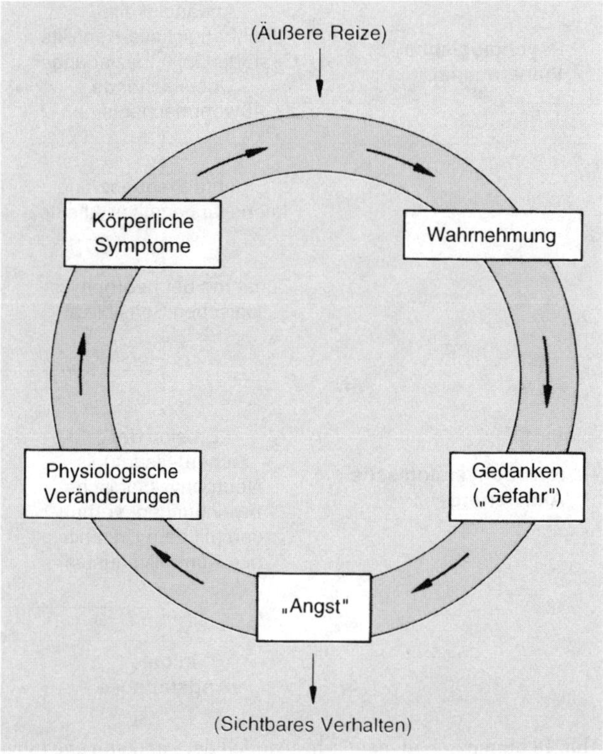

Abb. 19. Teufelskreis bei Angstanfällen

   2. *vegetative Hyperaktivität:* Schwitzen, Herzklopfen oder -rasen, kalte, feuchte Hände, Mundtrockenheit, Benommenheit, Parästhesien (Kribbeln in Händen oder Füßen), empfindlicher Magen, Hitze- oder Kältewellen, häufige Miktion, Diarrhoe, Unbehagen in der Magengrube, Kloß im Hals, Erröten, Blässe, erhöhte Ruhepuls- und Atemfrequenz;
   3. *Erwartungsangst:* Ängstlichkeit, Sorge, Furcht, Rumination, Befürchtungen vor Unglück für sich selbst oder andere;
   4. *Überwachheit und ständige Überprüfung der Umgebung:* Übermäßige Aufmerksamkeit, die zur Ablenkbarkeit führt, Konzentrationsschwierigkeiten, Schlaflosigkeit, das Gefühl, „ständig auf dem Sprung zu sein", Reizbarkeit, Ungeduld.
- Die ängstliche Verstimmung muß mindestens einen Monat lang bestanden haben.
- Nicht durch eine andere psychische Störung wie eine depressive Störung oder Schizophrenie bedingt.
- Alter mindestens 18 Jahre.

Von S. Freud als „Angstneurose" bezeichneter „Symptomenkomplex"

1. Allgemeine Reizbarkeit: Unfähigkeit, zusätzliche Reize von innen oder außen zu ertragen; z.B. Überempfindlichkeit gegen Licht oder Geräusche.
2. Ängstliche Erwartung: Sie umfaßt all das, was man als „Ängstlichkeit, Neigung zu pessimistischer Auffassung der Dinge" bezeichnet, geht aber über „plausible Ängstlichkeit hinaus". Die Ängstlichkeit kann die eigene Gesundheit betreffen (Hypochondrie) oder eine Neigung zu Skrupelosität und Pedanterie (Gewissensangst), die sich u.U. zur Zweifelssucht steigert. „Frei flottierende Angst" bestimmt die Auswahl von Vorstellungen und ist „jederzeit bereit", „sich mit irgendeinem passiven Vorstellungsinhalt zu verbinden".
3. Angstanfall: Er entsteht, wenn diese „latente, aber konstant lauernde Ängstlichkeit" plötzlich ins Bewußtsein hereinbricht. Der Angstanfall kann mit körperbezogenen Mißempfindungen und/oder Störungen der Körperfunktionen einhergehen.
4. Angstäquivalente, insbesondere funktionelle Körperstörungen; sie betreffen:
   - die Herztätigkeit (Herzklopfen, Arrhythmien), Tachykardien,
   - die Atmung (nervöse Dyspnoe, Hyperventilation),
   - Schweißausbrüche, auch nachts,
   - Zittern und Schütteln,
   - Anfälle von Heißhunger,
   - Diarrhöen,
   - Schwindelgefühl, Parästhesien.
5. Nächtliches Aufschrecken (Pavor nocturnus des Erwachsenen): oft verbunden mit Angst, Dyspnoe und Schweißausbruch.
6. „Schwindel": Oft verbunden mit Gefühlen von Schwäche, Unsicherheit und Hinfälligkeit, die bis zur „Ohnmacht" (Synkope) reichen.
7. Entwicklung von Phobien: Häufig geht chronische Ängstlichkeit in Verbindung mit Symptomen der Angstneurose der Bildung von Phobien voraus. Diese können physiologischer Bedrohung (Schlangen, Gewitter, Dunkelheit, Ungeziefer), angstauslösenden Situationen (enge Räume, Höhen, öffentliche Plätze) und auch Körpersymptomen, die in Angstzuständen aufgetreten waren („Herzklopfen"), gelten.

8. Störungen der Verdauungstätigkeit: Brechneigung, Übelkeit, Heißhunger, Neigung zu Diarrhö sind häufig.
9. Parästhesien und Steigerung der Schmerzempfindlichkeit.
10. Chronifizierung und Symptomwandel: Vor allem Diarrhö, Schwindel und Parästhesien kommen auch chronisch vor. Chronischer Schwindel kann „durch die andauernde Empfindung großer Hinfälligkeit, Mattigkeit und dergleichen vertreten“ werden.

Angstformen (1)

- Realangst: objektiv vorhandene Gefahrenquellen – also realistisch;
- neurotische Angst:
  - „objektive“ Gefahrenquellen fehlen,
  - irrationaler Charakter, aber
  - subjektiv begründet;
  - Angst- und Gefahrenquelle unbewußt;
- Angstkrankheit zu verstehen aus:
  a) psychosexueller Entwicklung (Triebtheorie),
  b) Entwicklung des Selbst (Narzißmustheorie).

Angstformen (2)

• „Normale“ Angst:	– Signalangst (z. B. Herzklopfen als affektbegleitende Funktionsänderung),
• Objektbezogener Angstanfall gegenüber:	– Partner („Monophobie“: Angst vor dem Alleingelassenwerden),
	– Tiere (Hunde-, Spinnen-, Schlangenphobie usw.),
	– Situationen: Klaustrophobie = Raumangst, Agoraphobie = Platzangst;
• Angst um ein Körperorgan:	– Herzphobie, Karzinophobie usw.
• Überschwemmtwerden mit diffuser Angst:	– „Angstkrankheit“ Psychose.

Angstformen (3)

- Bindungsangst als depressive Schutzangst (schutzlos ausgeliefert sein),
- Ansteckungsangst: eine Kontaktangst (mit den eigenen Triebelementen),
- Examensangst als Kastrationsangst,
- Angst vor Krankheit: nach innen gewendete Aggression,
- Angst vor Blamage: Scham- und Schuldgefühle über verbotene Antriebe,
- Verarmungsangst: „Mutter läßt mich verhungern“, „Ich habe von der Welt nichts bekommen“,
- existentielle Angst: frühe Angst (häufig vorkommend), Unfähigkeit zur Hingabe, zum Vertrauenkönnen.

Angsttheorien Freuds (Abb. 20)

1. Theorie („biochemische Angsttheorie)
   - Unterscheidung von 2 Gruppen von Neurosen:
     a) Aktualneurosen (ohne psychische Ursache, sondern somatisch bedingt):
       - Neurasthenie (direkte affektive Reaktionen),
       - Angstneurose („gestaute Sexualstoffe"),
       - Hypochondrie,
     b) Psychoneurosen (mit psychischer Ursache; Ergebnis unbewältigter Triebkonflikte):
       - Angsthysterie (passive Angst),
       - Zwangsneurose (aktive Angst);
   - Angst entsteht aus unabgeführter Libido,
   - Psychoneurosen gehen auf nicht verarbeitete einmalige psychische Traumen zurück,
   - heute: Angst entsteht aus „unterdrücktem Leben",
   - neurotische Angst entsteht dadurch, daß Libido als innere Gefahr empfunden wird,
   - die eigentliche Angststätte ist das Ich.
2. Theorie
   - Die Angst macht die Verdrängung und nicht umgekehrt.
   - Das Ich schützt sich durch Entwicklung von Signalangst.
   - Neurotische Angst: vor dem inneren Objekt; reale Angst: vor dem äußeren Objekt.

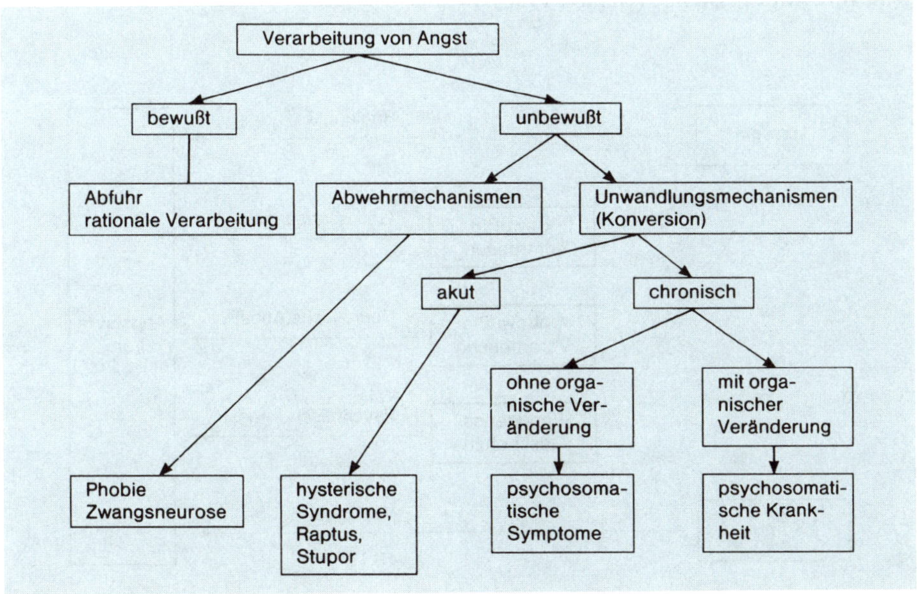

Abb. 20. Möglichkeiten der Angstverarbeitung

Psychophysiologische Zusammenhänge (Abb. 21)

Angst kann einer körperlichen Krankheit vorausgehen.

- Katecholaminstoffwechsel:
  Noradrenalinfreisetzung über peripher-sympathisches Nervensystem; Adrenalinfreisetzung aus Nebennierenmark.
  Ängstliche haben höhere Plasmaadrenalinwerte (bedrohliche Situationen mit unsicherem Ausgang).
  Noradrenalinausschüttung bei bedrohlichen, aber vorhersagbaren Situationen, angepaßte Reaktion möglich.
- Kohlenhydratstoffwechsel:
  Blutzuckerspiegel steigt bei Diabetikern in Angstsituationen.
- Herzfrequenz, Blutdruck, peripherer Gefäßwiderstand:
  Chronisch gehemmte, aggressive Triebe → Blutdruckerhöhung; 2 Typen von Herzinfarktpatienten:
  a) angepaßt-sozial,
  b) dynamisch-impulsiv/ängstlich-aggressiv.
- Plasmalipide:
  Triglyceriderhöhung bei Individuen, die mit ihrer Aggressivität ungehemmter umgehen können; Cholesterinerhöhung bei verdrängten Ängsten.
- Atmung:
  Angstatmung, Hyperventilation, Seufzeratmung.

Angst ist ein Schlüsselbegriff psychophysischer Zusammenhänge, gilt als „leibseelische Verdichtungsstelle" (Gehlen 1956).

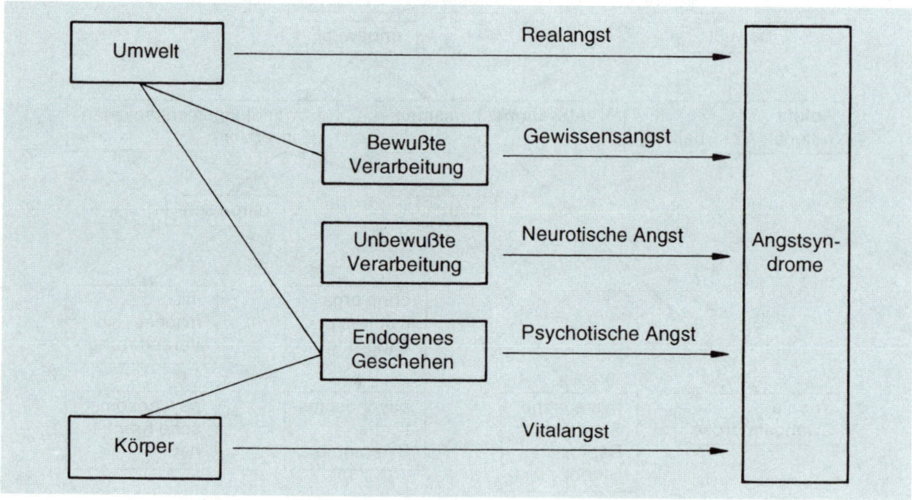

Abb. 21. Genese der Angstsyndrome

Primäre Angstinhalte

Angst vor dem Objektverlust überhaupt

- Frühe Angst (intentionale, orale Phase),
- z.B. bei anaklitischer Depression (Spitz 1967),
- kann beim Säugling zum Tod führen,
- Angst vor dem Verlassenwerden,
- Todesangst.

Angst vor dem Verlust der Liebe des Objektes

- Objektbeziehung schon aufgebaut,
- spätere Angst,
- versagende Einflüsse in oraler, analer, sexueller Hinsicht spielen eine Rolle, das Kind kann sich Zuwendung erzwingen durch Werben und Stören (mit strafenden Folgen).

Kastrationsangst

- In phallischer Phase,
- besondere Art des Liebesverlustes,
- Entwicklung expansiver Triebe unterdrückt,
- Kind wird „beschnitten" in jeder Weise.

Über-Ich oder Gewissensangst

- Angst vor der eigenen inneren Stimme,
- elterliche Motive sind introjiziert,
- Angst als Schuldgefühl erlebt, mit depressiver Stimmung.

Angst vor dem eigenen Masochismus

- Setzt Bildung eines strengen Über-Ich voraus,
- Forderungen des Über-Ich unerfüllbar → Schuldgefühle → starkes Selbstbestrafungsbedürfnis mit lustvollem, masochistischem Leiden,
- Verbrecher aus Schuldgefühl,
- überwertig gewissensstrenge Menschen,
- Angst vor dem eigenen latenten Selbstmord und anderen Schädigungstendenzen (vom Turm in die Tiefe stürzen zu müssen),
- Grenzsituation: kokettieren mit der Angst als „Angstlust".

Angst vor der eigenen Triebstärke

- Triebimpulse stark, als Ich-fremd erlebt (Ich-Zerfall), besonders in Umbruchphasen (Pubertät).

Allen ist gemeinsam

- der vitale Triebanspruch,
- die narzißtische Kränkung, Selbstdemütigung,
- das Ich geht in Abwehrstellung, bildet Abwehrmechanismen → neurotische Symptombildung → neurotische Charakterstruktur.

Entwicklungspsychologisch

Triebtheorie

1. intentionale Phase:
   - Störung: schizoid,
   - Angst vor Selbsthingabe,
   - Angst vor Objektverlust;
2. orale Phase:
   - Störung: depressiv,
   - Angst vor Selbstwerdung,
   - Angst vor Liebesverlust durch das Objekt;
3. anale Phase:
   - Störung: zwanghaft,
   - Angst vor Wandel,
   - Über-Ich oder Gewissensangst;
4. phallische Phase:
   - Störung: hysterisch,
   - Angst vor Endgültigkeit,
   - Kastrationsangst: Angst, in jeder Weise „beschnitten" zu werden.

Narzißmustheorie

1. Vernichtungsangst (früheste Angstform);
2. Desintegrationsangst
   - Zeichen schwerer Fragmentierung (bis zum Persönlichkeitszerfall),
   - starker Antriebsverlust,
   - Absinken der Selbstachtung,
   - Gefühl von Sinnlosigkeit;
3. Angst vor der eigenen Triebstärke
   - im Rahmen der Desintegrationsangst als Furcht vor dem Zerbrechen des Selbst, nicht als Furcht vor der Stärke des Triebes zu verstehen;
4. Angst vor dem „Wiederverschlungenwerden" (Angst vor symbiotischer Vernichtung; klinisch)
   - Angst vor dem Verlust der eigenen Identität (leidenschaftliche Gefühle führen zu einem symbiotischen Verschmelzungszustand);
   - Angst, von anderen eingenommen und verschlungen zu werden, wenn man diesen Menschen entgegenkommt und deren Anforderungen erfüllt;
   - Angst- und Panikreaktionen werden dadurch abgewendet, daß man andere kontrolliert (und damit das Nähe-Distanz-Problem löst).

Symptome von Patienten mit behindertem Individuationsprozeß und mit Angst vor Verlust der omnipotenten Kontrolle über das (als Selbstobjekt erlebte) Objekt

- Befürchtungen, leidenschaftliche Gefühle führen zu symbiotischem Verschmelzungszustand mit Angst vor Verlust der eigenen Identität;
- Angst vor Verpflichtungen und Anforderungen, die als Schwäche und Eingenommenwerden („Verschlungenwerden") erlebt werden;
- Bedürfnis, über andere verfügen zu können, zur Nähe-Distanz-Kontrolle.

Tabelle 20. Überblick zur Psychodynamik der Angststörungen. (Nach Scheibe et al. 1997)

	Generalisierte Angststörung	Panikstörung mit Agoraphobie	Isolierte Panikstörung/ Herzphobie	Einfache und soziale Phobie
KLINIK				
Psychopathologie	Freiflottierend	„Grundlose" Angstanfälle u./od. körperl. Korrelate	Somatisierung Todesängste	Angst bez. Gegenst. oder Situation
Unbewußte Angst	Angst vor Zerfall fragiler Objektrepräsentanzen in Partialobjekte	Angst vor Verlust des sicheren Terrains, der „Hintergrundmutter"	Angst vor Trennungsaggression	Angst vor Verlust d. Liebe d. Objekts, vor Verlust der Selbstkontrolle, vor Beschämung
Interaktionsmuster	Suche nach realer integrierend beruhigender Schutzfigur	Ängstlich-anklammernd, Distanz zum Dritten, anal-sadistisch	Klammern versus Autonomie	Suche nach Orientierung („Leuchtturm")
PSYCHODYNAMIK				
Entwicklung: Störungsphase	Achtmonatsangst	Wiederannäherung	Präödipale Triangulierung	Ödipuskomplex
Mutterbeziehung	Überängstliche u. verunsichernde Mutter hält Kind in Abhängigkeit	Ängstlich-anklammernde *oder* distanzierte Mutter	dominierende versus ängstliche, verwöhnende u. einengende Mutter, symbiotische Bindung	–
Internalisierte Objektbeziehungen	Verfolgendes und vernichtendes Objekt	Steuerndes Objekt als „Ich-Prothese"	Dyadische Beziehung, Symbiose versus Autonomie	Sicherung der Objektliebe
Abwehrmechanismus	(Abwehr mißlungen)	Projektion	Magische Inkorporation	Verschiebung

Phobie

Allgemeines

- Veräußerlichung der Triebgefahr.
- Der Phobiker bleibt mit seinen Triebansprüchen der Außenwelt verpflichtet.
- Regressive Triebansprüche und Inzestobjekte werden verdrängt.
- Unverträglichkeit bestimmter Triebansprüche mit den Forderungen des Über-Ich.
- Dominierende Angst der Phobie ist die Kastrationsangst.
- Regression des Ich auf die phallisch-narzißtische Trieboraganisation.
- Situative Angstanfälle sind typisch.

Arten von Phobie

Tierphobie

- Ein Tier wird zum Ersatzobjekt einer Eltern- oder Geschwisterfigur,
- Konflikt mit äußerer Bezugsperson
  (Freud: Beispiel kleiner Hans: das eigentliche Angstobjekt (Vater) wird verdrängt; der Trieb und die dazugehörige Angst wird auf das Tier (Pferd) verschoben: die Aggressionen gegen das Pferd werden schuldfreier erlebt),
- kollektiv-symbolische Bedeutung des Tieres: Schlange: Verführerin, Phallus-Symbol, Erdtier; Spinne: übermächtige Mutter, die aussaugt, Gift spritzt; Skorpion; usw.

Agoraphobie

- Unbewußte Angst vor Versuchung (meist sexueller Art),
- Begleitperson diejenige, vor der man weglaufen möchte, gegen die man Aggressionen hat,
- Aggressionen gegen Vater und/oder Mutter gerichtet,
- Angst, allein auf die Straße oder öffentliche Plätze zu gehen.

Klaustrophobie

- Angst, in engen Räumen oder unter vielen Menschen zu sein (Kaufhäuser, Theater, Hörsaal),
- Nähe andere Menschen macht Angst, vor denen man nicht ausweichen kann,
- Nähe weckt vitale Impulse, die nach Erfüllung drängen,
- das Angstmachende ist der Verbindlichkeitsanspruch der eigenen Impulse – bei Nicht-fliehen-können.

Bakteriophobie

- Angst vor Ansteckungsgefahren,
- grundlegende Angst vor allem Irrationalen, Unberechenbaren,
- Mangel an Vertrauen in das Lebendige,
- Angst vor den eigenen Kontaktwünschen, vor sexuellen und analen Impulsen (Zwangscharakter),
- vitale Impulse auf das Kleinste verschoben: (Bakterien) ihnen kann man nicht ausweichen).

Tabelle 21. „Physiologische" Ängste im Kindes- und Jugendalter. (Nach Schmidt und Blanz, 1991)

Alter	Angstinhalte
0-6 Monate	laute Geräusche
6-9 Monate	Fremde
9-12 Monate	Trennung, Verletzung
2. Lebensjahr	imaginäre Figuren, Tod, Einbrecher
3. Lebensjahr	Tiere (Hunde), Alleinsein
4. Lebensjahr	Dunkelheit
6-12 Jahre	Schule, Verletzung, Krankheit, soziale Situationen, Gewitter
13-18 Jahre	Verletzung, Krankheit, soziale Situationen
über 18 Jahre	Verletzung, Krankheit, Sexualität

Ängste und Angstsyndrome im Kindes- und Jugendalter

Ängste und Angstsyndrome, die nur bei Kindern und Jugendlichen auftreten

- psychologische Ängste im Kindesalter,
- altersspezifische Angstsyndrome:
  - Trennungsangst,
  - kindliche Phobien,
  - Angstsyndrom mit Scheu, Abkapselung und Vermeidungsverhalten,
  - Schulphobie;
- Angstsymptomatik im Rahmen anderer psychiatrischer Erkrankungen:
  - bei autistischen Syndromen,
  - bei hyperkinetischen Syndromen,
  - bei dissozialen Verhaltensstörungen.

Angstsyndrome, die bei Kindern, Jugendlichen und Erwachsenen auftreten

- generalisierte Angststörungen,
- Phobien,
- Angstsymptomatik im Rahmen anderer psychiatrischer Erkrankungen:
  - bei depressiven Syndromen,
  - bei schizophrenen Psychosen,
  - bei Zwangskrankheit.

Angstsymptomatik im Rahmen (anderer) psychiatrischer Erkrankungen

- Autistische Syndrome:
  - frühkindlicher Autismus = Kanner-Syndrom,
  - Aspergersche Persönlichkeitsstörung;

bei geringeren Veränderungen (= Veränderungsängste)

- hyperkinetische Syndrome und
- dissoziale Verhaltensstörungen:
  - ängstlich-depressive Stimmungsänderungen,
  - diffuse Ängste, Verunsicherung, Selbstwertproblematik, Schuldgefühle, Bestrafungsängste.

Therapie der Angst

Angst als Notfall
- ruhige, sachliche Gesprächsführung; Beruhigung des Patienten;
- kein Erfolg mit Gespräch – Benzodiazepin (z.B. Valium 5–10 mg p.o. oder i.m.);
- bei agitiert-ängstlicher Depression:
  Antidepressivum (Aponal 25–50 mg; Stangyl 25–50 mg p.o.),
  bei fraglicher Diagnose: Valium
- bei körperlichen Erkrankungen Benzodiazepin (Valium).

Differentialindikation der Therapie der Angst
- Symptomorientierte Therapie:
  - Entspannungsverfahren,
  - Verhaltenstherapie;
- konfliktaufdeckende Verfahren:
  - psychoanalytisch,
  - kognitiv-verhaltenstherapeutisch.

Schwere Angstzustände ohne Möglichkeit zur Psychotherapie
- Tranquilizer:
  (kurzwirkend: z.B. Trecalmo, Lendormin,
  mittellang: z.B. Lexotanil, Tavor,
  langwirkend: z.B. Librium, Tranxilium, Valium);
- sedierende Neuroleptika: z.B. Imap, Haloperidol,
- Antidepressiva: z.B. Aponal, Ludiomil, Tofranil,
- evtl. Beta-Blocker (z.B. Dociton).

Medikamentöse Therapie nur bis zum Beginn einer Psychotherapie

Therapie der Phobie

Bei akuten Angst- und Erregungszuständen s. „Therapie der Angst".

Indikation zur Psychotherapie abwägen
- Verhaltenstherapie,
- konfliktaufdeckend-psychoanalytisch.

Versuch einer medikamentösen Beeinflussung (Kombination mit Psychotherapie immer anstreben)
- Versuch mit Antidepressiva (75–150 mg Tofranil p.o. oder 75–150 mg Anafranil p.o.);
- möglichst keine Tranquilizer (hypnosedative Wirkung, Gefahr der Abhängigkeit).

Therapie der Herzneurose/-phobie

Notfall (s. Therapie der Angst)
- Beruhigende, sachliche Zuwendung im Gespräch,
- medikamentös: Tranquilizer (z.B. Valium)
  evtl. Betarezeptoren-Blocker (z.B. Dociton)

mittelfristig

- konfliktaufdeckend-psychoanalytisch (in Gruppen),
- evtl. Verhaltenstherapie,
- zusätzlich physikalische Therapie.

Psychoanalytische Überlegungen zur Therapie

- Gefahr von Medikamentenmißbrauch.
- Medikamente können die Funktion eines „Übergangsobjektes" haben.
- Therapeut hat zunächst eine schützende Rolle im Sinne einer Hilfs-Ich-Funktion.
- Die ausgeprägten Anklammerungstendenzen im Sinne der Frage nach der Qualität der Beziehung bearbeiten: sind die symbiotischen Anliegen zu ausgeprägt, ist evtl. eine Gruppentherapie eher angezeigt.
- Bei mangelhaft ausgeprägten Ich-Strukturen müssen diese erst gestärkt werden, bevor die eigentlichen Konflikte bearbeitet werden können.
- Angstkonfrontierende Verfahren hat bereits Freud empfohlen und bei Phobien als unerläßlich angesehen.

Fallbeispiel

Die 29jährige, leicht übergewichtige, lebhaft-ansprechende Sozialpädagogin suchte die psychosomatische Ambulanz auf, weil sie unter verschiedenen körperlichen Beschwerden wie Schwindelgefühlen, Luftnot, kalten Fingern, Wirbelsäulenbeschwerden litt, erschöpft sei und nicht mehr arbeiten könnte. Am schlimmsten seien ihre Ängste, die sich zur Panik steigerten. Innerhalb der letzten $1^1/_2$ Jahre sei alles schlimmer geworden, einen ersten Angstanfall habe sie jedoch bereits vor dem Abitur vor 10 Jahren gehabt. Vor 2 Jahren Schilddrüsenoperation. Als Kind starkes Übergewicht.

Patientin war unerwünscht als letztes von 4 Kindern auf die Welt gekommen. „Das war zu belastend für die Mutter, sie mußte nachts auf mich aufpassen und tags im Geschäft sein." Sie sagte dann: „Wenn du geschrien hast, habe ich dir gleich eine Flasche in den Mund gesteckt, dann war Ruhe." Patientin sagt selber: „Das hängt mir nach, daß ich ungewünscht war und mich auch noch gegenüber dem Bruder benachteiligt gefühlt hatte." Der Vater hatte ein großes Geschäft, hatte wenig Zeit, aber viel geschrien: „Ich hatte immer Angst vor ihm." Zärtlichkeiten gab es nicht, allenfalls „wenn ich krank war". Die Erziehung sei „streng katholisch" gewesen. Die Patientin versuchte, durch stete Hilfsbereitschaft, Perfektionismus und Ehrgeiz ihre Defizite auszugleichen und Anerkennung zu erfahren, blieb aber leicht kränkbar und hielt ihre aggressiven Impulse stets zurück.

Kurze Zeit vor Beginn ihrer Erkrankung verliebte sich die Patientin in einen Schwarzen, fühlte sich ganz von ihm angenommen, bekam die von ihr so sehr gewünschte emotionale und körperliche Zuwendung. Für die Patientin entwickelte sich zu dieser Zeit insofern eine konfliktbesetzte Situation, als die aus kleinen Verhältnissen vom Land abstammenden Eltern ihren Freund ablehnten. Zudem erkrankte ihr Vater an einem Darmkrebs, die Mutter an Herzattacken, die Bypässe erforderlich machten. Patientin fühlte sich aufgefordert, sich um sie noch mehr zu kümmern, immer wieder zu ihnen hinzufahren, überlegte andererseits, ob sie mit ihrem Freund in sein afrikanisches Heimatland gehen sollte. Der akute Zusammenbruch erfolgte im Urlaub mit ihrem Freund, als ihr die skizzierte Problematik des Hin- und Hergerissenseins zwischen ihm und den pflegebedürftigen Eltern besonders deutlich wurde. Die Trennungs- Individuations-Problematik deutete sich bereits in dem ersten Anfall zu Beginn ihres Abiturs an.

Literatur

Bräutigam W (1994) Reaktionen - Neurosen - abnorme Persönlichkeiten, 6. Aufl. Thieme, Stuttgart
Buchheim P (1990) Wandel in Diagnose und Therapie von Angststörungen. Fortschr Med 108: 24-31
Ermann M (1984) Die Entwicklung der psychoanalytischen Angstkonzepte und ihre therapeutischen Folgerungen. In: Rüger K (Hrsg) Neurotische und reale Angst. Vandenhoeck & Ruprecht, Göttingen
Freud S (1895) Über die Berechtigung, von der Neurasthenie einen bestimmten Symptomkomplex als „Angstneurose" abzutrennen. GW X. Imago, London, S 313-342
Freud S (1916/1917) Vorlesungen zur Einführung in die Psychoanalyse. GW XI. Imago, London, S 7-482
Freud S (1925-1932) Hemmungen, Symptom und Angst. GW XIV. Imago, London, S 111-205
Gehlen A (1956) Urmensch und Spätkultur. Athenäum, Bonn
Hoffmann SO, Hochapfel G (1999) Neurosenlehre, Psychotherapeutische und Psychosomatische Medizin, 6. Aufl. Schattauer, Stuttgart
Kernberg O (1978) Borderline-Störungen und pathologischer Narzißmus. Suhrkamp, Frankfurt
Klußmann R (1998) Psychosomatische Medizin. 4. Aufl. Springer, Berlin Heidelberg New York Tokio
Kohut H (1973) Narzißmus. Suhrkamp, Frankfurt
Markgraf J, Schneider S (1990) Panik. Angstanfälle und ihre Behandlung. 2. Aufl. Springer, Berlin Heidelberg New York Tokyo
Marks JM (1986) Epidemiology of anxiety. Soc Psychiatry 21:167-171
Mentzos S (1991) Angstneurose. Fischer, Frankfurt
Mertens W (1991/92) Einführung in die psychoanalytische Therapie, Bde I-III. Kohlhammer, Stuttgart
Mertens W (1996) Psychoanalyse, 5. Aufl. Kohlhammer, Stuttgart
Riemann F (1999) Grundformen der Angst. 20. Aufl. Reinhardt, München
Scheibe G, Tress W, Reister G (1997) Psychoanalytische Modellvorstellungen und die DSM-IV. Klassifikation von Angststörungen: Widerspruch od Ergänzung? Z Psychosom Med 43:138-152
Schmidt H, Blanz B (1991) Spezifische Angstsyndrome im Kindes- und Jugendalter. Dtsch Ärztebl 88:2150-2153
Shear MR, Cooper AM, Klerman GL, Busch FN, Shapiro T (1993) A psychodynamic model of panic disorder. Am J Psychiatry 150:859-866
Spitz R (1967) Vom Säugling zum Kleinkind. Klett, Stuttgart
Strian F (1985) Neuropsychologie der Angst. Dtsch Med Wochenschr 110:889-895
Triebel A (1984) Angsterleben und Angstreaktionen aus psychoanalytischer und lerntheoretischer Sicht. In: Rüger U (Hrsg) Neurotische und reale Angst. Vandenhoeck & Ruprecht, Göttingen
Wittchen H-U, Saß H, Koehler K (1989) Diagnostisches und Statistisches Manual Psychischer Störungen DSM-III-R. Beltz, Weinheim

Hypochondrisches Syndrom (Abb. 22)

DEFINITION

Neurotische Störung mit ausgeprägter Selbstbeobachtung und starker Krankheitsfurcht; keine nosologische Einheit.

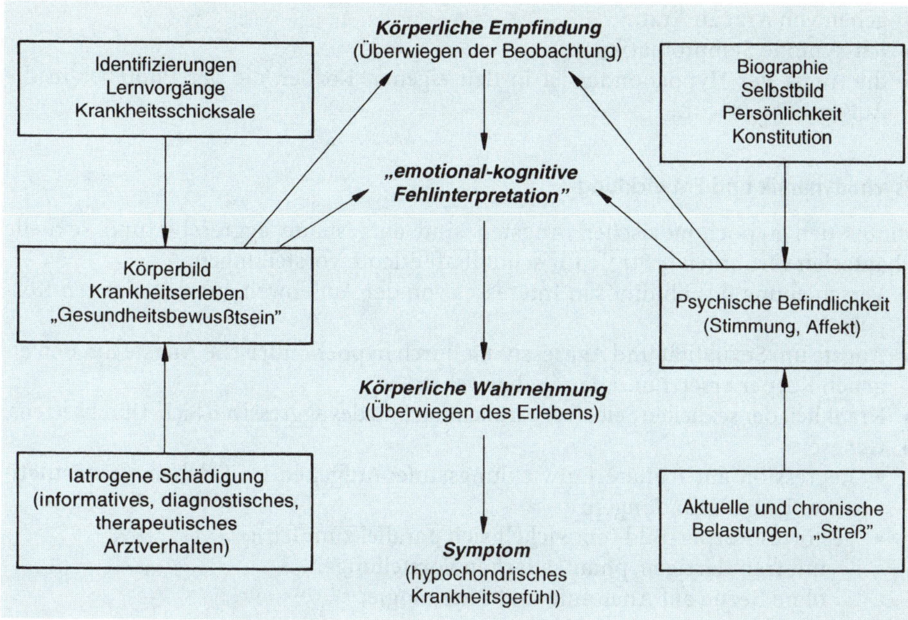

Abb. 22. Pathogenese der hypochondrischen Krankheitsbefürchtungen. (Nach Hoffmann u. Hochapfel 1999)

Epidemiologie

Hypochondrische Entwicklungen und Reaktionen

- in Psychiatrischen Kliniken: 2% der Gesamtaufnahmen,
- bei 8% der konfliktbedingten Störungen,
- häufiger in der 2. Lebenshälfte.

Symptome

- An Stelle einer Empfindung ist eine Wahrnehmung gerückt.
- Ängstliche Beobachtung des eigenen Körpers:
  - kleinste Körperhinweise werden zu Symptomen umgedeutet,
  - ständiges Pulsfühlen, Stuhlgang beobachten usw.;
- unbegründete Krankheitsbefürchtungen beziehen sich auf den ganzen Körper:
  - Sorge vor Hirntumor, Darmkrebs, Herzversagen usw.,
  - Körperängste wie Karzinophobie sind der Hypochondrie zuzurechnen, wenn sie nicht panisch-phobisch sind,
  - Organwahl kann an reale Krankheiten anknüpfen;
- Schongang und Vermeidung von Gefährdungen und Schädlichem:
  - kein Vertrauen in Körperfunktionen,
  - alles vermeintlich Schädliche (Zugluft, Bohnenkaffee usw.) wird ferngehalten,
  - körperlicher Einsatz (Sport, Sexualität) wird vermieden;
- damit (reziproker) Rückzug von der Welt;
- ausgeprägter Realitätsverlust möglich;

- gehen von Arzt zu Arzt;
- Ich-syntone Symptomatik;
- die Angst der Hypochonder ist in den eigenen Körper, die der Phobiker in die Außenwelt gerückt.

Psychodynamik und Entwicklung

Hinter den hypochondrischen Ängsten sind aufgestaute aggressive und sexuelle Phantasien verborgen = Strafe für schuldhaft erlebte Vorstellungen.

- Verschiebung des libidinösen Interesses von der Außenwelt auf den eigenen Körper;
- Ängste um Sexualität und Aggressivität durch hypochondrische Ängste um den eigenen Körper ersetzt und damit abgewehrt;
- Krankheit der sexuellen Selbstverwirklichung und des aggressiven Sich-Durchsetzens.
- Genese:
  - Regression auf frühere Entwicklungsstufe: Aufgehen im Erleben koenästhetischer Leibempfindungen;
  - gestörtes Körper-Bild (entwickelt sich parallel zum Ich):
    - mit fremdartigen, phantastischen Vorstellungen,
    - ohne Bezug auf Anatomie und Physiologie;
  - Ich-Funktionen unzureichend gereift;
  - deutliche soziale Störungen;
  - hypochondrische Angst als Abwehr der Kastrationsangst der ödipalen Phase (?);
  - aus Familien mit ängstlicher Überbesorgtheit um die Gesundheit.
- Ersatz der sozialen Beziehung durch Hinwendung zu Teilvorstellungen vom eigenen Körperbild;
- das Ich ist zu schwach, um eine regelrechte Phobie auszubilden.

Auslösesituation

- Schwer zu bestimmen, oft nur bei Monosymptomatik;
- Konflikt- und Belastungssituationen, in denen Behauptung gefordert wird → interpersoneller Rückzug → leiblicher Rückzug.

Differentialdiagnose

- Psychotische Entwicklungen bei
  - Schizophrenien:
    - bizarr wirkende, nicht einfühlbare hypochondrische Inhalte;
    - bei zirkumskripten Hypochondrien mit wahnhafter Gewißheit;
  - endogene, phasische Depressionen:
    - Perioden von Befürchtungen wechseln mit angstfreien Phasen.

Therapie

- Arzt-Patienten-Beziehung:
  - Drängen des Hypochonders nach immer neuen Untersuchungen kann zur Last für den Arzt werden;

- unterschwellige Aggressivität mit Beharren auf der Krankheit belastet Beziehung;
- klammert sich an, Trennungen werden schwer ertragen;
- Hypochonder wird oft nicht ernst genommen; Folge:
  - fühlt sich nicht angenommen,
  - körperliche Krankheit wird übersehen,
  - wandern von Arzt zu Arzt;

- schwer zu beeinflussen:
  - geduldige ärztliche Führung,
  - analytische, nichtdirektive Gespräche mit
    - Konzentration auf interpersonelle Probleme und
    - Aufdecken der tieferliegenden Bedeutung der gesundheitlichen Ängste;
  - Übungsbehandlungen wie Autogenes Training steigern eher die hypochondrische Selbstbeobachtung (!);
  - medikamentös: Butyrophenon.

Fallbeispiel Hypochondrie

Der 41jährige, gut aussehende, freundlich-unterwürfige, ledige Versicherungsvertreter sucht die psychosomatische Ambulanz auf, weil er seit vielen Jahren unter Schwindelgefühlen, innerer Unruhe, „Kribbeln und Gefühllosigkeit bis zur Lähmung“, Schmerzen des Bewegungsapparates, Magen- und Darmbeschwerden leide. Zahlreiche ambulante wie klinisch-stationäre Untersuchungen hätten nie krankhafte Befunde ergeben, dennoch komme er nur, weil es sein Arzt ihm empfohlen habe; er selber glaube an eine körperliche Erkrankung.

Patient wurde unehelich geboren, von der Mutter abgelehnt, von jeglicher Art Beziehung „abgeschottet“, ohne viel Emotionalität „betreut“. Zu dem alten Vater, der bald nach seiner Geburt starb, gab es keine Beziehung, Geschwister hatte er keine.

Zunächst konnte der Patient über seine Vitalität mit großem Leistungs- und Arbeitseinsatz seine tiefer liegenden Selbstwert- und Identitätsprobleme einigermaßen überkompensieren.

In der Zeit, als ihm eine Freundin, mit der er kurzfristig zusammen war, „weglief“, begann seine hypochondrische Symptomatik. Dabei wurde die hochambivalente Beziehung, die er zu seiner Mutter hatte, besonders deutlich. Einerseits fühlte er sich zu ihr hingezogen, um sich „Trost“ zu holen, andererseits stieß ihn ihre emotionale Kälte in Zusammenhang mit den frühen Erfahrungen mit ihr ab. Er zog sich immer mehr auf sich selber und seinen Körper zurück – seine derzeit einzige „Partnerbeziehung“.

Literatur

Bräutigam W (1994) Reaktionen – Neurosen – Abnorme Persönlichkeiten, 6. Aufl. Thieme, Stuttgart

Feldmann H (1984) Psychiatrie und Psychotherapie. Karger, Basel

Hoffmann SO, Hochapfel G (1999) Einführung in die Neurosenlehre und Psychosomatische Medizin, 6. Aufl. Schattauer, Stuttgart

Rudolf GAE (1992) Therapieschemata Psychiatrie, 2. Aufl. Urban & Schwarzenberg, München

Rentenneurose

DEFINITION

„Nach Unfällen, zumal nach Schädel-Hirn-Traumen, sind an die Unfälle anknüpfende Fehlentwicklungen, die meist rein im Dienste des Zweckes, der Rente oder Abfindung oder Befreiung von unangenehmen Verpflichtungen stehen, relativ häufig. Für das Zustandekommen ist die subjektive Unfallverarbeitung maßgeblich. Man sieht alle Übergänge von Simulation über bewußtseinsnahe Entschädigungs- und Sicherungswünsche bis zu psychoreaktiven Störungen, bei denen eine schon vorher bestehende, aber noch nicht mehr oder weniger weitgehend kompensierte Entwicklung durch den Unfall dekompensiert wird. Der Patient nutzt den Unfall und seine Folgen als Alibi, mit dessen Hilfe er sich einer Konfliktsituation entziehen kann. Mehrere Faktoren können zu dieser Reaktion beitragen: neben den Sicherungs- und Entschädigungswünschen die Angst, nicht mehr gesund, invalide zu werden, das Schreck- und Angsterlebnis beim Unfallgeschehen, eine hypochondrische Entwicklung mit Verlust der Unbefangenheit gegenüber den körperlichen und seelisch-geistigen Funktionen sind von Bedeutung." (Huber 1974)

Dazu gehören:
- eine neurotische Prädisposition,
- eine symptomauslösende Konfliktsituation,
- Rententendenzen.

Krankheit mit moralischer Einschätzung verbunden löst entsprechende Gegenübertragungsgefühle aus; meist abwertend beurteilt mit:
- „Simulant", „Querulant", „Arbeitsscheuer" oder
- „Tendenzreaktion", „Zweckreaktion", „Rentenwunschreaktion", „Unfallschädigungsneurose", „Pensions- oder Invalidisierungsneurose";
  hier: Neurotische Rententendenz mit Symptomcharakter.

Klinische Bilder von:
- der schwersten organischen Gesundheitsstörung (Amputation von Gliedmaßen) über
- funktionelle vegetative Störungen bis zu
- offener Aggravation und
- Simulation.

Psychodynamik

- Erinnerungsmaterial oft schwer zu finden, erweiterte Anamnese schwer zu erheben;
- epidemiologisch:
  ca. 70% depressiv-zwanghafte Mischbilder mit
  - depressiven Reaktionen oder somatischen Äquivalenten,
  - funktionellen Magen-Darm-Störungen (bis ulcus duodeni),
  - funktionelle Herzstörungen;
- frühkindlich:
  - wenig mütterliche Zärtlichkeit, Fürsorge, Geborgenheit,
  - kein Genießendürfen, Nehmendürfen,

- wenig persönliches Eigentum,
- kein soziales Selbstwertgefühl;
- Mutter genußfeindlich, hart, streng oder sie fehlte ganz;
- Vater fügte sich;
- viele Geschwister – stellten gewisse Geborgenheit dar, veranlaßten zu Ehrgeizhaltungen;
- Recht auf Versorgung unbewußt abgeleitet aus dem Mangel an frühkindlicher Versorgung;
- Symptom als Folge eines Kompromisses zur Lösung einer Konfliktsituation, wobei es unbewußten Zwecken aus seiner Genese unterliegt:
  - Rentenversicherung (speziell Unfallversicherung, Bundesversorgungsgesetz, Bundesentschädigungsgesetz) als Versuchungssituation;
  - Rentengewährung
entschuldigt Leistungsversagen und
gewährt Anerkennung und Zuwendung;
  - sekundärer Krankheitsgewinn als
Existenzsicherung und
Verwöhnung (Zeit für Hobbies usw.).

Persönlichkeit

- Resignierte, depressive Grundstimmung,
- extreme Gefügigkeit,
- Hergabebereitschaft,
- ehrgeizige, aggressive Betriebsamkeit bis zur Erschöpfung und Verausgabung,
- Gefühl des Geschädigtseins,
- besonders festgefügte neurotische Haltung mit festen Abwehrformen,
- Unzugänglichkeit,
- berufen sich auf Anspruch, Recht, Moral, Leistung, Ideologien,
- Haltungen:
  - illusionäre Riesenerwartungen und Allmachtsphantasien (Kompensation eigenen Versagens),
  - Anspruchshaltung und Genußunfähigkeit des ewig „Zu-kurz-Gekommenen" (Ersatzbefriedigungen oral-passiven Wunschdenkens),
  - Vorwurfshaltung des Entrechteten, dem kein Kompromiß akzeptabel erscheint, keine Therapie auch nur eine geringe Besserung bringen darf.

Auslösung der Symptomatik

- Biologischer Aspekt:
  - Leistungsfähigkeit aufgrund des Alters eingeschränkt;
  - Selbstverunsicherung besonders bei leistungsorientierten Menschen;
- psychologischer Aspekt:
  - Beginn der Bilanzierung des Lebens:
    - Neid-Ärger-Konflikte;
    - resignative Selbstaufgabe mit „Flucht in die Krankheit";
    - Schutz vor Schuld- und Schamgefühlen;

- psychodynamisch:
  - narzißtische Kränkung eigenen Versagens mit Rationalisierung;
  - Frustration aus oral-kaptativer Gehemmtheit, durch Rente ausgeglichen, orales Denken befriedigt;
  - unerschöpfliches Gebiet für querulatorische Tendenzen sonst gehemmter Aggressivität (Einspruchsrecht legal = immense Ersatzbefriedigung);
- sozialer Aspekt:
  - nachelterliche Phase:
    - Kinder verlassen das Haus;
    - erwarten kostspielige Ausbildung;
  - hohe Scheidungsquote;
  - Krankheiten und Todesfälle in der Umgebung.

Prognose

- Abhängig von Symptomdauer und Stand des Rentenverfahrens;
- bei laufendem Rentenverfahren hat Psychotherapie einer Rentenneurose *keine* Chance.

Therapie

- Früherkennung (positive Neurosendiagnostik),
- abschließende Urteile der Organmedizin über Verdachtsdiagnose,
- Beendigung des Rentenverfahrens.

Fallbeispiel
Eine 51jährige, gut aussehende, temperamentvolle, durchsetzungsfähige, etwas übergewichtige Patientin kam wegen unerklärbarer Augenbeschwerden in die psychosomatische Sprechstunde. Sie sei nicht mehr „so belastbar, habe Durchhänger", in letzter Zeit Herzrasen, Beklemmungsgefühle in der Brust, Atemnot; mit dem Unterleib habe sie schon immer „zu tun" gehabt, sie sei gegen „alles allergisch", habe Migräne. Die Augensymptomatik bestehe seit der Kündigung in ihrem Beruf, seither auch Verschlimmerung der übrigen Beschwerden.

Patientin ist unerwünscht als „Nesthäkchen" auf die Welt gekommen, ihre Mutter sei harmoniebedürftig, sehr empfindlich und verletzbar gewesen, der Vater eher cholerisch: „Ich war der Abgott meines Vaters". Zärtlichkeiten gab es kaum, an dem Geburtstag der Patientin seien die Eltern nie zu Hause gewesen.

Sie hat drei Ehen hinter sich, ihre aktuelle Beziehung ist unglücklich, ohne engeres emotionales Verständnis, ohne Körperlichkeit und Sexualität.

Sie ist ausgesprochen leistungsorientiert und ging in ihrem Beruf auf. Mit der Kündigung wurde ihr die einzige Entfaltungsmöglichkeit genommen, bei der sie die notwendige Gratifikation bekam. Sie ist dermaßen gekränkt und fühlt sich in einer Weise verlassen, daß sie – unbewußt – nur noch über die mütterliche = gesellschaftliche Versorgung durch die Rentenversicherung hofft, ihr inneres Gleichgewicht wieder zu erlangen. Es sieht so aus, als ob sie ihr Recht auf Versorgung aus dem Mangel an frühkindlicher Zuwendung ableitet und sich dadurch Zuwendung und Anerkennung verspricht.

Literatur

Hau TF (1962) Zur Psychodynamik neurotischer Rententendenzen. Psychologische Rundschau XIII/3
Huber G (1974) Psychiatrie – Systematischer Lehrtext für Studenten und Ärzte. Schattauer, Stuttgart
Lieberz K (1991) Zur Psychodynamik der Rentenneurose. In: Willert HG, Wetzel-Willert G (Hrsg) Psychosomatik in der Orthopädie. Huber, Bern
Mollien P (1986) Rentenneurosen. In: Hau TF (Hrsg) Psychosomatische Medizin. Verlag für angewandte Wissenschaften, München
Strasser F (1974) Zur Nosologie und Psychodynamik der Rentenneurose. Nervenarzt 45:225–232

Weitere Persönlichkeitsstörungen

Borderline-Persönlichkeitsstörungen

Borderline-Syndrom (Abb. 15)

DEFINITION

Pathogene Persönlichkeitsstruktur, die zwischen psychotischen Störungen und der Neurose eingeordnet wird („Stabilität der Instabilität“: die Betroffenen müßten psychotisch dekompensieren, tun es aber nicht).

Symptomatik

Klinisches Bild einer schweren Charakterstörung mit der
- Trias:
  - Hypochondrie,
  - Beziehungserleben,
  - Depersonalisation;

anders:
- chaotische Persönlichkeit mit:
  - Panneurose,
  - Panangst,
  - Pansexualität;
- von Kernberg (1978) genannte Symptome (2 oder mehr sind pathognomisch):
  - chronisch frei flottierende Angst (in Verbindung mit verschiedenen anderen Symptomen und pathologischen Charakterzügen),
  - multiple Phobien (betreffen eigene Körperlichkeit, verbunden mit schweren sozialen Behinderungen),
  - Zwangssymptome, Zwangsgedanken hypochondrischen und paranoiden Inhalts, Ich-synton erlebt, bei intakter Realitätsprüfung,
  - dissoziative Reaktionen (hysterische Dämmerzustände, Amnesien, Depersonalisations- und Derealisationserlebnisse),
  - polymorph-perverse sexuelle Neigungen,
  - hypochondrische Neigungen (Lebensführung darauf abgestimmt),
  - schwere Depressionen (mit dem Gefühl ohnmächtiger Wut, Hilf- und Hoffnungslosigkeit nach dem Zusammenbruch einer idealsierten Selbstvorstellung);

- vorübergehender Verlust der Impulskontrolle (Alkoholismus, Kleptomanie, episodische Freßsucht, Drogendurchbrüche, die nach dem Exzeß als Ich-fremd erlebt werden, sexuelle Exzesse),
- häufig diffuse Beschweren mit
  - Gefühlen von Leere, Sinnlosigkeit, Ohnmacht,
  - Orientierungslosigkeit,
  - Arbeits- und Konzentrationsstörungen,
  - Kontakt-, Bindungs- und Trennungsängsten,
  - Angst vor Autoritätspersonen,
  - (diffuse) psychosomatische Beschwerden.

Psychodynamik

- Unspezifische Manifestation von Ich-Schwäche (fehlende Angsttoleranz, mangelnde Impulskontrolle, mangelnde Sublimierungsfähigkeit),
- Verschiebung von sekundär- zu primärprozeßhaftem Denken (Nähe zwischen Ich und Es),
- spezifische Abwehroperationen;
- strukturelle Aspekte:
  - spezifische Ich-Störung mit
    - Abwehrleistung archaischen Charakters,
    - Unterentwicklung der synthetischen Ich-Funktionen,
    - Beeinträchtigung der Realitätsprüfung;
- Abwehrstrategien:
  - Spaltung = Angstvermeidung mit Erwecken des Anscheins, „als ob" etwas nicht existiere; strikte Aufteilung in „ganz gut" und „ganz böse" (Unfähigkeit des frühen Ich, Objektbilder mit gegensätzlichen Qualitäten zu vereinen).
    Folge:
    - geringe Möglichkeit der realistischen Einschätzung anderer,
    - fehlende Empathie,
    - Flachheit der Emotionen als Selbstschutz,
    - mangelnde Wahrnehmung von Schuldgefühlen,
    - Vermeidung emotionalen Engagements;
  - Hilfsmechanismen zur Aufrechterhaltung der Spaltung:
    - Idealisierung (äußere Objekte sind ausschließlich „gut", schützen vor „bösen" Objekten),
    - Projektion und projektive Identifizierung (Ausstoßung des verpönten Anteils aus der Selbstrepräsentanz),
    - Identifizierung mit dem Angreifer (strenges Über-Ich verinnerlicht, Selbstkritik wird nicht ertragen, Schuld in die Außenwelt projiziert = „Präventivangriff"),
    - Omnipotenzgefühl und Abwertung der Objekte (bedingen einander gegenseitig, Objekte nur so lange anerkannt, wie sie der Bedürfnisbefriedigung dienen, „pathologisches Größenselbst");
  - Identitätsdiffusion mit instabilem Ich- und Selbstbild;
  - Verleugnung (mit Spaltung eng gekoppelt; äußert sich durch „vergessen"; verbunden mit Besetzungsentzug; dadurch Entfremdungserlebnisse);

- Deck-Abwehr:
  - scheinbar unverhüllte Es-Inhalte werden dazu eingesetzt, stärker ängstigende zu überdecken; ein Affekt verdeckt einen anderen, eine Erinnerung eine andere; besonders schmerzliche Elemente werden herausgesiebt; oft letzter verzweifelter Strukturierungsversuch,
  - diese Abwehr muß ständig agiert werden (= innere Entlastung durch Ablenkung von Triebimpulsen),
  - Zwei Merkmale der Deck-Aktivität:
    magisches Handeln,
    imitative Annäherung;
  - Deck-Identität (bestimmte Identifikation hat Funktion, eine darunter liegende, schmerzvollere Identifikation zu „verdecken").
- Pathologie der inneren Objektbeziehungen:
- Regression auf die paranoid-schizoide Position mit „ganz guten" oder „ganz bösen" Objekten,
- Bestehen einer existentiellen Abhängigkeitsproblematik, vorübergehend und unvollkommen verleugnet durch Omnipotenzphantasien und Abwertung der Objekte,
- das gefährdete Objekt der Abhängigkeit muß vor den eigenen Impulsen mit Hilfe der (auf Spaltung beruhenden) Abwehrmechanismen geschützt werden,
- Angst als Deck-Affekt und Surrogat der Depression,
- Einfrieren des Introjektes:
  herbe Enttäuschungen am äußeren Objekt bewirken Enttäuschungsaggression (narzißtische oder orale Wut), vor der es abgeschirmt werden muß; deren Aufgabe durch fehlende Trauerarbeit unmöglich gemacht wird (Vorbeugung der Ich-Fragmentierung),
- Übergewicht der inneren über die äußeren Objekte:
  ständige Gefahr, das Gefühl für die tatsächliche Realität der äußeren Objekte zu verlieren; diese werden zu Projektionsfiguren der eigenen inneren Repräsentanzenwelt; Beziehungen nach außen werden aber aufrecht erhalten,
- Über-Ich und Ich-Ideal;
  - Über-Ich: primäre sadistische Vorläufer des Über-Ich repräsentieren internalisierte böse Objektbilder und werden in Form von bösen äußeren Objekten rückprojiziert,
  - Ich-Ideal: orientiert sich an überidealisierten Objektbildern mit manchmal imperativem Charakter; keine Möglichkeit, beide Anteile zu einer reifen Form zu verinnerlichen; Orientierung an konkreten äußeren Objekten zur Aufrechterhaltung des narzißtischen Gleichgewichtes.

Insgesamt:
Borderline-Patienten scheitern, weil ihr Erfolgsstreben wie ihre Autonomiebestrebungen von unbewußten, nicht neutralisierten *aggressiven* Triebderivaten gespeist werden; Eintreten des angestrebten Erfolgs wird unbewußt als unerlaubter Sieg über ein verbietendes Objekt oder Rivalen erlebt. Das kommt der Realisierung eines Todeswunsches gleich mit der Folge einer Angst vor der Rache.

Differentialdiagnostische Abgrenzung

Abgrenzung gegenüber der Psychose (Borderline ist kein präpsychotischer Zustand!)
- Psychotischer Einbruch rasch reversibel (z. T. Spontanremission),
- Realitätsprüfung:
  - intakt und verläßlich,
  - Beeinträchtigungen flüchtig, immer reversibel,
  - „Übertragungspsychose" beeinträchtigt andere Persönlichkeitsanteile nicht wesentlich;
- Objektbeziehungen:
  - relativ stabil oder rasch wechselnd,
  - verlaufen nach konstanten Strukturmustern;
- soziale Funktionstüchtigkeit bleibt erhalten,
- Reaktion auf Deutung der primitiven Abwehroperationen (Spaltung, projektive Identifizierung) hat stabilisierende Wirkung.

Genetische Ansätze

- Zeitlich: 2./3. Lebensjahr, wenn das Ich schon stark genug ist, die typischen Abwehrmechanismen gegen eine drohende Ich-Fragmentierung einzusetzen,
- schwerwiegende Frustrationen in Beziehung zu einem Elternteil führen zu überwältigender prägenitaler, vor allem oraler Aggression,
- Traumatisierungen vor allem bei den Autonomiebestrebungen des Kindes,
- keine phasenadäquate Bewältigung prägenitaler Konflikte, dadurch
- vorschnelle „Ödipalisierung",
- wichtig: Verdichtung präödipaler und ödipaler Konflikte:
  - Beziehung der Eltern kann verleugnet werden (die als einheitliches Objekt wahrgenommen werden) oder
  - Aufspaltung zwischen „bösen sexuellen" oder „guten a-sexuellen" Eltern;

Tabelle 22. Abgrenzung gegenüber der narzißtischen Persönlichkeit

	Borderline	Narzißmus
strukturell	Spaltung von „guten" und „bösen" Objektpräsentanzen	Fusionierung von grandiosen Selbst- und omnipotenten Objektrepräsentanzen und Fusionierung von Real-Ich, Ideal-Ich und idealisiertem Objekt
Symptome	Unspezifische Ich-Schwäche (geringe Angsttoleranz, schlechte Impulskontrolle und Sublimierungsfähigkeit mit Identitätsdiffusion, nicht durch Größen-Selbst überdeckt	Selbstkonzept besser integriert; Größen-Selbst hat stabilisierenden Einfluß
Übertragung	distanzierende (als Reaktion auf die gewährende Objektbeziehungseinheit) oder klammernde (Reaktion auf entziehende Objektbeziehungseinheit) Übertragung	idealisierende oder Spiegel-Übertragung

- M. S. Mahler:
  - Traumatisierung in der Wiederannäherungsphase mit
    basaler Verunsicherung des Kindes,
    Enttäuschungsaggression,
    perpetuierender Trennungsangst,
    ängstlicher Anklammerung an die Mutter;
  - die gesamte exzessive Aggression gilt der „bösen Mutter der Trennung“;
- definitive Selbst-Objekt-Differenzierung ist nicht zustande gekommen mit
  - mangelhafter Realitätswahrnehmung,
  - Schwierigkeiten, zwischen Phantasie und Realität zu unterscheiden,
  - Schwierigkeiten, Trennung, Verlust, Kränkung zu tolerieren,
  - Unfähigkeit, stabile Beziehungen aufzubauen.

Therapie

Beziehungsaspekte in der Therapie

- Entwicklungsdefizite (Signalangst nicht erreicht; keine Abgrenzung anderer Menschen von sich selbst; keine Unterscheidung zwischen Phantasie und Realität) nachholen und beheben (nicht Trieb-Abwehr-Konflikte interpretieren),
- Übertragung geprägt von
  - arachaischen Selbst- und Objektimagines,
  - projektiven Verzerrungen (Analytiker wird oft zum schlechten Teilselbst des Analysanden),
  - Elternfigur hat Selbst-Objekt-Charakter („Sie sind so“) und nicht Als-ob-Charakter („Sie sind so, als ob ...“);
- Therapeut wird eher als symbiotisches Objekt, als narzißtische Funktion eines Selbstobjektes wahrgenommen, der Patient kann deshalb kaum Übertragungsdeutungen annehmen,
- Gegenübertragung geprägt von
  - aggressiven Regungen dem Patienten gegenüber aufgrund des Gefühls von Ohnmacht und Hilflosigkeit,
  - abwertender Reaktion („konstitutioneller Defekt“),
  - Wünschen nach masochistischer Unterwerfung unter die Forderungen des Analysanden (Schuldgefühlen entgehen),
  - Wiederbeleben archaischer Ich-Ängste.

Therapeutische Richtlinien zum Umgang mit Borderlinepatienten

- Generell:
  - modifizierte, intensive psychoanalytische Psychotherapie (aber nur bei Patienten auf „lower level borderline niveau“, da stützende Therapie),
  - den Bedürfnissen des Patienten angepaßtes Setting,
  - im Sitzen, 2–4 Stunden pro Woche,
  - Verbesserung des Realitätsbezuges statt Aufforderung zur freien Assoziation,
  - Information des Patienten über
    - Art der Erkrankung,
    - technisches Vorgehen des Analytikers,
    - psychodynamische Zusammenhänge,

  - Forcierung der positiven Gegenübertragung,
  - schnelles Unterbrechen von Schweigepausen;
- zur Deutung:
  - zunächst das wenig konflikthafte Material,
  - zuerst depressives, dann paranoides Material deuten,
  - zuerst masochistische, dann sadistische Tendenzen deuten,
  - wenig genetische Deutungen,
  - Deutungen zur Realitätsverbesserung,
  - Deutungen der pathologischen Abwehr mit ihrer destruktiven Auswirkung auf den Realitätsbezug;
- Mitteilen von Gegenübertragungsgefühlen:
  - Analytiker soll erlebbar werden,
  - Richtigstellen von Verzerrungen, paranoider Wahrnehmung und primitiver Idealisierung des Analytikers;
- Kontrolle des Agierens des Patienten,
- grundsätzliche Liebesfähigkeit des Patienten bestätigen:
  - Deutungen entsprechender Verzerrungen,
  - Aufzeigen befriedigender Möglichkeiten;
- Entzerren der Bilder von früheren Bezugspersonen:
  - Entteufelung,
  - Entidealisierung;
- Technik:
  - Klarifikation der Verzerrung, die der Patient aus den Deutungen des Therapeuten vornimmt,
  - Konfrontation
    - mit dem destruktiven Verhalten des Patienten sich selbst gegenüber,
    - mit den widersprüchlichen Haltungen,
    - mit den Realitätsverzerrungen des Patienten im Hier und Jetzt – dadurch Verbesserung der Realitätskontrolle und der Ich-Stärke;
  - Interpretation erst spät in der Behandlung, wenn „neurotisches“ Niveau erreicht ist,
  - positive Übertragung zunächst nicht analysieren,
  - negative Übertragung: sofortige, systematische Konfrontation, um
    - Übertragungsagieren und
    - eine Übertragungspsychose zu vermeiden (Funktion des „beobachtenden Ich“ ist beeinträchtigt),
  - Haltung technischer Neutralität (keine Suggestionen, Empfehlungen, Manipulationen) bei ausreichender Strukturierung:
    - außerhalb der Therapie (stationäre Krisenintervention, Hausbesuche von Sozialarbeitern),
    - innerhalb der Therapie (bestimmte Abmachungen treffen);
  - Beachtung der Gegenübertragung:
    - im Therapeuten können „punitive Gefühle“ mobilisiert werden,
    - Identität des Therapeuten als Wahrnehmungsvorgang,
    - Therapeut sollte auch in „Gegenübertragungs-Borderline-Psychose“ kommen, um beim Patienten eine allmähliche Trennung von Ich und Nicht-Ich und eine Integration von guten und bösen Objektaspekten zu erreichen.

Fallbeispiel:
Die 1945 geborene Erzieherin kommt mit 27 Jahren in die psychotherapeutische Sprechstunde. Sie macht einen ausgesprochen starren, verspannten, dabei glatten Eindruck. Sie spricht kaum, läßt keine Mimik, weder Gestik noch eine Gefühlsäußerung zu. Im Untersucher löst sie fast Erschrecken aus mit der Frage, ob sie wohl psychotisch sei oder ein organisches (zerebrales) Krankheitsbild haben könnte. Sie ist jedoch bewußtseinsklar, geordnet, voll orientiert. Sie ist gut gekleidet und wirkt sehr gepflegt; die weiblichen Formen sind bei sonst guter Figur nicht sehr ausgeprägt.

Sie sei in die Psychotherapie geschickt worden; Beschwerden habe sie eigentlich keine. Langsam gibt sie zu, daß sie erhebliche Schwierigkeiten mit anderen Menschen hat. Sie habe es nie gemocht, wenn jemand seinen Arm um sie lege. Sie habe nie einen Freund, nie intime Beziehungen gehabt. In dem Heim, in dem sie als „Zögling" und später als Praktikantin gewesen sei, habe einmal eine Nonne über ihr Haar gestreift und gefragt, ob sie glücklich sei. „Das konnte ich nicht haben. Dann wurde gelästert, ich sei lesbisch. Alle waren gegen mich. Ich habe mich geniert. Dann habe ich mich in der Schule isoliert und habe mich in mein Zimmer zurückgezogen, habe die Vorhänge zugemacht und bin ins Bett gegangen. Dann bin ich auch weggelaufen und wußte gar nicht mehr, was ich machte. Das ist jetzt auch noch so." Sie rede oft automatisch und unkontrolliert. „Oft denke ich, daß andere Menschen über mich reden. Dann habe ich Angst, es passiert etwas."

Aus der Vorgeschichte ist erwähnenswert, daß sie unehelich geboren ist. Sie sei nur $^1/_2$ Jahr bei ihrer Mutter gewesen, die sie schon als Baby und ihre um 2 Jahre ältere Schweste „grün und blau geschlagen" habe. Die Mutter sei dann wegen Kindesmißhandlung ins Zuchthaus gebracht worden. Die Patientin sei dann ins Fürsorgeheim gekommen. Die Nonnen dort seien kalt und herzlos gewesen, hätten geschimpft und geschlagen. Später sei alles Sexuelle verpönt gewesen. Als sie ihre erste Periode bekommen habe, habe man sie auf den Dachboden geschickt und ihr gesagt, dort fände sie alte Zeitungen ... Als sie dann in eine Haushaltsschule gegangen sei, habe sie einen Selbstmordversuch unternommen. Deshalb sei sie zurück ins Fürsorgeheim geschickt worden. Später habe sie dann die Kinderpflegeschule, dann die Fachschule für Sozialpädagogik abgeschlossen.

Die Kontaktstörungen der Patientin traten früh auf und wurden durch die Zuwendung der Nonne im Sinne einer Auslösesituation aktualisiert. Gute und böse Imagines existieren nebeneinander; eine Selbst-Objekt-Differenzierung ist nicht zustande gekommen. Die Realitätsprüfung und -wahrnehmung gelingt nur mangelhaft. Die Frage nach der eigenen Existenzberechtigung muß bereits früh aufgetaucht sein durch das „Borderlineverhalten" der Mutter und den wenig empathischen Umgang im Fürsorgeheim. Folgen dieser Entwicklung sind – neben Kontaktstörungen tieferer Art – Störungen im Bereich des Aggressionserlebens mit unkontrollierten, destruktiven Ausbrüchen oder einem Sichzurücknehmen bis zur Erstarrung, einem Perfektionsdrang zur Vorbeugung gegen eine Fragmentierung, aber auch paranoide Erlebnisverarbeitungen mit vorübergehend wahnhaften Inhalten.

Literatur

Frosch J (1964) The Psychotic Character: Clinical Psychiatric Considerations. Psychiatr Q 38: 81–96
Giovacchini P (1967) The frozen introject. Int J Psychoanal 48:61–67
Kernberg OF (1978) Borderline-Störungen und pathologischer Narzißmus. Klett, Stuttgart
Kernberg OF (1981) Objektbeziehungen und Praxis der Psychoanalyse. Klett, Stuttgart
Lohmer M (1985) Diagnostik und Therapie des Borderline-Syndroms. Entwicklungstendenzen in der amerikanischen Diskussion. Psychother Psychosom Med Psychol 34:120–126
Mahler MS (1975) Die Bedeutung des Loslösungs- und Individuationsprozesses für die Beurteilung von Borderline-Phänomenen. Psyche 29:1078–1095
Meissner WW (1978) Theoretical assumptions of concepts of the borderline personality. J Am Psychoanal Assoc 26:550–598
Mertens W (1996) Psychoanalyse, 5. Aufl. Kohlhammer, Stuttgart
Rinsley DB (1978) Borderline psychopathology: A review of aetiology, dynamics and treatment. Int Rev Psychoanal 5:45–54
Rohde-Dachser Ch (1979) Das Borderline-Syndrom. Psyche 33:481–527
Rohde-Dachser Ch (1991) Das Borderline-Syndrom. Nachdruck der 4. erg. Aufl. Huber, Bern
Schmiedeberg M (1947) Borderline patients: The treatment of psychopaths. Am J Psychother 1: 45–70

Perversionen (Abb. 16)

Allgemeines

- In der Neurose ist der Trieb verdrängt, unbewußt, in der Perversion wird er sichtbar. Der Perverse lebt seinen Trieb aus, in Form des Partialtriebes (nach Freud „das Positiv der Neurose“);
- Entwicklungsanomalien des Liebes- und Sexualstrebens;
- das Kind ist in bestimmten Phasen „polymorph-pervers“;
- Erwachsener an die frühe Entwicklungsphase fixiert oder regrediert;
- normal bei großer Leidenschaft und Hingabe, vorübergehend;
- als erotische Idealisierung (Körper, Brüste, Haut, Genitalien der Frau) = wichtiger Aspekt der Psychologie der normalen Integration zärtlicher und erotischer Beziehungen in heterosexueller Liebesbeziehung:
  - kann normalen wie pathologischen Funktionen dienen;
  - haben Ursprung im Ambivalenzkonflikt;
- bei Frühformen wird jede Objektbeziehung vermieden;
- bei späteren Formen Objektbeziehung möglich, jedoch unter der Vorherrschaft eines unreifen Partialtriebes;
- ganzheitliche Störung.

Fünf Bedingungen

- Bisexuelle Veranlagung des Menschen,
- Umweltfaktoren, spezifisches Verhalten der Eltern und Geschwister,
- phasenbestimmte Einflüsse, milieubedingte Verführung in Stadien, in denen Sexualstreben besonders labil ist,
- Gewöhnung an den speziellen Lustgewinn bei Angst vor reifer Liebesbetätigung,
- narzißtische Besetzung („ich bin nicht so wie die anderen“), mit ideologischem Überbau.

Drei „Mängel" in der Genese
- keine adäquate Entfaltung des Zärtlichkeitsbedürfnisses (keine Nestwärme),
- Entwicklung und Findung der eigenen Geschlechtsrolle mißlingt,
- keine Entwicklung eines gesunden Narzißmus mit normalem Selbstwertgefühl.

Phasensepzifische Charakteristik (nach Liebesfähigkeit)

Intentionale (sensorische) Phase
- Fähigkeit zur naiv-ungehemmten, spontanen Triebäußerung,
- Rücksichtslosigkeit gegen Partner (sich selbst zum Partner nehmen):
  - exzessive Onanie, ohne Phantasie (rein mechanisch),
  - Transvestitentaum,
  - Fetischismus,
  - Sodomie,
  - Nekrophilie,
  - Lustmord.

Orale Phase
- Fähigkeit zur gefühlsmäßigen Bindung an den Partner,
- oraler Partialtrieb dominiert:
  - völlige Abhängigkeit vom Objekt,
  - Partner wird „aufgefressen" (aus Verlustangst),
  - Fellatio, Cunnilingus, Penis als Mutterbrustersatz.

3. Anale Phase
- Selbstbehauptung und selbstbeherrschte Rücksichtnahme,
- anal-sadistische/masochistische Perversionen (Libido im aggressiven Partialtrieb „hängengeblieben"):
  - Koprophilie,
  - Sadomasochismus, Autosadismus,
  - Flagellantentum.

4. Phallische (ödipale) Phase
- Bejahung der eigenen Geschlechtsrolle,
- phallisch-narzißtische Perversionen:
  - Päderastie (Angst gegenüber Kindern geringer),
  - Exhibitionismus,
  - Voyeurismus,
  - Homosexualität, Lesbiertum.

Klassifizierung nach Organisationsniveau
(Nach Kernberg 1985)

- Normale polymorphperverse Sexualität,
- organisierte Perversion auf dem Niveau neurotischer Persönlichkeitsorganisation,
- polymorphperverse Sexualität bei Borderline-Persönlichkeit,
- Borderline-Persönlichkeit mit struktureller Perversion,
- Narzißtische Persönlichkeit mit Perversion,

- Perversion bei malignem Narzißmus,
- Perversion bei Psychose.

Homosexualität/Lesbiertum

- Harte Enttäuschung vom anderen Geschlecht (Versuch des Ausgleichs durch Identifikation), die 3 häufigsten Konstellationen:
  - Narzißtische Objektwahl:
    - im Partner wird der verlorene Ich-Anteil gesucht, bleibt an den anderen gebunden,
    - das eigene Ich-Ideal wird beim anderen geliebt;
  - invertierter Ödipuskomplex:
    - beim Jungen statt einer Rivalität mit dem Vater eine solche mit der Mutter, zunehmend weibliches Verhalten,
    - beim Mädchen Entwicklung umgekehrt, versucht Sohnersatz zu sein, entgeht dem Penis-Neid, ist jedoch hingabeunfähig;
  - Haß überkompensierende Liebe:
    - gleichgeschlechtliche Geschwister schließen sich gegen harte Mutter zusammen: Männerbünde, Gruppen-Ich gegen als gefährlich erlebte Frau,
    - entsprechend bei Mädchen nach dem Motto: wir geben die Unterlegenheit nicht zu, weibliche Rivalität im Kampf um den Mann vermieden.

Nach Riemann (1968)

- Partner ist eigentlich eine Frau (als Vorstufe zur heterosexuellen Beziehung möglich),
- Partner entspricht dem eigenen Ideal der Männlichkeit,
- Partner soll so sein, wie man selber sein möchte.

Nach Kernberg (1978)

1. Objekt – Selbst (Partner bewundert):
   - genitale, ödipale Faktoren im Vordergrund,
   - sexuelle Unterwerfung unter den gegengeschlechtlichen Elternteil als Abwehr ödipaler Rivalität (das infantile, unterwürfige, ödipale Selbst geht eine Beziehung zum dominierenden, verbietenden Vater ein; Patient schwach, Partner stark).
2. Selbst – Objekt (eigenes infantiles Ich im Partner dominiert):
   - konflikthafte Identifizierung mit dem Bild der Mutter,
   - homosexuelle Objekte werden als Vertretungen des eigenen infantilen Selbst erlebt (Partner schwach, Patient stark).
3. Selbst – Selbst (Größenselbst im Partner bewundert wie das eigene):
   - homosexueller Partner wird „geliebt" als Erweiterung des eigenen pathologischen Größenselbst (Partner sind gleichwertig).

Sadomasochismus

- Zweithäufigste Perversionsform,
- Umweltkontakt – damit auch sexuelles Empfinden – durch Schläge vermittelt,
- sexuelles Empfinden und Schläge assoziativ verbunden,
- Hingabefähigkeit und Selbstbehauptung verzerrt,

- erheblicher Aggressionsstau,
- Kluft zum Partner,
- Kontakt kann nur durch Aggression erlebt werden,
- Wirkung auf den Partner zeigt, daß man ihm nicht gleichgültig ist,
- Sichquälenlassen Beweis dafür, daß man ihm nicht gleichgültig ist,
- der bewußte Sadist ist immer ein unbewußter Masochist und umgekehrt;
- sadomasochistische Partner sind oft unzertrennlich;
- häufiger: verbaler Sadomasochismus (Ehen, Partner brauchen sich!).

Exhibitionismus und Voyeurismus

- Stets Distanz zum Partner,
- eigentlich ein Phantasiepartner, darf nicht näher kommen.

Exhibitionismus

- „Wenn ich mein Glied zeige, zeigt mir auch der andere seines",
- Wunsch nach Widerlegung der Kastrationsangst,
- will demonstrieren, daß er sein Glied noch hat,
- das Schicksal soll beschworen werden, damit er es nicht verliert,
- Vorstellung: auch die Frau ist phallisch,
- Exhibitionist im Grunde scheu und ängstlich,
- gefährlich für Kinder nur bei Vorschädigung,
- wird erst gefährlich durch Reaktion der Umwelt,
- Exhibitionismus nur bei Männern als Perversion,
- bei Frauen durch Mode erlaubt.

Voyeurismus

- geht auf Phase kindlicher Sexualneugier zurück,
- Fixierung an das Miterleben elterlichen Sexualverkehrs (deshalb Kinder nur bis 2, 3 Jahre im Schlafzimmer schlafen lassen),
- solche Erlebnisse sind mit Wunschphantasien verbunden,
- Identifikation mit einem Partner,
- Voyeur entgeht der Annäherung an eine Frau und der für ihn selbstverständlichen Ablehnung durch sie.

Therapie

- Heilungschance hängt davon ab, ob der Betroffene echt leidet,
- Schwierigkeit, Lustbetontes aufzugeben (Gegensatz: Neurotiker),
- genaue Prüfung, ob Pervertierte(r) bereit ist zur Introspektion,
- Prognose besser bei Menschen, die zusätzliche Symptome haben,
- mit Ängsten auseinandersetzen!

Literatur

Freud S (1916/17, 1952) Vorlesungen zur Einführung in die Psychoanalyse. Imago, London
Gillespie W (1952) Notes on analysis of sexual perversions. Int J Psychoanal 33:397–402
Kernberg OF (1983) Borderline-Störungen und pathologischer Narzißmus. Suhrkamp. Frankfurt

Kernberg OF (1985) Ein konzeptuelles Modell zur männlichen Perversion. Forum Psychoanal 1: 167–188
Kohut H (1966) Formen und Umformungen des Narzißmus. Psyche 20:561–587
Kohut H (1973) Narzißmus, Suhrkamp, Frankfurt
Kuiper PE (1962) Perversionen. Psyche 16:497–511
Loch W (1999) Die Krankheitslehre der Psychoanalyse, 6. Aufl. Hirzel, Stuttgart
Riemann F (1968) Psychoanalyse der Perversionen. Z Psychosom Med Psychoanal 14:3–15

Charakterneurosen/Persönlichkeitsstörungen

Abwehrkonflikt äußert sich nicht in eindeutig isolierbaren Symptomen, sondern in Verhaltensformen, Charakterzügen, in einer pathologischen Organisation der Gesamtpersönlichkeit.

- Ausdruck wird oft sehr ungenau verwendet (bei auffälligen Verhaltensweisen und Beziehungsstörungen zur Umgebung ohne eindeutige Symptomatik),
- „Charakterabwehr" unterscheidet sich vom Symptom durch die relative Integration in das Ich,
- psychopathologische Struktur mit Infiltration des Ich, die an eine präpsychotische Struktur erinnert (früher „Psychopathie").
- Charakteranomalien werden zwischen neurotischen Symptomen und psychotischen Affektionen eingeordnet:
  - diagnostischer Sammeltopf,
  - symptomlose Neurose;
- Störungen Ich-synton (Symptom vom Ich nicht als fremd – Ich-dyston – erlebt), Störung vom Ich integriert,
- neurotische Charakterzüge mit bestimmten Haltungen, ohne lärmende Symptome, die Ich-synton erlebt werden (schlechte Voraussetzung für die Behandlung).

Typische Persönlichkeitsstörungen

(Nach Ermann 1997)

- Reifes Strukturniveau
  - *Hysterische Persönlichkeitsstörung* mit neurotischer Ziellosigkeit, Dramatisierung und Exaltiertheit, Beeinflußbarkeit und naiver Unbefangenheit
    ICD-10: F60.4 histrionische Persönlichkeitsstörung.
  - *Zwanghafte Persönlichkeitsstörung* mit neurotischer Aggressionsgehemmtheit, Unflexibilität und Pedanterie
    ICD-10: F60.5 anankastische Persönlichkeitsstörung.
  - *Depressive Persönlichkeitsstörung* mit der Neigung zu Anklammerung und Altruismus
    ICD-10: F60.7 abhängige (asthenische) Persönlichkeitsstörung.
- Mittleres Strukturniveau
  - *Narzißtische Persönlichkeitsstörung* mit Selbstwertproblemen und Objektabhängigkeit
    ICD-10: Eine „narzißtische" Persönlichkeit kommt in der ICD-10 nicht vor.

- Niederes Strukturniveau
  - Schizoide Persönlichkeitsstörung mit Kontakthemmung und Mißtrauen
    ICD-10: F60.1 schizoide Persönlichkeitsstörung; F60.0 paranoide Persönlichkeitsstörung.
  - *Borderline-Persönlichkeitsstörung* mit geringer Frustrationstoleranz, Affektlabilität und Impulsivität
    ICD-10: F60.2 dissoziale Persönlichkeitsstörung; F60.3 emotional instabile Persönlichkeitsstörung.

„Psychopathie"
- Betonung des genetischen und konstitutionellen Moments,
- Betroffene leiden an ihrer Abnormität oder
- die Gesellschaft leidet an ihrer Abnormalität,
- ähnlich der Charakterneurose (subjektives Leiden und zugleich Störung der sozialen Beziehungen),
- Externalisieren aller Konflikte,
- Agieren im sozialen Umfeld,
- der Begriff wird (ähnlich dem der abnormen Persönlichkeit) von Psychoanalytikern wie „Charakterneurose" gebraucht.

Literatur

Bräutigam W (1994) Reaktionen – Neurosen – abnorme Persönlichkeiten, 6. Aufl. Thieme, Stuttgart New York
Ermann M (1997) Psychotherapeutische und psychosomatische Medizin, 2. Aufl. Kohlhammer, Stuttgart
Hau TF (1986) Psychosomatische Medizin. Verlag für Angewandte Wissenschaften, München
Hoffmann SO (1979) Charakter und Neurose. Suhrkamp, Frankfurt
Hoffmann SO, Hochapfel G (1999) Einführung in die Neurosenlehre und psychosomatische Medizin, 6. Aufl. Schattauer, Stuttgart
Laplanche J, Pontalis JB (1986) Das Vokabular der Psychoanalyse. Suhrkamp, Frankfurt
Reich W (1931) Die charakterologische Überwindung des Ödipuskomplex. Int Z Psychoanal 17: 55–71
Schultz JH (1955) Grundfragen der Neurosenlehre. Thieme, Stuttgart New York
Schultz-Hencke H (1951) Lehrbuch der analytischen Psychotherapie. Thieme, Stuttgart New York

Verlaufs- und Ergebnisforschung

Schwierigkeiten der Erfolgsbeurteilung der Behandlung
- Der Begriff „Psychotherapie'" wird noch uneinheitlich gebraucht.
- Frage: Wird Heilung, Besserung oder Erhaltung des status quo angestrebt?
- „Spontanheilung"?
- Kann zwischen verschiedenen psychotherapeutischen Behandlungsmaßnahmen unterschieden werden?
- Frage der Interpretation des Ergebnisses, wenn keine positive Veränderung erfolgte.
- Kann eine „erfolgreiche Therapie" immer nachgewiesen werden?
- Welche therapeutischen Ziele wurden angestrebt?
- Welche Maßstäbe wurden bei der Untersuchung angelegt?

- Welche Erwartungen und Interessen bestehen von seiten des Patienten, des Therapeuten, der Gesellschaft?
- Ist eine Veränderung der innerpsychischen Dynamik und/oder ein Symptomwandel eingetreten?
- Sind zusätzlich Medikamente gegeben worden?
- Inwieweit wirkt die Persönlichkeit des zusätzlich behandelnden (Allgemein)-arztes eine Rolle?
- Wirken zusätzliche (etwa körperentspannende, psychotherapeutische) Maßnahmen mit?
- Welch eine Rolle spielt die soziale und familiäre Umgebung des Behandelten?

Behandlungserfolge (Abb. 23)

Dührssen (1972): Psychotherapie bei 845 Patienten; Nachuntersuchung nach 5 Jahren.

Ergebnis

- 13% Rückfälle,
- 28,5% sehr gut gebessert,
- 17% gut gebessert,
- 13% befriedigend gebessert,
- 26% genügend gebessert.
  Zwischen behandelten und unbehandelten Patienten ergaben sich folgende statistisch signifikante Unterschiede: Krankenhaustage unter Psychotherapie:
- Psychoanalytisch behandelte und unbehandelte Patienten lagen vor der Behandlung 26 Tage im Krankenhaus.

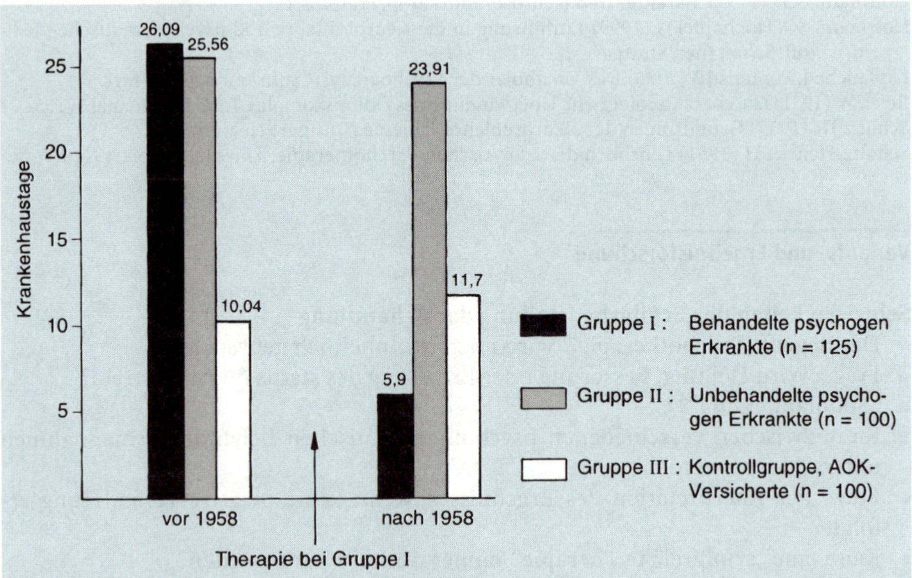

Abb. 23. Vergleich psychotherapeutisch behandelter und unbehandelter Erkrankter der AOK

- Nach 5 Jahren waren die psychoanalytisch Behandelten nurmehr 6 Tage im Krankenhaus.
- Die neurotisch Kranken auf einer Warteliste waren nach wie vor 26 Tage im Krankenhaus.
- AOK-Versicherte liegen durchschnittliche 10–11 Tage im Jahr im Krankenhaus (Untersuchungen aus dem Zentralinstitut für psychogene Erkrankungen der AOK Berlin).

Bellack und Small (1972)

Nach psychoanalytischer Kurztherapie 82% Besserungen.

Beck und Lambelet (1972)

66% Heilungen und Besserungen nach analytischer Kurztherapie.

Weitere Literaturübersichten bestätigen die Wirksamkeit der Psychotherapie

- Meltzoff u. Kornreich 1970,
- Luborsky et al. 1975,
- Meyer et al. 1991,
- Smith et al. 1980,
- Grawe 1992.

Psychotherapeutische Behandlungsergebnisse einzelner Krankheitsbilder

(Nach Senf u. Rad 1990)

Anorexia nervosa

- Heilungsquote mit Hilfe von Familientherapie bei pubertätsnah erkrankten Jugendlichen 80%,
- Prognose um so schlechter je länger der Zeitraum zwischen Erstmanifestation der Krankheit und Behandlungsbeginn,
- 53% Heilungs- oder Besserungschancen bei stationärem Setting,
- gute Ergebnisse mit verhaltenstherapeutischen Ansätzen (Essenstraining),
- stationär eingeleitete Behandlungen verlaufen günstiger.

Asthma bronchiale

- günstigere Prognose bei kindlichem Asthma mit Spontanheilungen,
- Patienten mit einer „krankheitsorientierten Gruppentherapie“ zeigen erhebliche Besserungen und Heilungen, ebenso
- in Kombination von psychotherapeutischen Einzel- und Gruppenbehandlungen, entspannenden Verfahren und medikamentöser Therapie,
- erhebliche Kostenersparnis zugunsten von psychotherapeutisch (mit)behandelten Patienten.

Ulcus pepticum

- gute Ergebnisse bei Langzeitanalysen (10 von 15 Patienten symptomatisch geheilt und „strukturell“ gebessert),

- zusätzlich mit „Hypnotherapie" behandelte Patienten (53%) zeigen eine erheblich geringere Rezidivrate als konservativ behandelte Patienten,
- Erfolg und Mißerfolg eines operativen Vorgehens hängt von Persönlichkeitsvariablen ab.

Colitis ulcerosa
- In einer „Psychotherapiegruppe" deutlichere Symptombesserungen, weniger Operationen und Todesfälle,
- zusätzliche entspannungsfördernde Maßnahmen verbessern die Prognose.

Essentielle Hypertonie
- Nachgewiesene Besserung der Symptomatik bei etwa einem Viertel der behandelten und untersuchten Patienten mit Hilfe von Entspannungstechniken, Biofeedback, transzendentaler Meditation, analytisch orientierten Verfahren,
- komplexes verhaltenstherapeutisches Kurztherapieprogramm (mit guter medizinischer Information, autogenem Training und Verhaltenstherapie) bewirkt Blutdrucksenkung, Reduktion antihypertensiver Pharmakotherapie.

Myokardinfarkt
- Zur Reinfarktprophylaxe kombiniertes Therapieprogramm mit Beratung, Entspannung und Psychotherapie (mit Reduktion des „Typ-A-Verhaltens" als wirksamer Schutz).

Literatur

Beck D, Lambelet L (1972) Resultate der psychoanalytischen Kurztherapie bei 30 psychosomatisch Kranken. Psyche 26:265–285
Beck D (1974) Kurzpsychotherapie. Huber, Bern
Bellak L, Small L (1972) Kurzpsychotherapie und Notfallpsychotherapie. Suhrkamp, Frankfurt
Cremerius J (1962) Die Beurteilung des Behandlungserfolges in der Psychotherapie. Springer Berlin Heidelberg New York Tokyo
Dührssen A (1972) Analytische Psychotherapie in Theorie, Praxis und Ergebnissen. Verlag für Medizinische Psychologie, Vandenhoeck & Ruprecht, Göttingen
Göllner R, Volk W, Ermann M (1978) Analyse von Behandlungsergebnissen eines zehnjährigen Katamneseprogrammes. In: Beese F (Hrsg) Stationäre Psychotherapie. Verlag für Medizinische Psychologie, Vandenhoeck & Ruprecht, Göttingen
Grawe K (1992) Psychotherapieforschung der neunziger Jahre. Psychol Rundschau 43:132–162
Klußmann R (1998) Psychosomatische Medizin, 4. Aufl. Springer, Berlin Heidelberg New York Tokyo
Luborsky L, Singer B, Luborsky L (1975) Comparative studies of psychotherapy: Is it true that „everyone has won and all must have prizes"? Arch Gen Psychiatry 32:995–1008
Malan DH (1962) Psychoanalytische Kurztherapie. Eine kritische Untersuchung. Klett, Stuttgart
Malan DH (1967) Psychoanalytische Kurztherapie. Huber, Bern
Meltzoff J, Kornreich M (1970) Research in psychotherapy. Atherton Press, New York
Meyer, A-E, Richter R, Grawe K, Graf von der Schulenburg J-M, Schulte B (1991) Forschungsgutachten zu Fragen des Psychotherapeutengesetzes i. A. des Bundesministeriums für Jugend, Familie, Frauen und Gesundheit, Hamburg-Eppendorf
Rohrmeier F (1982) Langzeiterfolge psychosomatischer Therapie. In: Albert D, Pawlik K, Stapf KH, Stroebe W (Hrsg) Lehr- und Forschungstexte Psychologie, Bd 3. Springer, Berlin Heidelberg New York Tokyo
Senf W, Rad M von (1995) Ergebnisforschung in der psychosomatischen Medizin. In: Uexküll T von (Hrsg) Psychosomatische Medizin, 5. Aufl. Urban & Schwarzenberg, München
Smith ML, Glass GV, Miller T (1980) The benefits of psychotherapy. John Hopkins, Baltimore

Teil 3
Kleinkind- und Säuglingsforschung und Psychoanalyse

5 Moderne Säuglingsforschung

Zusammenfassung
(Nach Lichtenberg 1991 und Stern 1985)

- Der Säugling ist von Geburt an ein beziehungsfähiges Wesen. Er kann
  - visuell fokussieren,
  - die Mutter an Geruch und Stimme erkennen,
  - ganzheitlich wahrnehmen (keine Spaltung in „gut“ und „böse“).
- Die Selbstentwicklung, das Selbstempfinden hat folgende Phasen: Das Empfinden des
  - auftauchenden Selbst (Bereich der auftauchenden Bezogenheit),
  - Kern-Selbst (Bereich der Kern-Bezogenheit),
  - subjektiven Selbst (Bereich der intersubjektiven Bezogenheit),
  - verbalen Selbst (Bereich der verbalen Bezogenheit).
- Frühe Interaktionserfahrungen, motival-funktionale Systeme beinhalten Bedürfnisse nach
- Regulierung physiologischer Bedürfnisse,
  - Bindung und Zugehörigkeit (Verbundenheit),
  - Exploration und Selbstbehauptung,
  - aversiver Reaktion (Widerspruch, Rückzug),
  - sinnlichem Vergnügen und sexueller Erregung
    (s. dazu Abb. 24–26).

Biologie der zunehmenden organisierten Komplexität
Gehirn hat 10^{10} Neuronen mit hunderten von Querverbindungen.

- Folge:
  1. immer mehr Indeterminiertheiten,
  2. Garant für Individualität und
  3. Selbstbestimmung
- Zur Frage des Angeborenseins:
  1. Gene schalten sich im Entwicklungsverlauf ein und aus,
  2. Es hängt z. T. von Umwelteinflüssen ab, welche Erbfaktoren wirksam werden;
- Im Zuge der Entwicklung vom Säugling über die Kindheit und Jugend nimmt der Einfluß der Vererbung auf individuelle Unterschiede im Verhalten zu;
- Säugling = aktives, komplex organisiertes Wesen;
- Vorhersagbarkeit für Verhalten von der frühen Kindheit auf spätere Jahre gering;
- Größeres Defizit oder Trauma der frühen Kindheit ohne nachhaltige Wirkung.

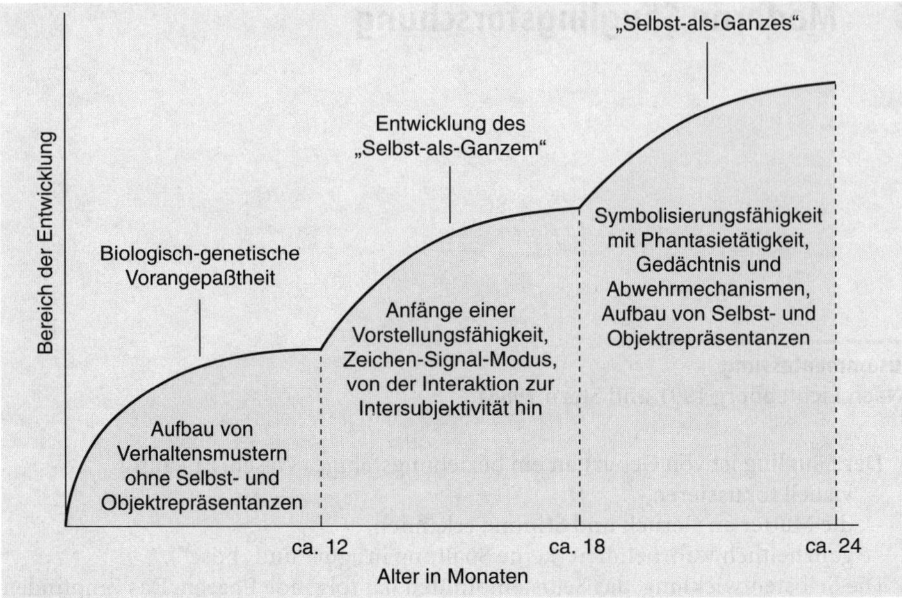

Abb. 24. Schematische Darstellung der Entwicklung nach Lichtenberg. (Nach Schüssler u. Bertl-Schüssler 1992)

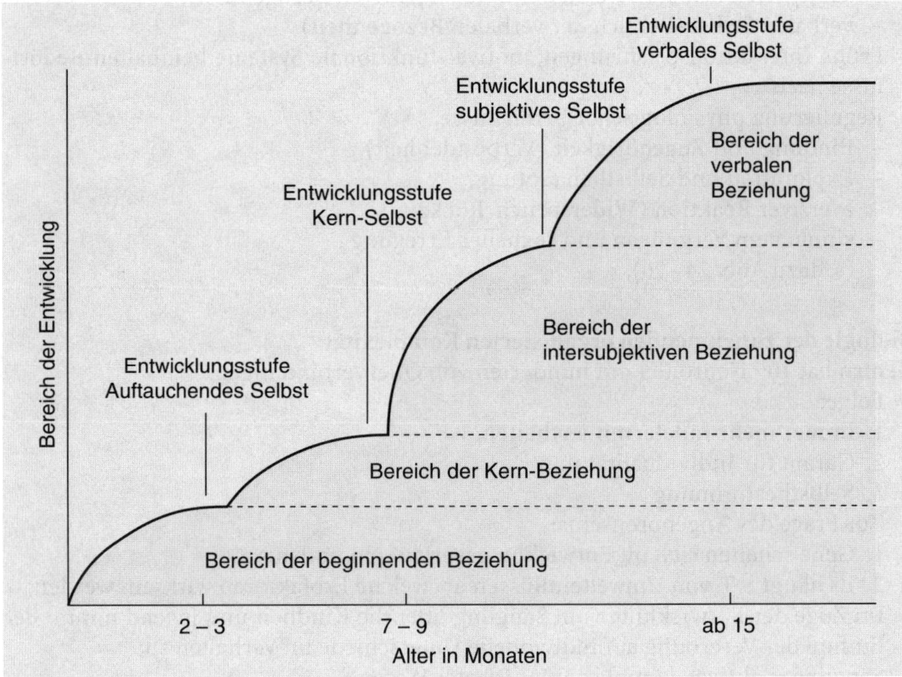

Abb. 25. Schematische Darstellung der Selbst-Entwicklung nach Stern. (Nach Schüssler u. Bertl-Schüssler 1992)

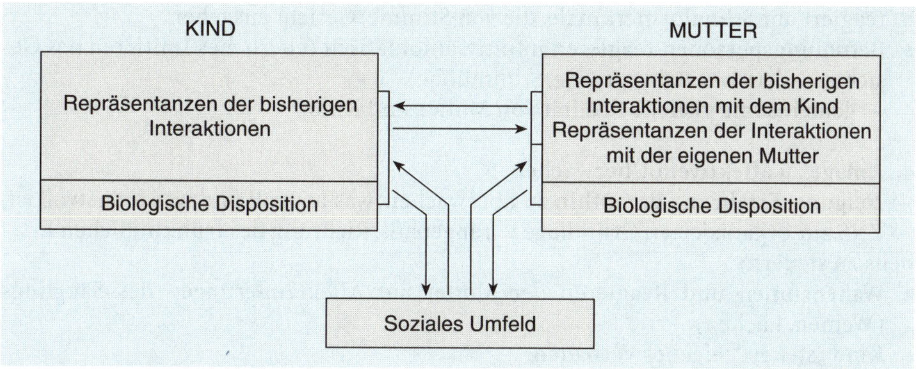

Abb. 26. Transaktionales Modell der Mutter-Kind-Intraktion; die psychischen Repräsentanzen umfassen die internalisierte Selbst-Objektbeziehung und den begleitenden Affekt. (Nach Schüssler u. Bertl-Schüssler 1992)

Befunde der Verhaltensgenetik weisen hin auf

- Entwicklungsprozesse des Wandels wie der Kontinuität (z.B.: individuelle Unterschiede können auch später in Erscheinung treten),
- die überragende Bedeutung der spezifisch erlebten Umwelt (d.h. der Kind-Betreuer-Beziehung),
- die besondere Rolle von Temperament und Affektivität für individuelle Unterschiede in der frühen Entwicklung.

Im Säugling vorprogrammierte grundlegende Motivationsprinzipien

1. Anlage zur Aktivität („primäre Affektivität", Bertalanffy)

→ zunehmende Organisation und wachsendes Verstehen der Welt unabhängig von Lernen und Verstärken (z.B.: visuelle Aktivität für räumliche und zeitliche Organisation der Welt, Erwartungen zu entwickeln und entsprechend zu handeln).

2. Anlage zur Selbststeuerung

- physiologisch im kardiorespiratorischen und Stoffwechselsystem;
- verhaltenssystemisch:
  - für Aktivierung, Aufmerksamkeit, Schlaf-Wach-Zyklen,
  - für Wachstum und Entwicklungsfunktionen,
  - zielorientierte Entwicklung („Äquifinalität", Bertalanffy) mit Objektkonstanz, Vorstellungsintelligenz, Ich-Bewußtsein mit Anlagen zur ausgleichenden Selbstkorrektur.

3. Anlage zur sozialen Einpassung

→ Voranpassung an menschliches Verhalten, → „Bindungsneigung" (Bowlby, 1969) als biologisch begründetes Motivationssystem;

- Kind für Beteiligung an Interaktionen mit anderen Menschen ausgestattet,
- nimmt Augenkontakt früh auf,

- reagiert auf Stimulusmerkmale, die von Stimme, Gesicht ausgehen,
- Betreuungspersonen reagieren intuitiv, automatisch (elterliches Imitieren des Gesichtsausdruckes, Babysprache, Stimmhöhe),
  - gemeinsame visuelle Realität von Mutter und Kind.

4. Anlage zu affektivem Überwachen

→ Neigung, Erfahrung daraufhin zu überwachen, was lustvoll und was unlustvoll ist,
→ ZNS zur organisierten Grundlage vorangepaßt, Richtung des frühkindlichen Erlebens zu steuern;

- Wahrnehmen und Reagieren der Mutter auf Affektäußerungen des Säuglings (Weinen, Lachen),
- Kind „steuert“ eigenes Verhalten.

Biologisch vorbereitet sind:

1. der affektive Kern des Selbst
   - einzelne Muster emotionalen Ausdrucks universal (emotionaler Ausdruck bei Säuglingen, Kindern und Erwachsenen ähnlich organisiert),
   - unser Affektleben gibt unserer Erfahrung Kontinuität,
   - damit wird sichergestellt, daß wir in der Lage sind, andere Vertreter der menschlichen Art zu verstehen,
   - der affektive Kern des Selbst berührt die Aspekte unseres Erlebens und unserer Erfahrungen,
   - im Mittelpunkt steht die soziale Bezugnahme (Mitte des 1., besonders im 2. Lebensjahr) mit der emotionalen Verfügbarkeit des Betreuers: zeigt Weg zur:
     - Bedürfnisbefriedigung,
     - zum Lernen, Lieben, Erforschen;
   - empfindlicher Indikator für emotionale Zugänglichkeit im frühen Kindesalter sind das Vorhandensein oder Fehlen positiver Affekte,
     - positive Gefühle für Entwicklung sehr wichtig,
     - sind von negativen Gefühlen isoliert organisiert.
2. die frühe Moralentwicklung
   - früh verinnerlichte Regeln (Verbote und Gebote) haben zweifachen Ursprung:
     - angeborener Trieb,
     - Erleben der Betreuungsbeziehung (1.–3. Lebensjahr) (Regeln über Kommunikation schon vor Spracherwerb wirksam; Abwechseln der Kommunikation z.B.: Kind reagiert auf Unbehagen eines anderen bekümmert: etwa ab Mitte des 2. Lebensjahres);
   - frühe Moralgefühle (2. Lebensjahr) umfassen:
     - das Teilen positiver Affekte und Stolz,
     - die Scham,
     - verletzte Gefühle (mögliche Vorläufer von Schuld);
   - frühe Moralgefühle haben folgende Merkmale:
     - sind komplexer als einzelne Emotionen wie Freude, Wut, Ekel, zeigen sich nicht in Gesicht, Stimmung, Haltung,
     - basieren auf Beziehungen,
     - basieren auf Empfindungen von Kampf, Dilemma, Konflikt,
     - sind antizipatorisch, sind Signalaffekte;
   - Scham als zentrales Gefühl (mit Aversion gegen Blickkontakt, Kraftlosigkeit, Ausdruck von Verlust).

Frühe Beziehungsmotive

- Drei interagierende Wege des Selbst (nicht zwei):
  - Ich-Gefühl (Erleben von sich selbst),
  - Gefühl für den anderen (Erleben des anderen z. B. der Bindungsperson),
  - Wir-Gefühl (Erleben von sich selbst mit dem anderen oder des Wir);
- Teilen von Gefühlen (mit-teilen, z. B. Freude am Können):
  - Gefühl für Wechselseitigkeit und Empathie (36. Lebensmonat),
  - elterliche Verbote verinnerlicht;
- Entwicklung des Wir-Gefühls (7.–9. Lebensmonat)
  → Gefühl, der andere ist „bei mir“:
  - verstärktes Gefühl von Macht und Kontrolle (verinnerlichte Gefühle ohne Präsenz eines Elternteils);
  - „intersubjektives Selbst“ (Stern 1985):
    - Säugling kann „Absichten“ (Aufmerksamkeit, Fühlen) mit Betreuer abstimmen,
    - „Ineinandergreifen der Seelen“ (Bretherton 1985) (sozial).

Zur Säuglingsforschung

Baby verfügt über eine große Anzahl angeborener Auslösemechanismen, um die Kontaktaufnahme und Gegenseitigkeit mit der für sein Überleben unerläßlichen Pflegeperson herzustellen.

1. Angeborene Wahrnehmungsmöglichkeiten
Kinder nehmen vor Spracherwerb direkter und globaler wahr als Erwachsene, Denken, Handlung, Wahrnehmung differenzieren sich allmählich;

- „transmodales“ Zusammenbringen einzelner Sinneseindrücke durch angeborene zerebrale Verknüpfungen gewährleistet (nicht erlernt, wie Spitz, Piaget es meinten); Folge: früher Ursprung von Spaltungsmechanismen in Frage gestellt;
- „amodale“ = abstrakte Merkmale (z. B. Laut-, Licht-, Berührungsintensitäten, Bewegungsgestalt, Rhythmus, Takt) sind enkodiert.

2. Angeborene Affektreaktionen und deren Erleben

- Acht angeborene Affekte (bereits 1962, Silvan Tomkins) (Distress als Ausdruck von Qual, Verzweiflung, Traurigkeit, Wut, Freude, Überraschung, Ekel, Interesse, Furcht, Scham),
- Affekte durch bestimmte quantitative Reizmuster automatisch ausgelöst (z. B. Freude durch schnell abfallende Reizspannung; gleichbleibender starker Reiz bewirkt Wut),
- Überformung der Affekte erst später,
- Affekte sind Botschaften an Pflegepersonen,
- Affekte verbunden mit
  - mimischen Muskelbewegungen (Neugeborene imitieren Gesichtsausdruck, Lächeln, Überraschung, herausgestreckte Zunge),
  - bestimmten Reaktionsmustern des autonomen Nervensystems (z. B. Pulsfrequenz, Atemgeschwindigkeit, Hautwiderstand).

3. Art der Bindung zwischen Neugeborenen und Pflegepersonen

- Aus der Vielfalt der Eindrücke bildet sich für den Säugling eine Gestalt heraus (Umwandlung von Chaos in Information, Kind orientiert sich an Abläufen zwischen Mutter und Kind, bildet „Arbeitsmodelle“ – Bowlby 1969, 1973);
- Ausbildung eines zircadianen, 24stündigen Schlaf-Wach-Rhythmus;
- Schreien nur nach vorausgegangener Frustration (also nicht Ausdruck eines angeborenen Aggressionstriebes, hemmungsloses Schreien mit der Gefahr der Fragmentierung des Organismus als Vorbild apokalyptischer Angst des Erwachsenen);
- Wichtig:
  - Eigenrhythmus des Kindes erfassen (keinen festen Zeitplan aufzwingen): Grundlage für Vertrauen und seelisches Wohlbefinden;
  - Bei Aufzwingen des Willens: frühe Entwicklung sadomasochistischer Mechanismen.

4. Konsequenzen der Säuglingsforschung

- Säugling sucht optimale Stimulation und Austausch mit der Bezugsperson (nicht allein orale Triebabfuhr!),
- Frühes Selbst des Säuglings ist (nicht „vornehmlich“ ein Körper-Ich; Freud) ein
  - „Zustands-Selbst“ (Schlaf-Wach-Rhythmus, Panik prägen die ersten Erfahrungen),
  - „Handlungsselbst“ (Säugling lebt seine Handlungen);
- Säugling erlebt „Effektanz“ (White 1959), will etwas bewirken (Folge z. B.: der nach Zeitplan Ernährte erlebt weniger Selbständigkeit, aber Zuverlässigkeit),
- Säugling erfährt sich erst dann als hilflos, wenn er seine Wirkungslosigkeit erfährt, Folge: gibt zwischenmenschliche Regulation zugunsten der Selbstregulation auf;
- Der Bindungstyp des Kindes stellt Anpassung an die Bezugsperson mit dem häufigsten Kontakt dar, ändert sich nicht zwischen 6. Lebensmonat und 6. Lebensjahr (Großmann 1989),
- 3 Typen von Bindungsqualitäten:
  - *Sicher* gebundene Kinder (Mütter akzeptieren verständnisvoll Regungen des Kindes),
  - *Beziehungsentwertend* (Mütter eher sadistisch, akzeptieren Kinder am ehesten, wenn sie freudig spielen),
  - *Beziehungsüberwertend* (Mütter ambivalent, gehen auf Kind ein, wenn es Angst hat und anlehnungsbedürftig ist);
- Besonders schädlichen Einfluß auf den affektiven Kern des Säuglings hat eine depressive Mutter.

Folgen der Säuglingsforschung

1. Trieblehre der klassischen Psychoanalyse reicht vom Verständnis einer gestörten Entwicklung nicht aus.
2. Deutlicher wird die Wichtigkeit der „Übertragung“ frühkindlicher Beziehungsstrukturen auf die Beziehung des Kindes und Erwachsener zu den Bezugspersonen.
3. Früh erworbene Störungen sind Beziehungsstörungen und nicht allein solche des Individuums (z. B. wo sich Interaktion und Selbstregulation entkoppelt haben, entstehen narzißtische Persönlichkeitsstörungen).

Tabelle 23. Unterschiede der Theorien in der Säuglingsforschung

kognitivistisch	psychoanalytisch
• Baby: aktiv, dynamisch, kompetent	passiv
• Umwelt und Säugling: = Paar, das nach Homöostase strebt	unsymmetrische Beziehung; Abhängigkeit, Hilflosigkeit des Säuglings
• geht aus von: Reiz-Reaktions-Muster	Phantasien
• Identifizierung mit der Mutter über Sinne Geschmack, Geruch, Gehör	über Tastsinn
• Säugling: aktiv, Suche nach Stimuli, will Welt kreativ formen, Wahrnehmen von Getrenntsein vom Primärobjekt	Postulate der Passivität, Undifferenziertheit, Spannungsabfuhr
• Selbstgefühl als Organisationsprinzip der Entwicklung „self and other"	Selbst als Struktur oder Prozeß
• Selbstgefühl mit verschiedenen sensiblen Entstehungsphasen (Beziehungsstrukturen)	aufeinander folgende Entwicklungsstufen
• 4 Arten von Selbstgefühl:	
– Vorstufe (bis 2. Monat) „amodale Wahrnehmung"	– autistisch
– Kern-Selbstgefühl (2.–7. Monat): integriert, sich unterscheidend	– undifferenziertes, symbiotisches Erleben, Verschmelzungserfahrungen
– Subjektives Selbst (7.–9. Monat): intersubjektive Erfahrungen	– Ausschlüpfen aus der Symbiose (Mahler)
– Sprachliches Selbst (18. Monat): Koordination zwischen mentalen und motorischen Schemata; neue Ebene geistiger Verbundenheit	– Trennung – Individuation
• „sehender und hörender" Säugling	„oraler Säugling"

4. Der Säugling ist mit Fähigkeiten des Selbstempfindens und der kommunikativen Kompetenz besser ausgestattet. Neurose zu betrachten unter dem Aspekt eines Entwicklungsdefizites, eine „Entgleisung des Dialoges" (Spitz).

Moderne Säuglingsforschung und Psychoanalyse

Neues theoretisches Verständnis angeborener und motivationaler Faktoren der frühen Kindheit:

1. Es gibt Entwicklungsfaktoren, die biologisch verankert sind.
2. Es lassen sich Kontinuitäten (Gemütsbeschaffenheit, Informationsverarbeitung) von der Säuglingszeit bis zur frühen Kindheit aufdecken.
3. Es gibt bedeutsame erbliche Einflüsse bei der Gemütsbeschaffenheit und bei Geisteskrankheiten.

4. Erbeinflüsse sind generell geringer als Umwelteinflüsse (Interventionen laufen immer über menschliche Beziehungen).
5. Erbeinflüsse werden durch entscheidende Gen-Umwelt-Interaktionen manifest.
6. Durch Evolutionsbiologie vorprogrammiert: artumfassende Regulationsfunktionen der Grundmotive Aktivität, Selbststeuerung, soziale Einpassung, affektive Überwachung;
   Mit verfügbaren Elternfiguren „einzuüben“:
   - Konsolidierung des affektiven Kerns des Selbst,
   - Entwicklung des Gefühls von Gegenseitigkeit, Empathie, Regeln; frühe Moral,
   - Entwickeln eines Wir-Gefühls.

Verbindung zu psychoanalytischen Annahmen

- Wo ist der klassische psychoanalytische Triebbegriff (Libido, Aggressionstrieb)?
  - Sandler (1960):
    Triebe verstanden als „die gewünschte Reaktion des Objekts“,
  - Kernberg (1976):
    - grundlegende Motivationseinheiten des Säuglingsalters bestehen aus Selbst, Objekt und Affekt,
    - klassische Triebkonzepte von Libido und Aggression werden erst nach dem Säuglingsalter relevant,
    - Triebäußerungen sind „Wünsche“, müssen im Rahmen der Betreuungsbeziehung und emotionaler Verfügbarkeit betrachtet werden.

1. Organisationsmodell von *Affekten:*
   Affekte
   - schließen unmittelbar Gefühle von Lust und Unlust ein,
   - sind biologisch verankert,
   - implizieren Wertung und Kognition,
   - wirken unbewußt, bewußt und umfassend,
   - organisieren seelisches Geschehen und Verhalten,
   - sind Signale, die ihren Platz im Ich haben:
     - haben eine automatische, regulative Rolle,
     - Signalangst schützt, von Zuständen von Hilflosigkeit überwältigt zu werden,
     - Signaldepression reguliert das Selbstwertgefühl und hilft, offene Depression zu vermeiden;
   - regulieren Interesse, Engagement, Langeweile, Frustration („Barometer der Ich-Funktion“, Jacobson 1957),
   - sind wesentlich für soziale Beziehungen:
     - wichtige soziale Kommunikationsfaktoren in der frühen Kindheit.
2. Frühe *Moralentwicklungen*
   Wichtige Merkmale von Moralität auf der Basis früher (präödipaler) Identifikation mit den Eltern;
   - in Hinblick auf Gebote:
     - mit positiven oder bewundernden Seiten der Beziehung („Ich-Ideal“),
     - über alltägliche Erfahrungen des Kleinkindes mit tröstenden, beschützenden Seiten der Interaktion mit den Eltern;

- in Hinblick auf Verbote:
  - „Sphinktermoral" (Ferenczi 1925),
  - „Identifikation mit dem Aggressor" (A. Freud 1936),
  - „semantisches Nein" (2. Lebensjahr; Spitz 1957), Kind übernimmt „nein" als Wort und Geste,
  - „primäre Identifikation der frühen Kindheit" (S. Freud 1923),
  - „präautonome Über-Ich-Schemata" (Sandler 1960), frühe Verinnerlichung von Moral in der Art organisierender Aktivitäten, von Schemata.

3. Psychoanalytische *„Entwicklungssystemtheorien"*
   → wachsendes Gefühl sozialer Verbundenheit, → wachsendes Autonomiegefühl.
   - „Konzept der Identität" (Erikson 1962):
     - Identitätsgefühl beginnt im Säuglingsalter,
     - Aktivität gilt als „die Grundsubstanz des Ich";
   - Entwicklung des Selbst über „Organisatoren" (Spitz 1957)
     - Objektivierung des Selbst verbunden mit Objektivierung anderer,
     - Erreichen einer neuen Autonomieebene über das „Nein";
   - Entwicklung der Selbststeuerung im Rahmen der Säuglings-Betreuer-Beziehung (Sandler 1962);
     - Polaritäten (z.B. Differenzierung – Integration; Unruhe – Stabilität; Autonomie – Verbundenheit) als organisierende Prozesse;
   - Affekte haben eine steuernde Rolle bei der Entwicklung des Selbst und der Objektbeziehungen (Bowlby 1969, 1973);
   - Entfaltung des Selbst (Stern 1985)
     - 4 Selbstgefühle:
       - (postnatal) Säugling hat Gefühl, vom Betreuer physisch getrennt zu sein,
       - Entwicklung des Gefühls von Tätigsein und Kohärenz mit verschiedenen affektiven Erfahrungen,
       - (Mitte 1. LJ) „Gefühl des subjektiven Selbst" mit Teilen von Gefühlen, Intentionalität, Aufmerksamkeitsfokus,
       - (15.–18. Lebensmonat) „Gefühl eines verbalen Selbst" im „Bereich der Sprache; „Gefühle des Selbst-mit-anderen";
   - Theorie des „affektiven Selbst" (Emde 1984)
     - affektive Signale liefern
       - inneres Feedback (zeigen an, was neu, interessant, angenehm ist),
       - soziales Feedback (zeigen an, was beachtet, belohnt wird).

4. Zur *Objektbeziehungstheorie*
   → frühe Erfahrungen der Pflegebeziehung als Grundlage für Motivationsstrukturen (enthalten affektive Repräsentanzen);
   - Bowlby (1969, 1973):
     - Bindungssysteme spiegeln biologisch vorbereitete Aktivitäten im Säuglingsalter wider,
     - Nähe und interaktionsfördernde Verhaltensweisen um Betreuerfigur organisiert;
   - Kohut (1977), Kernberg (1976):
     - empatisches Versagen in der frühen Betreuung kann zu narzißtischen – und Borderline-Störungen führen,
     - „Spiegeln" wichtig für normale Selbst-Entwicklung (Mutter spiegelt Affektäußerungen wider: visuell, stimmlich).

Literatur

Bertalanffy L v (1968) General system theory foundations, development, applications. Braziller, New York

Bilger-Umland J (1997) Neue Konzepte der frühen Entwicklung – neue Ansätze bei der Behandlung psychosomatischer Patienten? In: Kämmerer W (Hrsg) Körpersymptom und Psychotherapie. VAS, Frankfurt

Bowlby J (1969 und 1973) Attachment and loss, vols 1, 2. Basic Books, New York

Bretherton J, Waters E (1985) Growing points in attachment theory and research. Society for Research in Child Development, New York

Dornes M (1993) Der kompetente Säugling – Die präverbale Entwicklung des Menschen. Fischer, Frankfurt

Dowling S, Rothstein A (1989) The significance of infant observational research for clinical work with children, adolescents, and adults. International University Press, Madison, CT

Emde RN (1984) The affective self: continuities and transformations from infancy. In: Call JD et al. (eds) Frontiers of infant psychiatry, vol II. Basic Books, New York, pp 38–54

Emde RN (1991) Die endliche und die unendliche Entwicklung. Psyche 45:745–779, 890–913

Erikson E (1950) Kindheit und Gesellschaft. Pan, Zürich (1957)

Ferenczi S (1925) Zur Psychoanalyse von Sexualgewohnheiten. In: Bausteine zur Psychoanalyse, Bd 3. Huber, Bern (1939)

Field T (1987) Affective and interactive disturbances in infants. In: Osofsky JD (ed) Handbook of infant development, 2nd edn. Wiley, New York

Freud A (1936) Das Ich und die Abwehrmechanismen. Kindler, München (1964)

Freud S (1923) Das Ich und das Es. GW XIII. Imago, London, S 237–289

Großmann KE, August P, Fremmer-Bombik E et al. (1989) Die Bindungstheorie: Modell und entwicklungspsychologische Forschung. In: Keller H (Hrsg) Handbuch der Kleinkindforschung. Springer, Berlin Heidelberg New York Tokyo

Jacobson E (1957) Normal and pathological moods: their nature and functions. Psychoanal Study Child 12:73–126

Kernberg OF (1976) Objektbeziehungen und Praxis der Psychoanalyse. Klett-Cotta, Stuttgart (1981)

Kohut H (1977) Die Heilung des Selbst. Suhrkamp, Frankfurt (1979)

Köhler L (1990) Neuere Ergebnisse der Kleinkindforschung. Ihre Bedeutung für die Psychoanalyse. Forum Psychoanal 6:32–51

Lazar RA (1986) Die psychoanalytische Beobachtung von Babys innerhalb der Familie. In: Stork J (Hrsg) Zur Psychologie und Psychopathologie des Säuglings – neue Ergebnisse in der psychoanalytischen Reflexion. Fromann-Holzboog, Stuttgart

Lichtenberg JD (1991) Psychoanalyse und Säuglingsforschung. Springer, Heidelberg

Mahler MS, Pine F, Bergman A (1975) Die psychische Geburt des Menschen. Fischer, Frankfurt (1978)

Papoušek H, Papoušek M (1983) Biological basis of social interactions: implications of research for an understanding of behavioral deviance. J Child Psychol Psychiatry 24:117–129

Papoušek M (1989) Frühe Phasen der Eltern-Kind-Beziehungen. Ergebnisse der entwicklungspsychologischen Forschung. Prax Psychother Psychosom 34:109–122

Platt JR (1966) The step to man. Wiley, New York

Sandler J (1960) On the concept of the superego. Psychoanal Study Child 15:128–162

Schüssler G, Bertl-Schüssler A (1992) Neue Ansätze zur Revision der psychoanalytischen Entwicklungstheorie: I Das Konzept von DN Stern; II Das Konzept von JD Lichtenberg und Grundsätze der neuen psychoanalytischen Entwicklungstheorie. Z psychosom Med 38:77–87, 101–114

Spitz RA (1957) Nein und Ja. Ursprünge der menschlichen Kommunikation. Klett, Stuttgart 1959

Stern D (1985) The interpersonal world of the infant. Basic Books, New York

Tomkins S (1962) Affect, imagery, consciousness, vols I & II. Springer, Berlin Heidelberg New York

White R (1959) Motivation reconsidered: the concept of competence. Psychol Rev 66:297–333

Teil 4
Diagnostik

6 Diagnostik (Abb. 27)

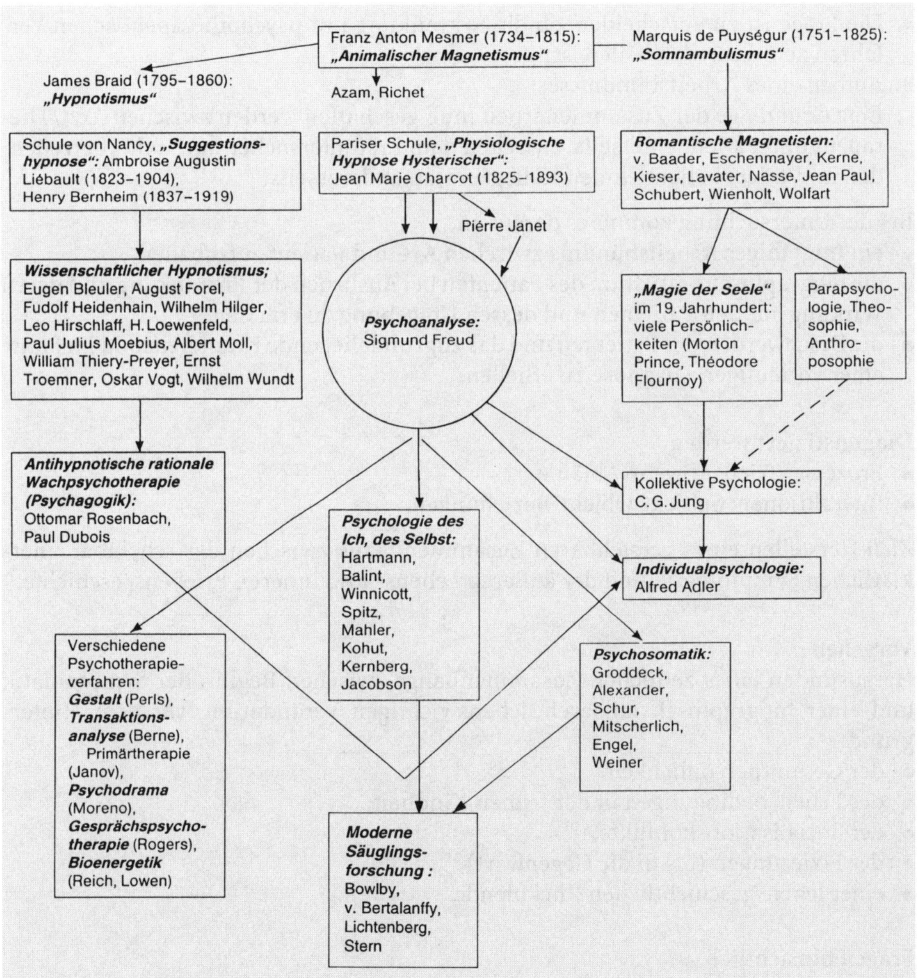

Abb. 27. Wissenschaftsgeschichtliche Übersicht

Diagnostisches Vorgehen

Drei Ziele der Diagnostik

1. Erkennung der Krankheit:
   Mittels positiver Kritiken ist zu bestimmen, welche neurotische (und/oder psychosomatische) Störung/Erkrankung vorliegt, wobei der Zusammenhang zwischen krankheitsauslösender Konfliktsituation und der (äußeren) Lebens- und der (inneren) Erlebensgeschichte nachzuweisen ist.
2. Vorschlag zur Therapie:
   Die Frage ist zu entscheiden, ob die Erkrankung mit psychotherapeutischen Verfahren zu bessern/zu heilen ist.
3. Aufbau eines Arbeitsbündnisses:
   Eine Grundlage der Zusammenarbeit muß geschaffen werden zwischen Arzt/Therapeut und Patient einerseits, zwischen dem Erstuntersucher und weiterbetreuenden und/oder -behandelnden Kolleg(inn)en andererseits.

Bei der Untersuchung kommt es darauf an,
- ein tragfähiges Arbeitsbündnis zwischen Art und Patient aufzubauen,
- die biographische Situation des Patienten bei Ausbruch der Erkrankung und deren Wirkung auf den Patienten und dessen Umgebung zu erfassen,
- die Beschwerden des Patienten und das zugrundeliegende Krankheitsbild im Sinne einer vorläufigen Diagnose zu erhellen.

Diagnostiziert werden
- Prozesse: Trieb-Abwehr-Abläufe,
- Interaktionen: Subjekt-Objekt-Beziehungen.

Ziel: Herstellen eines verstehbaren Zusammenhangs zwischen der scheinbar unerklärlichen Symptomatik und der äußeren Lebens- und inneren Erlebensgeschichte.

Vorgehen
Herausfinden eines zeitlichen Zusammenhangs zwischen Beginn der Symptomatik und einer biographisch faßbaren, lebenswichtigen Veränderung vor dem Hintergrund
- der Gesamtpersönlichkeit,
- der Lebensbedingungen in der frühen Kindheit,
- der Sozialisationskonflikte,
- der Fixierungen (bis in die Gegenwart),
- einer lebensgeschichtlichen Rückblende.

Fragen hinsichtlich
1. Beschwerden („Was führt Sie zu mir?"),
2. Zeitpunkt des Beschwerdebeginns („Wann haben Sie das zum erstenmal gehabt?"),
3. Lebenssituation zum Zeitpunkt des Beschwerdebeginns („Was war damals, als das in Ihrem Leben auftrat?" „Was hat sich damals in Ihrem Leben verändert?" „Wer ist in Ihr Leben eingetreten, wer ist daraus verschwunden?"),

4. lebensgeschichtlichen Ereignissen: Kindheit – Jugend – Reifezeit („Erzählen Sie doch noch mehr von sich, aus Ihrer Kindheit." „Erzählen Sie mir von Ihren Eltern!" „Wie waren Sie als Kind?"),
5. Bild der Gesamtpersönlichkeit („Was bedeutete das damals für Sie?" „Wie haben Sie das erlebt?").

Bedingungen für die Anamneseerhebung

- Patienten einen breiten Freiraum geben,
- dem Patienten die Aktivität überlassen,
- den Patienten nicht drängen,
- auf Wünsche nur so weit eingehen, wie es der Realität entspricht,
- viel Zeit einplanen zum Erstinterview,
- keine Störungen (Telefonanrufe) von außen,
- keine Ungeduld, kein Zeitmangel,
- behagliche räumliche Umgebung,
- Gesprächshaltung des Interviewers:
  - keine Kritik, kein Urteil,
  - Versuch, einen Sinn hinter Äußerungen zu finden,
  - frei schwebende Aufmerksamkeit des Untersuchers,
  - jeder Auseinandersetzung mit dem Patienten aus dem Weg gehen,
  - verständnisvolle Zurückhaltung des Untersuchers.

Verhalten von Patienten, die den Psychotherapeuten aufsuchen

1. Der vorgeschickte oder vorgeschobene Patient:
   - ist eine Art Sündenbock, das eigentliche Krankheitsgeschehen umfaßt eine größere Anzahl von Personen;
   - das soziale Umfeld ist krank.
2. Der anspruchsvolle Patient:
   - fordert bestimmten Arzt, bestimmte Zeit,
   - geringes persönliches Engagement,
   - leichte Kränkbarkeit,
   - ist schwer in eine konstante analytische Behandlung zu bekommen.
3. Der unergiebige Patient:
   - farblos, kein Problembewußtsein,
   - Ich-syntone Symptomatik,
   - starr, emotionslos, alexithym,
   - kaum analysierbar.
4. Der aufgeklärte Patient:
   - zur Mitarbeit bereit,
   - oft im rational-emotionalen Bereich verhaftet,
   - spürt brachliegende Gefühlswelt,
   - bereit zum Engagement,
   - bietet gute Voraussetzungen für Analyse.

Psychoanalytisch und psychosomatisch diagnostische Verfahren

Psychoanalytisches Erstinterview

- Gespräch weitgehend unstrukturiert,
- Patient erhält viel Freiraum,
- Informationen aus der szenischen Gestaltung der Situation, weniger aus objektiven und subjektiven Daten.

1. Schwerpunkte beim Patienten:
   Zu ergründen ist die Art
   - der triebhaften Grundbedürfnisse,
   - der Konflikte,
   - der Konfliktverarbeitung/-bearbeitung,
   - der sozialen Beziehungen.
2. Inhalt der rezipierten Daten:
   - Was sind die unbewußten Wünsche des Patienten?
   - Wovor hat er Angst?
   - Wenn er Angst hat, was macht er dann?
   - Was macht der Patient mit dem Interviewer?
3. Art der erhobenen Daten:
   a) objektive Informationen (nachprüfbar):
      - persönliche Angaben,
      - biographische Fakten,
      - bestimmte Verhaltensweisen und -eigentümlichkeiten;
   b) subjektive Informationen (eindeutig, aber schwer nachprüfbar);
      - gemeinsame Arbeit mit dem Patienten (Arbeitsbündnis),
      - Informationen, die sich aus dem Bedeutungszusammenhang ergeben, wie ihn der Patient sieht, und die ihm bewußt sind;
   c) szenische oder situative Evidenz (nicht nachprüfbar):
      - Erlebnis der Situation mit all den Gefühlsregungen und Vorstellungsabläufen des Patienten dominiert als solches.

Wichtige Voraussetzungen

- geübte und disziplinierte Selbsteinschätzung und Selbstbeobachtung des Interviewers (Basis: Selbsterfahrung in Psychoanalyse),
- Untersucher muß die eigenen Reaktionen auf den Patienten und sein Verhalten abschätzen, seine eigene Pathologie gleichsam subtrahieren: „Was macht der Patient mit mir?“

Biographische Anamnese unter tiefenpsychologischen Gesichtspunkten
(Dührssen 1973, 1990)

- Unterschied zum psychoanalytischen Erstinterview ist die Form der Datenerhebung.
- Biographische Anamnese *mehr* Diagnostik, psychoanalytisches Erstinterview *mehr* Therapiebeginn.
- Erfassung der aktuellen Lebenssituation vor dem Hintergrund der individuellen Lebensgeschichte.
- Interviewer nutzt objektive wie subjektive Daten.

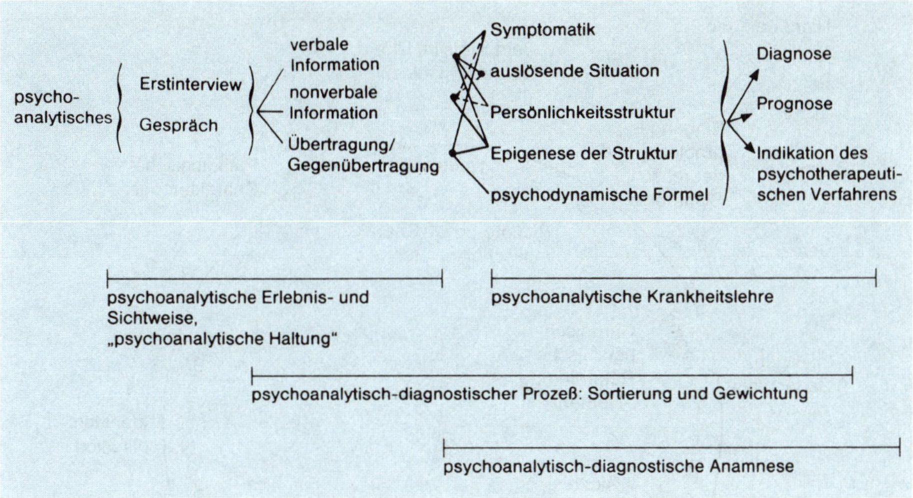

Abb. 28. Psychoanalytische Diagnostik. (Nach Hau 1986)

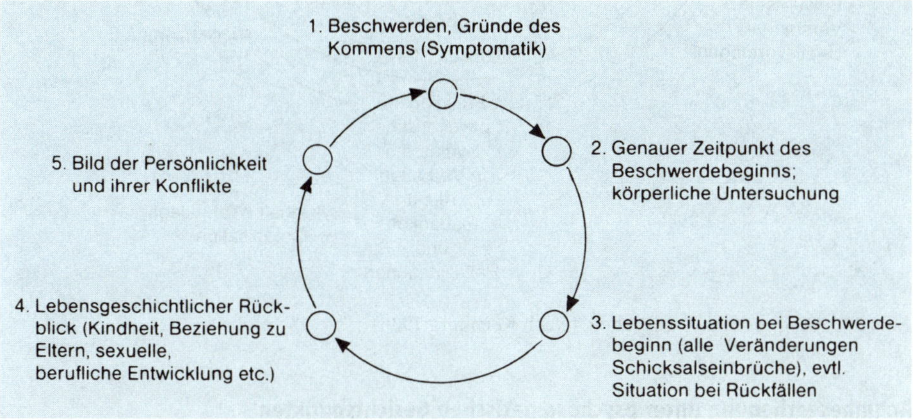

Abb. 29. Diagnoseschema. (Nach Bräutigam 1973)

Strukturelles Interview (Kernberg 1988)

- Strebt Integration von psychoanalytischer und psychiatrischer Diagnostik an.
- Erfassung der Haupttypen der Persönlichkeitsorganisation und
- Einordnen in das Strukturniveau.
- Unstrukturiertes Vorgehen, jedoch nach einem Leitfaden mit Wechsel von
  - Exploration und Freiraum,
  - Fokussieren auf Konflikte und Symptome,
  - besondere Beachtung für die aktuelle Interaktion zwischen Interviewer und Patient.

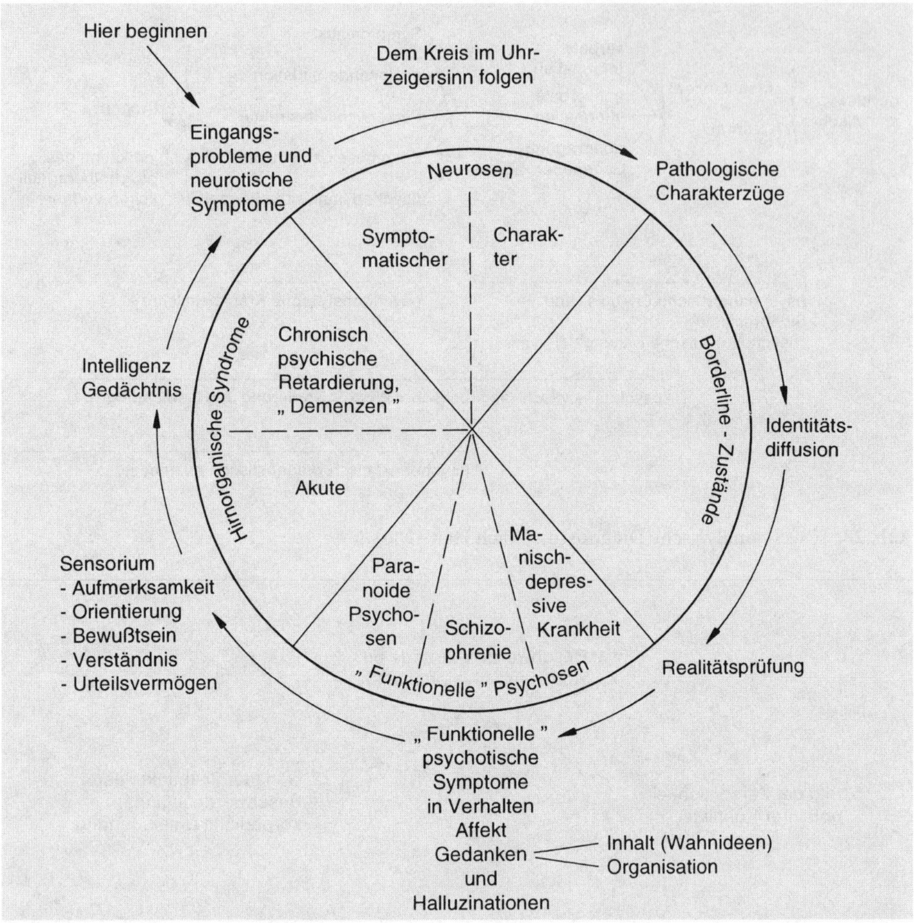

Abb. 30. Diagnostisches Vorgehen. (Nach Kernberg 1988)

Anamneseerhebung unter psychosomatischen Gesichtspunkten

Erfassen der Zusammenhänge zwischen der äußeren Lebens- und inneren Erlebenssituation insbesondere bei Ausbruch der (körperlichen) Symptomatik. Dazu eignet sich

- das Vorgehen nach Morgan und Engel (s. unten) und die
- biographische Anamnese unter tiefenpsychologischen Gesichtspunkten.

Diagnostische Handlungsschritte der erweiterten Anamnese

(Nach Morgan u. Engel 1977)

Insbesondere bei psychosomatisch Kranken sind die folgenden 9 Schritte empfehlenswert:

1. Der Arzt begrüßt den Patienten, stellt sich vor und erklärt seine Rolle als Arzt.
2. Der Arzt erkundigt sich nach dem augenblicklichen Befinden des Patienten.

3. Der Arzt fordert den Patienten auf, seine Beschwerden zu schildern.
4. Der Arzt analysiert zusammen mit dem Patienten die Symptome entsprechend der Reihenfolge ihres Auftretens, achtet auf ihre Merkmale und Wechselbeziehungen (Lokalisation, Qualität und Intensität der Beschwerden, zeitliche Zusammenhänge, eventuelle Begleitumstände und -symptome und Einflüsse, welche die Beschwerden verstärken und lindern). Spontane Äußerungen des Patienten zu begleitenden Lebensumständen, früheren Krankheiten, zum Gesundheitszustand der Familie und zu zwischenmenschlichen Beziehungen werden sorgfältig beachtet.
5. Der Arzt versucht, frühere Leiden des Patienten zu verstehen, indem er zurückfragt und an Erwähntes anknüpft.
6. Der Arzt fragt nach dem Gesundheitszustand der Familienmitglieder und deren Beziehungen untereinander.
7. Der Arzt erkundigt sich nach den jetzigen Lebensumständen des Patienten, nach seiner Entwicklung und bezieht sich auf bereits Gesagtes.
8. Der Arzt fragt systematisch nach Beschwerden in jeder Körperregion (Systemübersicht).
9. Der Arzt fragt den Patienten, ob er noch etwas hinzufügen oder fragen möchte und vergewissert sich, daß der Patient ihn verstanden hat. Darüber hinaus erklärt der Arzt dem Patienten die weiteren Untersuchungen.

Praktische Hinweise zur Anamneseerhebung

Gliederung

1. Beschreibung der *Symptomatik* im psychischen, charakterologischen und körperlichen Bereich.
2. Darstellung der inneren und äußeren *Situation des Patienten* bei
   - Beginn der Symptomatik,
   - wesentlicher Verbesserung,
   - wesentlicher Verschlechterung,
   - Symptomwandel.
3. *Persönlichkeitsstruktur* bei Beginn der Erkrankung und zum Zeitpunkt der Untersuchung (Reaktion auf die Symptomatik, Konstitution, Intelligenz, Begabung usw.).
4. *Genetische Faktoren,* die zu dieser Persönlichkeitsstruktur geführt haben (frühkindliche Situation, vermutliche Anlagefaktoren, spätere Entwicklung).
5. *Zusammenfassung und prognostische Beurteilung.*
6. Aufstellung eines *Therapieplanes.*

Zweck: Die erweiterte Anamnese ist andersartig als die übliche klinische: sie stellt keine Einleitung oder Ergänzung eines Untersuchungsverfahrens dar, sondern ist das Untersuchungsverfahren selbst; sie dient

- der Diagnosestellung,
- der ersten prognostischen Orientierung,
- der Differentialindikation psychotherapeutischer Verfahren.

Untersucherverhalten

- Möglichst passiv bleiben,
- den Patienten mit sparsamen Anregungen viel sprechen lassen,

- ihn aufmerksam beobachten,
- „Abfragetechnik“ unbedingt vermeiden.

Anamnestische Fragen

1. Symptomatik:
   a) „Was hat Sie zu uns geführt? Worunter leiden Sie? Weswegen haben Sie den Arzt aufgesucht?“
      - Spontane Äußerungen abwarten,
      - Sich ein Bild von den subjektiv quälendsten Symptomen machen.

   b) Welche Symptomatik, über die der Patient spontan berichtet, ist zu beobachten (Tic, Tremor usw.)? Welche sichtbaren Symptome erwähnt er nicht?

   c) Zusätzliche Fragen nach
      - Wahrnehmungsstörungen,
      - Stimmungslage,
      - Zwangsvorstellungen, -impulsen, -handlungen,
      - Angst,
      - Merkfähigkeit, Gedächtnis
      - körperlichen Störungen (Appetit, Stuhlgang, Schlaf, Gewicht, Magen-Darm-/Herzbeschwerden usw.),
      - auffälligem Verhalten, Fehlleistungen.

   d) Welche Befunde und Diagnosen liegen vor? Sind noch Ergänzungsuntersuchungen notwendig und zu veranlassen?

   e) Frühere körperliche Erkrankungen und Behandlungen?
2. Konfliktauslösende Situation:
   a) Beginn der Symptomatik (möglichst genau, besonders im letzten halben Jahr; Lebensalter und Jahr für jede Symptomatik angeben)?

   b) Wie war die damalige Lebenssituation?
      - Familie und Beziehungspersonen (ist jemand gestorben, neu in die Familie gekommen oder in Beziehung zu dem Patienten getreten? Verlobung, Heirat, Kinder, sonstige Veränderungen, Sexualität),
      - Berufssituation (Veränderungen, Pläne, Fehlschläge, Wünsche),
      - Besitzverhältnisse (Erbschaft, Änderung des Einkommens, Ansprüche, Verpflichtungen, Schulden),
      - besondere Erlebnisse (Krieg, Gefangenschaft, Umzug, Flucht, politische Schwierigkeiten).

   c) Charakteristisches Verhalten?
      - Was vergißt der Patient?
      - Was äußert er nicht spontan?
      - Wo verhält er sich auffällig, abartig?
      - Versuchungs- und Versagungssituation in Beziehung bringen mit Erleben, Fehlverhalten und Symptomatik.
3. Persönlichkeitsstruktur: Zum prämorbiden Zustand:
   a) Wie hat der Patient damals erlebt und sich verhalten?
      - Allgemeines Lebensgefühl, Wünsche, Pläne, Hoffnungen, Religiosität, Freizeit;
      - mitmenschlicher Kontakt, Einordnung, Geselligkeit,

- dem Besitz gegenüber (im weitesten Sinne),
- im Bereich des Geltungs- und Aggressionsstrebens,
- in bezug auf Liebesfähigkeit und Sexualität.

b) Was hat sich demgegenüber heute geändert (Verschlechterung, Besserung, Reaktionen auf die Symptomatik)?

Bei a) und b) sind neurosenstrukturelle Zusammenhänge (Bequemlichkeit, Riesenansprüche, -erwartungen, -wünsche, Überkompensationen, Schuldgefühle, Ideologien usw.) besonders zu beachten, auch hinsichtlich der auslösenden Situation.
Beschreibung des Patienten.

c) Außer den tiefenpsychologischen Fakten sind zur Beurteilung der Persönlichkeit wichtig:
   - Konstitution (evtl. familiäre Belastung),
   - äußeres Aussehen (schön, häßlich, durchschnittlich, Größe, Gewicht, Gebrechen usw.),
   - Intelligenz (evtl. mit Test zu erfassen),
   - besonders geistige und handwerkliche, praktische Begabungen und Mängel,
   - Beruf (Ausbildung, Wissen, Können).

d) Wenn nötig Tests:
   - Intelligenz,
   - Charakter,
   - Initialtraum,
   - „3 Wünsche“,
   - „das Liebste“ usw.

4. Genese: Zur Entwicklung der Persönlichkeitsstruktur: Wie ist gerade diese Persönlichkeitsstruktur zustande gekommen, auf deren Boden die Symptomatik entstanden ist? Anzustreben ist ein möglichst genaues Bild von den Lebensumständen und Beziehungspersonen in der frühen Kindheit sowie von der Art, wie der Patient damals erlebt, sich verhalten und weiterentwickelt hat.
   a) Aus welchem sozialen Milieu stammt der Patient?
   (Berufs- und Ehesituation der Eltern, Wohnung, Hausangestellte, Großeltern usw., sozialer Auf- oder Abstieg?)
   b) Charakteristik der Eltern?
   (Vater und Mutter getrennt, Alter usw.: zu erfragen wie die Persönlichkeitsstruktur. Wer hat in der Ehe dominiert? Welche geistigen Bezugspersonen waren vorhanden?)
   c) Was ist über die Geburt, den Schwangerschaftsverlauf bekannt?
   (Erwünschtes Kind? Auch im Geschlecht? Seelische Reaktionen und Gesundheitszustand der Mutter vor, während und nach der Geburt. Ist das Kind gestillt worden?)
   d) Datum der Eheschließung der Eltern; deren Alter?
   e) Auffälligkeiten in früher Kindheit (Primordialsymptomatik)?
   (Nägelkauen, langes Daumenlutschen, Eß- und Sprachstörungen, Emesis, Einnässen, Einkoten, Pavor nocturnus, Anfälle, Haarausreißen; frühkindliche Erkrankungen wie Ernährungsstörungen, Hypermotilität, Dreimonatskolik, Krankenhausaufenthalte?)
   f) Stellung in der Geschwisterreihe und Beziehung zu den Geschwistern?
   (Geschlecht, Altersunterschiede, Reaktionen auf die Geburt neuer Geschwister; Erlebnisse mit ihnen; spätere Beziehungen; „Familienanekdoten“?)

g) Verlauf der Kindheit?
  - Nach frühesten Erinnerungen fragen (wörtlich, direkte Rede, oft entstellt, Deckerinnerungen),
  - Was ist aus Berichten von Angehörigen bekannt?
    Sauberkeitsgewöhnung, motorische Entwicklung, Trotzphase, Sprachentwicklung, Fragealter, Erziehungsprinzipien, Tischgewohnheiten: mußte aufgegessen werden oder nicht? Sprechen bei Tisch?)
  - Eigene Erinnerungen:
    - Vorschulalter?
    - Spiele, Spielfähigkeit?
    - Einzelgänger - Rädelsführer?
    - lebhaftes - stilles Kind?
    - verträglich - unverträglich?
    - schüchtern - aggressiv? Störer, Klassenclown?
    - Schulzeit (Art der Schule, Abschluß, Leistungen, Lieblingsfächer)?
    - Spitznamen?

h) Späterer Lebensweg?
(Pubertät, Aufklärung, Onanie, erster Sexualverkehr, sexuelle Entwicklung. Berufsausbildung, Ehe, Entwicklung bis zum Beginn der Symptomatik?)

5. Zusammenfassung:
  - Alter des Patienten,
  - Symptome mit Dauer,
  - neurosenpsychologischer Hintergrund,
  - erschwerende und begünstigende Faktoren für die Therapie,
  - Diagnose,
  - Prognose,
  - Therapieplan.

Schwierigkeiten der diagnostischen Zuordnung

Schwierigkeiten der diagnostischen Einordnung von Störungen ergeben sich aus dem Ineinandergreifen triebbedingter, narzißtischer und aggressiver Strebungen (s. Abb. 31).

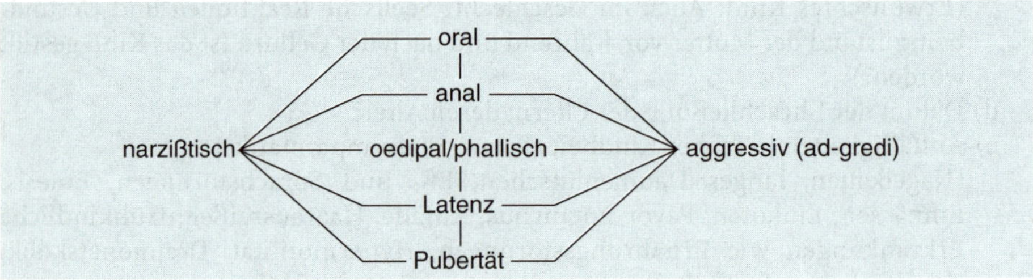

Abb. 31. Ineinandergreifen verschiedenartiger Strebungen

Literatur

Adler R, Hemmeler W (1992) Anamnese und Körperuntersuchung, 3. Aufl. G. Fischer, Stuttgart
Argelander H (1992) Das Erstinterview in der Psychotherapie, 5. Aufl. Wissenschaftliche Buchgesellschaft, Darmstadt
Balint M, Balint E (1962) Psyhotherapeutische Techniken in der Medizin. Klett, Stuttgart
Balint M (1996) Der Arzt, sein Patient und die Krankheit. 9. Aufl. Klett, Stuttgart
Bräutigam W (1973) Wie erkennt man psychosomatische Krankheiten? Dtsch Ärztebl 4: 206–208
Bräutigam W, Christian P, Rad M v (1992) Psychosomatische Medizin, 5. Aufl. Thieme, Stuttgart New York
Dührssen A (1972) Analytische Psychotherapie in Theorie, Praxis und Ergebnissen. Verlag für Medizinische Psychologie, Vandenhoeck & Ruprecht, Göttingen
Dührssen A (1986) Die biographische Anamnese unter tiefenpsychologischem Aspekt. Verlag für Medizinische Psychologie, Vandenhoeck & Ruprecht, Göttingen
Hau TF (Hrsg) (1986) Psychosomatische Medizin. Verlag für angewandte Wissenschaften, München
Hoffmann SO, Hochapfel G (1999) Einführung in die Neurosenlehre und Psychosomatische Medizin, 6. Aufl. Schattauer, Stuttgart
Kernberg OF (1988) Schwere Persönlichkeitsstörungen. Klett-Cotta, Stuttgart
Klußmann R (1998) Psychosomatische Medizin, 4. Aufl. Springer, Berlin Heidelberg New York Tokyo
Morgan WL, Engel GL (1977) Der klinische Zugang zum Patienten. Anamnese und Körperuntersuchung. Huber, Bern
Thomä H, Kächele H (1996/97) Lehrbuch der analytischen Therapie. Bd. I und II, 2. Aufl. Springer, Berlin Heidelberg New York Tokyo

7 Therapieformen

Psychoanalytische Psychotherapie (Abb. 32)

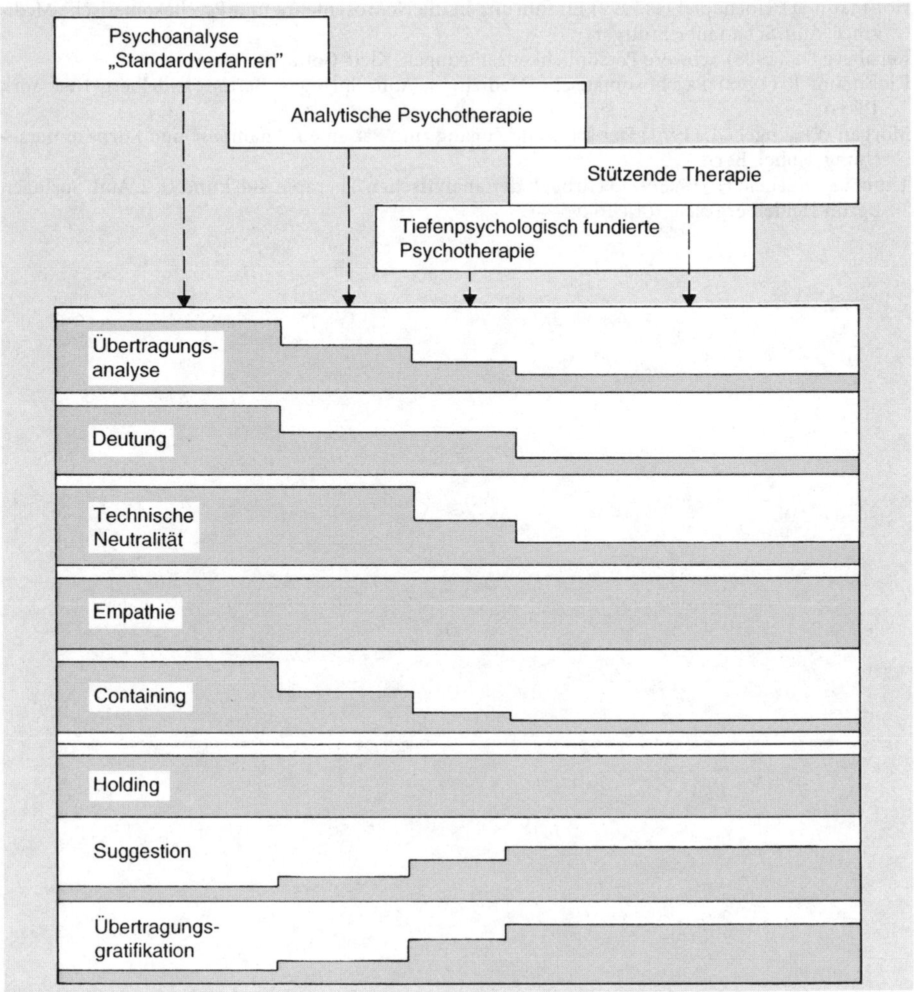

Abb. 32. Spektrum der bei psychoanalytischer Therapie zum Einsatz kommenden psychoanalytischen und therapeutischen Verfahren

Allgemeine Richtlinien

- Strukturwandlung im Unbewußten wird angestrebt,
- keine aktive Beeinflussung des Patienten,
- keine Stellungnahme, Lenkung, Führung,
- Entscheidungen werden dem Patienten nicht abgenommen,
- Therapeut versucht, den Patienten zu Entschlüssen kommen zu lassen.

Äußerlicher Gang der Analyse

- Erstbesprechung zum Kennenlernen („Erstinterview"),
  - Überblick über Beschwerden und Biographie,
  - der Patient soll dabei sprechen,
  - subjektive Dinge sollen zur Sprache kommen,
  - keine eingrenzenden Fragen:
- Ist eine Therapie überhaupt ratsam?
- Besprechung der Bedingungen der Analyse:
  - innerer Verlauf,
  - äußere Bedingungen (Zeit, Honorar),
- erster Kontakt, erste Übertragungsvorgänge (damit erster therapeutischer Schritt).

Grundregel

- Analysand soll alles aussprechen, was ihm einfällt: Gedanken, Körpergefühle, Assoziationen.

Warum Couch?

- Introspektion leichter,
- peinliche Inhalte können leichter ausgesprochen werden,
- Stillegung des motorischen Agierens (nur Verbalisieren!),
- Therapeut sitzt dahinter: bessere Übertragungsmöglichkeiten, nicht dauernde Beobachtung,
- Schutz des Therapeuten (vor Gegenübertragung).

Ablauf, Hauptfaktoren und -aspekte

Verlauf der Analyse (Abb. 33)

- 2–3 Stunden pro Woche (insgesamt 160–240 Stunden, s. unten),
- das Unbewußte des Analysanden soll Führung übernehmen,
- „frei schwebende Aufmerksamkeit" des Therapeuten,
- gezielte Widerstandsanalyse später:
  - Wo steckt die blockierende Angst?
  - Welchen Inhalt hat die Angst?
- Vermutlicher Inhalt soll angesprochen werden:
  - heftiger Widerstand bedeutet oft richtige Deutung,
  - positive Zustimmung kritisch betrachten;
- Mitteilungen führen in genetisch frühere Phasen:
  - Übertragung wird stärker,
  - Therapeut Stellvertreter früherer Bezugspersonen,

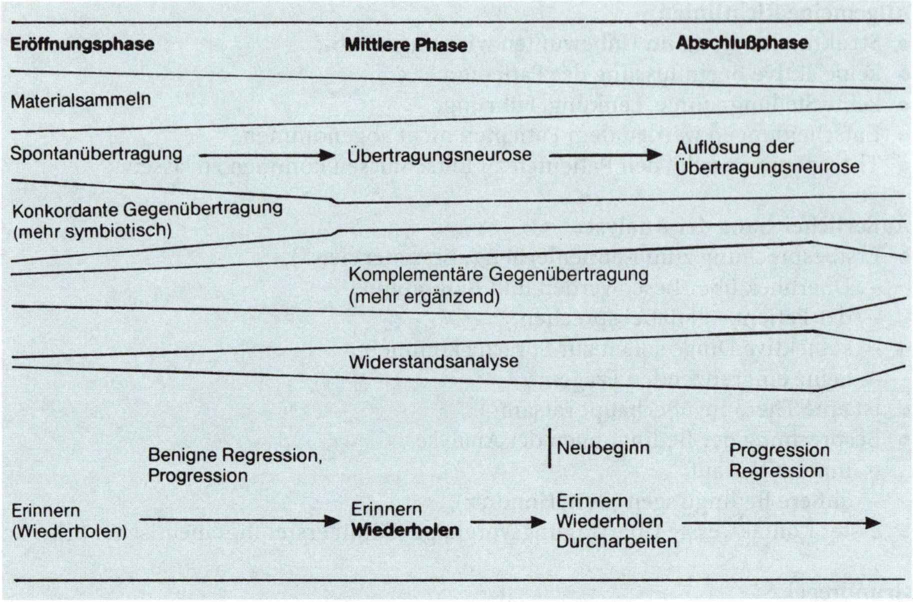

Abb. 33. Fiktiver Standardverlauf der psychoanalytischen Kur

  - an Therapeuten richten sich alle Hoffnungen, Erwartungen, Aggressionen (wie an erste Bezugsfiguren),
  - starke emotionale Erlebnismöglichkeit,
  - dadurch Einschmelzen der Symptome möglich;
- wesentliches Geschehen: Widerstand und Übertragung.

Mittel der Analyse

- Mitteilung der bewußten Faktoren,
- Mitteilen von Träumen und Assoziationen,
- Gesamtverhalten des Analysanden, das unbewußte Dinge signalisiert,
- Fehlhandlungen,
- Abwehrmechanismen, aus denen sich der Widerstand aufbaut,
- Übertragungssituation.

Förderung des analytischen Prozesses durch
- rechtes Zuhören,
- rechtes Fragen („in Frage stellen"),
- ständiges Beobachten,
- sich identifizieren mit dem Analysanden,
- sich distanzieren vom Analysanden,
- verbalisieren (deuten),
- achten auf Gegenübertragung,
- Analytiker hat nur katalysatorische Funktion.

Dauer der Analyse

- mindestens 160–240 Stunden, Gründe dafür:
  - lange Lebensgeschichte, die durchgearbeitet werden muß,
  - Gewohnheiten, die sich eingeschliffen haben und nicht so schnell aufgegeben werden können,
  - Furcht vor der Heilung vom Unbewußten her, trotz bewußten Wunsches nach Heilung: Es-Widerstände und Strafbedürfnis.

Wichtige Faktoren der Analyse

- Erkenntnismoment: Einsicht,
- ethisches Moment: Aufrichtigkeit (sich selbst und dem Therapeuten gegenüber),
- ökonomisch-pädagogisches Moment: Übungsfaktor,
- emotionales Element: Übertragungsvorgang (mit dem Ziel, größere Liebesfähigkeit zu gewinnen),
- kognitives Moment: Bewußtseinserweiterung,
- genetisch-biografisches Moment: Freiwerden von Vereinsamung und von den Fesseln der eigenen Vergangenheit,
- adäquates Durchschreiten der Lebensaltersstufen: wachsende Realitätsannahme in innerer und äußerer Hinsicht.

Indikation und Gegenindikation

- Der zu behandelnde Zustand muß innerem Konflikt entspringen (Psychoneurose).
- Der Konflikt muß eine realisierbare Lösung erlauben:
  - Ist die bestehende Neurose die beste Lösung für den Patienten?
  - Bringt ihn eine Heilung in eine schlechtere Situation?
- Der Patient muß in der Lage sein,
  - aktiv mitzuarbeiten,
  - Introspektionsfähigkeit zu zeigen,
  - großen Leidensdruck auszuhalten,
  - Motivation zur Änderung des Lebensplanes zu haben.

Prognose

Diese ist um so günstiger,

- je größer der Leidensdruck,
- je größer die Ich-Stärke,
- je besser die Motivation zur Änderung des Lebensplans,
- je besser die Introspektionsfähigkeit,
- je schwerer und jünger die symptomauslösende Situation,
- je geringer die Ideologiebildung,
- wenn wenig persistierende Frühsymptomatik vorliegt,
- wenn keine hoffnungslos verfahrene oder festgelegte äußere Situation vorliegt (Ehe, Beruf, unlösbare Verpflichtungen, Rente),
- wenn der Analysand jung ist (am besten zwischen 20 und 40),
- körperliche Defekte sind erschwerende Faktoren.

Heilungsergebnisse

- Kriterium der Heilung ist Strukturwandel, nicht das Verschwinden der Symptome.
- Faustregel für die Allgemeinpraxis (bei guter Auswahl der Patienten):
  - 50% Strukturheilung,
  - 25% erhebliche Besserung,
  - 25% vorübergehende Entlastung.

Übertragung

- Erleben von Gefühlen, Phantasien, Abwehrhaltungen, Beziehungsrepräsentanzen, in die früher konflikthaft erlebte Interaktionsprozesse mit wichtigen Bezugspersonen des Kindes eingegangen sind. Der Analytiker schafft den Raum, die Atmosphäre, um dieses Erleben zu ermöglichen.
- Möglichkeit, unbewußte Wünsche und Konflikte des Analysanden zu bearbeiten;
- „positiv" und „negativ" = liebevolle und feindselige Übertragungsgefühle (enthält jede Übertragung).

Konservative Kritiker:
„Übertragung"

- verzerrte Wahrnehmung des Analytikers von Seiten des Analysanden = neurotische Übertragung: Analytiker als unpersönlicher Projektionsschirm (realistische Wahrnehmung außerhalb der Übertragung angesiedelt).

Radikale Kritiker:
„Übertragung"

- mitbestimmt durch Beziehung zum Analytiker im Hier und Jetzt (keine Diochotomie zwischen Übertragungsbereich als Verzerrung und des Nicht-Übertragungs-Bereichs als realitätsorientierte Wahrnehmung).
- keine Verzerrung der Realität, sondern selektive Aufmerksamkeit und Empfänglichkeit einer Reaktion des Analytikers.

Dimensionen der Übertragung

- In der Übertragung werden fehlgeschlagene Problemlösungsversuche reinszeniert angesichts traumatisierend erlebter Beziehungserfahrungen
  - existieren als „falsche Überzeugungen" weiter,
  - führen zu Persönlichkeitseinschränkungen und Symptomen;
- Entwicklungspsychologische Entstehung und Herkunft:
  - präverbal, sensomotorisch,
  - verbal-symbolisch,
  - präödipal, ödipal;
- Grad der erreichten Selbst- und Objekt-Differenzierung:
  - Selbst-Selbstobjekt-Übertragungen,
  - objektale Übertragungen;
- Modi der Übermittlung:
  - projektive Identifizierung,
  - Projektion, Verschiebung,
  - Rollendialog.

Inhalte der Übertragung

1. Triebtheoretisch (S. Freud):
   - Bei der Übertragung kommt es zu einer Verschiebung der Triebenergie von der ursprünglichen Repräsentanz auf diejenige des Analytikers.
2. Vom Ich ausgehend (Übertragung und Abwehr, A. Freud):
   - spezieller Modus der Triebabwehr (Widerstand in der Analyse).
3. Vom Über-Ich ausgehend:
   - Vorstellung des Analysanden, der Analytiker verurteile ihn (usw.).
4. Objektbeziehungspsychologisch;
   - energetische Besetzung des Objektes,
   - Vorstellung über die Erwartungen des Gegenübers: („Aushandeln" der Erwartungen von
     - bewußten und unbewußten Affekten,
     - einer Vielzahl von Affekten.

Inhalte zusammenfassend (= Verlagerung von unbefriedigten Es-Impulsen hin zu komplexen Beziehungserfahrungen)

- Triebimpulse,
- Über-Ich-Haltungen,
- Kompromißbildungen,
- Introjekte,
- Objektbeziehungen,
- transaktionelle Erfahrungen.

Sexuelle Gegenübertragung
(Massing u. Wegehaupt 1987):
Zeichen sexueller Gegenübertragung:

- Phantasien über berühren, streicheln, eindringen, anschauen, beißen, küssen,
- Auftauchen sexueller Szenen aus eigener Sexualpraktik, Filmen usw.,
- Affekt freudiger Spannung, stimulierender Unruhe tauchen auf,
- Wünsche und Hingabe, Verschmelzung, Bewunderung, Bewundertwerden, Beherrschung und Unterwerfung steigen auf.

Dimensionen:

- sexuelles Erleben setzt plötzlich ein, bleibt kurzfristig bestehen,
- dauert längere Zeit an.

Qualität sexuellen Empfindens:

- bei Ichstrukturell gering ausgebildeter Liebesfähigkeit: abgespaltene, schizoide Form der Sexualität,
- bei gut entwickelter Selbst-Objekt-Differenzierung und Empathiefähigkeit im Rahmen eines öidpalen Konfliktes: als Anzeichen gehemmter Sexualität.
  „Der Analysand ist ein potentieller Sexualpartner."

Übertragungsabläufe. (Nach Kohut 1987)
Übertragungsabläufe wiederholen Entwicklungsabläufe in umgekehrter Reihenfolge:

Drei Studien:

- Phase allgemein starker Widerstände mit nachfolgender Phase ödipaler Erfahrungen im traditionellen Sinn, dominiert von der Erfahrung schwerer Kastrationsangst („Ödipuskomplex"),

- Phase sehr schwerer Widerstände mit nachfolgender Phase von Desintegrationsangst,
- Phase von meist milder Angst, abwechselnd mit Vorfreude, gefolgt von einer Phase des Beginns eines geschlechtsdifferenzierten, festen Selbst, das in eine erfüllende, produktiv-kreative Zukunft weist.

Gegenübertragung

1. Unbewußte Reaktion des Psychoanalytikers auf die Übertragung des Analysanden (Freud 1912);
2. Pendant zur Übertragung, das aus unverarbeiteten und ungelösten Konflikten des Psychoanalytikers besteht;
3. ganzheitliche Definition:
   - Gegenübertragung = alle Gefühle, die der Analytiker seinem Analysanden gegenüber verspürt (Heimann 1950):
     - unbewußte Haltung dem Analysanden gegenüber,
     - neurotische Übertragungselemente (Analytiker erlebt Analysanden wie ein Elternteil),
     - nicht-erotische Elemente (= „normale Gegenübertragung"),
     - Gesamt der Haltungen des Analytikers dem Analysanden gegenüber (Little 1951).

Übertragungsgefühle des Analytikers auf den Analysanden:

- Analytiker muß sich seiner (Haß- und Liebes)gefühle bewußt werden, um sie nicht auf den Analysanden zu übertragen,
- Ehrgeizhaltungen, Heilfanatismen schaden der Analyse,
- Abstinenzregel: keine eigenen unkontrollierten Wünsche und Bedürfnisse in die Analyse bringen,
- Bei Angst vor zu großer Gegenübertragung kann sich der Analytiker in Distanz retten (unbewältigte eigene Ängste),
- Es sollte keine Beziehung zwischen Analytiker und Analysand über die Stunde hinaus geben:
  - klar abgesteckte Beziehungsrahmen,
  - der Patient kann fühlen, ohne überschwemmt zu werden,
  - kann Antriebe erleben, ohne überwältigt zu werden,
  - kann Spannungen aushalten, ohne zerrissen zu werden.

DEFINITION

Gegenübertragungswiderstand = Widerstand gegen das Bewußtwerden und der Auflösung der Gegenübertragung;
Gefahr: Analytiker verbündet sich mit der Abwehr seines Analysanden.

Gegenübertragungsneurose = Übertragungsneurose des Analytikers.

Projektive Identifizierung

- Damit möglich, non-verbale Interaktionen zwischen Analytiker und Analysand zu erfassen;
- wichtiger Modus der Objektbeziehung zwischen Analytiker und Analysand insbesondere bei regressivem Verstricktsein;

- 3 Entwicklungsstadien des Konzepts der projektiven Identifizierung (Sandler 1988):
  1. Stadium:
  Bei der Projektion werden Aspekte der Selbstrepräsentanz einer Objektrepräsentanz zugeschrieben, bei der Identifizierung Teile der Objektrepräsentanz in die Selbstrepräsentanz hineingenommen;
  2. Stadium:
  Gegenübertragung = Auswirkung der unbewußten Phantasien im Analysanden, dabei:
  - Identifizierung des Analytikers
    - konkordant mit Selbstrepräsentanzen des Analysanden,
    - komplementär mit Objektrepräsentanzen in den Übertragungsphantasien;
  3. Stadium:
  Externalisierung von Selbst- und Objektrepräsentanzen erfolgt via Interaktion im Interaktionspartner (Konzept Container-contained von Bion).

Verschiedene Gegenübertragungs-Phänomene bei Patienten mit
- Über-Ich-Störungen (Cremerius 1977),
- suizidalen Tendenzen (Kind 1988; Reimer 1988),
- Selbstobjekt-Übertragungen narzißtischer Analysanden (Köhler 1988),
- psychosomatischen Patienten (Lowental 1988),
- schweren Charakterpathologien (Kernberg 1988; Rosenfeld 1988).

Widerstand

DEFINITION

Widerstand = Bewältigungs- und Abwehrphänomen bei Auftreten von Ängsten und in der psychoanalytischen Kur.

- Der Widerstand hängt mit Übertragung zusammen (Angst, alles auszusprechen),
- Abwehrmechanismen schalten sich dazwischen,
- Der Patient muß lernen, Widerstand zu überwinden,
- Widerstandsanalyse durch Verstehen:
  - Warum setzt der Widerstand gerade jetzt ein?
  - Warum setzt er in dieser Weise ein?
  - Welche Angst steht dahinter?
- Widerstand ist notwendige Verhaltensweise, hat gesunde Funktion des Selbstschutzes; der Patient weiß nicht, daß Angst „verjährt“ ist.

Fünf Formen des Widerstands:
- Widerstand des Es (unbewußtes Agieren):
  - unbewußtes Agieren unter Umgehung des Ich,
  - Strebungen des Es sollen befriedigt werden,
  - besondere Intensität der Partialtriebe („Zähflüssigkeit der Libido“ nach Freud);
- Widerstand des Ich (a) Übertragung:
  - bezieht sich auf die Person des Analytikers,
  - keine eigenen Einfälle, nur Reaktionen auf die des Analytikers,
  - Betroffener möchte Lieblingspatient sein;

- Widerstand des Ich (b) Verdrängung:
  - Bestreben, bestimmte Bilder und Inhalte zu verschweigen, v.a. peinliche, auch scheinbar unbedeutende;
- Widerstand des Ich (c) sekundärer Krankheitsgewinn:
  - Lustanteil des Symptoms (Waschzwang am Genitale gleich verkappte Onanie),
  - Ausweichen vor realen Lebensanforderungen,
  - narzißtische Befriedigung durch Zuwendung zum Kranken,
  - ideologische Befriedigung des Depressiven,
  - Neurose ist zur lieben Gewohnheit geworden;
- Widerstand des Über-Ich (negative Reaktion):
  - zutreffende Deutungen ins Gegenteil verkehrt (haben keine befreiende Wirkung),
  - Bestrafungstendenz: jeder reale Fortschritt muß mit vermehrtem neurotischen Leid bezahlt werden,
  - Gefahr der unendlichen langen Neurose und Analyse,
  - Therapeut wird zur strafenden Figur gemacht,
  - masochistische Lust.

Phänomenologische Kriterien zur Abschätzung der Indikation

1. Symptomatik
   a) Art der Symptomatik,
   b) Krankheitswert körperlicher oder seelischer Symptome,
   c) Dauer der psychogenen Symptomatik,
   d) Relation von Dauer der Symptome und Schwere der Neurose,
   e) Primordialsymptomatik,
   f) Einstellung des Patienten zu seinen Symptomen,
   g) Umgang mit der Symptomatik,
   h) Leiden an der Symptomatik,
   i) Auflösung der Symptomatik.

Tabelle 24. Psychoanalytische Psychotherapie

Technische Mittel	Wirkungsmechanismen	
	bei guter Ichstärke	bei Ichschwäche
Deutung	erlaubt durch Verminderung der Abwehrmechanismen das Auftauchen verdrängter Inhalte	erhöht die Ichstärke durch Auflösung primitiver Abwehrmechanismen
Übertragungsanalyse	von ausgewählten Übertragungen: ermöglicht ihre allmähliche Auflösung	ermöglicht durch Umwandlung von primitiven Übertragungen in höherstufige deren schließliche Auflösung
Technische Neutralität	fördert die Übertragungsregression; erlaubt eine Deutung durch Nichtbefriedigung von Übertragung	schützt die Realität in der therapeutischen Situation; erlaubt die Deutung von primitiven Übertragungen

2. Soziale Situation
   a) soziale Bewährung und Leistungstest,
   b) sozial geprägter Defekt,
   c) chronifizierende soziale Faktoren,
   d) Persönlichkeit des Partners.
3. Biologische Gegebenheiten
   a) Alter,
   b) Intelligenz,
   c) Talente und Begabungen,
   d) genotypische und angeborene Faktoren.
4. Strukturelle Kriterien
   a) Art des Leidensgefühls (Gehemmtheits- oder Haltungsstruktur),
   b) Gestörtheit des Selbstwertgefühls (Kränkbarkeit, aktive und passive Rachetendenzen, geringe Frustrationstoleranz),
   c) neurotische Ideologiebildung,
   d) Ausmaß illusionärer Erwartungen (Mitarbeitsbereitschaft),
   e) Ersatzbefriedigung,
   f) Art der Freizeitgestaltung.

Psychoanalytische Psychotherapie (konzentrierte Psychotherapie auf psychoanalytischer Grundlage) gegenüber der klassischen psychoanalytischen Kur
- Kürzere Behandlungsdauer (ein bis drei Jahre),
- Geringere Häufigkeit der Sitzungen pro Woche (zwei oder drei).

Tabelle 25. Psychoanalytisch begründete Verfahren nach den Psychotherapie-Richtlinien. (Nach Mertens 1990)

Analytische Psychotherapie	Tiefenpsychologisch fundierte Psychotherapie
Als Einzeltherapie: (auch in Form von psychoanalytischer Kurz- und Fokaltherapie). Kassenleistungen 160–240/ in Ausnahmefällen: 300 Std.	Als Einzeltherapie: auch in Form von Kurztherapie, Fokaltherapie, Dynamische Psychotherapie, Niederfrequente Therapie, Kassenleistungen: 50–80/ in Ausnahmefällen: 100 Std.
Als Gruppentherapie:	Als Gruppentherapie:
Kassenleistungen: 80–120 Dst./ in Ausnahmefällen: 150 Std.	Kassenleistungen: 40–60 Dst./ in Ausnahmefällen: 80 Std.
Bei dieser Therapieform sollen zusammen mit der neurotischen Symptomatik der neurotische Konfliktstoff und die zugrundeliegende Struktur des Patienten behandelt werden und dabei das therapeutische Geschehen mit Hilfe der Übertragungs-, Gegenübertragungs- und Widerstandsanalyse unter Nutzung regressiver Prozesse in Gang gesetzt und gefördert werden.	Bei diesen Therapieformen soll die unbewußte Dynamik aktuell wirksamer neurotischer Konflikte unter Beachtung von Übertragung, Gegenübertragung und Widerstand behandelt werden. Angestrebt wird eine Konzentration des therapeutischen Prozesses durch Begrenzung des Behandlungszieles, durch ein vorwiegend konfliktzentriertes Vorgehen und durch Einschränkung regressiver Prozesse.

- Begrenztes Behandlungsziel.
- Es kommt nicht die volle regressive Übertragungsneurose zur Ausbildung, sondern lediglich umschriebene Übertragungskonstellationen, d.h. es kommt zu einer Akzentuierung bzw. Fokussierung entscheidender Objektbeziehungskonstellationen.
- Anforderungen an die Technik sind größer: das Vorgehen ist konzentrierter.
- Die Bearbeitung des zentralen Konflikts muß nicht unbedingt und jederzeit in der Übertragung auf den Analytiker geschehen.
- Trotzdem soll nach Möglichkeit immer versucht werden, im „Hier und Jetzt" der analytischen Situation zu bleiben.
- Derjenige Konflikt, der sich in der Übertragung auf den Analytiker konstelliert, entspricht meist demjenigen, der die aktuelle Symptomatik ausgelöst hat. Auf die Analyse und Durcharbeitung anderer Konflikte (die derzeit keine gravierende Symptomatik unterhalten) wird verzichtet. Durch die Konzentrierung auf Teilthemen kommt es zu einer Kurzform der Psychoanalyse. Die Deutungsarbeit bezieht sich deshalb auch nicht auf das gesamte Spektrum der Übertragungen, sondern nur auf solche, die in besonders dringlicher Weise reaktiviert werden.

Analytische Kurz- und Fokaltherapie

- Hauptkonflikt (Fokus) wird bearbeitet,
- umgrenzter Bereich des Erlebens und Verhaltens,
- Fokus bestimmt Therapieplan,
- aktive Behandlungstechnik,
- Konfrontation des Patienten.

Vorgehen

- Patient schildert Beschwerden,
- psychische Belastungssituationen breiter dargelegt,
- Arzt hört aufmerksam-empathisch zu,
- Arbeitsbündnis herstellen,
- Belastungsfaktoren aufnehmen und bearbeiten,
- Patient sucht selbst Konfliktlösungen:
  - Reaktionen auf Objektverlust,
  - narzißtische Kränkbarkeit,
  - Angewiesensein auf Schlüsselfiguren,
  - emotionale Ohnmacht;
- Therapeut (be-)deutet, sucht roten Faden, faßt zusammen.

Fokaltherapie[1]

- Definiert durch Konzentration der psychoanalytisch deutenden Arbeit auf einen Fokus, daher besonders geeignet für Kurztherapie, aber nicht darauf beschränkt, auch für tiefenpsychologisch fundierte und analytische Verfahren geeignet,

[1] Nach Lachauer R (1992) Der Fokus in der Psychotherapie. Pfeiffer Verlag München.

- Definition des Fokus: Der Fokus ist ein Satz, der in zwei Zentrierungsschritten erarbeitet wird und der ein aktuelles Hauptproblem mit einer Hypothese über dessen zentralen unbewußten Hintergrund verbindet. Beispiel: „Ich muß immer Retter sein, weil ich sonst Opfer oder Täter bin",
- Vorgehen zur Erarbeitung eins Vokalsatzes in einer Gruppe:
  1. Freie Darstellung des Falles, einschließlich des Problems, das der Therapeut in dieser Behandlung aktuell hat.
     Begleitendes Ausfüllen eines Formulars (Dreieck der Einsicht (= Symptomatik mit Auslöser, Biographie und Szene mit Übertragungs-Gegenübertragungsgeschehen), vermutete gemeinsame Nenner) durch die Zuhörer,
  2. Klärende Nachfragen,
  3. Freie assoziative Diskussion in der Gruppe,
  4. Erarbeitung des aktuellen Hauptproblems (Erste Zentrierung),
     Als Hilfe für das konkrete Vorgehen bei der „Ersten Zentrierung" ist folgende Schema zu empfehlen:
     Frage 1:
     Liegt ein Problem in der therapeutischen Beziehung vor?
     Wenn ja – Dieses Problem als Hauptproblem definieren, möglichst in Parallele zu allgemeinen Problemen und dem Verhalten des Patienten
     Wenn nein –
     Frage 2:
     Läßt sich die Symptomatik direkt verstehen und aus einer unbewußten Dynamik ableiten?
     Wenn ja: Symptomatik = Hauptproblem
     Wenn nein: Neuformulierung des Problems (z.B. Verhaltensmuster);
  5. Erarbeitung der unbewußten Hintergründe (zweite Zentrierung),
  6. Zusammenfügen der beiden Bereiche zu einer „Gestalt", einem Fokalsatz,
  7. Reaktion des Therapeuten auf die Fokusformulierung beachten, mit dem Verhalten des Patienten vergleichen, Ergebnis evtl. einbeziehen in eine Umformulierung,
  8. Durchphantasieren einiger „Variationen des Themas" in freier Assoziation;
- Indikationen: Ein Fokus ist immer zu erarbeiten, aber das ist nicht gleichbedeutend mit einer Indikation zu einer Kurztherapie. Die Indikationen für eine Kurztherapie sind im Kapitel „Kurztherapie" dargestellt,
- Therapeutische Haltung bei Fokaltherapie als Kurztherapie: Cave „Anpassungstherapie", welche die sozialen Bedingungen vernachlässigt. Die Achtung vor den autonomen psychischen Leistungen eines Patienten als Richtschnur im Umgang mit den Phänomenen von Übertragung und Widerstand sollte als zentraler Wert einer psychoanalytischen Behandlung mit bedacht werden – auch wenn die Auswirkungen dieser Leistungen, etwa in Form von Widerstand in der therapeutischen Situation, zunächst oft als hinderlich erscheinen,
- Motivation und Behandlungsbündnis: Der Erarbeitung einer im Patienten selbst, seiner Erfahrung, Überzeugung und autonomen Entscheidung verankerten Motivation und der Herstellung eines stabilen Arbeitsbündnisses auf dieser Basis ist größte Aufmerksamkeit zu schenken,
- Therapeutische Umsetzung eines Fokus in einer Kurztherapie: Fokaltherapie, besonders in ihrer Form als psychoanalytische Kurztherapie, spielt sich immer im Spannungsfeld zwischen fokalem Thema einerseits und Begrenzung andererseits ab,

- Wichtiger Hinweis: „Fokus erarbeiten und Mund halten". Der Fokalsatz ist nur eine „Hypothese im Hinterkopf des Therapeuten" und stellt für den konkreten, in kleinen Schritten sich abspielenden Deutungsprozeß eine Hilfe dar. Wenn im Laufe der Behandlung immer mehr Aspekte und Details der im Fokalsatz angesprochenen Thematik in kleinen Schritten erarbeitet sind, eröffnen sich dem Patienten die Zusammenhänge, die im Fokus formuliert sind, von selbst; er lernt dann seinen Fokus kennen.
- Die Entwicklung des therapeutischen Prozesses kann unter 4 Dimensionen betrachtet werden:
  1. Testen des Therapeuten, seines Umgangs mit dem Patienten als „autonome Person".
  2. Übertragung der Objektbeziehungserfahrung – Therapeut als Objekt (komplementäre Übertragung).
  3. Übertragung der eigenen Konfliktdynamik – Therapeut als Modell (konkordante Übertragung).
  4. Umgang mit Zeit und Begrenzung.

Analytische Gruppentherapie (Abb. 34, 35)

DEFINITION

Latente pathogene Konflikte werden mit Hilfe der freien Assoziation erfaßt. Lösen der Konflikte durch:
1. deutende Bearbeitung von Übertragung und Widerstand,
2. Bewußtwerden der symbiotischen Bedürfnisse und Phantasien der Patienten.

Drei Ebenen der Objektbeziehungen
1. Beziehungen auf
   - narzißtisch-fusionärem Basisniveau – unreflektierte Nähe (jedes Gruppenmitglied nimmt zunächst über sein eigenes Selbstbild, seine Selbstrepräsentanz, Kontakt auf),
   - differenzierterem Niveau der aktiven Ich-Leistungen, reflektierte (Abgrenzung von Objekten, Identifikation, Projektion usw.), Nähe,
   - reifem Niveau – kontrollierte Nähe und Distanz (freier Entscheid für oder gegen Aufnahme von Kontakten);
2. Fünf Phasen der Gruppenentwicklung:
   - explorativer Kontakt,
   - Regression,
   - Katharsis,
   - Einsicht,
   - sozialer Lernprozeß und Wandlung;
3. Vier Arten von Kollusion
   - narzißtisch-fusionäre Kollusion: Mitglieder verhalten sich so wie die anderen es erwarten; Ich und Objekt werden nicht als getrennt erlebt; Eintritt in regressive Phase: Patient erwartet vom Therapeuten exklusive Aufmerksamkeit,
   - oral-abhängige Kollusion: auf der Ebene der aktiven Ich-Leistung Mutter-Übertragung der Mitglieder auf Therapeuten (Mutter gibt alles, und immer das, was sie zu benötigen glauben, z. B. mit Themen zu „füttern"),

Abb. 34. Beginnende Interaktion in einer neuen Gruppe

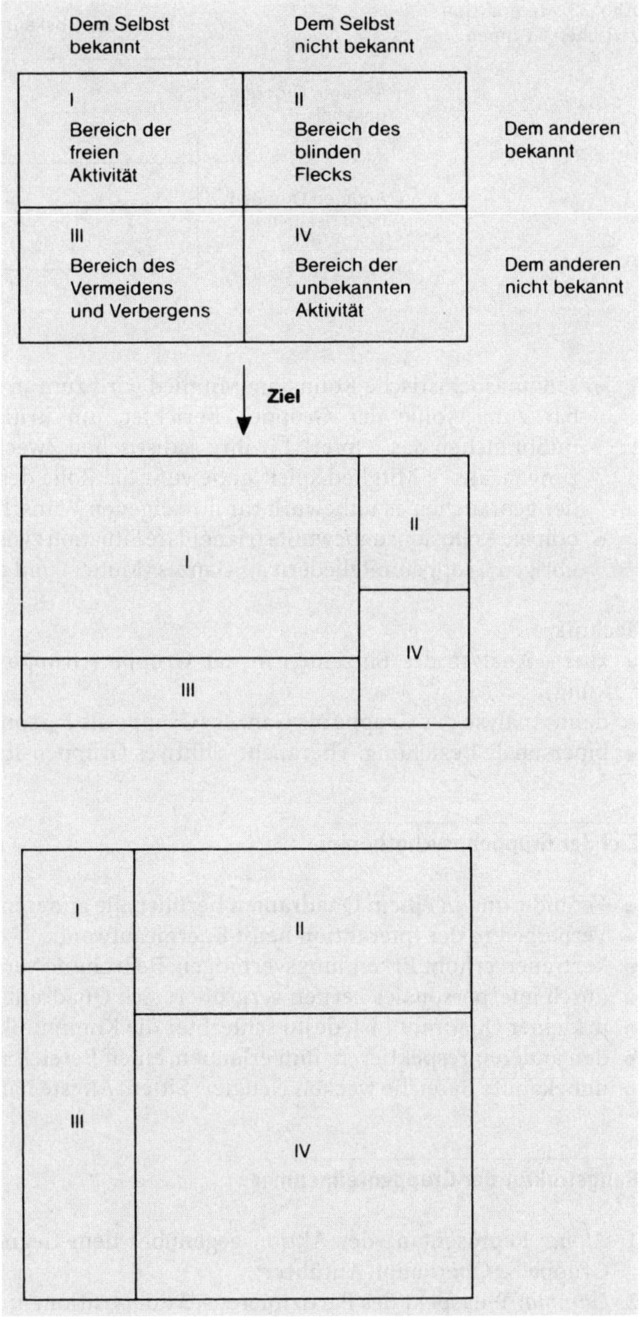

Abb. 35. Interaktion zwischen Gruppen

	Der Gruppe bekannt	Der Gruppe nicht bekannt
Anderen Gruppen bekannt	I	II
Anderen Gruppen nicht bekannt	III	IV

- sadomasochistische Kollusion: Mitglied wird zum „freiwilligen Opfer" (scheinbar zum Wohle der Gruppe), berichtet, um kritisiert zu werden; andere mißbrauchen das „Opfer" für ihre sadistischen Zwecke (Phänomen der „Opferung Isaaks"): Mitglied spielt unbewußt die Rolle des Opfers, Gruppenmitglieder gebrauchen es unbewußt für ihre eigenen Wünsche,
- ödipale Kollusion: unbewußte trianguläre Situation zwischen einem Patienten, den übrigen Gruppenmitgliedern als Ganzes (Mutter) und dem Therapeuten (Vater).

Technik

- zuerst Analyse des Einzelnen in der Gruppe (Gruppe hat dabei Verstärkerwirkung),
- dann Analyse der Gruppe als Ganzes (Gruppe als Person),
- bipersonale Beziehung: Therapeut – fiktives Gruppen-Ich.

Ziel der Gruppenpsychotherapie

- Veränderung in einem Quadranten berührt alle anderen,
- Verbergen in der Interaktion heißt Energieaufwand,
- Vertrauen erhöht Erkennungsvermögen, Bedrohung vermindert es,
- durch interpersonales Lernen vergrößert sich Quadrant I,
- je kleiner Quadrant I ist, desto schlechter die Kommunikation,
- den anderen respektieren; ihm erlauben, einen Bereich zu verbergen,
- unbekannte Bereiche wecken Neugier; Sitten, Ängste halten sie in Schach.

Rangstruktur der Gruppenteilnehmer

1. *Alpha:* Repräsentanz der Aktion gegenüber dem Gegner: „Ich repräsentiere die Gruppe" – Oberhaupt, Anführer;
2. *Gamma*: Teilaspekt des Partizipierens, 3 Subpositionen:
   - identifikatorisch partizipierende Gammas: Stimmen überein (Adjutant, Assistent),
   - komplementär partizipierende Gammas: ergänzen (Mitglied, Mitläufer),
   - kritisch überwachende partizipierende Gammas: eiferndes Überwachen (Beichtvater, Inquisitor);

3. *Beta:* Beteiligung mit Einschränkung, auf Distanz:
   - bedingtes Pro: „Ja, aber ...",
   - bedingtes Kontra: „Nein, außer ...",
   - Schwankende: „Teils ... teils".

   Rolle von Fachmann, Trainer, Kritiker, Rezensent, grauer Eminenz;
4. *Omega:* Repräsentanz des Gegners, „Gegenalpha": Teilaspekt des Protestierens, auf der Basis der Schwäche (Sündenbock, Prügelknabe, Hofnarr).

Weitere Formen der Gruppenpsychotherapie

(Siehe dazu die entsprechenden Abschnitte im Kapitel „Andere psychotherapeutische Verfahren".)

1. Aktivitätspsychotherapiegruppen: bei Kindern; Gestalttherapie nach Perls: Ausagieren der Affekte,
2. Direktiv-suggestive Gruppenpsychotherapie:
   - autogenes Training,
   - Gruppen werden gelenkt;
3. Psychodrama:
   - Rollenspielmethode,
   - persönlichkeitsspezifische Konflikte mit Rollen bearbeitet;
4. Sozialkommunikative Methode: Verbesserung der sozialen Wahrnehmung und Interaktion.

Tiefenpsychologisch fundierte Psychotherapie

DEFINITION

Ein aus der Psychoanalyse abgeleitetes Prinzip, abgegrenzt
- einerseits gegen die klassische Psychoanalyse,
- andererseits gegen das interaktionelle Prinzip der Ich-Psychologie.

Anwendung (Psychotherapie-Richtlinien):
- behandelt aktuell wirksam neurotische Konflikte, bei
- begrenztem Behandlungsziel mit Hilfe von
- konfliktzentriertem Vorgehen und
- Einschränkung regressiver Tendenzen.

Vorgehen

- Drei Fokussierungen: Aufmerksamkeit richtet sich
  1. auf spezifisch auslösende Situation für die Symptomatik,
  2. auf das pathogene Feld, in dem sich die auslösenden Konflikte immer wieder neu konstellieren,
  3. auf die interpersonelle Beziehung zwischen Patient und Therapeut unter Berücksichtigung von

- Übertragung und
- Widerstand,

hier spiegeln sich wider
- die Sozialbeziehungen des Patienten und
- seine inneren Konflikte;

(= „triangle of insight“ (Menninger, Holzmann) = Einsichtsvermittlung im Dreieck:
- aktuelle interpersonelle Beziehung Patient-Therapeut,
- symptomauslösende (oder -verstärkende) interpersonelle Situation,
- das dazugehörige pathogene Umfeld;

- Arbeit ausgehend von der Schnittpunkt-Metapher der Neurosenentstehung Kreuzung der
  - vertikalen Achse der Lebensgeschichte mit der
    horizontalen Achse der Aktual-Situation,
    → latent neurotische Konflikte werden aktuell wirksam;
- Folge für die tiefenpsychologisch fundierte Psychotherapie:
  Möglichkeit der Fokussierung (s.o.): Aufspüren
  - der spezifisch auslösenden Situation (Versuchungs- bzw. Versagungssituation),
  - des pathogenen sozialen Feldes (mit Konstellation der auslösenden personellen Situation),
  - der aktuellen interpersonellen Beziehung Patient – Therapeut;
- Mittel, das Ziel zu erreichen; spezielle(s)
  - Setting,
  - Behandlungsarrangement,
  - therapeutische Interventionen.

Behandlungsziel

Einsicht vermitteln in:
- momentane interpersonelle Konfliktsituationen (weniger in basale Konflikte frühgenetischen Ursprungs),
- das pathogene Feld:
  - Ehe- und Familiensituation,
  - Arbeitsfeld,
  - Freizeitbeschäftigung;
- die innere Konflikt-Dynamik.

Behandlungstechnik

- „... dem Patienten den Spielraum gewähren, der ihm die Lösung aus seiner Bindung an die unbewußten Determinanten zu vollziehen gestatten.“ (Loch),
- Setting/Behandlungsarrangement:
  - Bemühen um Neutralität des Therapeuten,
  - Abstinenz des Therapeuten (d.h. dem Patienten Befriedigung seiner Triebwünsche in der Behandlungssituation versagen, möglichst wenig Ersatzbefriedigung ermöglichen);

- Gegenübersitzen (nur ausnahmsweise auf der Couch), Ausbildung der Übertragungsneurose und eine tiefere Regression nicht erwünscht,
- Zeitdauer:
  - Wochen bis Monate (nicht Jahre); Eingrenzung der Ziele,
  - 50 Minuten bei
  - einer Frequenz von 1–2 Wochenstunden (im klinischen Setting kürzere Sitzungen, häufiger).

Spezifische Interventionen

- leitende, themensetzende Fragen: Fragen dienen dazu,
  - vom Patienten eingebrachtes Material zu fokussieren,
  - wichtige Themen ins Gespräch zu bringen;
  - Fragen beziehen sich auf die aktuelle interpersonelle Situation (horizontale Achse),
    seltener auf die vertikale Achse („Woran erinnert Sie das?"),
  - Ziel: aktuelle Konflikte herausarbeiten;
- Klarifikation:
  - das jeweilige psychische Phänomen wird in seinen bedeutungsvollen Einzelheiten eingekreist,
  - vom Therapeuten wird klargestellt, worum es seiner Ansicht nach im Augenblick geht,
  - auch Verhaltensweisen des Patienten werden identifiziert,
  - Ziel: aktuelle Konflikte herausarbeiten;
- Deutung:
  - gerichtet auf zentralen pathogenen Konflikt,
  - vom Verhalten des Patienten auf den aktuellen sozialen Kontakt-Konflikt schließen,
- „Unbewußtes bewußt machen" (Freud).

Indikationsbereich

Positive Kriterien

- Die Ich-Struktur des Patienten erlaubt eine erfolgversprechende Bearbeitung intrapsychischer und interaktioneller Konflikte mit Konzentration auf einen Fokus, mit der Aussicht, daß der Patient – angeregt und ermutigt durch die erfolgreiche Lösung des fokalen Konfliktes – noch nicht bearbeitetes Konfliktmaterial selbst bewältigen kann;
- eine umschriebene neurotische Konfliktlage erlaubt bei weitgehend stabiler Ich-Struktur und positiver Motivationsbilanz eine ausreichende Behandlung durch kurzdauernde Therapieformen.

Negative Kriterien

- Die Belastbarkeit des Patienten für eine höherfrequente Langzeittherapie und eine ätiologisch orientierte Bearbeitung unbewußter intrapsychischer Prozesse ist eingeschränkt;

Tabelle 26. Neurosen werden an einem Schnittpunkt der Lebensgeschichte des Patienten als vertikaler Achse und seiner Aktualgeschichte als horizontaler Achse manifest: Tabelle Tiefenpsychologisch fundierte Psychotherapie (TFP) versus analytische Psychotherapie (PA). (Nach Heigl-Evers u. Heigl 1984)

TFP	PA
Arbeiten auf der	
horizontalen Achse: (Aktualgeschichte des Kranken: soziokulturelle und -ökonomische Gegebenheiten, soziale Umfelder, interpersonelle Konstellationen, schicksalhafte Ereignisse: dabei Aufspüren innerer Konflikte → Fokalkonflikte)	vertikalen Achse: (Lebensgeschichte mit frühkindlichen Konflikten und deren Anteilen in Form von Repräsentanzen von Trieben, vom Selbst, von Objekten und Objektbeziehungen, von Affekten und Abwehrmechanismen → mit Hilfe von Übertragung, Gegenübertragung, Widerstandsbearbeitung)
Einsichtvermittlung im Dreieck („triangle of insight"):	
1. aktuelle interpersonelle Beziehung Patient – Therapeut	– Übertragung auf den Therapeuten
2. symptomauslösende (oder -verstärkende) interpersonelle Situation	– gegenwärtige Beziehung des Patienten
3. das dazugehörige pathogene Umfeld	– frühe Beziehung des Patienten
keine – Erhellung der gesamten Lebensgeschichte – volle Aufhebung der kindlichen Amnesie – freie Assoziation – konsequente Traumanalyse – tiefe Regression	sehr wohl
Gegenübersitzen Wahrnehmung feiner averbaler Signale	Couch
Einbeziehung Dritter (Partner)	höchstens zu Beginn der Analyse
gelegentliche Empfehlungen und Ratschläge	keine Anweisungen
Einhalten von Neutralität, Anonymität, Abstinenz, Arbeiten mit Übertragung, Gegenübertragung, Widerstand	

- die Indikation für eine analytische Psychotherapie wird durch Gegebenheiten im Umfeld und in der Lebenssituation des Patienten in Frage gestellt.

Literatur

Argelander H (1968) Gruppenanalyse und Anwendung des Strukturmodells. Psyche 22:913–933

Balint M (1965) Psychotherapeutische Techniken in der Medizin. Klett, Stuttgart

Balint M (1973) Therapeutische Aspekte der Regression. Rowohlt, Reinbek

Balint M, Ornstein PH, Balint E (1973) Fokaltherapie. Suhrkamp, Frankfurt

Battegay R (1992) Kollusion: Die verschiedenen Formen des unbewußten Rapprochements in der Gruppenpsychotherapie. Gruppenther Gruppendynamik 28:2–16

Beck D (1974) Die Kurzpsychotherapie. Huber, Bern

Bellack L, Small L (1972) Kurzpsychotherapie und Notfallpsychotherapie. Suhrkamp, Frankfurt

Bion WR (1959) Attacks on linking. Int J Psychoanal 40:308–315

Blomeyer R (1990) Behandlungsziele: Gewünschtes – Bedachtes – Erreichtes. Anmerkungen zur tiefenpsychologisch fundierten Psychotherapie. Prax Psychother Psychosom 35:285–293
Cremerius J (1977) Übertragung und Gegenübertragung bei Patienten mit schwerer Über-Ich-Störung. Psyche 31:879–896
Dührssen A (1972) Analytische Psychotherapie in Theorie, Praxis und Ergebnissen. Vandenhoeck & Ruprecht (Verlag für Medizinische Psychologie), Göttingen
Freud A (1964) Das Ich und die Abwehrmechanismen. Kindler, München
Freud S (1904) Über Psychotherapie. Imago, London, GW Bd 5, S 11–26
Freud S (1912) Ratschläge für den Arzt bei der psychoanalytischen Behandlung. GW Bd 8, S 375–387
Freud S (1919) Wege der psychoanalytischen Therapie. GW Bd 12, S 181–194
Greenson RR (1973) Technik und Praxis der Psychoanalyse. Klett, Stuttgart
Heigl F (1987) Indikation und Prognose in Psychoanalyse und Psychotherapie. Vandenhoeck & Ruprecht (Verlag für Medizinische Psychologie), Göttingen
Heigl F, Triebel A (1977) Lernvorgänge in der psychoanalytischen Therapie. Huber, Bern
Heigl-Evers A (1972) Konzepte der analytischen Gruppentherapie. Vandenhoeck & Ruprecht (Verlag für Medizinische Psychologie), Göttingen
Heigl-Evers A, Heigl F (1982) Tiefenpsychologisch fundierte Psychotherapie – Eigenart und Interventionsstil. Z Psychosom Med Psychoanal 28:160–175
Heigl-Evers A, Heigl F (1984) Was ist tiefenpsychologisch fundierte Psychotherapie? Prax Psychother Psychosom 29:234–244
Heigl-Evers A, Nietzschke B (1991) Das Prinzip „Deutung“ und das Prinzip „Antwort“ in der psychoanalytischen Therapie. Z Psychosom Med Psychoanal 37:115–127
Heimann P (1950) On counter-transference. Int J Psychoanal 31:81–84
Hoffmann SO (Hrsg) (1983) Deutung und Beziehung. Kritische Beiträge zur Behandlungskonzeption und Technik der Psychoanalyse. Fischer, Frankfurt
Kernberg OF (1978) Borderline-Störungen und pathologischer Narzißmus, Suhrkamp, Frankfurt
Kernberg OF (1981) Objektbeziehungen und Praxis der Psychoanalyse. Klett, Stuttgart
Kernberg OF (1988) Innere Welt und äußere Realität. Verlag Internationale Psychoanalyse, München Wien
Kind J (1986) Manipuliertes und aufgegebenes Objekt. Zur Gegenübertragung bei suizidalen Patienten. Forum Psychoanal 2:215–226
Köhler L (1988) Probleme des Psychoanalytikers mit Selbstobjektübertragungen. In: Kutter P, Paramo-Ortega R, Zagermann P (Hrsg) Die psychoanalytische Haltung. Auf der Suche nach dem Selbstbild der Psychoanalyse. Verlag Internationale Psychoanalyse, München Wien
Kohut H (1979) Die Heilung des Selbst. Suhrkamp, Frankfurt am Main
Kohut H (1987) Wie heilt die Psychoanalyse? Suhrkamp, Frankfurt am Main
Kutter P (1976) Elemente der Gruppentherapie. Vandenhoeck & Ruprecht, Verlag für Medizinische Psychologie, Göttingen
Lachauer R (1992) Der Fokus in der Psychotherapie. Pfeiffer, München
Lieberz K (1998) Tiefenpsychologisch fundierte Psychotherapie. Dtsch Ärztebl 95:1421–1424
Loch W (1979) Tiefenpsychologisch fundierte Psychotherapie – Analytische Psychotherapie. Wege zum Menschen 31:177–193
Loch W (1999) Die Krankheitslehre der Psychoanalyse, 6. Aufl. Hirzel, Stuttgart
Lowental U (1988) Spezielle Probleme der psychosomatisch gestörten Patienten. In: Kutter P, Paramo-Ortega R, Zagermann P (Hrsg) Die psychoanalytische Haltung. Auf der Suche nach dem Selbstbild der Psychoanalyse. Verlag Internationale Psychoanalyse, München Wien
Luft J (1973) Einführung in die Gruppendynamik. Klett, Stuttgart
Massing A, Wegehaupt H (1987) Der verführerische und verführte Analytiker. Bemerkungen zur sexuellen Gegenübertragung. In: Massing A, Weber I (Hrsg) Lust und Leid. Sexualität im Alltag und alltägliche Sexualität. Springer, Berlin Heidelberg New York Tokyo
McGlashan ThH, Miller GH (1982) The goals of psychoanalysis, psychoanalytic psychotherapy. Arch Gen Psychiatr 39:377–388
Melan DH (1967) Psychoanalytische Kurztherapie. Huber, Bern/Klett, Stuttgart
Menninger K, Holzmann P (1977) Theorie der psychoanalytischen Praxis. Frommann-Holzboog, Stuttgart
Mertens W (1995) Psychoanalyse. 5. Aufl. Kohlhammer, Stuttgart
Mertens W (1990/1991) Einführung in die psychoanalytische Therapie, Bd 1–3. Kohlhammer, Stuttgart

Peters UH (1977) Übertragung – Gegenübertragung. Kindler, München
Reimer C (1986) Risiken im Umgang mit suizidalen Patienten. Prax Psychother Psychosom 31: 201–212
Rosenfeld H (1988) Narzißmus und Aggression. In: Kutter P, Paramo-Ortega R, Zagermann P (Hrsg) Die psychoanalytische Haltung. Auf der Suche nach dem Selbstbild der Psychoanalyse. Verlag Internationale Psychoanalyse, München Wien
Sandler J (1988) Das Konzept der projektiven Identifizierung. Z Psychoanal Theorie Prax 3: 147–164
Thomä H, Kächele H (1996/97) Lehrbuch der psychoanalytischen Therapie, Bd. I und II, 2. Aufl. Springer, Berlin Heidelberg New York Tokyo

Verhaltenstherapie (lerntheoretische Verfahren)

(Nach Reinecker 1996)

DEFINITION

Die Grundannahme besteht darin, daß menschliches Verhalten – wie andere Organismen – determiniert ist. Erlernte Fehlverhaltensweisen sollen durch therapeutisch induzierte Lernprozesse korrigiert werden. Verhaltenstherapie bedeutet ein kontrolliertes Vorgehen.

Grundannahmen

- Psychische Störung: gelernte, fehlangepaßte Verhaltensweise.
- Psychosomatische Störung: gebahnter Ablauf (mit afferentem und efferentem Schenkel und zentraler Umschaltung).
- Das affektive Verhalten bezieht körperliche Reaktionen auf autonomem und endokrinem Gebiet mit ein (es kommt zu Gewebsschädigungen – wie nach anderen Theorien auch!);
  z. B. *Ulcus pepticum:* bestimmte Affekte führen zur Erhöhung der HCl-Pepsin-Gastrin-Sekretion (durch Angst- und Vermeidungssituationen) – damit Möglichkeit für eine psychische Störung.
- Bedingung für eine Erkrankung: einem aversiven Reiz oder Konflikt ununterbrochen ausgesetzt sein.
- *Aber:* Es bestehen Unterschiede in den autonomen Reaktionen des Individuums auf verschiedene Belastungsformen.
- Problem der Organwahl: Es gibt individuelle Unterschiede in den Mustern vegetativer Reaktionsbereitschaft auf Belastungen.
- Unter bestimmten Bedingungen erworbener Reflex (konditioniert, im Gegensatz zum natürlichen, unkonditionierten Reflex),
- elementarste Form einer individuell erworbenen Reaktionsweise,
- „Verwendung des bedingten Reflexes z. B. bei der Dressur",
- existiert bei praktisch allen Körperfunktionen (Herz, Gefäße, Magen-Darm-Trakt, Wärmehaushalt, Nierenfunktion, Stoffwechsel).
- Sämtliche Verhaltensweisen sind beobachtbar; kognitives Verhalten (Denken) unterliegt gleichfalls den Lerngesetzen.
- Der Einfluß von Erbanlagen wird nicht berücksichtigt, individuelle Entwicklung wird als Lerngeschichte betrachtet.

Vorteile

- Verhaltensstörungen tierexperimentell auslösbar („experimentelle Neurosen"), z.B. durch Koppelung eines unbedingten Reflexes (Angstreaktion infolge von Schmerz) mit einem auslösenden Reiz (Anblick eines neutralen Gegenstandes); infolge wiederholter Koppelung (Konditionierung) löst der ursprünglich neutrale Gegenstand nun gleichfalls Angst aus;
- Möglichkeit, dem Anspruch der Wissenschaftlichkeit gerecht zu werden;
- eine große Anzahl von Krankheiten kann mit gleichen oder ähnlichen Techniken der Verhaltensänderung angegangen werden (bei geringem Konfliktbewußtsein, bei Monosymptomatiken, bei eindeutigen, sonst schwer behandelbaren Verhaltensstörungen, z.B. bei Kindern).

Nachteile

- Keine eindeutige Theoriebildung über psychosomatische Entstehungsursachen; Schwierigkeiten der Lerntheorie, komplexes menschliches Verhalten ausreichend zu erklären (z.B. keine Erklärung komplexer symbolischer Vorgänge wie etwa des Denkens oder des Traumes),
- kein individuelles Eingehen auf persönliche Konfliktsituationen,
- Gefahr des Symptomwandels bei Verschwinden der aktuellen Symptomatik (z.B. bei der Adipositastherapie),
- keine Ergebnisse zur Stabilität von Verhaltensänderungen über einen längeren Zeitraum (sehr kurze Katamnesezeitpunkte).

Schwerpunkte

- Klassische Verhaltenstherapie: durch Änderung von Verhalten (speziell durch Übung) Veränderung von Denken, Erwartungen, Informationsverarbeitung usw.
- Kognitive Therapie: Veränderung von Denken und Bewegungsmustern; dadurch Veränderung von Verhaltensmustern.
- Kognitive Verhaltenstherapie: durch Änderung von Verhalten Änderung von Denkmustern.

Diagnostik und Verhaltensanalyse

- Funktionales Bedingungsmodell erfassen durch:
  - die Topographie des symptomatischen Verhaltens,
  - die Reizbedingungen, die dem Verhalten mehr oder weniger unmittelbar vorausgehen oder folgen,
  - erfolgreiche oder erfolglose Selbstkontrollversuche,
  - Genese des Symptoms und seiner Veränderungen im Laufe der Symptomgeschichte.
- Typ der vorliegenden Symptomatik:
  - völlig unangemessenes Verhalten,
  - an sich normales Verhalten, das zu häufig auftritt,
  - Verhalten fehlt völlig (Verhaltenslücke).

Krankheiten, bei denen die Lerntheorie eine wichtige Rolle spielt

- Ängste, Phobien,
- Zwangshandlungen, Tics, Stottern,
- hysterische Reaktionen,
- Anorexia nervosa (bei Monosymptomatik), auch Adipositas,
- Monosymptomatik mit der Unmöglichkeit, konfliktaufdeckend zu arbeiten,
- Psychosen (Schizophrenien),
- schwere Verhaltensstörungen bei Kindern,
- in der Rehabilitation.

Indikationen

- Ansatz für Behandlung jeglicher psychischer Anteile bei Krankheiten,
- bei psychischen Störungen in engerem Sinne,
- bei somatischen Erkrankungen und den Aspekten des Krankheitsverhaltens, der Compliance, der Krankheitsbewältigung,
- bei psychosomatischen Krankheiten in engerem Sinne ohne Aufdeckung innerpsychischer Konfliktdynamik, sondern um mögliche potentielle Veränderungen der für die Störung wesentlichen krankmachenden Determinanten,
- insbesondere bei chronisch Kranken, bei denen die Bewältigung und nicht die Heilung im Vordergrund des Therapiezieles steht.

Methoden der Verhaltensmodifikation (Abb. 36)

- Klassisches Konditionieren:
  - systemische Desensibilisierung (graduelle Konfrontation mit angstauslösenden Reizen);
- Konditionierungstechniken:
  - Entspannungsverfahren,
  - Gegenkonditionierung (z. B. Beseitigung der Angst, indem sich der Patient in entspanntem Zustand angstauslösende Stimuli vorstellt),
  - Negative Übung (Extinktion bedingter Reflexe), z. B. bei Tics dadurch, daß man den Patienten dazu bringt, willentlich das zu tun, was er eigentlich nicht will (paradoxe Intention).
  - Aversionstechniken (z. B. bei der Raucherentwöhnung bringt der Patient Rauchen gedanklich mit Erkrankung in Verbindung);
- Lernen am Erfolg;
  - erwünschte Reaktionen werden belohnt (positive Verstärkung; z. B. bei Stotterern, die Verstärkung (Lob und Aufmerksamkeit des Therapeuten) erhalten dafür, wenn sie rhythmisch und in Silben sprechen lernen),
  - unerwünschten Reaktionen wird Belohnung verweigert (Löschung oder negative Verstärkung; z. B. der Therapeut schenkt dem keine Aufmerksamkeit, wenn der Patient erneut zu stottern beginnt);

Bezeichnung der Phasen	Wichtige Ziele
1. Eingangsphase: Schaffung günstiger Ausgangsbedingungen	– Rollenstrukturierung – Bildung einer kooperativen Arbeitsbeziehung (= „therapeutische Allianz") – Beginn der problembezogenen Informationssammlung („Screening" von Eingangsbeschwerden und -erwartungen: erste Überlegungen zu therapeutischen Ansatzpunkten) – optimale Gestaltung der „äußeren" Therapiesituation
2. Aufbau von „Änderungsmotivation" und vorläufige Auswahl von Änderungsbereichen	– Nutzung „inhärenter" Motivationsbedingungen des Selbstmanagementkonzepts – Reduktion von Demoralisierung und Resignation – Einsatz spezieller Motivierungsstrategien – erste Ansätze einer „Ziel- und Wertklärung" (ZWK) – (vorläufige) sachliche und motivationsabhängige Auswahl von Änderungsbereichen
3. Verhaltensanalyse und funktionales Bedingungsmodell	– situative Verhaltensanalyse (von der Makro- zur Mikroebene) – kontextuelle Verhaltensanalyse (von der Mikro- zur Makroebene) – Erstellen eines (vorläufigen) funktionalen Bedingungsmodells
4. Vereinbaren therapeutischer Ziele	– Klären von Therapiezielen – gemeinsame Zielanalyse – Konsens über therapeutische Zielperspektiven
5. Planung, Auswahl und Durchführung spezieller Methoden	– Planung spezieller Maßnahmen (auf der Basis der Information aus den Phasen 1 bis 4) – Entscheidung über spezielle Interventionen – Durchführung der Maßnahmen
6. Evaluation therapeutischer Fortschritte	– kontinuierliche therapiebegleitende Diagnostik – Prä-/Post-Evaluation – „zielabhängige" Evaluation des Einzelfalls
7. Endphase: Erfolgsoptimierung und Abschluß der Therapie	– Stabilisierung und Transfer therapeutischer Fortschritte – Arbeit an restlichen therapeutischen Ansatzpunkten bzw. Bearbeiten neuer therapeutischer Ziele – Erlernen von „Selbstmanagement" als Prozeß – Beendigung/Ausblenden der Kontakte – Abschluß-„Feedback"
„Follow-up"/Katamnese	– Vorbereitung von „Follow-up" bzw. von Katamnesen

Abb. 36. 7-Phasen-Modell des Vorgehens im Überblick (Reinecker 1996)

- Modellernen (z.B. der Patient kann an einem Modell beobachten, wie man sich durchsetzt);
- kognitive Umstrukturierung (z.B. der depressive Patient lernt, persönliche Erfolge besser zu erkennen und stärker zu bewerten);
- Methoden zur Verbesserung des „Selbstmanagement" (z.B. Förderung von Selbstbeobachtung und Selbstverstärkung):
  - Reizüberflutung („flooding") (Konfrontation mit angstauslösenden Reizen in stärkster Ausprägung).
- Operante Methoden (Verhaltensänderung, indem die Konsequenzen des Verhaltens geändert werden):
  - positive oder negative Verstärkung,
  - operante Löschung (Verhalten durch Fortfall der Verstärkung gelöscht),
  - Verhaltensformung („shaping") (Erweiterung des Verhaltensrepertoires),
  - Münzverstärkersystem („token economy") (späteres Eintauschen einer Münze/Marke gegen einen primären Verstärker),
  - Stimuluskontrolle (unerwünschtes Verhalten durch Kontrolle beeinflussen),
  - operantes Lernen = Biofeedback (motorische und vegetative Körperfunktionen, die normalerweise der Beobachtung nicht zugänglich sind, werden mit Hilfe speziell konstruierter Geräte rückgemeldet, wahrnehmbar gemacht und damit der willkürlichen Kontrolle unterworfen.
- Komplexe Therapiepläne (Änderung des Verhaltensgefüges, nicht nur einer isolierten Verhaltensweise):
  - Selbstkontrolle (-training) – Selbstbeobachtung („self monitoring"), Bewertung und Zielanalyse, Selbstverstärkung,
  - Streßmanagement – Konzeptualisierung (Datenerhebung und Integration, Training der Fähigkeiten der Selbstbeobachtung); Aneignen und Üben von Bewältigungsfähigkeiten (Kommunikation, Selbstsicherheit; Rollenspiele); Anwendung und „Durcharbeiten";
- Gegenkonditionieren (z.B. zur Beseitigung von Angst),
- Aversionstechniken (z.B. bei Alkoholismus, Rauchen),

Tabelle 27. Therapeutische Methoden in der VT (Reinecker 1996)

Therapieprinzip	Therapeutisches Verfahren
Techniken der Stimuluskontrolle/ Angstbewältigung	Konfrontationsverfahren: systematische Desensibilisierung, graduierte bzw. massierte Konfrontation, paradoxe Strategien, Angstbewältigung
Techniken der Kontrolle von Verhalten durch Veränderung von Konsequenzen (operante Verfahren)	Techniken der Verstärkung, Löschung, Bestrafungsverfahren („time out"; „responce cost"; Aversionsmethoden)
Techniken des Modellernens	Aufbau von Verhalten, Erleichterung von Verhalten, Diskriminationslernen
Strategien der Selbstkontrolle	Selbstbeobachtung, Selbstverstärkung, Kontingenzkontrolle und Contractmanagement, Stimuluskontrolle
Kognitive Therapieverfahren	Covert-Conditioning, kognitive Therapie (Beck), Rational-emotive-Therapie (Ellis), Selbstinstruktionstraining, Problemlösetraining, Attributionstraining

Literatur

Reinecker H 81996) Verhaltenstherapie. In Senf W, Broda M (Hrsg) Praxis der Psychotherapie. Thieme, Stuttgart

Schonecke OW, Muck-Weich C (1996) Methoden der Verhaltensmodifikation. In: Adler RH, Herrmann JM, Köhle K, Schonecke OW, Uexküll T von, Wesiack W (Hrsg) Psychosomatische Medizin, 5. Aufl. Urban & Schwarzenberg, München

Andere psychotherapeutische Verfahren

Ärztliches Gespräch

Richtlinien

- Gesprächseröffnung mit einer allgemein gehaltenen Frage („Was führt Sie zu mir?"),
- mehr offene als geschlossene Fragen stellen,
- erst zuhören, dann Fragen stellen,
- Fachausdrücke, Schlagwörter, Wertungen vermeiden,
- Monologe durch Gespräch ersetzen,
- selber ruhig sein, sich nicht stören lassen,
- eigene Gefühlsregungen im Gespräch beachten,
- Gesundungswillen und Motivation des Patienten vorsichtig stärken,
- Beruhigungen nur gezielt und sparsam einsetzen,
- „Arbeitsbündnis" stärken,
- beiderseitige Verantwortung zum Ausdruck bringen,

Tabelle 28. Häufige Kollusionsmuster in der Arzt-Patienten-Beziehung. (Nach Willi 1975). Kollusion = gemeinsame Illusion (= uneingestandenes, verschleiertes Zusammenspiel zweier (oder mehrerer) Partner

Orale Kollusion: Liebevoller, besorgter und umsorgender Arzt	Aus progressiver Position: Ich muß so fürsorglich und reich sein, weil Du so abhängig und pflegebedürftig bist. Aus regressiver Position: Ich muß mich so hilflos geben, damit Du Dich stark und überlegen fühlen kannst.
Anal-sadistische Kollusion: Herrischer, autoritärer, dominierender Arzt	Progressiv: Ich muß so aktiv, überlegen, beherrschend sein, weil Du so passiv, gefügig, unselbständig bist. Regressiv: Ich muß mich so schwach, fügsam, unterwürfig geben, damit Du Dich stark, autonom, mächtig fühlst.
Phallische Kollusion: Charmanter, verführerischer oder schüchterner, verlegener, aber ansprechender Arzt	Progressiv: Ich muß mich so männlich, verehrend, kavalierhaft geben, damit Du Dich fraulich, verführerisch, selbstsicher fühlen kannst. Regressiv: Ich muß mich so kokettierend, animierend, attraktiv geben, damit Du Dich männlich, überlegen und verehrenswert fühlen kannst.
Narzißtische Kollusion: Selbstgefälliger, anmaßender Arzt	Progressiv: Ich muß mich so ideal, überlegen, verehrenswürdig geben, damit Du Dich auch selbst etwas besser und anerkannter fühlen kannst. Regressiv: Ich muß mich so bewundernd, verehrend geben, damit Du Dich in Deiner Überheblichkeit bestätigt finden kannst.

- nachfragen, ob der Patient alles verstanden hat,
- das Wichtigste im Gespräch zusammenfassen,
- sich nicht durch einseitige Symptomorientierung verleiten lassen,
- das Gespräch strukturieren, aber nicht einengen,
- sich mit seinen Einwänden auf den situativen Zusammenhang einstellen.

Ziele (s. auch Kap. „Diagnostisches Vorgehen")
- Diagnostische Orientierung über Beschwerden, Symptome, Störungen hinsichtlich einer nosologischen Einordnung,
- Beantwortung der Frage, ob ein Zusammenhang zwischen der Symptomatik und Konflikten der Lebensgeschichte besteht,
- einen biographischen Überblick verschaffen,
- Bild der Persönlichkeitsstruktur erarbeiten,
- prognostische Abklärung hinsichtlich der Therapierbarkeit des Beschwerdebildes,
- Aufstellen eines Behandlungsplans.

Literatur

Adler R, Hemmeler W (1992) Anamnese und Körperuntersuchung, 3. Aufl. G. Fischer, Stuttgart
Argelander H (1992) Das Erstinterview in der Psychotherapie, 5. Aufl. Wissenschaftliche Buchgesellschaft, Darmstadt
Wesiack W (1980) Psychoanalyse und praktische Medizin. Klett, Stuttgart
Willi J (1975) Die Zweierbeziehung. Rowohlt, Reinbek

Gesprächspsychotherapie

„Klientenzentrierte Therapie" (Rogers 1977)

Grundannahme/Besonderheiten
- Jeder Mensch besitzt Kräfte genug, seine eigenen Probleme selbst zu lösen. Die Kräfte müssen aber erst gelockert und befreit werden,
- eine spezielle Neurosenlehre fehlt,
- Mischform zwischen konfliktzentrierten, übenden und erlebnisorientierten Psychotherapieverfahren.

Therapieziele
- Verbesserung seelischer Funktionsfähigkeit im emotionalen und sozialen Bereich,
- größere Selbstachtung, Selbstannahme, Selbstaktualisierung.

Zur Technik
- Betonung des Hier und Jetzt.
- Der Therapeut bemüht sich, die kognitiven Möglichkeiten des Klienten zu erweitern.
- Der Therapeut bringt dem Klienten viel Wärme, Einfühlung, Verständnis entgegen.
- Der Therapeut ermuntert den Klienten in permissiver, nichtdirektiver Weise, Probleme und Gefühle frei in Worte zu fassen.
- Der Therapeut faßt das Verstandene in Worte.
- Keine Versuche der Interpretation, Deutung, Überredung.

- Entwicklung von Strategien zur Problembewältigung.
- Der Therapeut fordert den Klienten auf, sich angstmachende Situationen vorzustellen.
- Dem Klienten wird nur sein Verhalten und Erleben „gegenübergestellt“ (konfrontierendes „Spiegeln“ nach Rogers).

Therapieerfolg bei folgenden Therapeuteneigenschaften
- Anteilnahme, Achtung, Wärme,
- Verbalisieren des geäußerten emotionalen Erlebnisverhaltens des Klienten,
- Echtheit in der Selbstdarstellung,
- Fähigkeit zur Selbstöffnung.

Grundhaltung des Therapeuten
- Akzeptanz (vorbehaltloses Wahrnehmen und Respektieren des Klienten),
- Empathie (emotionales Zugewandtsein, einfühlendes Verstehen),
- Kongruenz (befindet sich in Übereinstimmung mit dem, wie er es erlebt; offen für seine Selbstwahrnehmung und bereit, dieses Erleben seinem Klienten mitzuteilen).

Literatur

Gerl W (1983) Klientenzentrierte Psychotherapie (Gesprächspsychotherapie). In: Kraiker C, Burkhard P (Hrsg) Psychotherapieführer. Beck, München
Rogers C (1977) Therapeut und Klient. Kindler, München
Wendlin ET (1980) Focussing. Müller, Salzburg

Katathymes Bilderleben (Abb. 37)

DEFINITION

> Das katathyme Bilderleben ist eine psychotherapeutische Methode, die nach tiefenpsychologischen Gesichtspunkten strukturiert ist. Primäre Grundlage ist die Imaginationsfähigkeit des Menschen.

Besonderheiten
„Katathymer Zustand“ gekennzeichnet durch:
- Senkung und gleichzeitig Einengung des Bewußtseins,
- Erhöhung der Suggestibilität,
- Aufhebung des Zeitgefühls,
- Schwächung der rationalen Anteile der Abwehr,
- „kontrollierte Ich-Regression“,
- Abgabe der reifen Ich-Funktionen an den Therapeuten,
- Vertiefung der Versenkung durch die Imagination.

Wirkungsweise
Die imaginativen Inhalte werden von 3 Determinanten bestimmt:
- die unbekannte/unbewußte, das Bild gestaltende Affektkonstellation,
- die genannte/bewußte Motivvorstellung als Kristallisationskern für die konfliktträchtige Projektion,

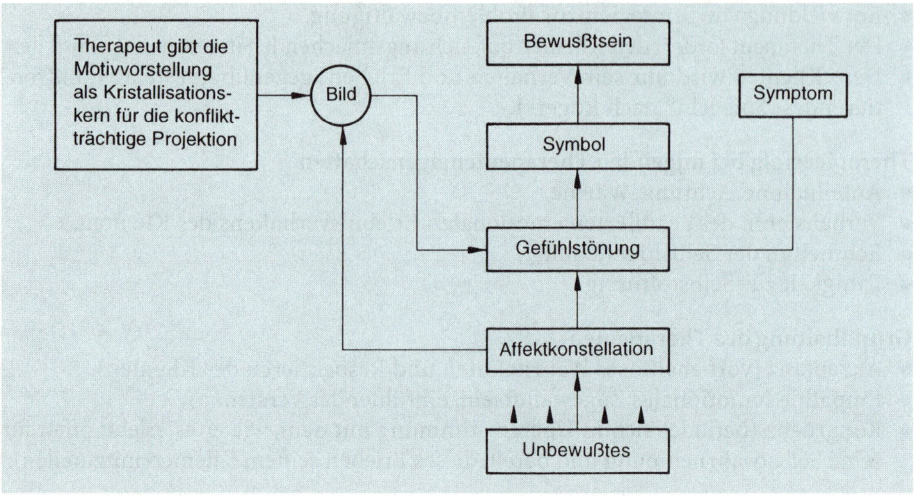

Abb. 37. Katathymes Bilderleben, Handlungs- und Erlebnisablauf. (Nach Leuner 1980)

- die angesichts der Bilder aufkommende Gefühlstönung, die als Indiz für den Zusammenhang zwischen Symptom und Symbol gelten kann.

Literatur

Krapf G (1977) Das katathyme Bild-Erleben. Fortschr Med 95:2603–2612
Leuner H (Hrsg) (1980) Katathymes Bilderleben. Huber, Bern

Psychodrama

DEFINITION

Es handelt sich um eine erlebnisorientierte, auf Moreno zurückgehende Psychotherapieform, die aus den spontanen Rollen- und Stegreifspielen von Kindern abgeleitet ist.

Verlauf in 3 Phasen

- Erwärmungsphase, Erinnern und Sammeln von Erlebnis- und Konfliktmaterial,
- Spielphase: mit psychokathartischer Zielsetzung; durch Wiederholen im Rollenspiel wird emotionale Erfahrung gewonnen,
- Integrationsphase: mit analytisch-kommunikativer Zielsetzung und Vermittlung rationaler Einsichten.

Literatur

Leutz GA (1986) Psychodrama. Springer, Berlin Heidelberg New York Tokyo
Yablonski L (1978) Psychodrama. Die Lösung emotionaler Probleme durch das Rollenspiel. Klett, Stuttgart

Gestalttherapie

DEFINITION

„Gestalt" bezeichnet ein sinnvolles Ganzes und ist mehr als die Summe seiner Teile.

Psychotherapeutische Methoden nach Fritz Perls auf der Grundlage der humanistischen Psychologie, der Gestaltpsychologie, der Psychoanalyse, des Existentialismus.

Grundannahmen
- Es gibt für das Individuum keine verbindliche Norm, jedoch eine inhärente Kraft zu wachsen und eigene Bedürfnisse zu befriedigen („organismische Selbstregulation").
- Der Mensch ist zu seiner sozialen und ökologischen Umwelt interdepentent, weder abhängig noch unabhängig.
- Der Mensch ist (in unterschiedlicher Ausprägung) zu Selbstverantwortung fähig („response-ability").
- Selbstannahme ist die Grundlage für Veränderung („Akzeptiere dich, wie du bist, und du wirst dich ändern").

Hauptanliegen
- Integration der Anteile des Selbst, die im Widerstreit liegen, neurotisch blockiert sind oder die Persönlichkeit zu spalten drohen,
- Fragmentierung und konflikthafte Blockierungen sollen überwunden werden.

Hauptmerkmale des therapeutischen Prozesses
- Gewahrsam („awareness"):
  - Förderung des Gewahrseins der inneren und äußeren Realität,
  - Kontakt mit eigenen Bedürfnissen und Empfindungen schafft Erleichterung und ermöglicht eine positive Beziehung zum Gegenüber,
  - keine Interpretationen (aus Respekt);
- Erlebnisnähe:
  - Betonung des Hier und Jetzt,
  - gegenwärtiges Durchleben von Erinnerungen, Zukunftserwartungen, Träumen, Phantasien; Identifizierungen,
  - Untersuchen des aktuellen Erlebens, Blockierens, Loslassens;
- Kontaktprozeß:
  - Aufmerksamkeit auf befriedigende und nicht befriedigende Kontakt- und Vermessungsmuster,
  - Wiederherstellung von Kontaktfähigkeit;
- Selbstunterstützung („self-support"):
  - Patient wird angehalten, für affektive Beeinträchtigungen, die er der Umwelt anlastet, selber die Verantwortung zu übernehmen und sich gegen die Einschränkungen zu entscheiden, die er sich selbst auferlegt,
  - Individuum aus seinen bequemen Haltungen der vermeintlichen Abhängigkeit lösen (Symptome sind bequem, weil sie entlasten = „Nachsozialisation");

- Begegnungscharakter der therapeutischen Beziehung:
  - authentische Präsenz des Therapeuten – anstelle von Distanz, gemeinsames Untersuchen der Übertragung im persönlichen Kontaktprozeß – anstelle von Vertiefung und Durcharbeiten der Übertragung.

Vorgehensweisen

- Konfrontieren im Sinne von Wahrnehmenlassen innerer und äußerer Realitäten („was siehst du?" – statt zu phantasieren),
- Den Klienten anhalten, sich angenehme und unangenehme Regungen zuzugestehen und sie zu durchleben,
- Entdecken lassen, wo und wie der Klient Kontakt und Gefühle vermeidet,
- Keine „Warum?" – sondern „Wie?" – und „Was?"-Fragen, um nicht nur den Kopf, sondern vor allem die Sinne anzusprechen,
- Angemessenes Frustrieren, d.h. im Maße der gegebenen Ich-Stärke des Klienten, etwa durch freundliche, aber eindeutige Verweigerung von gewünschten Fremdunterstützungen, führt dazu, daß der Klient auch in für ihn schmerzlichen Abgrenzungen die Beständigkeit einer guten Beziehung erfahren und so in seinem Selbstgefühl wachsen kann,
- Erkennen des Gesunden gerade auch im scheinbar „Pathologischen".

Anwendung/Indikation

- vielseitig als einzel-, gruppen-, paar-, familientherapeutische Maßnahme,
- bei Erwachsenen, Kindern, Jugendlichen, auch älteren Patienten,
- verschiedene neurotische und psychosomatische Störungen als
  - Heilungsaspekt, aber auch als
- Erhaltungsaspekt (gesund zu erhalten) und als
- Wachstumsaspekt (fördern vorhandener Potentiale).

Literatur

Bünte-Ludwig C (1984) Gestalttherapie – Integrative Therapie. In: Petzold H (Hrsg) Wege zum Menschen, Bd II. Jungfermann, Paderborn

Fagan J, Shepherd IL (Hrsg) (1970) Gestalt therapy now: Theory, techniques, application. Science & Behavior, New York

Latka HF (1994) Mündliche Hinweise

Perls FS (1973) Grundlagen der Gestalttherapie. Pfeiffer, München

Polster E, Polster M (1973) Gestalttherapie. Kindler, München

Revenstorf D (1983) Gestalttherapie. In: Kraiker C, Peter B (Hrsg) Psychotherapieführer. Beck, München

Yontef G (1983) Gestalttherapie als dialogische Methode. Integrative Ther 2/3

Bioenergetik

DEFINITION

Körperarbeit nach Alexander Lowen auf der Basis der Psychologie Wilhelm Reichs.

Konzept: Seelische Energie bewegt sich in körperlichen Strömungen. Die Blockade löst seelische Störungen aus. Erlebnistechniken und Massage sollen den Energiefluß befreien und ihn dem Patienten erfahrbar machen.

- „Bioenergie" entspricht „Orgon" bei Reich (Ausg. 1970),
- Mensch wird als energetisches System begriffen,
- durch aufgeladene, nicht abgeführte Energie kommt es zu Muskelverspannungen und zum
- „Charakterpanzer", zur
- Unterdrückung der Sexualinstinkte zugunsten des Machtstrebens,
- Energiefluß und -blockierung bestimmt die Art und Weise, wie ein Mensch denkt, spricht, geht, fühlt, zu seinem Körper steht, Kontakte herstellt, Symptome entwickelt,
- die körperorientierte Psychotherapie soll zu einer grundsätzlichen, strukturellen Veränderung des Klienten führen,
- keine Symptombehandlung.

Literatur

Lowen A (1979) Bio-Energetik. Therapie der Seele durch Arbeit mit dem Körper. Rowohlt, Reinbek
Reich W (1970) Charakteranalyse. Fischer, Frankfurt

Biofeedback (Abb. 38)

DEFINITION

Rückmeldung über den Ablauf von Körperfunktionen (Hirnströme, Herzschlag usw.) mit technischen Mitteln. Der Patient trainiert die Selbstbeeinflussung.

Besonderheiten

- Aktive Kontrolle sichtbar gemachter unbewußt ablaufender vegetativer Funktionen,
- Unterbrechung der psychophysiologischen Regelkreise mit Herabsetzung des allgemeinen Erregungsniveaus,
- Kontrolle mit Hilfe eines elektronischen Gerätes,
- optische und akustische Rückmeldung von Muskelaktivität, Atmung, Gefäßdurchblutung, Hautwiderstand, Herzfrequenz, Hirnwellen,
- Wirkungsprinzip der Desensibilisierung als Konditionierung auf Entspannung (operante Konditionierung: Lernen am Erfolg),
- Ablauf in 2 Phasen:
  - Erarbeiten und Definieren des Lernkriteriums,
  - Konditionierungsphase mit Einsatz der Reduzierung von z. B. Muskelspannungen;
- besonderer Stellenwert bei
  - der Schmerztherapie,
  - als Atemfeedback,
  - Entspannung allgemein,
  - natürlichem Feedback ohne Geräte (autogenes Training).

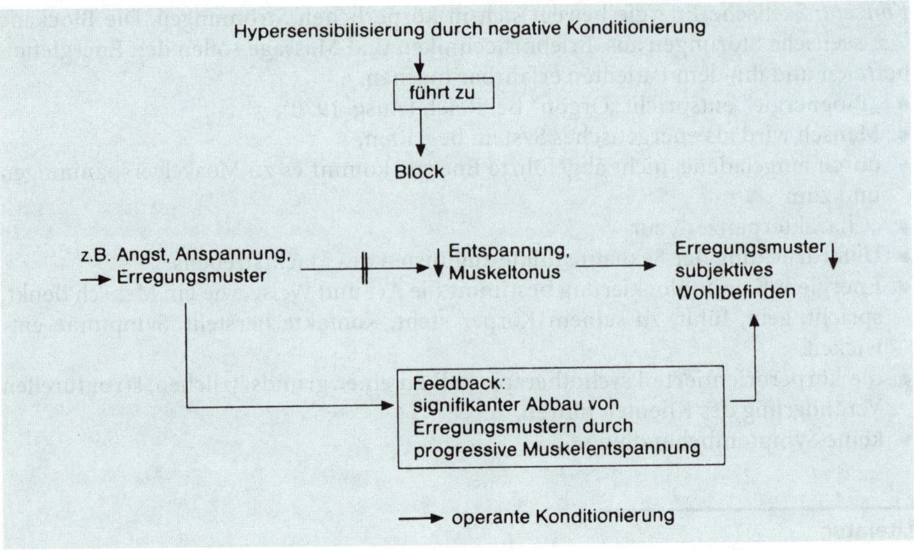

Abb. 38. Wirkungsprinzip. (Nach Miltner et al. 1986)

Anwendungsgebiete

- Spannungskopfschmerz, Migräne,
- HWS-Syndrom,
- spastischer Schiefhals,
- Stottern, Tremor, Tics,
- Bluthochdruck,
- Herzangst,
- Magengeschwüre,
- chronische Obstipation,
- Impotenz, Vaginismus,
- Schlafstörung,
- epileptische Anfälle.

Literatur

Budzynski TH, Stoya JM, Adler CS, Mullaney D (1973) EMG biofeedback and tension headache: a controlled outcome study. Psychosom Med 35:484–496

Miltner W, Birbaumer N, Gerber WD (1986) Verhaltensmedizin. Springer, Berlin Heidelberg New York Tokyo

Schenk C (1985) Biofeedback – eine neue Heilmethode bei psychosomatischen Erkrankungen. Med Prax 80:16–24

Themenzentrierte Interaktion (Abb. 39)

- „Living learning",
- persönliche Beteiligung,
- Gefühle wahrnehmen.

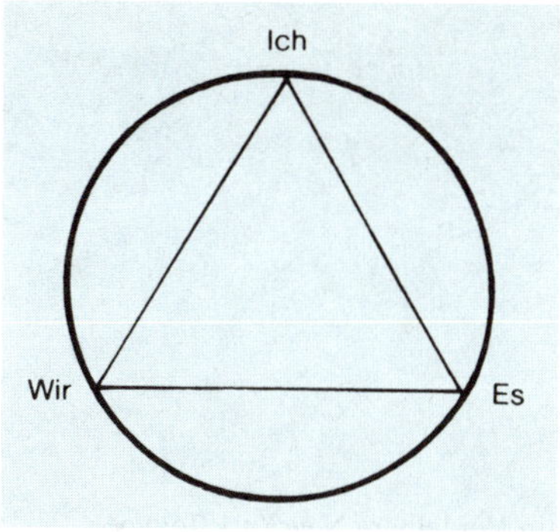

Abb. 39. Schema. (Nach Cohn 1979)

1. Sei dein eigener Chairmann.
2. Störungen haben Vorrang.
3. Achte auf Körpersignale.
4. Sage „ich“ statt „man“ und „wir“.
5. Aussagen sind besser als Fragen.
6. Wem möchtest Du etwas geben, von wem möchtest Du etwas bekommen?
7. Versuche einmal eine andere Rolle.

Literatur

Cohn R (1979) Themenzentrierte Interaktion. Kindler, Zürich

Familientherapie

DEFINITION

Gegenstand der Behandlung ist das Miteinanderumgehen zwischen Individuen in einer natürlichen Gruppe:
- Krankheit als Ausdruck einer Kommunikationsstörung,
- *aber auch:* jede Krankheit belastet das Familiensystem.

Aufgaben
- Erstellung einer Diagnose (betrifft das Problem ein Mitglied oder die ganze Familie?),
- Veränderung der krankmachenden Beziehungen.

Therapiekonzept
Fünf Perspektiven:
- bezogene Individuation (Bindung und Ausstoßung),
- Delegation (Aufladen von Problemen),
- Vermächtnis,
- Verdienst,
- Gegenseitigkeit („maligner Clinch“).

Indikationen
1. Psychosomatik:
   - Anorexia nervosa,
   - Colitis ulcerosa, M. Crohn,
   - Asthma bronchiale,
   - Herzphobie,

- Herzinfarkt,
- Diabetes mellitus,
- je nach Familiensituation;

2. Psychiatrie:
   - Schizophrenie,
   - Drogenabhängigkeit;
3. Adoleszentenkrisen.

Literatur

Cierpka M (Hrsg) (1987) Familiendiagnostik. Springer, Berlin Heidelberg New York Tokyo
Minuchin S (1977) Familie und Familientherapie. Lambertus, Freiburg
Wirsching M, Stierlin H (1982) Krankheit und Familie. Klett, Stuttgart

Autogenes Training

DEFINITION

Autogenes Training ist stumm, bedient sich aber der gedanklichen Vorstellung. Jedes Wort hat eine Wirkung. Jede gedankliche Vorstellung ist ein Wort für sich selbst. *Folge:* Ein an sich selbst gerichteter Gedanke muß eine Wirkung haben (z. B. Pendelversuch).

Ziel des AT

- Entspannung, tiefgehende Beruhigung,
- durch vermehrte Selbstkontrolle besseres Umgehen mit den eigenen Möglichkeiten,
- Resonanzdämpfung der Affekte,
- Schmerzbekämpfung,
- vertiefte Innenschau mit Selbsterkenntnis (Ansatz zu Problembewältigungen),
- neue Wege der Selbstbesinnung und Selbstentfaltung,
- Leistungssteigerung,
- Verbesserung des Körpergefühls.

Wirkungsweise

- Probleme werden aus anderer Perspektive angeschaut,
- durch innere Ruhestörung Abbau von Spannung und Enge,
- Circulus vitiosus von Unruhe-Spannung-Enge-Angst wird unterbrochen.

Voraussetzungen

- Grundmaß an Intelligenz,
- bei Kindern ab 8.–10. Lebensjahr,
- Bereitwilligkeit,
- Stetigkeit,
- Sympathie (zwischen Arzt und Patient),
- Motivation,
- gewisser Leidensdruck.

Gesundes wird gestärkt, Ungesundes gemindert oder abgebaut.

Literatur

Dürr V (1997) Autogenes Training. Kreuz, Stuttgart
Eberlein G (1985) Autogenes Training für Kinder. Springer, Berlin Heidelberg New York Tokyo
Eberlein G (1987) Autogenes Training. Lernen und Lehren. Springer, Berlin Heidelberg New York Tokyo
Krapf G (1973) Autogenes Training aus der Praxis. König, München
Schultz JH (1950) Das autogene Training. Thieme, Stuttgart

Hypnose

DEFINITION

Veränderung des Bewußtseins mit Herabsetzung der Aufmerksamkeit und des Realitätsbezuges sowie gesteigerter Suggestibilität, hervorgerufen durch äußere Reize, z.B. durch Suggestion. Die sogenannte oberflächliche Hypnose ist dem Wachzustand, die sogenannte tiefere einem tiefen, schlafähnlichen Zustand ähnlich, bei dem oft eine posthypnotische Amnesie besteht, die psychotherapeutisch genutzt werden kann.

Geschichte

- der Hypnose mit einem
  - „autoritären" Ansatz. (Mesmer, Charcot, Freud): der Fokus liegt bei dem Hypnotiseur, seinem starken Willen, seinem „magischen Auge";
  - „standardisierter" Ansatz (Hilgard, Hull): aus der Experimentalpsychologie entwickelt; Hauptaugenmerk auf Hypnotisierten gerichtet; suggestive Modifizierbarkeit des Verhaltens im Vordergrund;
  - „Kooperationsansatz" (Milton H. Erickson, David Check, Virginia Satir): Zusammenspiel moderner Psychotherapieansätze unter Berücksichtigung von Rückkoppelungsprozessen; Wechselwirkung von Therapeut und Patient im Mittelpunkt; „Trance als Phase der Neuorientierung und des Lernens"; Suggestionen werden möglichst vermieden; Erweiterung der klassischen Hypnose = Hypnotherapie.

Vier Worte beschreiben die Hypnose (M. Erickson): Excitement - Experiment - Experience - Enjoyment.

Besonderheiten

- Hypnose ist
  - ein veränderter Bewußtseinszustand mit deutlichen Alpha-Phasen in der rechten Hemisphäre,
  - entspannend, entängstigend,
  - aktiver, wacher, geistig aufmerksamer Zustand,
  - schöpferischer Zustand mit der Möglichkeit der Neuorientierung,
  - keine Therapie, kann dafür jedoch positiv genutzt werden,
  - erhöht die Suggestibilität bei Erhaltenbleiben kritischen Denkvermögens.

Therapeutisch nutzbare Phänomene

- gleichzeitiges Erleben zweier unterschiedlicher Zustände („Dissoziation"),
- veränderte Zeitwahrnehmung,

- Amnesie oder Hyperamnesie,
- Zeitregression/-progression,
- Anästhesie/Analgesie,
- Halluzinationen,
- Katalepsie, ideomotorisches Signalisieren,
- Veränderung der Körperwahrnehmung/des Körperschemas,
- Dissoziation des Körperbereiches,
- Hypermnesie, verbessertes Erinnerungsvermögen,
- „Trancelogik“ = Bereitschaft für flexiblere Denkvorgänge

Mögliche Veränderungen

- Somatisch:
  - Entspannte Gesichtszüge, Blässe im Gesicht, Darmgeräusche (hervorzurufen),
  - vertiefte, ruhige Atmung; Veränderung der Pulsfrequenz,
  - verlangsamte Bewegungen (evtl. Katalepsie),
  - Reflextätigkeit verzögert,
  - verringerter Hautwiderstand,
  - verlangsamter Metabolismus,
  - verzögerte allergische Reaktionen,
  - vegetative Beeinflußbarkeit (Durchblutung, Blutdruck, Magensäureproduktion etc.),
  - Senkung der Katecholamine und Glukokortikoide im Blut,
  - Zunahme der Lymphozytenzahl 20 Minuten nach der Hypnose
- Psychisch, mental:
  - Verlangsamte Reaktionsbereitschaft;
  - langsames, leises Sprechen, evtl. kindlicher Tonfall (Regression),
  - zeitliche Verzögerung im begrifflichen Denken,
  - „wörtlich nehmen“, Nichtverstehen von Verneinungen,
  - Suggestibilität (im Rahmen der ethischen und moralischen Werte),
  - Akzeptanz von gedanklichen Widersprüchen;
  - Flexibilität im Auffinden ganz neuer Gedankengänge,
  - Erweiterung innerer Bezugsrahmen,
  - Erinnerung vergessener Situationen aus der frühen Kindheit,
  - klare innere Aufmerksamkeit, Konzentration auf ein Thema,
  - gute Visualisierungsfähigkeit,
  - Fähigkeit, auf „innerer Bühne“ zu experimentieren,
  - erweiterte Vorstellungskraft insgesamt,
  - nach der Hypnose Zeit der körperlichen und geistigen Reorientierung

Indikationen

- Experimentelle Forschungen (Experimente sind wiederholbar).
- klinisch:
  - symptomgerichtet (z.B. vegetative Erscheinungen, Kopfschmerzen, Obstipation, Juckreiz),
  - Schmerztherapie,
  - Heilschlafbehandlung,
  - als Hypnokatharsis = Bewußtmachen verdrängter Erlebnisse.

Literatur

Erickson MH, Zeig JK (Hrsg) (1992) Meine Stimme begleitet sie überall hin. Ein Lehrseminar mit Milton H. Erickson. Klett-Cotta, Stuttgart

Kaiser Rekkas A (1998) Klinische Hypnose und Hypnotherapie, Carl-Auer-Systeme Verlag, Heidelberg

Konzentrative Bewegungstherapie

DEFINITION

Körperorientierte psychotherapeutische Methode, bei der Wahrnehmung und Bewegung als Grundlage des Denkens, Fühlens und Handelns genutzt werden.

Besonderheiten

- Proband konzentriert sich auf den eigenen Körper,
- es geht um die Erfahrung äußerer Objekte im aktiven Erspüren, Ertasten, Bewegen,
- meist als Gruppenübung,
- steigert das Selbstwertgefühl,
- konzentrative Beschäftigung mit frühen Erfahrungsebenen (einfühlend und handelnd),
- Belebung von Erinnerungen, die sich im körperlichen Ausdruck als Haltung, Bewegung, Verhalten zeigen,
- Förderung der Wahrnehmungsfähigkeit der Sinne,
- differenzierte Beschäftigung mit dem eigenen Körper.

Indikationsgebiete

- bei psychosomatischen Beschwerden zusätzlich zu verbalen Verfahren,
- bei „alexithymen" Patienten, die schwer Zugang zu ihren Gefühlen finden,
- bei Patienten mit gestörtem Körperschema,
- Motivationsstärkung für psychotherapeutisch-aufdeckende Verfahren.

Ziele

- Förderung des Selbstverständnisses und des Selbstbewußtseins,
- Vermittlung von Sinnhaftigkeit,
- Berücksichtigung psychodynamischer Faktoren,
- Anregung von Lernprozessen im sozialen Feld,
- körperliche Entspannung.

Literatur

Gräff C (1983) Konzentrative Bewegungstherapie in der Praxis. Hippokrates, Stuttgart

Stolze H (1984) Die konzentrative Bewegungstherapie. Grundlagen und Erfahrungen. Mensch & Leben, Berlin

8 Stationäre Psychotherapie

(Abb. 40–42)

Beurteilung der Indikation für Psychotherapie

1. Psychisch-unbewußter Bereich:
   - Motivation,
   - Introspektionsfähigkeit,
   - Flexibilität
   - Verwöhnungshaltungen,
   - sekundärer Krankheitsgewinn,
   - Regressionstendenz.
2. Realitätsbereich:
   - Familie,
   - partnerschaftliche Situation,
   - berufliche Lage,
   - Alter.

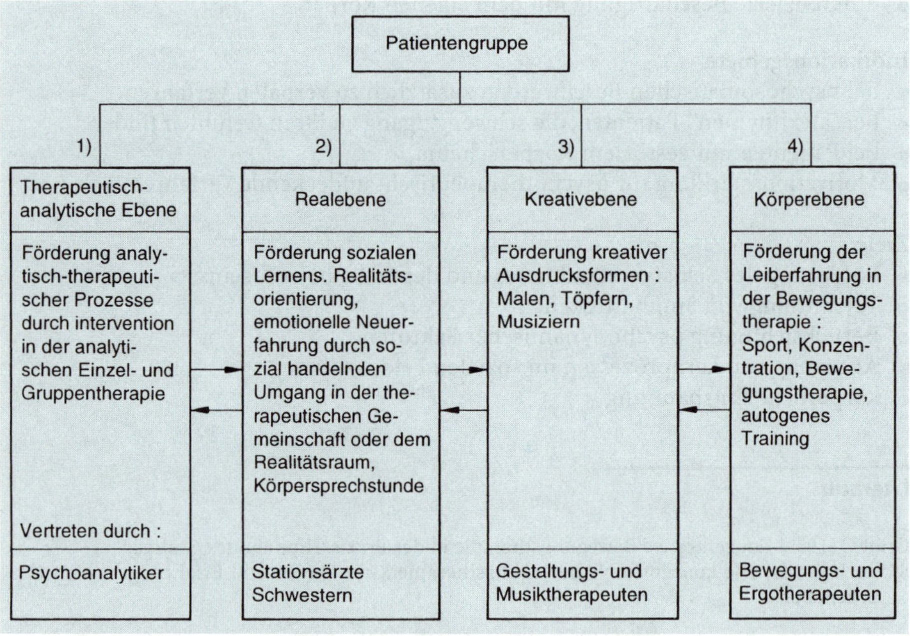

Abb. 40. Modell stationär analytisch-psychotherapeutischer Organisationsform. (Nach Janssen 1987)

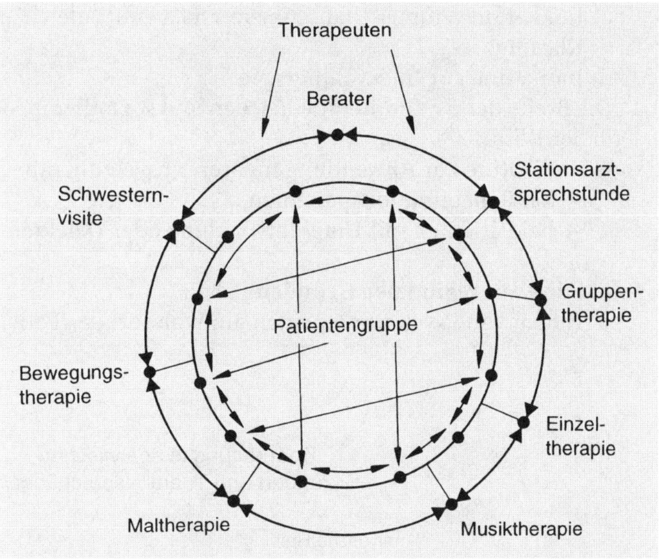

Abb. 41. Integratives Modell stationärer Psychotherapie. (Nach Janssen 1987)

Ständige ärztliche Überwachung in der Klinik

1. Indikationen aus internistischen Gründen
   - Magersucht, beeinträchtigende psychosomatische Symptome wie Asthma bronchiale, Ulcus ventriculi, sonstige Organfunktionseinschränkungen; Indikation aus psychiatrischen Gründen: Borderlinepatienten, Suizidgefahr, Süchte.
2. Das Schonklima der Klinik
   a) Schutz für den Patienten: Krisenschutz während laufender ambulanter Analyse
      - bei schizoiden Patienten: präpsychotische Grenzfälle,
      - bei depressiven Patienten: Suizidgefahr, häufiges Nichterscheinen des Patienten in der Analyse, Entziehungskur,
      - bei zwangsneurotischen Patienten: lebensbedrohende Symptome, präpsychotische Zustände,
      - bei hysterischen Patienten: Agieren.

   b) Schutz für die Beziehungspersonen bei Charakterneurosen, Unruhe- und Verwirrtheitszuständen, Willkürdurchbrüchen, Agieren, psychotischen Erscheinungen.
   c) Symptombedingte Unmöglichkeit der ambulanten Therapie bei Agoraphobie, sonstigen Phobien, gewissen Zwangssymptomen, Angstneurosen, Gangstörungen, sozial untragbaren Tics.
   d) Schutz vor dem negativen Einfluß der Umgebung bei Ehekrisen, Fixierung an das häusliche Milieu.
3. Die größere Effektivität zeitlich limitierter Therapie in der Klinik
   a) Indikation zur Kurztherapie (Gruppentherapie, Einzeltherapie, analytisch orientiertes Gespräch),
   b) zur Vorbehandlung und als Vorbereitung einer Langzeitpsychotherapie,

c) Indikation zum Behandlungsversuch mit gleichzeitiger prognostischer Klärung,
d) Indikation zur Intervalltherapie.

4. Die Breite der psychotherapeutischen und soziotherapeutischen Möglichkeiten in der Klinik
   - Indikation zur Anwendung mehrerer psychotherapeutischer Methoden
     - bei Rehabilitationspatienten,
     - bei Patienten mit Unterentwicklung oder Defekten ihrer Ich-Funktionen.

Indikation aus regionalen Gründen
- Fehlen von Psychotherapeuten am Wohnort des Patienten.

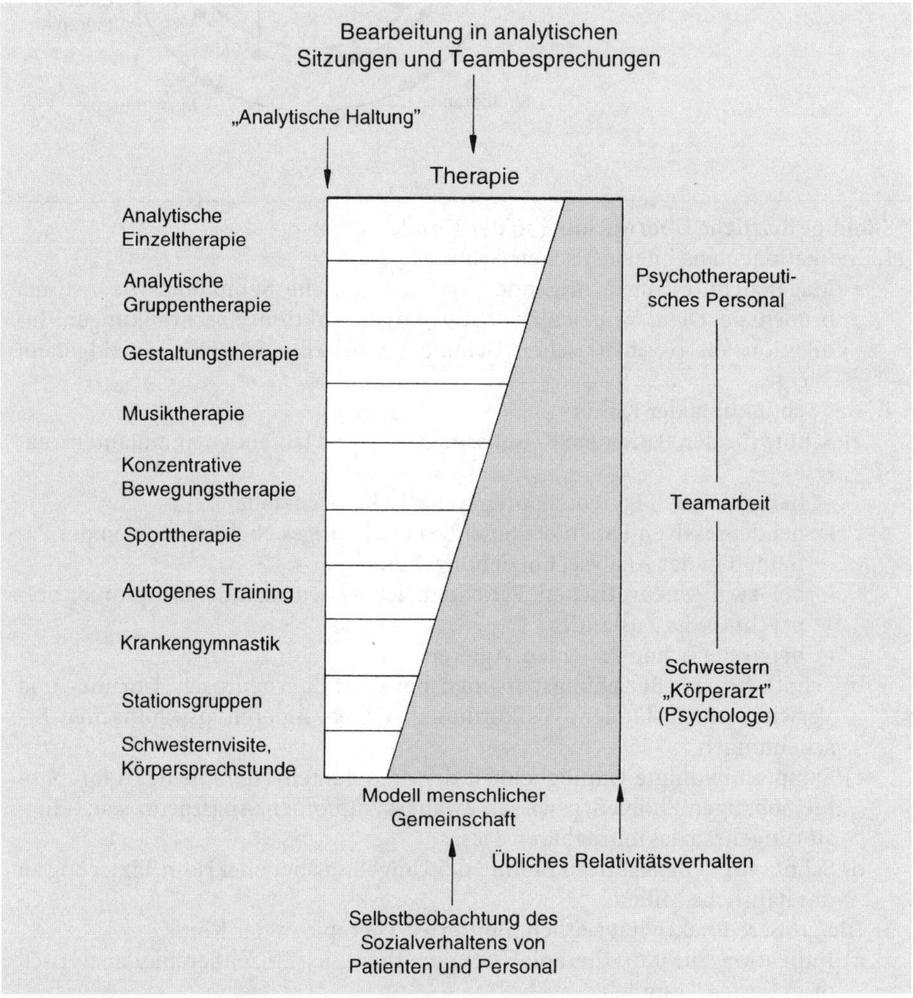

Abb. 42. Stellenwert der eingesetzten Therapieformen. (Nach Hau 1968)

Kontraindikationen für stationäre Psychotherapie
- Akute, ernsthafte Suizidimpulse,
- sexuelle Perversionen als Hauptsymptom,
- neurotische Erkrankungen, bei denen eingefahrene Ersatzbefriedigungshaltungen im Vordergrund stehen (Sucht),
- Verwahrlosungshaltungen („Psychopathien"),
- hirnorganische Persönlichkeitsveränderungen,
- endogene und exogene Psychosen,
- epileptische Wesensveränderungen.

Grundannahmen
- Der Umgang mit den stationären Rahmenbedingungen ist Aufgabe in jeder therapeutischen Beziehung.
- Die multipersonalen Beziehungen sind ein multipersonales Übertragungsangebot.
- Der therapeutische Prozeß ist ein wechselseitiger Grundprozeß zwischen Patientengruppe und Therapeutengruppe.

Drei Formen von Gruppentherapie im Rahmen stationärer Behandlung
- In der analytisch-therapeutischen Gruppe stehen die interaktionell sich anbietenden Konflikte im Vordergrund des Geschehens mit der Möglichkeit frühkindliche, familiäre Muster, die sich szenisch gestalten, aufzudecken, in Verbindung mit auftretenden Widerständen und den damit häufig verbundenen Somatisierungen erkennbar zu machen und durchzuarbeiten.
- In der Stationsgruppe treten die realen Gegebenheiten im Beziehungskontext in den Mittelpunkt und ermöglichen dem Patienten stärker eine Korrektur seiner Wahrnehmungsmöglichkeiten und tragen zur Veränderung seines sozialen Verhaltens bei.
- In den sich ständig bietenden Gruppensituationen, etwa beim Essen, im Krankenzimmer, bei Sport und Spiel, bei Ausflügen, auf der Parkbank, ergibt sich die Möglichkeit eines gegenseitigen Austausches – gleichsam ohne therapeutische Aufsicht. Die Auseinandersetzung mit dem anderen fördert (auch) das Einüben erkannter und erwünschter Verhaltensänderungen.

Stationäre Behandlung akuter Krisen

Eine psychische Krise ist
- ein akut einsetzendes und reversibles Versagen von Ich-Funktionen (Orientierung, Konzentrationsfähigkeit, Antrieb usw.),
- Patienten können sich nicht selber in ihrem sozialen Netz versorgen;
- psychodynamische Erklärung: Zusammenbruch der bisher eingesetzten Bewältigungs- und Abwehrmechanismen. Als Chance bietet sich:
  - neue Bewältigungsstrategien schaffen,
  - auf bisher nicht bekannte Ressourcen zurückgreifen,
  - neue Perspektiven entwickeln.

Indikationen:
- Patienten mit massiver äußerer Traumatisierung bei weitgehend normaler Persönlichkeitsstruktur (z.B. nach Vergewaltigung),

- bei neurotischer Fehlentwicklung und krisenhafter Zuspitzung z.B. einer Angstneurose,
- Krise im Rahmen einer Persönlichkeitsstörung (z.B. Borderline).

Kontraindikationen:

- bei endogenen oder exogenen psychotischen Reaktionen mit krisenhafter Zuspitzung,
- bei primär organischen Schädigungen (z.B. Verwirrtheitszustände bei Arteriosklerose),
- akute Suizidalität, wenn keine geschlossene Station vorhanden,
- bei Abhängigkeiten (Alkohol, Drogen) nur, wenn Fachabteilungen vorhanden sind.

Therapie/Krisenintervention:

- Entlastung der Patienten durch Übernahme ausgefallener Ich-Funktionen (Schutz, Versorgung, Hilfe bei Bewältigung sozialer Probleme),
- Belastung durch Konfrontation mit der der inneren und äußeren Realität des Patienten,
  - Suche nach dem Krisenauslöser,
  - nach den zugrunde liegenden Konflikten und Defiziten mit entsprechenden Interpretationen.
- Therapieformen
  - Einzel- und Gruppengespräche mit Therapeuten wie dem Pflegepersonal,
  - Gestaltungstherapie,
  - Milieutherapie.

Literatur

Arfsten AF, Auchter T, Hoffmann SO, Kind H, Stemmer T (1975) Zur stationären Behandlung psychotherapeutischer Problempatienten oder: Noch ein Modell stationärer Psychotherapie. Gruppenpsychother Gruppendyn 9:212–220

Hau TF (1968) Stationäre Psychotherapie: ihre Indikation und ihre Anforderungen an die psychoanalytische Technik. Z psychosom Med 14:116–120

Heigl F (1987) Indikation und Prognose in Psychoanalyse und Psychotherapie, 2. Aufl. Vandenhoeck & Ruprecht, Göttingen

Janssen PL (1987) Psychoanalytische Therapie in der Klinik. Klett, Stuttgart

Klußmann R (1998) Psychosomatische Medizin. 4. Aufl. Springer, Berlin Heidelberg New York Tokyo

Psychotherapieverfahren im Leistungskatalog der Krankenkassen

Folgende Verfahren stehen im Leistungskatalog der Krankenkassen (Stand Anfang 1999):

- Psychosomatische Grundversorgung,
- Psychosomatische Differentialdiagnose,
- Tiefenpsychologisch fundierte Psychotherapie (Einzel- und Gruppentherapie),
- Analytische Psychotherapie (Einzel- und Gruppentherapie),
- Verhaltenstherapie (Einzel- und Gruppentherapie),
- Körper-Entspannungsverfahren (einzeln und in Gruppen),
- Hypnose,
- Stationäre Psychotherapie.

9 Balint-Arbeit

DEFINITION

Gruppenarbeit von Ärzten zur Erweiterung der Umgangsmöglichkeiten mit dem Patienten hinsichtlich des affektiven Interaktionsaspektes der Arzt-Patienten-Beziehung.

Ablauf auf 4 Ebenen

1. Sachebene:
   - fachliche Kompetenz des Arztes,
   - Realität des sozialen Gesundheitswesens;
2. Informationsebene:
   - Mitteilungen des Patienten an den Arzt,
   - Mitteilungen des Arztes an den Patienten;
3. Handlungsebene: umfaßt diagnostische und therapeutische Maßnahmen,
4. Beziehungsebene: betrifft Hoffnungen, Wünsche, Ängste, Rollenerwartungen des Patienten wie des Arztes.

Balint-Gruppen sind
- patientenzentrierte Selbsterfahrungsgruppen,
- Seminare.

Lernziel: Verbesserung der Arzt-Patienten-Beziehung

- Einstellung zu Kranken, Krankheit und Arzt:
  - Krankheit ist (auch) Zeichen von pathologischen Objektbeziehungen.
  - Symptome sind (auch) sinnvolle, jedoch teilweise mißglückte Angebote zur Beziehungsaufnahme.
  - Der Arzt ist das wichtigste diagnostische und therapeutische Mittel.
  - Die Arzt-Patienten-Beziehung ist wichtig für den Krankheitsverlauf.
- Wahrnehmungseinstellung des Arztes:
  - Teilnehmende, verstehende Wahrnehmung,
  - Erkennen latenter Angebote in manifesten Verhaltensweisen des Kranken,
  - Widerstandsreaktionen als sinnvoll annehmen;
- Wahrnehmungsverarbeitung des Arztes:
  - Selbstwahrnehmung der eigenen Reaktionen, Gefühle,
  - Reflexion der Selbstwahrnehmungen,
  - Erkennen von (Gegen-)Übertragungsgefühlen,
  - Vermeidung unbedachter Reaktionen, Wertungen,
  - Gesamtdiagnoseerstellung;

- Aktionale Konsequenzen:
  - Initiierung positiver Entwicklungsmöglichkeiten,
  - Übernahme von mehr Verantwortung durch den Patienten,
  - Verbreiterung der Skala reflektierter ärztlicher Verhaltensweisen.

Forderungen an einen Balint-Gruppen-Leiter

- Er muß über ausreichende psychoanalytische Kompetenz verfügen.
- Er muß lange genug als Gruppenmitglied und als Koleiter an einer anerkannten Balint-Gruppe teilgenommen haben.
- Er muß ausreichende Erfahrung in Gruppendynamik und Gruppenpsychoanalyse haben.
- Er muß die Bereitschaft aufbringen, Partner und nicht „Lehrer" seiner Gruppe zu sein, in dem Bewußtsein, daß der Lernprozeß auf Gegenseitigkeit beruht.

Literatur

Balint M (1996) Der Arzt, sein Patient und die Krankheit, 9. Aufl., Klett-Cotta, Stuttgart
Balint M, Balint E (1963) Psychotherapeutische Techniken in der Medizin. Huber, Bern
Luban-Plozza B (Hrsg) (1974) Praxis der Balint-Gruppen. Lehmann, München
Rosin U (1981) Thesen zur Balint-Arbeit. Unveröffentl Manuskript. Tagung des DAGG, Berlin
Wesiack W (1981) Thesen zur Balint-Arbeit. Unveröffentl Manuskript. Tagung des DAGG, Berlin

10 Psychopharmaka und Psychotherapie

Sozialmedizinisch

- USA: 15 % der Amerikaner nehmen Tranquilizer oder Tagessedativa, 5 % Stimulanzien,
- BRD: 8 % der Männer, 19 % der Frauen.
  Ausgaben 1981 für Tranquilizer: 1 Mrd. DM, für Psychotherapie: 70 Mio. DM,
- *Compliance:* Übereinstimmung (von Arzt und Patient),
- *Noncompliance:* mindestens 33 % aller Patienten nehmen die vom Arzt verordneten Medikamente nicht ein.

Verordnung von Medikamenten

- Verschreiben ohne ärztliche Zuwendung ist verantwortungslos.
- Fragen: Welche Erscheinungen sollen beeinflußt werden? Warum gerade in diesem Augenblick?
- Verordnung ist Teil der Arzt-Patienten-Beziehung. Unbewußte Momente fließen ein. Arzt als Droge.
- Beachtung der gegenseitigen Verschränkungen hinsichtlich der Erwartungen [mit (Gegen-)Übertragungen].

Medikamente in der Psychotherapie

- bei Einsatz bei Psychoanalysen (sehr begrenzt),
- bei Zwangsneurosen, Psychosen, schweren psychosomatischen Krankheiten in der Anfangsphase,
- bei Gefährdung des therapeutischen Prozesses durch Angsteinbrüche,
- Ich-stabilisierender Effekt durch Anxiolytika (leichterer Einstieg in konfliktaufdeckendes Vorgehen möglich),
- bei schweren narzißtischen Neurosen und Depressionen zur Herstellung eines Arbeitsbündnisses.

„Arzt als Droge“

- Aufnahme „eines Stücks Arzt“ als infantile Befriedigung,
- Patient wehrt sich, fühlt sich abgeschoben,
- Absetzen des Medikaments als Liebesentzug,
- paradoxe Wirkungen durch „Arzt als Droge“ erklärbar.

Literatur

Klußmann R (1998) Psychosomatische Medizin. 4. Aufl. Springer, Berlin Heidelberg New York Tokio

11 Psychosomatische Grundversorgung

Die psychosomatische Grundversorgung wurde 1987 in die Psychotherapie-Richtlinien als allgemeine ärztliche psychotherapeutische Maßnahme als Ergänzung zur Fachpsychotherapie aufgenommen. Sie unterscheidet sich qualitativ von der ärztlichen Beratung und stellt höhere Anforderungen an den Arzt, die er sich in Sonderkursen erwerben muß.

Hintergründe

- 30–50 % aller Patienten leiden an psychischen und psychosomatischen Krankheiten, die nicht hinreichend diagnostiziert und therapiert werden;
- dadurch kommt es zu Unzufriedenheit bei den Patienten wie bei dem Arzt;
- „Patientenkarrieren“ können dadurch ausgelöst werden und zu einem „Doktorhopping“ führen,

wodurch

- die Behandlungsergebnisse unzureichend sind und
- die Kosten im Gesundheitswesen erheblich steigen.

Die Definition der psychosomatischen Grundversorgung ist bezogen auf:

- die Diagnosestellung („komplexes“ Krankheitsgeschehen, „Gesamtdiagnose“),
- die Indikationsstellung hinsichtlich einer kombinierten somato- und psychosomatischen Krankheitsbehandlung und Aufhebung der Spaltung zwischen Organ- und Psychomedizin,
- eine begrenzte Zielsetzung mit Symptombeseitigung und prophylaktischer Umorientierung des Patienten,
- der Behandlungsmethoden mit Hilfe verbaler Intervention und übenden und suggestiven Verfahren.

Der Verdacht auf eine wesentliche psychogene Beteiligung an einem Krankheitsbild liegt vor bei:

- allen sog. vegetativen Beschwerden aller medizinischer Teilbereiche,
- allen sog. klassischen psychosomatischen Erkrankungen (Ulcus duodeni, Colitis ulcerosa, Morbus Crohn, Asthma bronchiale, essentielle Hypertonie, chronische Polyarthritis, Neurodermitis; auch Eßstörungen: Anorexia und Bulimia nervosa, Adipositas),
- direktem Konfliktangebot des Patienten,
- normalem organischen Untersuchungsbefund,
- wenn ein Leitsymptom nicht isoliert, sondern mit anderen, meist funktionellen Symptomen zusammen auftritt,
- lange bestehender Symptomatik und wiederholten Untersuchungen ohne Organbefund,

- einem psychoneurotischen Beschwerdeangebot (Angst, Depressionen, Zwängen),
- Auftritt der Symptomatik in Zeiten erhöhter Reifungsanforderung (Pubertät, Berufseintritt und -änderung, Eheschließung, Geburten, Todesfälle, Wechseljahre, Midlife-crisis),
- bei Erkrankungen mit Verhaltensstörungen (Süchte, Familienproblematiken, Compliancefragen).

Psychogene (Körper-)Symptome sind Ausdruck von Konfliktgeschehen. Dieses ist abhängig von der

- Ausstattung des Organismus,
- Struktur des psychischen Apparates (Es – Ich – Über-Ich),
- der einwirkenden Umwelt.

Richtlinien für die Gesprächsführung (s. auch S. 205)

Es ist günstig, wenn der Untersucher

- mit einer allgemein gehaltenen Frage das Gespräch eröffnet („was führt Sie zu mir?")
- mehr offene als geschlossene Fragen stellt,
- Fachausdrücke, Schlagwörter und Wertungen vermeidet,
- Monologe durch ein Gespräch ersetzt,
- selber ruhig ist und sich nicht stören läßt,
- seine eigenen Gefühlsregungen im Gespräch beachtet,
- den Gesundungswillen und die Motivation des Patienten vorsichtig stärkt und Beruhigungen nur gezielt und sparsam einsetzt,
- das „Arbeitsbündnis" stärkt und die beiderseitige Verantwortung zum Ausdruck bringt,
- nachfragt, ob ihn der Patient verstanden hat,
- das Wichtigste des Gesprächs zusammenfaßt,
- sich nicht durch einseitige Symptomorientierung verleiten läßt,
- das Gespräch strukturiert, aber nicht einengt und sich mit seinen Einwänden auf den situativen Zusammenhang einstellt (Klußmann 1998).

Einige Hauptfehler der Gesprächsführung (Tress 1997)

- Unzureichende Strukturierung,
- Zeit überziehen; Arzt verliert die Übersicht,
- zu lange reden,
- zu lange Schweigepausen,
- komplizierte Äußerungen (Fachjargon, Bildungsallüren),
- Suggestivfragen, rhetorische Fragen,
- Äußerungen des Patienten abrupt abbrechen,
- nicht auf die Gefühle eingehen,
- Fragen des Patienten ignorieren,
- belehren, ironisieren, entwerten, Dritte entwerten,
- zu persönlich werden, beflissenes Zustimmen.

Ziele der psychosomatischen Grundversorgung

- Eine frühzeitige differentialdiagnostische Klärung des Krankheitsbildes unter Berücksichtigung des somatischen wie des psychosozialen Anteils,

- die Diagnose beinhaltet den
  - organ- und funktionspathologischen Aspekt,
  - individuell-psychologischen, Ich-pathologischen Aspekt (Umgang mit Triebwünschen; Versuchungs- und Versagungssituationen),
  - Beziehungsaspekt (sozial, beruflich, familiär, Arzt-Patienten-Beziehung).
- Behandlungsziele sind:
  - Symptombeseitigung;
  - Einsichtsvermittlung in die pathogenen Zusammenhänge (Zwiespältigkeiten, Konflikte, Defizite);
  - Verständnis für die das Zustandsbild auslösende Situation;
  - prophylaktische Umorientierung des Patienten und seiner näheren Bezugspersonen (Änderung der Lebensweise, Überwinden von Hemmungen, Vermeiden von Konfliktfeldern).
  - Unabdingbare Grundlage ist eine aktive, kontinuierliche und vertrauensfördernde Gestaltung der Arzt-Patienten-Beziehung (Tress et al. 1996).

Prüfung der Indikation zur Psychotherapie

(Tress 1997)

Sollte oder könnte Fachkollege bzw. Fachkollegin zugezogen werden.
Voraussetzungen:

- auf Seiten des Patienten:
  - Leidensdruck,
  - Kooperationsbereitschaft,
  - Einsicht in psychodynamische Zusammenhänge,
  - Ausmaß der Selbstwahrnehmung, der Affektdifferenzierung und Verbalisierungsfähigkeit,
  - Ertragenkönnen von Unsicherheiten und Frustrationen,
  - Veränderungsbereitschaft,
  - Bereitschaft, selbst aktiv zu werden.
- auf Seiten des Therapeuten:
  - Verständnis, Respekt, emotionale Akzeptanz und Interesse für die Problematik und Lebensbewältigung des Patienten,
  - Motivation, mit diesem Patienten die Behandlung durchzuführen,
  - interpersonelle und fachliche Kompetenz für die Behandlung dieses Patienten (s. auch Indikation).

Fachliche Qualifikation

Zur fachlichen Qualifikation für Maßnahmen der psychosomatischen Grundversorgung nach dem Leistungsinhalt der Nrn. 850 und 851 E-GO gem. § 2, Abs. 6 der Psychotherapie-Vereinbarung wird gefordert:

- Theorieseminare von mindestens 20stündiger Dauer,
- Reflexion der Arzt-Patienten-Beziehung durch kontinuierliche Arbeit in Balint- oder patientenbezogenen Selbsterfahrungsgruppen von mindestens 30stündiger Dauer.
- Vermittlung und Einübung verbaler Interventionstechniken von mindestens 30stündiger Dauer.

- Die „kontinuierliche Arbeit“ muß sich über einen Zeitraum von mindestens einem halben Jahr erstrecken und muß von einem(r) von der jeweiligen Landesärztekammer anerkannten Leiter(in) durchgeführt und supervidiert werden.

Inhalte

(in Anlehnung an Vorschläge der Bayerischen Landesärztekammer 1998)

I. Theorie (mindestens 20 Stunden)

1. Allgemeine Grundlagen (mindestens 12 Stunden):
   - Terminologie,
   - Häufigkeit, Alters- und Geschlechtsverteilung der wichtigsten Beschwerdebilder und Beratungsanlässe in der Praxis,
   - Kenntnis und rationelle Bewertung der Patientenangaben (Beratungsursachen),
   - Beachtung der Interaktion von Krankheit, Person und sozialer Umgebung,
   - Möglichkeiten der Prävention und Rehabilitation,
   - Möglichkeiten der sozialen Hilfen,
   - gezielte Zusammenarbeit mit anderen Berufsgruppen,
   - Probleme und Besonderheiten der medizinischen Versorgung von Patienten in Pflegeheimen, Regelungen des Pflegesystems,
   - Zusammenarbeit mit Hospizgruppen, Selbsthilfeorganisationen,
   - Unterstützung der Familie, familienmedizinische Betreuung,
   - Möglichkeiten und Grenzen der ärztlichen Betreuung auch nach Ausschöpfung aller kurativen Möglichkeiten.
   - Durchführung der Anamnese:
     - biographische Anamnese,
     - Anamnese psychischer Vorerkrankungen,
     - Vorbehandlungen,
     - erweiterte psychosomatische Anamnese.
   - Durchführung der Befunderhebung:
     - Verhaltensdiagnostik,
     - Paar- und Familiendiagnostik,
     - Bedeutung der körperlichen Untersuchung.
   - Stellen einer Diagnose und Klassifizierung entsprechend Anamnese, Befund und Verlaufsbeobachtung und deren Dokumentation.
   - Differentialdiagnostik von körperlich begründeten psychischen Störungen und abwendbar gefährliche Verläufe in der Praxis.
   - Möglichkeiten, Ziele und Grenzen spezieller psychotherapeutischer Behandlungskonzepte:
     - tiefenpsychologische und psychoanalytische Behandlungsformen,
     - Verhaltenstherapie/Verhaltensmedizin,
     - Paar- und Familientherapien.
   - Bedeutungen von übenden und suggestiven Verfahren:
     - autogenes Training,
     - progessive Muskelrelaxation,
     - Hypnose,
     - Biofeedback.

- Wirkungs- und Nebenwirkungsprofile ausgewählter Präparate aus den Bereichen Antidepressiva, Neuroleptika, Tranquilizer, Hypnotika.
- Möglichkeiten, Ziele und Grenzen der Therapie mit Psychopharmaka.
- Suchtpotential von Psychopharmaka.
- Möglichkeiten der Prävention und Behandlung von Arzneimittelabhängigkeit.
- Möglichkeiten differenzierter Behandlungsmaßnahmen in Abhängigkeit vom Schweregrad und Verlauf psychischer Störungen.
- Möglichkeit der Therapie durch nichtärztliche Spezialisten.

2. Spezielle Störungen (mindestens 8 Stunden):
   Bei folgenden Krankheitserscheinungen
   - psychische Störungen, z.B. Depression, Angst, Persönlichkeitsstörungen, Lebenskrise und Suizid, Sucht und Abhängigkeit, Schlafstörungen, Altersdemenz, Schizophrenie und affektive Psychosen;
   - funktionelle Störungen z.B. Oberbauchbeschwerden, Herzbeschwerden, (Kopf-) Schmerz, Durchfall und Übelkeit, Verspannungen, Störungen im Bereich Sexualität und Sexualstörungen;
   - psychosomatische Störungen z.B.: Colitis ulcerosa, Morbus Crohn, Dermatosen, Rheuma, Herzinfarkt, Allergien;
   - somatopsychische Störungen z.B. bei: Krebs, Transplantation, Diabetes, Dermatosen;

   sind zu beurteilen:
   - Häufigkeit, somatische und psychopathologische Befunderhebung, Diagnose und Differentialdiagnose sowie Klassifizierung
   - Krankheitsverlauf, Wechselwirkung zwischen biologischen, psychologischen und sozialen Faktoren in der Entstehung und im Verlauf;
   - Verbindung der Funktionsstörungen mit Lebensereignissen, psychosozialen Belastungen, Konflikten im Rahmen der Arzt-Patienten-Beziehung;
   - Früherkennung, Vermeidung von Chronifizierung und sekundärem Krankheitsgewinn;
   - Beratung und Behandlung von Patienten und ihren Angehörigen;
   - Möglichkeiten und Risiken der Psychopharmakotherapie;
   - Zusammenarbeit mit ärztlichen und nichtärztlichen Spezialisten und Fachberufen im Gesundheitswesen, Indikation für Überweisung und Einweisung.

II. Verbale Interventionstechnik (mindestens 30 Stunden)

Erwerb von Kenntnissen, Erfahrungen und Fertigkeiten in der ärztlichen Gesprächsführung und Kommunikation: Fragetechniken, Regeln für das „gute" ärztliche Gespräch, verbale und nonverbale Ausdrucksmittel, von der Gesprächstechnik zum ärztlichen Gespräch:

- Gestaltung einer patientenorientierten Atmosphäre in der Praxis,
- Schaffen eines Arbeitsbündnisses zwischen Arzt und Patient,
- Kenntnisse über die Wirkung ärztlicher Botschaft(en) beim Erstkontakt,
- Erwerb von Fähigkeiten und Fertigkeiten für die Arbeit an Beziehungen und Gefühlen,
- Wahrnehmung und Beobachtung der Interaktion von Arzt und Patient,
- Kenntnisse und Anwendung von Techniken zur Vermittlung von Einsicht in Krankheit und bisherige Lösungserfahrung/allgemeine Motivation,
- Förderung der Introspektionsfähigkeit beim Patienten,

- Einschätzung der Persönlichkeit des Kranken und seiner aktuellen Beschwerden und Konflikte,
- Perspektiven erweitern (vom Symptom zum Kontext),
- Erkennen der Gleichrangigkeit somatischer und psychischer Symptominhalte,
- psychosoziale Begleitung des unheilbar Kranken,
- Diagnose und Prognosemitteilung,
- der organisch Kranke als „Problempatient“: psychische und funktionelle Störungen:
  - Vermeiden einer somatischen Fixierung durch „wiederholtes Suchen nach „pathologischen Befunden“ und unreflektierte medikamentöse Therapie,
  - Beratung des organgesunden Kranken,
  - Kenntnisse und Anwendung von Strategien zur Vermeidung von Schwierigkeiten zwischen Arzt und Patient, wie z. B. Mißtrauen und Voreingenommenheit, Rechthaberei, Empfindlichkeit und Kränkbarkeit, Ängstlichkeit oder Entschlußlosigkeit, Übertreibungen und Schwindeleien, Unzuverlässigkeit, zu großes oder zu schwaches Engagement, Verletzung oder Verärgerung, Eskalation,
  - Erkennen von sozialen Belastungs- und Überforderungssituationen, Erleichterung durch mitfühlendes Klären der sozialen Überforderungssituation, Konfliktlösung oder „Ratschlag“, Schwierigkeiten am Arbeitsplatz und bei Arbeitslosigkeit,
  - Kenntnisse, Fähigkeiten und Fertigkeiten zur Bewältigung von Beziehungskonflikten, Paar- und Familienkonflikte, Trennung und Scheidung, Generationenkonflikt, Erziehungsprobleme, Sexualprobleme;
- der organisch Kranke als „Problempatient“ mit psychosomatischen und somatopsychischen Störungen:
  - Erkennen von psychosozialen Belastungsfaktoren,
  - Beratung und Betreuung des somatisch Kranken,
- Erkennen der Bedeutung der Selbsteinschätzung des Patienten von Gesundheit, Krankheit, Lebensqualität,
- Verbesserung der Kompensationsmöglichkeiten im sozialen, psychischen und biologischen Bereich,
- Hilfe zur Gestaltung verbliebener Erlebnis- und Handlungsmöglichkeiten,
- Möglichkeiten der Krisenhilfe und -intervention.

III. Balintgruppenarbeit (mindestens 30 Stunden)

1. Einführung in die Balintgruppenarbeit:
   - Erkennen der psychodynamischen, psychosozialen und systemischen Aspekte des Krankheitsgeschehens im Gruppenprozeß,
   - Widerspiegelung der Beziehungsprobleme in der Balintgruppe,
   - Krankheit und psychosozialer Kontext im Sinne einer Gesamtdiagnose,
   - Einfühlen in die Situation des Patienten, bewußtes Wahrnehmen und Reflektieren der emotionalen Reaktionen des Gruppenleiters und der Gruppenmitglieder.
2. Selbständige Darstellung und Dokumentation von drei eigenen Fällen in der Balintgruppe.

IV. Evaluation

1. Befragung nach jeder Veranstaltung. Rückmeldung an Teilnehmer, Dozenten und Organisation (anonymisiert).

2. Musterfälle zur Lösung exemplarischer diagnostischer, therapeutischer und kooperativer Aufgaben. Kompetenzermittlung am Anfang, Mitte und Ende. Rückmeldung an den einzelnen Teilnehmer und Bearbeitung in kleinen Gruppen (Schwachstellenanalyse, Verbesserungsvorschläge).
3. Basisdokumentation eigener Fälle: zu Anfang, Mitte, Ende des Kurses. Bearbeitung der Ergebnisse in kleinen Gruppen (Prozeß- und Ergebnisqualität). Individuelle Rückmeldung und Lösungsvorschläge.

Literatur

Bayerische Landesärztekammer (1998) Fachliche Qualifikation für Maßnahmen der psychosomatischen Grundversorgung nach dem Leistungsinhalt der Nrn. 850 und 851 E-GO gem. § 2, Abs. 6 der Psychotherapie-Vereinbarung. Bay Ärztebl 12/98

Bundesärztekammer (1997) Curruculum psychosomatische Grundversorgung – Basisdiagnostik und Basisversorgung bei Patienten mit psychischen und psychosomatischen Störungen. Texte und Materialien der Bundesärztekammer zur Fortbildung und Weiterbildung, Bd 15

Faber FR, Haarstrick R (1994) Kommentar. Psychotherapie-Richtlinien. Gutachterverfahren in der Psychotherapie. Psychosomatische Grundversorgung, 3. Aufl. Jungjohann, Neckarsulm

Klußmann R (1998) Psychosomatische Medizin. Ein Kompendium für alle medizinischen Teilbereiche, 4. Aufl. Springer, Berlin Heidelberg New York Tokyo

Tress W (1997) Psychosomatische Grundversorgung, 2. Aufl. Schattauer, Stuttgart

Tress W, Kruse J, Heckrath C, Alberti L (1996) Psychosomatische Grundversorgung in der Praxis. Erhebliche Anforderungen an niedergelassene Ärzte. Dtsch Ärztebl 93:597–601

12 Differentialtherapeutische Überlegungen

Das Kapitel der differentialtherapeutischen Überlegungen kann nur persönlich gefärbt dargestellt werden. In die Zusammenfassung fließen die langjährigen Erfahrungen aus einer psychosomatisch-psychotherapeutischen Ambulanz ein, die gleichrangig die körperliche wie seelische Seite von Krankheitsgeschehen berücksichtigen muß.

Die Schwierigkeit einer tabellarischen Auflistung liegt darin, daß ein Behandlungserfolg weniger von der Art der Therapie als vor allem von der Persönlichkeit des Therapeuten abhängt. Aus psychoanalytischer Sicht drückte Freud diesen Tatbestand 1910 folgendermaßen aus: „Wir haben, seitdem eine größere Anzahl von Personen die Psychoanalyse üben und ihre Erfahrungen untereinander austauschen, bemerkt, daß jeder Psychoanalytiker nur so weit kommt, als seine eigenen Komplexe und inneren Widerstände es gestatten ..." Diese Bemerkung hat nach wie vor Bedeutung und hat sich über viele Jahre der Erfahrung bestätigt. Das gilt nicht nur für die Psychoanalyse, sondern ebenso für die anderen psychotherapeutischen Behandlungsformen. Es ist also notwendig, daß Psychotherapeuten aller Fachrichtungen die inneren Möglichkeiten und Fähigkeiten zur Selbstreflexion, aber auch zur Bescheidenheit und Toleranz mitbringen und ständig für sich selber überprüfen (Foulkes). Die Empathie als ein Sich-einfühlen-Können in die inneren wie äußeren Gegebenheiten des Patienten ist die Basisvoraussetzung erfolgreichen psychotherapeutischen Handelns.

Die schulmedizinische Forderung, daß eine bestimmte Erkrankung mit einem definierten Hilfsmittel zu behandeln ist, kann in der Psychosomatik/Psychotherapie nicht gelten, weil die Erkrankungsart wie der Therapieansatz von spezifischen und individuellen, unbewußt gesteuerten Faktoren abhängen, die sich nicht in ein meßbares Ursache-Folge-Prinzip einordnen lassen. Besonders gilt auch in der Psychotherapie, daß selbst bei bester Behandlungs-Technik – gleich welchen Therapiekonzeptes – nicht unbedingt ein gutes Ergebnis erzielt werden kann. Die persönlichen Faktoren des Behandlers spielen eine kaum zu überschätzende Rolle. In diesem Zusammenhang soll gleich einschränkend und auch warnend hinzugefügt werden, daß bei „nur" wohlwollendem und gewährendem Verhalten eine (über)starke Übertragungssituation hergestellt werden kann, die sich insbesondere in nichtpsychoanalytischen Therapien außerordentlich negativ auf einen Behandlungserfolg auswirken kann. Den gekonnten Umgang mit den Phänomenen der Übertragung und Gegenübertragung ist ein entscheidendes Kriterium für einen gut ausgebildeten Psychotherapeuten. Dazu gehört eine lange Selbsterfahrung als Voraussetzung für die Möglichkeit zur Selbstreflexion.

Voraussetzungen für eine psychotherapeutische Tätigkeit sind:
- die Fähigkeit zur Selbstreflexion,
- Bescheidenheit,

- Toleranz,
- eine intensive Ausbildung mit langer Selbsterfahrung.
- Fähigkeit im Umgang mit Übertragungs- und Gegenübertragungsphänomenen,
- persönliche Stabilität mit ausreichender Ich-Stärke und
- persönliche Flexibilität.

Psychotherapie kann keinem Patienten aufgezwungen werden. Zumindest muß ein Minimum an Bereitschaft vorhanden sein, eine einseitig verstandene körperliche und/oder seelische Erkrankung in Frage zu stellen und Lebensbezüge in die Behandlung einzubringen.

Dieser Patientenseite steht die Beziehungsgestaltung des Therapeuten gegenüber. Eine Psychotherapie ist damit immer eine interaktionelle Form einer Behandlung. Rudolf unterscheidet dazu folgende Punkte, die insbesondere an prognostischen Kriterien eines Behandlungserfolges orientiert sind und weist darauf hin, daß sie nicht nur patientenindividuell, sondern ebenso interaktionell zu verstehen sind. Dazu gehören:

1. Motivationale Faktoren:

- Leidensdruck (mit Behandlungswunsch)
  - Das Krankheitsgefühl (das z.B. Anorexie-Patientinnen häufig nicht haben),
- Introspektionsfähigkeit,
  - d.h. eine zumindest minimale Einsicht, daß seelische, lebensgeschichtlich bedingte Faktoren am Krankheitsgeschehen beteiligt sind mit einem gewissen Grad von
  - Konfliktbewußtsein und damit die
  - Bereitschaft, emotionale Belastungen durch Neuerkennung auf sich zu nehmen.
- Veränderungswunsch, der die Absicht beinhaltet, innere Einstellungen zu verändern und nicht nur das Symptom zu verlieren. Das setzt eine Bereitschaft zu eigener Aktivität voraus (und nicht in passiver Erwartungshaltung zu verharren).

2. Interaktionelle Faktoren

Als günstig für den Therapieverlauf gelten:

- von seiten des Patienten eine wohlwollende, respektierende Haltung dem Therapeuten gegenüber,
- von seiten des Therapeuten das Interesse am Patienten für
  - seine lebensgeschichtliche Entwicklung,
  - seine kreativen und entwicklungsfähigen Seiten,
  - seinen Respekt für die bisherige Lebensbewältigung des Patienten,
  - sein Verständnis für die Konfliktlage des Patienten und die Überzeugung,
  - diesem Patienten weiter helfen zu können, der Therapeut also motiviert zur Zusammenarbeit ist.

3. Strukturelle Faktoren

Folgende strukturelle Faktoren in der Person des Patienten erschweren eine Behandlung oder machen sie sogar unmöglich:

- Suchttendenzen mit dem Festhalten an Ersatzbefriedigungen,
- autodestruktive Handlungen, die jede positive Änderungen zunichte machen,
- mangelnde Impulskontrolle, Affektintoleranz, bei der es zu einem sofortigen Ausagieren kommt und Phantasieren, Denken und Reflektieren verhindert werden,

- paranoides Mißtrauen und Kontaktvermeiden durch sozialen Rückzug wie zu starke Entwertung anderer verhindern eine konstruktive Mitarbeit,
- ein sekundärer Krankheitsgewinn schafft Vorteile im Sinne regressiver Verwöhnungshaltung.

Die angeführten Punkte sollten bedacht werden, bevor eine differentielle Behandlungsindikation gestellt wird. Dazu gehört eine gründliche organisch-medizinische Abklärung der körperlichen wie psychischen Symptome. Folgende Behandlungsmöglichkeiten sollten von psychotherapeutischer Seite in Erwägung gezogen werden:

Liegt eine Indikation vor

- zu einem integrativen Behandlungsansatz, bei dem der Arzt mit dem (ärztlichen oder psychologischen) Psychotherapeuten besonders eng zusammenarbeiten oder der Patient in „einer Hand" bleiben sollte,
- zu „psychosomatischer Grundversorgung", bei der der (kompetente) Arzt den Patienten begleitend betreut, etwa bei chronisch Langzeitkranken,
- zu einem stationären Aufenthalt in einer psychotherapeutisch-psychosomatischen Fachklinik,
- zu einem Rehabilitationsaufenthalt in einer psychotherapeutisch-psychosomatischen Fach-Kur-Klinik,
- zu einer konfliktaufdeckenden Form (analytische Verfahren) oder
- zu einer eher stützenden, konfliktzudeckenden Form von Psychotherapie (verhaltenstherapeutische Verfahren),
- zu körperorientierten,
- zu gestaltungstherapeutischen,
- zu stützenden Maßnahmen oder
- zu einer Kombination verschiedener Verfahren.

Mit Küchenhoff sei auf einige Besonderheiten bei der Psychotherapie psychosomatischer Patienten hingewiesen, bei denen regelhaft die Nähe-Distanz-Problematik eine hervorragende Rolle spielt:

- Das therapeutische Setting muß klare Grenzen und einen eindeutigen Rahmen haben (klare Absprachen, feste Organisationsformen, Verläßlichkeit).
- Wichtig ist es, Gegenübertragungsphänomene zu beachten, z. B. Deutungen nicht als aggressive Gegenreaktionen zu geben.
- Körpersymptomatik ernst nehmen (Symbolcharakter, Kommunikationsangebot beachten, reale Gefährdungen, nicht psychologisieren u. ä. m.).
- Vorsichtiger Umgang mit der Übertragung und einer forcierten Beziehungsarbeit, die zu übergreifend-intrusiv erlebt werden könnte.

Gefahren, negative Therapieeffekte und unerwünschte Wirkungen einer Psychotherapie liegen vor allem in und sind bedingt durch

- Mißbrauchserfahrungen:
  - körperlich-sexuell,
  - narzißtisch,
- maligne Regression (meist im Rahmen einer Langzeitanalyse),
- zu frühe, unempathische Deutungen insbesondere bei labilen Patienten,
- bei forcierten Körpertherapien mit Affektüberflutung, ohne Durcharbeiten.

Zu einzelnen dieser Möglichkeiten seien differenziertere Ausführungen gemacht, die teilweise unter den angegebenen Therapieverfahren im Ansatz angegeben wurden. Weitere Hinweise, die Krankheitsbilder betreffend, sind in den jeweiligen Kapiteln angefügt.

Stationäre Psychotherapie
(s. S. 218–222)

Die Indikationen sind wesentlich bestimmt durch die vielfältigen therapeutischen Möglichkeiten im klinischen Setting. Eine stationäre Aufnahme in eine psychotherapeutisch-psychosomatische Fachklinik berücksichtigt nach F. Heigl (1987) vor allem soziale und allgemein-ärztliche Gesichtspunkte (s. S. 219–220).

Darüber hinaus seien folgende Kriterien für eine stationäre Aufnahme angefügt:

- Patienten, die sich wegen ihrer persönlichkeitsbedingten ungünstigen Voraussetzungen nur schwer in einen psychotherapeutischen Prozeß einlassen können,
- Patienten mit schweren psychosomatisch-somatopsychischen Störungen (den sog. Psychosomatosen) als Initialbehandlung. Sie sind häufig kaum in der Lage zu verbalisieren, zu kommunizieren, zu reflektieren. Dazu gehören etwa Krankheitsbilder wie die Colitis ulcerosa, der Morbus Crohn, das Asthma bronchiale, schwere Eßstörungen.
- Patienten mit persönlichkeitsstrukturellen Frühstörungen, deren Symptomatik oft chronifiziert ist und zu erheblichen psychosozialen Einschränkungen geführt hat und die gekennzeichnet sind durch mangelhafte Impulskontrolle, Agieren, regressiv-symbiotisches oder schizoid-distanziertes Beziehungsverhalten, ausgeprägte Spaltungs- und Verleugnungstendenzen.

Dieses breite Indikationsgebiet kann in den Einrichtungen nicht ausgenutzt werden, in denen die nötigen personellen und institutionellen Voraussetzungen nicht bestehen, wie z. B. eine psychotherapeutische Psychosentherapie ohne auf diesem Gebiet erfahrene Psychiater oder gravierende internistisch-psychosomatische Krankheitsbilder (z. B. die Anorexia nervosa, das Asthma bronchiale) ohne die Verfügbarkeit eines kompetenten Internisten. Das gilt ebenso für die stationäre Rehabilitation (s. unten).

Stationäre Rehabilitation

Die Indikationsstellung für ein stationäres psychosomatisch-psychotherapeutisches Heilverfahren hat Ähnlichkeiten mit den Kriterien zur stationär-klinischen Aufnahme, wobei die Rehabilitation von dem Rentenversicherungsträger, die Krankenhausaufnahme von den Krankenkassen getragen werden. Die Unterschiede der Einrichtungen liegen in

- dem unterschiedlichen Arzt-Patienten-Schlüssel und
- der zeitlichen Begrenzung des Aufenthaltes.

In Abgrenzung zu den oben genannten Überlegungen kommen für die Rehabilitation noch folgende Indikationskriterien für Patienten in Betracht:

- die nicht für eine ambulante Psychotherapie, jedoch für eine Rehabilitationsmaßnahme zu motivieren sind und bei denen ein besseres „psychosomatisches Verständnis" erwartet werden kann,
- von denen zu erwarten ist, daß sie mit Hilfe stützender und körperorientierter Verfahren Kraft schöpfen und dadurch das Rentenalter erreichen können,

- mit Problemen um eine vorzeitige Berentung, auch mit Rentenneurosen,
- die Kommunikationsprobleme insbesondere im Bereich ihres Arbeitsplatzes haben,
- die einem Mobbing ausgesetzt sind,
- die Wiedereingliederungsschwierigkeiten haben.

Tagesklinik, teilstationäre Psychotherapie

Die Patienten halten sich tagsüber im psychotherapeutischen Raum auf und kehren abends in die gewohnte häusliche Umgebung zurück. Dafür kommen Patienten in Betracht (nach Odag, Henneberg-Mönch),

- die eine intensive, ganztägige Psychotherapie benötigen,
- die einer flexiblen Gestaltung der therapeutischen Angebote bedürfen,
- die zum Durcharbeiten des in der Therapie einsichtig Gewordenen einen relativ geschützten Raum brauchen, wie er im Realitätsraum der Tagesklinik bereitgestellt wird,
- die dabei gleichzeitig in der gewohnten sozialen Umgebung verbleiben und diese Bedingung für ihre Behandlung nutzen können,
- dabei muß der Patient zumindest in gewissen Grenzen sozial integriert sein.

Es handelt sich um Patientengruppen mit folgenden Störungen:

- Neurotische Erkrankungen, die initial eine intensive Einleitung einer längerfristigen Behandlung benötigen (chronifizierte Symptomneurosen und Persönlichkeitsstörungen, ausgeprägte Bequemlichkeitshaltungen, Rentenneurosen; zur Abklärung des Schweregrades einer Störung und deren Prognose).
- Übergang von einer stationären in eine ambulante Behandlung z.B. bei Überforderung durch einen zu raschen Wechsel vor allem bei depressiven und psychosomatischen Patienten, auch bei narzißtischen Rückzugstendenzen,
- bei strukturellen Ich-Störungen, bei denen die Nähe-Distanz-Problematik eine zentrale Rolle spielt und bei denen die Gefahr einer malignen Regression im stationären Setting besonders groß ist,
- bei äußeren Gründen (wie Kinderversorgung), die gegen eine stationäre Aufnahme sprechen.

Innerhalb dieser Institutionen ist es selbstverständlich, daß ein Therapieplan aufgestellt wird nach den Kriterien, von denen anzunehmen ist, daß die Patienten von ihnen am meisten profitieren können. So werden je nach diagnostischer Einschätzung eine, meist aber mehrere Therapiemöglichkeiten angeboten. Zu ihnen gehören:

- verbale, konfliktaufdeckende und -zudeckende Verfahren (tiefenpsychologisch orientiert und/oder verhaltenstherapeutisch),
- körperorientierte Verfahren wie autogenes Training, progressive Muskelentspannung, konzentrative Bewegungstherapie u.a.m.,
- gestaltungstherapeutische Angebote zur Entfaltung brachliegender Kreativität wie Malen, Töpfern, Musik, Tanz,
- auch „Trainings" im sozialen Bereich, zur Förderung des Selbstbewußtseins, des Auslebens und Ertragens von Aggressivität.
- Zusätzlich wichtig ist der Kontakt zu den Mitpatienten.

Wenn auch eindeutige Indikationsstellungen für gewisse verschiedene Psychotherapieverfahren nicht angegeben werden können, so sei doch der Versuch einer Zuordnung gemacht.

Psychoanalyse

Wir empfehlen eine psychoanalytische Kur (Langzeittherapie) kaum noch zu einer einseitigen Symptombehandlung. Ist ein Patient

- introspektionsfähig,
- konfliktbereit,
- flexibel in seiner Persönlichkeit wie in seinem sozialen Umfeld,
- bereit, seinen Lebensplan in Frage zu stellen, und
- eher jünger,
  - dann sind wir geneigt, ihm im Sinne eines erweitert zu betrachtenden Heilungsprozesses, einer „seelischen Horizonterweiterung", auch einer Vorbeugung seelischer Krankheiten eine psychoanalytische Langzeittherapie als Selbsterkennungsprozeß zu empfehlen und ergänzen, daß wir eher davon abraten, wenn es nur um die Beschwerden des Patienten gehe, diese jedoch im Rahmen einer Konfliktlösung verschwinden können. Die Indikation für eine Psychoanalyse ist also weniger von diagnostischen Kriterien als von der Eignung und der Persönlichkeitsstruktur des Patienten (auch dem Ausbildungsstand und der Kompetenz des Therapeuten) abhängig.

Mertens gibt nach Heigl (1972, von uns ergänzt 1987) folgenden Überblick über phänomenologische und strukturelle Kriterien der Eignung eines Patienten für eine Psychoanalyse. Zu beachten sind dabei:

1. Symptomatik
   - Art der Symptomatik (auch Perversionen, Süchte u.a.m. = schwere Neurose)
   - Krankheitswert körperlicher und seelischer Symptome (evtl. mit Organschäden = schwere Neurose),
   - Dauer der psychogenen Symptome,
   - Relation von Dauer der Symptome und Schwere der Neurose,
   - Primordialsymptomatik (die fortbesteht),
   - Einstellung des Patienten zu seinen Symptomen,
   - Umgang mit den Symptomen (zum Verschaffen von Vorteilen?),
   - Leiden an der Symptomatik (Leidensdruck, Änderungsbereitschaft?),
   - Auslösung der Symptomatik (banale, schwere Konflikte?).
2. Soziale Situation
   - Soziale Bewährung und Leistungstest,
   - sozial geprägter Defekt,
   - chronifizierende soziale Faktoren,
   - Persönlichkeit des Partners.
3. Biologische Gegebenheiten
   - Alter,
   - Intelligenz,
   - Talente und Begabungen,
   - genotypische und angeborene Faktoren.

4. Strukturelle Kriterien
   - Art des Leidensgefühls (Gehemmtheits- oder Haltungsstruktur),
   - Gestörtheit des Selbstwertgefühls (Kränkbarkeit, aktive und passive Rachetendenzen, geringe Frustrationstoleranz),
   - neurotische Ideologiebildung,
   - Ausmaß illusionärer Erwartungen (Mitarbeitsbereitschaft),
   - Ersatzbefriedigung,
   - Art der Freizeitgestaltung.

Die Analysierbarkeit eines Patienten hängt von der Einschätzung der Ich-Funktionen ab (nach Mertens, Anlehnung an Bellak):

- Realitätsprüfung (z. B. Unterscheidung innerer und äußerer Stimuli)
- Urteilen
  - mögliche Konsequenzen des eigenen Tuns
  - logische Schlußfolgerungen
- Realitätssinn
  - reales Erleben des eigenen Körpers und äußerer Ereignisse
  - Erleben von Konstanz und Kohärenz des eigenen Selbst
  - Selbst- und Objektrepräsentanzen sind getrennt
- Regulation und Kontrolle von Triebimpulsen und Affekten
  - Unmittelbarkeit des Trieb- und Affektausdrucks
  - Grad der Frustrationstoleranz
  - Ausmaß und Kanalisierung von Triebabkömmlingen
- Objektbeziehungen
  - Grad und Art des Bezogenseins auf andere
  - Grad der Objektkonstanz
- Denken
  - Fähigkeit zum klaren Denken
  - Fähigkeit, Gedanken anderen klar zu vermitteln
  - Konzentration, Begriffsbildung, Sprache, Gedächtnis
- Adaptive Regression im Dienste des Ich
  - Fähigkeit zur kontrollierten Aufmerksamkeitsverschiebung und zum Tagträumen
  - Defensive Funktionen
  - Ausmaß der erfolgreichen Abwehr von dysphorischen Affekten
  - Ausmaß des Einflusses von Abwehrprozessen auf Vorstellung und Verhalten
- Stimulusschranke
  - Reaktionsbereitschaft gegenüber inneren und äußeren Reizen
  - Bewältigung der sensorischen Reize
- Autonomes Funktionieren
  - Ausmaß der primären und sekundären Autonomie
- Synthetisch-integrative Funktionen
  - Fähigkeit zur Integration widersprüchlicher sowie
  - sich nicht widersprechender Erfahrungen
- Bewältigungskompetenzen
  - subjektives Gefühl der Kompetenz
  - Übereinstimmung zwischen tatsächlicher Leistung und Leistungserwartung

Diese Auflistung beinhaltet ideale Kriterien für die Durchführung einer analytischen Kur. Da immer mehr Personen mit Krankheitserscheinungen einer Frühstörung wie Borderline- und psychosomatischen Störungen in die Praxis kommen, ist es notwendig, die Einstellung der orthodoxen Psychoanalyse zu überprüfen und sie gegebenenfalls zu ändern – in der Begegnung des Patienten, im Umgang mit ihm, im Setting – und die psychoanalytische Behandlung entsprechend zu modifizieren.

Modifizierte psychoanalytische Verfahren

Tiefenpsychologisch fundierte Psychotherapie

- Sie ist dann indiziert, wenn eine Umstrukturierung der Persönlichkeit nicht erforderlich und/oder nicht notwendig ist.
- Begrenzte Behandlungsziele bei Patienten mit äußeren Problemsituationen, die auf dem Boden innerer, tiefer wurzelnder neurotischer Gegebenheiten nicht adäquat gelöst werden können, aber auch bei
- Patienten mit schweren Persönlichkeitsstörungen und bei
- chronifizierten neurotischen Beeinträchtigungen.

Kurz- und Fokaltherapie

Diese Therapie ist angebracht bei Patienten, bei denen die Zentrierung auf einen (neurotischen nicht zu bewältigenden) Fokus, auf ein Kernproblem eine Verbesserung der akuten Problematik verspricht, möglicherweise auch weitergehende, tieferliegende Konflikte dadurch leichter zu ertragen und/oder zu bewältigen sind, weil Probleme durch eine größere innere Distanz leichter bearbeitbar werden.

- Vorliegen eines akuten Krankheitsgeschehens als Folge eines unbewußten Konfliktes und
- wenn anzunehmen ist, daß sich der Konflikt auflösen oder günstig beeinflussen läßt.
- Indikationen gegebenenfalls bei
  - Trennungssituation mit depressiver Verarbeitung,
  - bei „geringfügigen" psychosomatischen Krankheitsangeboten,
  - Krisensituationen z. B. in der Menopause und den damit verbundenen Konflikten.
- Voraussetzung: stabilere Persönlichkeitsstruktur mit reiferen Ich-Funktionen.

Dynamische Psychotherapie (Dührssen)

Diese Therapieform wird eingesetzt bei Patienten, die für eine Psychoanalyse für wenig geeignet erscheinen, denen deren Erkenntnisse aber zugute kommen sollen. Zum Beispiel bei älteren Menschen, jungen Erwachsenen, wenig Ich-starken Patienten, auch und insbesondere bei solchen der unteren sozialen Schichten.

Analytische Gruppentherapie

Die Indikationen für diese Therapieart sind abhängig

- vom Alter,
- von der sozialen Flexibilität,
- von der Ich-Stärke,

- vom persönlichen Stil des Therapeuten,
- vom Therapieort (stationär oder ambulant).

Diese Therapie ist geeignet für Patienten,

- deren innere Konflikte sich immer wieder in interpersonellen Konflikten äußern,
- die Angst vor einer dyadischen Beziehung haben und eine tiefe Regression schwer ertragen würden,
- die eine gute Ich-Entwicklung versprechen,
- psychosomatische Patienten mit mangelhafter Affektdifferenzierung,
- bei denen man hoffen kann, daß ein therapeutischer Prozeß von geringerer zeitlicher Dauer ausreichend Besserung nach sich zieht.

Diese Therapie ist weniger geeignet für

- schwer gestörte Patienten,
- Patienten mit destruktivem Ausagieren im Sinn von Gewalttätigkeit, Suizid, auch Süchten (hier besser krankheitshomogene Gruppen).

Familien- und Paartherapie

Diese Therapieformen dienen primär der Verbesserung der Beziehungen in Familien wie in einer Ehe-, Paargemeinschaft.

- Familientherapie indiziert, wenn die familiäre Problematik im interpersonalen Beziehungsfeld überwiegt und
- die Familienmitglieder zu einer Behandlung motiviert sind oder werden können.
- Paartherapie ist indiziert, wenn ausgeprägte psychosoziale Abwehrmechanismen in Form von „Kollusionen" die Einzelbehandlung eines Partners behindern, auch wenn
- der Indexpatient (z. B. das Kind) die Problematik der Eltern mit dem Symptom auffängt.

Damit bekommt die Paartherapie

- prophylaktische Bedeutung.
- Kontraindiziert ist diese Form der Therapie, wenn andere Personen durch den Veränderungsprozeß geschädigt werden könnten oder bereits ein relativ guter Kompromiß der Beteiligten gefunden wurde.

Körperorientierte Verfahren

Dazu gehören eine Reihe von Verfahren, die nur z. T. fachlichen Kriterien standhalten und bisher nur teilweise in die kassenärztliche Versorgung eingebunden sind. Einige Verfahren:

- Autogenes Training
- Konzentrative Bewegungstherapie
- Progressive Muskelentspannung
- Funktionelle Entspannung
- Feldenkrais-Methode
- Atemtherapie
- Bioenergetik

Indikationen:

- als Ergänzung
  - zu den üblichen allgemeinärztlichen Maßnahmen
  - zu psychotherapeutisch verbalen Verfahren
  - zu dem stationären psychosomatischen Zugang zu den Patienten

- für verbal ungeübte Patienten, die
- schwer einen Zugang zu ihren Emotionen finden
- bei vielen psychosomatischen Patienten, insbesondere denjenigen mit einem erheblich gestörten Körperbild (z. B. Anorexia nervosa)

Risiken:

- Affektüberflutung
- Entstehen von Abhängigkeitsverhältnissen
- Verknüpfung von Körpertherapie und Weltanschauung
- nicht zu durchschauendes großes Angebot körpertherapieorientierter Verfahren (in Anlehnung an Küchenhoff 1996).

Verhaltenstherapie

(in Anlehnung an Reinecker 1996)

- Die klassische Verhaltenstherapie bewirkt durch Änderung des Verhaltens (durch Übung) eine Veränderung von Denken, Einstellungen, Erwartungen, Informationsverarbeitung usw.
- Die kognitive Therapie bewirkt durch Veränderung von Denken und Bewegungsmustern eine Veränderung von Verhaltensmustern.
- Die kognitive Verhaltenstherapie bewirkt durch eine Veränderung von Verhalten eine Änderung von Denkmustern.

Differentialtherapeutische Überlegungen zwischen sog. konfliktaufdeckenden, stützenden und konfliktzudeckenden Verfahren stoßen auf große Schwierigkeiten, weil zahlreiche psychotherapeutische Verfahren die Chance einer Besserung für sich in Anspruch nehmen. Die eindeutige statistische Belegbarkeit eventueller Erfolge ist schwierig bis kaum möglich, weil es sich in der Regel um zwischen- und mitmenschliche Probleme handelt, die hinter psychosomatischen und psychoneurotischen Erkrankungen verborgen sind. Selbst der philosophische Auftrag des „Erkenne Dich selbst" kann in verschiedener Weise interpretiert werden. Wir versuchen zu berücksichtigen, ob bei einem Patienten eher direktive oder eher selbstreflektorische Maßnahmen zum (Therapie-)Erfolg führen können. Das wiederum hängt von verschiedenen Beurteilungskriterien ab, die wir weiter oben angeführt haben.

Von verhaltenstherapeutischer Seite werden folgende Indikationsbereiche besonders betont:

- Streßbewältigung,
- Raucherentwöhnung,
- Complianceprobleme,
- isoliert auftretende psychogene Symptome, die konfliktaufdeckend nicht zu bearbeiten sind wie z. T. bei Angst- und Zwangsstörungen, Schlaf- und sexuellen Störungen,
- somatoforme chronifizierte – oft isolierte – Störungen wie beim chronischen Schmerzsyndrom, Eßstörungen, zerebralen Erkrankungen, Tics,
- Entwicklungsstörungen, die familientherapeutisch nicht angehbar sind wie Lese- und Rechtschreibstörungen, Sprachstörungen, Verhaltensauffälligkeiten.

Literatur

Becker H, Senf W (1988) Praxis der stationären Psychotherapie. Thieme, Stuttgart
Bellak L, Meyers B (1975) Ego function assessment and analyzability. Int Rev Psycho-Anal 2:413–426
Cierpka M (1997) Familientherapie. In: Ahrens S (Hrsg) Lehrbuch der psychotherapeutischen Medizin. Schattauer, Stuttgart
Foulkes SH (1864/1974) Gruppenanalytische Psychotherapie. Kindler, München
Freud S (1910) Die zukünftigen Chancen der psychoanalytischen Therapie. GW VIII, Imago Publishing, London
Heigl F (1987) Indikation und Prognose in Psychoanalyse und Psychotherapie, 3. Aufl. Vandenhoeck & Ruprecht, Göttingen
König K, Lindner WV (1992) Psychoanalytische Gruppentherapie, 2 Aufl. Vandenhoeck & Ruprecht, Göttingen
Kreische R (1997) Paartherapie. In: Ahrens S (Hrsg) Lehrbuch der psychotherapeutischen Medizin. Schattauer, Stuttgart
Küchenhoff J (1994) Aspekte der psychoanalytischen Psychotherapie bei psychosomatischen Erkrankungen. In: Streeck U, Bell K (Hrsg) Die Psychoanalyse schwerer psychischer Erkrankungen. Pfeiffer, München
Küchenhoff J (1997) Körpertherapie. In: Senf W, Broda M (Hrsg) Praxis der Psychotherapie. Thieme, Stuttgart
Lindner WV (1989) Indikation und Ziele in der analytischen Gruppentherapie aus der Sicht niedergelassener Kolleginnen und Kollegen. Gruppenpsychother Gruppendynamik 25:35–39
Mertens W (1990) Einführung in die psychoanalytische Therapie, Bd 1. Kohlhammer, Stuttgart
Odag C, Henneberg-Mönch (1986) Indikation zur teilstationären Psychotherapie. In: Heigl-Evers A, Henneberg-Mönch G, Standke G (Hrsg) Die Vierzigstundenwoche für Patienten. Vandenhoeck & Ruprecht, Göttingen
Reinecker H (1996) Verhaltentherapie. In: Senf W, Broda M (Hrsg) Praxis der Psychotherapie. Thieme, Stuttgart
Rudolf G (1993) Psychotherapeutische Medizin. Enke, Stuttgart

13 Therapeutisches Bündnis/Arbeitsbündnis/Pakt

Der Therapeut sollte bei Beginn der Behandlung

- zuhören, um herauszufinden
  - welches die Probleme des Patienten sind,
  - welche Zielvorstellungen der Patient hat,
  - wie er sie der Bedeutung nach ordnet;
- dem Patienten erklären, was der Therapeut tut,
- klare Absprachen über die Behandlung treffen,
- die Entwicklung einer vertrauensvollen und tragfähigen Beziehung ermöglichen,
- den Behandlungsprozeß mit grundlegenden Formulierungen der wichtigsten Beziehungsprobleme und der mit ihnen verbundenen Symptome einleiten.

Vereinbarungen/„äußerer" Rahmen

- Dauer der Therapiesitzung
  üblich: 50 Minuten (Therapeut und Patient sollten sich daran halten),
- Stundenfrequenz absprechen mit möglichst festen Terminen,
- Dauer der Therapie:
  - zeitliche Festlegung (oft durch Gesetze der Krankenkasse bestimmt),
  - keine zeitliche Festlegung. Dem Patienten etwa sagen: „Die Therapie sollte so lange fortgeführt werden, bis Therapeut und Patient zu der Auffassung gelangen, daß die Zeit für eine Beendigung gekommen ist." Vor dem Ende wenigstens 2–3 Sitzungen Zeit nehmen und zurückblicken, was geschehen ist und erreicht wurde (Abbau der Übertragung wichtig, Trennung besprechen);
- klare Absprachen über die Finanzierung/Geld:
  - Kostenübernahme durch die Krankenkasse:
    Beginn erst nach Genehmigung des Gutachterverfahrens, sonst muß der Patient selber zahlen.
  - Vom Patienten abgesagte Sitzungen: (Freud 1913a): „Der Patient ‚mietet' eine bestimmt Stunde; alle Sitzungen, zu denen der Patient nicht erscheint, muß er selber bezahlen, es sei denn, daß die frei gehaltene Stunde mit einem anderen Patienten belegt werden kann. Bei schwerer organischer Krankheit oder schwerwiegenden äußeren Umständen gilt die Therapie als unterbrochen."
    (Ausgefallene Stunden zählen nicht zur Leistungspflicht der Krankenkassen).
  - Rechnungen monatlich stellen und bezahlen lassen,
  - Psychotherapie und Psychoanalyse = geschäftliche und vertragliche Abmachungen.

- Der Patient sollte wichtige Schritte und Entscheidungen der Lebensplanung verschieben, bis die Analyse/Therapie beendet ist (zumindest sorgfältig erörtern) (z. B. Hochzeit, Scheidung, Arbeitsplatzwechsel).
- Der Patient sollte keine physischen Krankheiten behandeln, aber körperliche Reaktionen zur Sprache bringen,
- Ferienpläne möglichst lange vorher besprechen und Patient bitten, seine eigenen möglichst entsprechend einzurichten,
- kein Telefon – wenn nicht anders möglich, dann Entschuldigung.

Voraussetzungen/„innerer" Rahmen (überwiegend für psychoanalytische Psychotherapie)

Drei Arten des Sich-in-Beziehung-Setzens zum Therapeuten/Analytiker:

1. Übertragungsreaktionen,
2. Arbeitsbündnis,
3. objekive Wahrnehmungen;
   - Arbeitsbündnis mit dem Primat der Übertragung (Garant dafür: analytische Neutralität, „Spiegelhaltung" des Analytikers),
   - Arbeitsbündnis = Bündnis zwischen einsichtsfähigem Ich des Patienten und dem analysierenden Ich des Analytikers = Aufgaben und Pflichten beider Interaktionspartner vereinbart:
     - Voraussetzung beim Patienten:
       Fähigkeit zur Ich-Elastizität und zur Ich-Spaltung (= Patient ist in der Lage, zwischen „erlebendem" Ich in der Übertragungsneurose und den vernünftigen und beobachtenden Anteilen des Ich zu oszillieren: Voraussetzung: ausreichende Ich-Stärke);
   - Grundregel:
     - freie Assoziation (betont den Zusammenhang; Gegensatz „Einfall", der schöpferische Qualität hat),
     - keine autoritären Formulierungen,
     - volle Aufrichtigkeit,
     - nicht unangenehme Dinge aussparen,
     - bewußte kritische Auswahl zugunsten des spontanen Gedankenspiels aufgeben,
     - alles darf (nicht muß!) mitgeteilt werden,
     - alles sagen, was durch den Sinn geht (auch wenn es nicht in den Zusammenhang zu passen scheint),
     - „Bitte versuchen Sie, alles mitzuteilen, was Sie denken und fühlen. Sie werden bemerken, daß dies nicht einfach ist, aber der Versuch lohnt sich." (Thomä/Kächele);
   - Grundelement des Arbeitsbündnisses: Rechte des Patienten schützen;
   - die Fähigkeit, ein Arbeitsbündnis einzugehen, hängt von dem realistischen Motiv ab, Hilfe bekommen zu wollen.

Arbeitsbündnis

- Essenz: zuerst Übertragung bis zu einer maximalen Intensität zulassen,
- Indikatoren:
  - Patient hat ausgewogenes Verhältnis zu sich selbst,
  - zum Analytiker,
  - zu wichtigen Personen der Vergangenheit und Gegenwart;

- Arbeitsbündnis als Sonderform der Übertragung:
  Patient will sich
  - vertrauensvoll überlassen,
  - bereitwillig anpassen,
  - sich als guter Patient darstellen,
  - zeigen, daß er sich schnell ändern und gesund werden kann;
- zusätzliche formale Fragen:
  - erklären, warum Fragen nicht beantwortet werden,
  - keine Diagnosen stellen,
  - Mitteilung einer Abwesenheit am Ende der Stunde, mehrere Stunden vor Abwesenheit des Therapeuten,
  - keine Kontakte nichtanalytischer Art,
  - enge Verwandte (Ehefrau/Ehemann) eventuell sehen während einer Patientenstunde; Inhalt des Gesprächs dem Patienten mitteilen.
    Vorteile:
    - wie sieht Partner „wirklich" aus,
    - ihn/sie vor voreiligen Reaktionen auf das Verhalten des Patienten warnen.

Literatur

Freud S (1913) Zur Einleitung der Behandlung. GW Bd VIII, S 453–478

Körner J (1989) Kritik der „therapeutischen Ich-Spaltung". Psyche 43:385–396

Luborsky L (1988) Einführung in die analytische Psychotherapie. Springer, Berlin Heidelberg New York Tokyo

Menninger KA, Holzman PS (1977) Theorie der psychoanalytischen Technik. Frommann-Holzboog, Stuttgart

Mertens W (1990) Einführung in die psychoanalytische Therapie, Bd II. Kohlhammer, Stuttgart

Mertens W (1996) Psychoanalyse. 5. Aufl. Kohlhammer, Stuttgart

Porsch U, Rudolf G, Grande T (1988) Formen der therapeutischen Arbeitsbeziehung. Z Psychosom Med Psychoanal 34:50–75

Rudolf G, Grande T, Porsch U (1988) Die initiale Patient-Therapeut-Beziehung als Prädikator des Behandlungsverlaufs. Z Psychosom Med Psychoanal 34:32–49

Thomä H, Kächele H (1992) Lehrbuch der psychoanalytischen Therapie, Bd. I und II, 2. Aufl. Springer, Berlin Heidelberg New York Tokyo

Teil 5
Leitfaden zur Antragstellung für Psychotherapie nach den Psychotherapie-Richtlinien

14 Begriffsbestimmungen

DEFINITION

Seelische Krankheit ist eine krankhafte Störung der Wahrnehmung, der Erlebnisverarbeitung, der sozialen Beziehungen und der Körperfunktion und ist der willentlichen Steuerung durch den Patienten nicht mehr oder nur teilweise zugänglich.

Dafür müssen kausale, psychodynamisch wirksame Zusammenhänge, die einen Konflikt erkennen lassen, dargelegt werden können.

DEFINITION

Psychotherapie im Sinne der Richtlinien: Danach handelt es sich um ätiologisch orientierte Psychotherapie. Gegenstand der Behandlung ist die unbewußte Psychodynamik neurotischer Störungen mit psychischer und/oder somatischer Symptomatik.

Tiefenpsychologisch fundierte Psychotherapie

- Diese behandelt aktuell wirksame neurotische Konflikte,
- Begrenzung des Behandlungszieles,
- Konzentration des therapeutischen Prozesses durch
  - konfliktzentriertes Vorgehen,
  - Einschränkung regressiver Tendenzen;
- Formen:
  - Fokaltherapie,
  - andere Verfahren der analytischen Kurztherapie (wie etwa die dynamische Psychotherapie nach Dührssen).

Analytische Psychotherapie

- Zusammen mit der neurotischen Symptomatik wird behandelt:
  - der neurotische Konfliktstoff und
  - die zugrundeliegende neurotische Struktur;
- das therapeutische Geschehen wird in Gang gesetzt und gefördert mit Hilfe von
  - Übertragungs- und Widerstandsanalyse,
  - regressiven Prozessen.

Leistungspflicht der Krankenkassen

Diese ist nur gegeben, wenn

- die Psychotherapie der Heilung oder Linderung einer Krankheit im Sinne der RVO dient oder
- der medizinischen Rehabilitation mit dem Ziel der Eingliederung des Patienten in Beruf oder Gesellschaft,
- Indikationen für Psychotherapie gegeben bei
  - kurzfristig aktualisierten Neurosen,
  - psychogenen Körperstörungen,
  - chronifizierten Krankheitsbildern,
  - seelischen Behinderungen verschiedenster Art,
  - speziellen Formen von Psychosen,
  - wenn psychodynamische Faktoren eine wesentliche Rolle spielen;
- einziger Ausschlußgrund: eine zu ungünstige Prognose.

Behandlungsplan

- Der Plan beinhaltet prognostische Überlegungen betreffend:
  - Behandlungsziel,
  - beabsichtigtes therapeutisches Verfahren,
  - die dafür benötigte Stundenzahl;
- Kombination verschiedener Psychotherapieverfahren nicht möglich,
- Begrenzung der Stundenzahl:
  - bei tiefenpsychologisch fundierter Psychotherapie: in der Regel 40–50 Stunden, unabhängig von der Zeitdauer,
  - bei analytischer Psychotherapie: in der Regel 160 Stunden,
  - Überschreitungen bedürfen einer erneuten Antragstellung mit ausführlicher Begründung;
- Probebehandlung von 25 Stunden kann beantragt werden, wenn endgültige Indikationsstellung noch nicht möglich erscheint.

Grundsatzüberlegungen zur Antragstellung

- Die einzelnen Punkte des Antrags (Symptomatik, Anamnese, Psychodynamik, Diagnose) sind – für den Gutachter nachvollziehbar – im Zusammenhang zu sehen.
- Im Antrag muß die Verknüpfung zwischen
  - frühkindlicher Disposition,
  - auslösender Konfliktsituation,
  - neurotischem Konflikt,
  - neurotischer Symptomatik

  einsichtig beschrieben werden;
- Generell geht man von folgenden Annahmen aus:
  - Disposition zu späterer Krankheit im frühen Kindesalter erworben,
  - spezifische Versuchungs- und Versagungssituation im Erwachsenenalter sind auf dem Hintergrund der frühkindlichen Disposition zu verstehen und
  - aktualisieren einen neurotischen Konflikt, der
  - im neurotischen Symptom seine Verarbeitung findet.

15 Vordrucke zur Antragstellung und Informationsblatt

Informationsblatt für tiefenpsychologisch fundierte und analytische Therapie bei Erwachsenen[1]

Der Fragenkatalog für den Erst- und Fortführungsantrag wie auch für den Ergänzungsbericht des Therapeuten ist als Hilfsmittel zur Abfassung der Berichte an den Gutachter erstellt worden. Der Therapeut kann daher in seinem Bericht unter den aufgeführten Hinweisen seine fallbezogene Auswahl treffen. Die Berichte sollen sich auf die Angaben beschränken, die für das Verständnis der psychischen Erkrankung, ihrer ätiologischen Begründung, ihrer Prognose und ihrer Behandlung erforderlich sind.

Bericht zum Erstantrag – PT 3 a bzw. PT 3 a E

1. **Spontanangaben des Patienten**
   Schilderung der Klagen des Patienten und der Symptomatik zu Beginn der Behandlung, – möglichst mit wörtlichen Zitaten –. Ggf. auch Bericht der Angehörigen/Beziehungspersonen des Patienten.
   (Warum kommt der Patient zu eben diesem Zeitpunkt und durch wen veranlaßt?)

2. **Kurze Darstellung der lebensgeschichtlichen Entwicklung**
   a) Familienanamnese,
   b) körperliche Entwicklung,
   c) psychische Entwicklung,
   d) soziale Entwicklung mit besonderer Berücksichtigung der familiären und beruflichen Situation, des Bildungsganges und der Krisen in phasentypischen Schwellensituationen.

3. **Krankheitsanamnese**
   Es sollen möglichst alle wesentlichen Erkrankungen, die ärztlicher Behandlung bedurften oder bedürfen, erwähnt werden, insbesondere bereits früher durchgeführte psychotherapeutische Behandlungen.

4. **Psychischer Befund zum Zeitpunkt der Antragstellung**
   a) Emotionaler Kontakt, Intelligenzleistungen und Differenziertheit der Persönlichkeit, Einsichtfähigkeit, Krankheitseinsicht, Motivation des Patienten zur Psychotherapie.
   b) Bevorzugte Abwehrmechanismen, ggf. Art und Umfang der infantilen Fixierungen, Persönlichkeitsstruktur.
   c) Psychopathologischer Befund (z. B. Bewußtseinsstörungen; Störungen der Stimmungslage, der Affektivität und der mnestischen Funktionen; Wahnsymptomatik, suizidale Tendenzen).

5. **Somatischer Befund**
   Das Ergebnis der körperlichen Untersuchung, bezogen auf das psychische und das somatische Krankheitsgeschehen, ist mitzuteilen.

[1] Quelle: Kassenärztliche Vereinigung Bayerns.

Der somatische Befund soll nicht älter als 3 Monate sein. Die Mitteilung des körperlichen Befundes ist grundsätzlich erforderlich. Wenn ein somatischer Befund nicht mitgeteilt wird, muß der antragstellende Arzt dies hier begründen. Falls die körperliche Untersuchung nicht vom ärztlichen Psychotherapeuten selbst durchgeführt wird, müssen Angaben zum somatischen Befund eines anderen Arztes, evtl. auch zu dessen Therapie (ggf. gebietsbezogen) beigefügt werden.
Bei Delegation und Beauftragung ist dieser Punkt vom delegierenden Arzt auf der Rückseite des Formblattes PT 3 abc bzw. PT 3 abc E zu beantworten.

6. **Psychodynamik der neurotischen Erkrankung**
Darstellung der neurotischen Entwicklung und des intrapsychischen neurotischen Konfliktes mit der daraus folgenden Symptombildung. (Zeitpunkt des Auftretens der Symptome und auslösende Faktoren im Zusammenhang mit der Psychodynamik, auch der interpersonellen Dynamik, sind zu beschreiben.)
Bei Behinderung und bei strukturellen Ich-Defekten ist ein von Behinderung und Defekt abgesetztes, aktuell wirksames Krankheitsgeschehen in seiner Psychodynamik darzustellen.

7. **Neurosenpsychologische Diagnose zum Zeitpunkt der Antragstellung**
Darstellung der Diagnose auf der symptomatischen und strukturellen Ebene; differentialdiagnostische Erwägung unter Berücksichtigung auch anderer Befunde ggf. unter Beifügung der anonymisierten Befundberichte.
(Auch von anderen Ärzten erhobene Befunde, besonders der letzten 3 Monate, sowie die Ergebnisse klinischer Untersuchungen und Behandlungen sind anonymisiert als Kopie beizufügen.)

8. **Behandlungsplan und Zielsetzung der Therapie**
Begründung für die Wahl der Behandlungsform und deren Anwendung in Einzel- oder Gruppentherapie. Bei Gruppentherapie sind Gruppensetting, Zusammensetzung der Gruppe und die gruppenspezifische Indikation, auch die Erfahrung des Patienten in natürlichen und sozialen Gruppen, darzustellen. Es muß ein Zusammenhang nachvollziehbar dargestellt werden zwischen der Art der neurotischen Erkrankung, der Sitzungsfrequenz, dem Therapievolumen und dem Therapieziel, das unter Berücksichtigung der nach den Psychotherapie-Richtlinien begrenzten Leistungspflicht der Krankenkasse als erreichbar angesehen wird.
Andere Verfahren als die in den Psychotherapie-Richtlinien genannten Behandlungsmethoden (B I 1.1) können nicht Bestandteile des Behandlungsplans sein.

9. **Prognose der Psychotherapie**
Beurteilung des Problembewußtseins des Patienten, Beurteilung seiner Verläßlichkeit und seiner partiellen Lebensbewältigung sowie seiner Fähigkeit oder seiner Tendenz zur Regression; Beurteilung seiner Flexibilität und seiner Entwicklungsmöglichkeiten.

10. Dient der Erstantrag einer **Umwandlung von Kurzzeittherapie in Langzeittherapie**, sind zusätzlich folgende Fragen zu beantworten und die Antworten im Bericht voranzustellen.
    1) Welches sind die Gründe für die Änderung der Indikation und die Umwandlung in Langzeittherapie?
    2) Welchen Verlauf hatte die bisherige Therapie?

Bericht zum Fortführungsantrag – PT 3 b bzw. PT 3 b E

1. **Wichtige Ergänzungen zu den Angaben in den Abschnitten 1.–4. des Berichtes zum Erstantrag auf PT 3 a**
Symptomatik und ggf. deren Veränderung, lebensgeschichtliche Entwicklung und Krankheitsanamnese, psychischer Befund und Bericht der Angehörigen des Patienten, Befundberichte aus ambulanter und stationärer Behandlung.

2. **Ergänzungen zur Psychodynamik der neurotischen Erkrankung:**
Die interpersonelle Dynamik (Übertragung, Gegenübertragung und Widerstand) des Patienten im Verlaufe der Therapie, neu gewonnene Erkenntnisse über intrapsychische Konflikte – ggf. besonders auch deren aktuelle und abgrenzbare Auswirkungen bei seelischen Behinderungen – sind darzulegen.

3. Ergänzungen zur neurosen-psychologischen Diagnose bzw. Differential-Diagnose

4. Zusammenfassung des bisherigen Therapieverlaufes:
   a) Mitarbeit des Patienten, seine Regressionsfähigkeit bzw. -tendenz, Fixierungen, Flexibilität,
   b) angewandte Methoden, erreichte Effekte,
   c) bei Gruppentherapie: Entwicklung der Gruppendynamik, Teilnahme des Patienten am interaktionellen Prozeß in der Gruppe, Möglichkeiten des Patienten, seinen neurotischen Konflikt in der Gruppe zu bearbeiten.

5. Änderung des Therapieplanes und Begründung

6. Prognose nach dem bisherigen Behandlungsverlauf
Begründung der wahrscheinlich noch notwendigen Behandlungsfrequenz und -dauer, mit Bezug auf die Entwicklungsmöglichkeiten des Patienten und seines Umfeldes.

Ergänzungsbericht – PT 3 c bzw. PT 3 c E

Die Inanspruchnahme der Behandlung im Rahmen der Höchstgrenzen nach E 1.2.8 der Psychotherapie-Richtlinien erfordert einen Antrag des Versicherten (des Patienten, ggf. seines gesetzlichen Vertreters) auf Fortführung der Behandlung (Formblatt PTV 1 bzw. PTV 1 E), dem ein aktueller Bericht nach PT 3 b bzw. PT 3 b E und zusätzlich ein Ergänzungsbericht (PT 3 c bzw. PT 3 c E) beizufügen ist.
Im zusätzlichen Ergänzungsbericht ist die Fortführung der Behandlung über den Leistungsumfang hinaus, der in den Psychotherapie-Richtlinien unter E 1.2.1–1.2.7 festgelegt wurde, zu begründen und zur beabsichtigten Überschreitung des Behandlungsumfanges Stellung zu nehmen. Dabei sollen folgende Fragen beantwortet werden:

1. Welche Erwartungen knüpft der Patient an die Fortführung der Behandlung? Was möchte er noch erreichen?
2. Welch Zielvorstellungen verbindet der Therapeut mit der im Bericht zum Fortführungsantrag gestellten Therapie?
3. Kann die Beendigung der psychotherapeutischen Behandlung durch Reduzierung der Behandlungsfrequenz ermöglicht oder erleichtert werden?
4. Welche Stundenzahl wird für die Abschlußphase der psychotherapeutischen Behandlung unbedingt noch für erforderlich gehalten?
   Welche Sitzungsfrequenz und welche Behandlungsdauer bis zur Beendigung der Therapie ist vorgesehen?

Ergänzende Angaben des Arztes im Delegations- oder Beauftragungs-Verfahren gem. Rückseite des Formblattes PT 3 a/b/c bzw. PT 3 a/b/c E

Die ergänzenden Angaben des Arztes setzen die Kenntnis des Therapeuten-Berichtes in freier Form voraus. Der Arzt muß den Patienten im Rahmen der Antragstellung selbst untersucht haben. Er kann aktuelle psychische uns somatische Befunde und epikritische Beurteilungen anderer Ärzte vorlegen und ggf. dann auf eine eingehendere körperliche Untersuchung verzichten. In jedem Falle trägt der delegierende bzw. beauftragend Arzt die Verantwortung für die medizinische Diagnose/Differentialdiagnose, auch hinsichtlich einer psychiatrischen Erkrankung, und für die Sicherstellung einer etwa notwendigen ärztlichen Begleittherapie.
In den Fragen der Indikationsstellung und der Wahl des Behandlungsverfahrens wie auch der prognostischen Einschätzung nimmt der Arzt aufgrund der Erörterung der therapeutischen Situation mit dem Therapeuten Stellung und bemüht sich für die Dauer des Behandlungsverlaufes um eine möglichst enge und kooperative Zusammenarbeit mit dem Therapeuten.
Zur Beantwortung der Fragen 1–7 auf der Rückseite des PT 3 bzw. PT 3 E genügen stichwortartige Hinweise, die dem Gutachter eine ausreichende Information zur Beurteilung des Therapieantrages zur Verfügung stellen.

Antrag
des Versicherten
auf Psychotherapie

Name und Anschrift der Krankenkasse

Chiffre ______ des Patienten
Anfangsbuchstabe des Familiennamens | Geburtsdatum 6stellig

Die Angaben der persönlichen Daten sind aufgrund § 60 Sozialgesetzbuch (SGB I) notwendig. Ist der Patient nicht selbst Mitglied der Krankenkasse, sind auch die Angaben zum Mitglied erforderlich.

Angaben zum Patienten	**Angaben zum Mitglied**
Name, Vorname	Name, Vorname
Geburtsdatum	Geburtsdatum
Anschrift	Anschrift
	Mitgliedsnummer

Ich beantrage die Feststellung der Leistungspflicht für Psychotherapie

☐ Erstantrag
☐ Fortführung der Behandlung

Vor der jetzigen Behandlung wurde bereits Psychotherapie durchgeführt

☐ ambulant Dauer der Behandlung von ___ bis ___ ☐ keine
☐ stationär

Behandler/Klinik (Name, Anschrift)

Kostenträger

Ist ein Rentenantrag gestellt? ☐ ja ☐ nein
ggf. wann und bei wem

Ich erkläre mich damit einverstanden, daß der Arzt und der hinzugezogene Psychotherapeut die zur Prüfung des Antrages notwendigen Angaben der Krankenkasse und ggf. der begutachtenden Stelle erteilen.

Datum *Unterschrift des Patienten, ggf. seines gesetzlichen Vertreters*

Formblatt **PTV 1** Antrag des Versicherten an die Krankenkasse — *Bitte zusammen mit den Angaben des Arztes (Formblatt PTV 2) der Krankenkasse einreichen!*

Paul Albrechts Verlag, Postfach 11 20, 2073 Lütjensee

Abb. 43. Antrag des Versicherten auf Psychotherapie

Arztstempel und KV-Abrechnungsnummer

Angaben des Arztes

zum Antrag des Versicherten auf Kurzzeittherapie (KZT)

Name und Anschrift der Krankenkasse

Chiffre des Patienten

Anfangsbuchstabe des Familiennamens | Geburtsdatum 6stellig

☐ Erstantrag

☐ erneuter Antrag

KZT mit maximal 25 Stunden als ☐ tiefenpsychologisch fundierte Psychotherapie ☐ Verhaltenstherapie

Leistungen [ ] nach Nummer [ ] BMÄ-Einzelbehandlungen (50/25 Min.)

Leistungen [ ] nach Nummer [ ] BMÄ-Gruppenbehandlungen (100/50 Min.) und [ ] Teilnehmern in der Gruppe

Leistungen [ ] nach Nummer [ ] BMÄ-Begleitende Behandlungen der Bezugsperson(en)

Die Behandlung soll beginnen am

Diagnose

Die KZT wird durchgeführt

☐ als Behandlungsverfahren mit voraussichtlich ausreichendem Behandlungserfolg

☐ zur Überprüfung einer Indikationsstellung für Langzeittherapie

☐ als Sofortmaßnahme zur Krisenintervention

Begründung des Behandlungsplans: (kurze Hinweise zur Indikation, zu vorausgegangenen Behandlungen und zur Wahl des Behandlungsverfahrens. Die Hinweise müssen die Schweigepflicht gegenüber der Kasse berücksichtigen!)

Erklärung des Arztes

Wurde innerhalb der letzten 2 Jahre bereits eine Psychotherapie durchgeführt ☐ Ja ☐ Nein

☐ Ich führe die beantragte Psychotherapie nach den jeweils geltenden Bestimmungen der kassenärztlichen Versorgung selbst durch.

☐ Ich habe seitens der kassenärztlichen Vereinigung zur ☐ Durchführung ☐ Delegation ☐ Beauftragung der beantragten Therapie (analytisch begründete Verfahren, Verhaltenstherapie, Gruppentherapie, Kindertherapie) eine Berechtigung erhalten.

Name und Abrechnungsnummer des hinzugezogenen Therapeuten

☐ Ich beabsichtige, unter meiner allgemeinen ärztlichen Verantwortung zur Durchführung der Psychotherapie den unten genannten psychologischen Psychotherapeuten bzw. analytischen Kindertherapeuten hinzuzuziehen (Delegation). Zutreffendes bitte unterstreichen! Gegenüber der für meinen Praxissitz zuständigen KV ist nachgewiesen, daß dieser Psychotherapeut die Voraussetzungen für die Durchführung der beantragten Behandlung (analytisch begründete Verfahren, Verhaltenstherapie, Gruppentherapie, Kindertherapie) erfüllt. Zutreffendes bitte unterstreichen!

☐ Ich beabsichtige, unter meiner ärztlichen Verantwortung einen Ausbildungsteilnehmer mit der beantragten Psychotherapie zu beauftragen und bescheinige, daß er die Voraussetzungen nach § 5 der Vereinbarung über die Anwendung von Psychotherapie in der kassenärztlichen Versorgung erfüllt.

Datum / Arztstempel / Unterschrift

Name des Ausbildungsteilnehmers

Name des Ausbildungsinstituts

Erkärung des hinzugezogenen Therapeuten

☐ Ich erkläre, daß ich im Rahmen des Delegations-/Beauftragungsverfahrens die Behandlung nach Maßgabe der Psychotherapie-Richtlinien des Bundesausschusses der Ärzte und Krankenkassen selbst durchführen werde.

Datum / Anschrift (Stempel) und Unterschrift des hinzugezogenen / beauftragten Therapeuten

Paul Albrechts Verlag · Postfach 11 20 · 22950 Lütjensee

Formblatt **PTV 2a** Angaben des Arztes zum Antrag des Versicherten an die Krankenkasse

Abb. 44. Angaben des Arztes zum Antrag des Versicherten auf Kurzzeittherapie

Arztstempel und KV-Abrechnungsnummer

Angaben des Arztes

zum Antrag des Versicherten auf Langzeittherapie (LZT)

☐ Erstantrag ☐ Umwandlungsantrag ☐ Fortführungsantrag Nr. ____

Name und Anschrift der Krankenkasse

Chiffre des Patienten

Anfangsbuchstabe des Familiennamens | Geburtsdatum 6stellig

Bei jeder Antragstellung ist das Formblatt PTV 2b neu auszufüllen. Bei Fortführungs- und Umwandlungsanträgen sind der Erstantrag PTV 2a bzw. 2b und ggf. weitere Anträge auf PTV 2b beizufügen.

LZT mit voraussichtlich insgesamt ____ Stunden einer
☐ tiefenpsychologisch fundierten Psychotherapie ☐ analytischen Psychotherapie ☐ Verhaltenstherapie

Für den jetzigen Bewilligungsschritt werden beantragt
Leistungen ____ nach Nummer ____ BMÄ-Einzelbehandlungen (50/25 Min.) ____ Sitzungen in der Woche
Leistungen ____ nach Nummer ____ BMÄ-Gruppenbehandlungen (100/50 Min.) ____ Sitzungen in der Woche

Für begleitende Behandlung der Bezugsperson(en)
Leistungen ____ nach Nummer ____ BMÄ-Einzelbehandlungen
Leistungen ____ nach Nummer ____ BMÄ-Gruppenbehandlungen

Die Behandlung soll beginnen am oder läuft seit | Diagnose

Bei Fortführung der Behandlung

Datum der Vorgutachten | Name des Gutachters

Bisheriger Behandlungsumfang im laufenden Verfahren
Kurzzeittherapie als ☐ Einzel- ☐ Gruppenbehandlung mit ____ Sitzungen nach Nr. ____ BMÄ
Langzeittherapie als ☐ Einzel- ☐ Gruppenbehandlung mit ____ Sitzungen nach Nr. ____ BMÄ

Erklärung des Arztes

☐ Ich führe die beantragte Psychotherapie nach den jeweils geltenden Bestimmungen der kassenärztlichen Versorgung selbst durch.

☐ Ich habe seitens der kassenärztlichen Vereinigung zur ☐ Durchführung ☐ Delegation ☐ Beauftragung der beantragten Therapie (analytisch begründete Verfahren, Verhaltenstherapie, Gruppentherapie, Kindertherapie) eine Berechtigung erhalten.

☐ Ich beabsichtige, unter meiner allgemeinen ärztlichen Verantwortung zur Durchführung der Psychotherapie den unten genannten psychologischen Psychotherapeuten bzw. analytischen Kindertherapeuten hinzuzuziehen (Delegation). Zutreffendes bitte unterstreichen! Gegenüber der für meinen Praxissitz zuständigen KV ist nachgewiesen, daß dieser Psychotherapeut die Voraussetzungen für die Durchführung der beantragten Behandlung (analytisch begründete Verfahren, Verhaltenstherapie, Gruppentherapie, Kindertherapie) erfüllt. Zutreffendes bitte unterstreichen!

Name und Abrechnungsnummer des hinzugezogenen Therapeuten

☐ Ich beabsichtige, unter meiner ärztlichen Verantwortung einen Ausbildungsteilnehmer mit der beantragten Psychotherapie zu beauftragen und bescheinige, daß er die Voraussetzungen nach § 5 der Vereinbarung über die Anwendung von Psychotherapie in der kassenärztlichen Versorgung erfüllt.

Datum / Arztstempel / Unterschrift

Name des Ausbildungsteilnehmers

Name des Ausbildungsinstituts

Erkärung des hinzugezogenen Therapeuten

☐ Ich erkläre, daß ich im Rahmen des Delegations-/Beauftragungsverfahrens die Behandlung nach Maßgabe der Psychotherapie-Richtlinien des Bundesausschusses der Ärzte und Krankenkassen selbst durchführen werde und daß ich den Bericht zum Antrag auf Langzeittherapie selbst erstellt habe.

Datum / Anschrift (Stempel) und Unterschrift des hinzugezogenen / beauftragten Therapeuten

Formblatt **PTV 2b** Angaben des Arztes zum Antrag des Versicherten an die Krankenkasse | *Durchschlag zur Weiterleitung an den Gutachter.*

Abb. 45. Angaben des Arztes zum Antrag des Versicherten auf Langzeittherapie

Name und Anschrift des Arztes mit KV-Abrechnungsnummer

Name und Anschrift des psychologischen Psychotherapeuten mit Abrechnungsnummer

Name und Anschrift der Krankenkasse

Bericht an den Gutachter

zum Antrag des Versicherten auf tiefenpsychologisch fundierte oder analytische Psychotherapie bei Erwachsenen

- ☐ zum Erstantrag (PT 3a)
- ☐ zum Fortführungsantrag (PT 3b)
- ☐ Ergänzungsbericht (PT 3c)

Bei Fortführungs- und Umwandlungs-Anträgen sind der Erstantrag PT 3a und ggf. weitere Anträge auf PT 3b beizufügen.

Chiffre ☐ | ☐☐☐☐☐☐ des Patienten

Anfangsbuchstabe des Familiennamens | Geburtsdatum 6stellig

Angaben über den Patienten

Alter Jahre | Geschlecht ☐ M ☐ W | Familienstand ☐ ledig ☐ verheiratet ☐ verwitwet ☐ geschieden ☐ wieder verh. ☐ getrennt lebend | Kinderzahl

erlernter Beruf

zuletzt ausgeübte Tätigkeit

Es werden ☐ Sitzungen bei einer Behandlungsfrequenz von ☐ pro Woche beantragt für eine

☐ Tiefenpsychologisch fundierte Psychotherapie

Sonderform ☐ 1.1.1.1 Kurztherapie
☐ 1.1.1.2 Fokaltherapie
☐ 1.1.1.3 Dynamische Psychotherapie
☐ 1.1.1.4 Niederfrequente Therapie

☐ als Einzeltherapie
☐ als Gruppentherapie Teilnehmerzahl ☐
☐ als Kombination von Einzel- und Gruppentherapie (nur bei Sonderform 1.1.1.4)

☐ Analytische Psychotherapie
☐ als Einzeltherapie
☐ als Gruppentherapie Teilnehmerzahl ☐

Hinweise zum Erstellen des Berichtes

1. Der ärztliche Psychotherapeut erstattet seinen Bericht an den Gutachter in freier Form, gliedert ihn in numerierte Abschnitte und fügt ihn, mit Datum und Unterschrift versehen, diesem ebenfalls unterschriebenen Formblatt bei.
   Die inhaltliche Gestaltung des Berichtes ist in einem Informationsblatt vorgegeben, das auf Anforderung von der KV zur Verfügung gestellt wird.
   Die Überschriften der Abschnitte des Informationsblattes sollen im Bericht nicht jeweils wiederholt werden, die Angabe der Abschnitts-Nummer genügt. Der Umfang des Berichtes soll 3 DIN A 4-Seiten nicht überschreiten und nur solche Angaben enthalten, die therapie- und entscheidungsrelevant sind. Der Gutachter ist gehalten, bei wesentlicher Überschreitung dieses Umfangs den Bericht zur sachlichen Verdichtung an den Verfasser zurückzugeben.
2. Im Delegationsverfahren erstattet der hinzugezogene psychologische Psychotherapeut, im Beauftragungsverfahren der Ausbildungsteilnehmer, den Bericht an den Gutachter in freier Form, ausschließlich der Fragen, die nach den Vorgaben des Informationsblattes auf der Rückseite dieses Formblattes vom delegierenden Arzt zu beantworten sind.
   Im übrigen gelten für den Bericht des psychologischen Psychotherapeuten dieselben Hinweise wie oben unter 1.

Paul Albrechts Verlag, Postfach 11 20, 2073 Lütjensee

Formblatt **PT 3a/b/c** Bericht an den Gutachter

Das Original ist zusammen mit dem Bericht im verschlossenen roten Umschlag der Krankenkasse zur Weiterleitung an den Gutachter einzureichen. Die Durchschrift ist für die Akten des Arztes bestimmt.

Abb. 46. Bericht an den Gutachter

Ergänzende Angaben des Arztes
im Delegations- oder Beauftragungs-Verfahren PT 3 a/b/c

1. Somatischer Befund entsprechend Ziffer 5 des Informationsblattes für den Erstantrag PT 3a

2. Psychopathologischer Befund entsprechend Ziffer 4c des Informationsblattes, ggf. mit gebietsbezogener Ergänzung

3. Ergänzungen zur Krankheitsanamnese

4. Medizinische Diagnose/Differentialdiagnose

5. Angaben über parallel laufende ärztliche Behandlungen

6. Begründung der Indikationsstellung und der Wahl des Behandlungsverfahrens

7. Prognostische Erwägungen

Ich befürworte die beantragte Psychotherapie nach persönlicher Untersuchung des Patienten
und nach Erörterung der therapeutischen Situation
mit dem psychologischen Psychotherapeuten ☐
mit dem Ausbildungsteilnehmer ☐

Ich führe die beantragte Psychotherapie selbst durch ☐

Datum　　Stempel　　Unterschrift des Arztes

Abb. 46 (Fortsetzung)

Orientierungshilfen für die Formulierung eines Antrages auf Feststellung der Leistungspflicht für Psychotherapie

Zu Punkt 1 (Spontanangaben des Patienten)

- Wörtliche Wiedergabe der besonders charakteristischen Eingangsklagen,
- Formulierungen mit Appellcharakter und subjektivem Leidensdruck bevorzugen,
- geschilderte Beschwerden müssen Krankheitswert haben,
- Darstellungsform:
  - wörtlich Wiedergabe der Eingangsklagen,
  - zusammenfassende Beschreibung der Symptomatik,
  - Hinweis auf die Dauer des Symptoms,
  - Erwähnung charakteristischer Begleitumstände.

Zu Punkt 2: Kurze Darstellung der lebensgeschichtlichen Entwicklung (psychische Anamnese mit sozialer Familienanamnese)

- Wichtige soziale Daten über das Kindheitsmilieu und die frühkindlichen Beziehungspersonen,
- Charakterisierung der frühkindlichen Beziehungspersonen und ihres Verhältnisses zum Patienten,
- Angaben über den Verlauf der Schwangerschaft, frühkindliche und allgemeine körperliche Entwicklung bis zur Pubertät,
- psychische Entwicklung unter Angabe
  - traumatisierender Situationen,
  - besonderer Milieubelastungen,
  - wesentlicher Konflikte, die die Disposition für die spätere neurotische Erkrankung geschaffen haben.
- Schulische und berufliche Entwicklung:
  - soziale Daten,
  - Kontakt- und Leistungsverhalten,
  - Motiv der Berufswahl,
  - beruflicher Werdegang,
  - typische Schwierigkeiten am Arbeitsplatz;
- Sexuelle Entwicklung und Partnerschaft:
  - frühkindliche Sexualität:
    sexuelle Entwicklung bis zur Pubertät,
    Pubertätskrisen, 1. Partnerschaft, 1. Koitus, weitere Entwicklung der Partnerbeziehungen;
  - Einstellung zur Partnerschaft und Sexualität,
  - Charakterisierung der gegenwärtigen Partnerschaft,
  - Einstellung zu Kindern Ehe (evtl. Scheidung).

Zu Punkt 3 (Krankheitsanamnese)

- Angaben über frühere Erkrankungen,
- insbesondere über eine früher durchgeführte Psychotherapie.

Zu Punkt 4 (Befund zum Zeitpunkt der Antragstellung)

Psychischer Befund (eng mit Prognose verknüpft), bezieht sich vor allem auf:

- Rapportfähigkeit,

- Introspektionsfähigkeit,
- Wandlungsfähigkeit des Patienten und seine
- Motivation für die psychotherapeutische Behandlung,
- grob abnorme psychopathologische Auffälligkeiten dürfen nicht verschwiegen werden; wichtig ist die
- Beurteilung intakter Ich-Anteile, die ein
- therapeutisches Arbeitsbündnis ermöglichen.
- Aufzeigen einer Zukunftsperspektive (Prognose) mit
  - emotionalem Wachstumspotential und
  - Wandlungsmöglichkeiten;
- psychiatrischer Befund (unter Berücksichtigung der intakten Ich-Anteile) zu trennen vom
- psychoanalytischen Befund (Strukturmerkmale, Abwehrmechanismen, Regressionsneigung usw.).

Zu Punkt 5 (somatischer Befund)

- Wurde ein somatischer Befund erhoben? Wenn ja, welcher? (evtl. Bericht beilegen),
- auf letzte Untersuchung beim Hausarzt verweisen.
- Welche Untersuchungen hat man selber veranlaßt, welches Ergebnis haben sie erbracht?

Zu Punkt 6 (Psychodynamik der neurotischen Erkrankung)

- Etwas unterschiedliche Darstellung eines chronifizierten und eines aktuellen Krankheitsgeschehens,
- bei chronifiziertem Geschehen Hinweise auf
  - Veränderungen in äußeren Lebensbedingungen (aktuelle Konfliktsituation) und darauf,
  - daß bisherige Form der Anpassung bzw. Konfliktlösung nicht mehr tragfähig ist zum Erhalt des Gleichgewichts sowie Begründung,
  - warum der Patient gerade jetzt in Behandlung kommt.
- Mögliche Gliederung:
  - Darstellung der äußeren Ereignisse, die zeitlich mit der Entstehung, der Exazerbation oder der Wandlung der Symptomatik zusammenfallen,
  - Zuordnung dieser Ereignisse zu einem neurotischen (d.h. immer intrapsychischen) Konflikt, der auf diese Weise aktualisiert oder verändert wurde, unter Bezugnahme auf die entsprechenden disponierenden Faktoren der Genese,
  - Darstellung der Symptomatik als eines neurotischen Versuchs der Konfliktlösung.

Zu Punkt 7 (neurosenpsychologische Diagnose zum Zeitpunkt der Antragstellung)

- Klassifizierung des Krankheitsbildes nach der Syptomatik in Verbindung mit einer diagnostischen Aussage über die Persönlichkeitsstruktur,
- differentialdiagnostische Überlegungen vor allem bei Verdacht auf schwere Störungen.

Zu Punkt 8 (Behandlungsplan und Zielsetzung der Therapie)

- bei tiefenpsychologisch fundierter Psychotherapie:
  - Beschränkung des Behandlungsziels mit Bearbeitung eines ausgegrenzten neurotischen Konflikts,

- Ziel: Symtombesserung (oder -heilung),
- Angabe, welcher Konfliktanteil bearbeitet werden soll, welches Ziel damit verfolgt wird,
- Angabe der Wahl der Form der Kurztherapie mit Begründung und Anzahl und Frequenz der Sitzungen,
- bei Fokaltherapie Angabe des Fokus;

- bei analytischer Psychotherapie:
  - Begründung, warum Arbeit an der neurotischen Struktur nötig ist bzw. warum Erweiterung des Behandlungsziels über das Symptom hinaus unumgänglich ist (etwa: neurotischer Konflikt ausgeprägt mit Struktur der Persönlichkeit verflochten);
- bei analytischer Gruppentherapie (ähnlich wie oben),
- Entscheidung, ob Gruppen- oder Einzeltherapie mit der Frage:
  - Sollen Konflikte eher im sozialen Umfeld ausgetragen werden?
  - Sollen neue soziale Lernmöglichkeiten eröffnet werden?
    Wenn ja, dann Gruppentherapie.
  - Soll sich Patient eher mit seinen inneren Objekten auseinandersetzen?
    Wenn ja, dann Einzeltherapie.

Zu Punkt 9 (Prognose der Psychotherapie)
Neben Punkt 6 („Psychodynamik“) von besonderer Bedeutung:

- abzuwägen sind günstige und ungünstige Faktoren (die günstigen sind jedoch besonders hervorzuheben),
- Darstellung ähnlich wie unter Punkt 5 („Psychischer Befund“).

Literatur

Rohde-Dachser C (1975; unveröffentlicht) Leitfaden zur Antragstellung für Psychotherapie nach den neuen Psychotherapierichtlinien

16 Beispiele*

Zur Antragstellung für analytische Einzeltherapie

Es sei darauf hingewiesen, daß dieses Beispiel kein „Muster" darstellen kann: die Auslösesituation, die Psychodynamik, die Prognose und der Behandlungsplan müssen für den jeweiligen Patienten individuell überlegt werden.

Die Antragstellung erfolgt in freier Form von nicht mehr als 3 Schreibmaschinenseiten. Formblätter hierfür sind entfallen. Der Antrag wird in einem roten Umschlag, der nur für den Gutachter bestimmt ist, zusammen mit den Daten des Patienten (hierfür gibt es ein Formblatt) der Krankenkasse zugeschickt.

Patient V (26 Jahre alt, Student)

Zu Punkt 1 (Spontanangaben)

„Vor 4 Jahren hat es begonnen, als ich abends etwas mehr getrunken hatte. Da bekam ich starkes Herzklopfen, Herzschmerzen, einen schnellen Herzschlag. Dabei hatte ich große Angst. Ich mußte mich dann übergeben. Dann kam der Notarzt und gab mir eine Kalziumspritze - aber dann wurde es noch schlechter. Seither bin ich immer wieder bei Ärzten, wurde gründlich durchuntersucht. Nie wurde etwas gefunden. Seither ist es einmal kurz vor einer schweren Prüfung aufgetreten. Dann schien es weg zu sein. Aber jetzt kam es im Urlaub wieder. Ich fühle mich sehr beeinträchtigt. Ich war auch im Krankenhaus. Nichts hat geholfen. Außerdem habe ich mit der Blase zu tun. Man sprach von einer ‚Prostatitis'. Das kommt auch immer wieder."

Zu Punkt 2: Kurze Darstellung der lebensgeschichtlichen Entwicklung (psychische Anamnese mit sozialer Familienanamnese)

Als Kind mit 5 Jahren für 1 Jahr Bronchialasthma („immer, wenn ich zur Großmutter kam - das lag an den Bettfedern"); Scheuermann-Krankheit, Appendektomie, Tonsillektomie, Prostatitis (s.o.), Gastritiden.

Patient ist in M. geboren; seine Eltern ließen sich scheiden, als er 12 Jahre alt war. Einzelkind. Er habe bei der Mutter gelebt, zum Vater kaum ein Verhältnis gehabt. „Ich bin auf Mutter fixiert." (Vater +36 Jahre), Angestellter, Vertreter, habe in den ersten Jahren, als Mutter arbeiten gegangen sei, viel Zeit für ihn gehabt, man sei viel rausgefahren in den Wald, habe zusammen Streiche gemacht. Er sei verschwenderisch, habe kein Verhältnis zum Geld, sei cholerisch-aufbrausend. Mutter (+ 38 Jahre) sei dagegen kleinlich, sparsam, habe strenge moralische Auffassungen; bei Tisch alles sauber,

* Die Lebensgeschichten der angeführten Patientenbeispiele wurden in einer Weise verändert, daß die Person nicht erkennbar ist, die Psychodynamik aber unentstellt deutlich blieb.

streng geregelt, gutes Benehmen sehr wichtig; enge räumliche Verhältnisse; zunächst auch Kindermädchen in der Familie. „Ich habe Angst, daß Mutter was passiert – dann ist meine Existenzgrundlage weg." Bis 25. Lebensjahr bei ihr gewohnt. Bis zum 11. Lebensjahr zu dritt in einem Raum geschlafen, dann bis vor einem Jahr im Wohnzimmer.

Primordialsymptomatik: Angstträume, „braves Kind". „Ich war der Heiratsgrund."

Früheste Kindheitserinnerung: „Mutter erzählte, daß bei der Geburt das Licht ausging." Mutter habe ihm sehr viel Freiheit gelassen, sich wenig um ihn gekümmert, habe aber gedroht, ihn von der Schule zu nehmen, wenn er durchfalle. Vater hatte keine Ausbildung, kein Verständnis für längeres Studium. Mutter war stolz auf den „studierten Sohn".

Patient schreibt an der Diplomarbeit, will dann promovieren. Finanziell von der Mutter abhängig; lebt seit $^1/_2$ Jahr in Untermiete. Wenig Zeit für Hobbys. Zwischen 18 und 24 mit Mädchen befreundet, „bei denen habe ich mich zu Hause gefühlt" (damals verschleppte Harnwegsinfektion). „Ich hatte immer Angst, Mutter alleine zu lassen. Sie machte mir auch Vorwürfe." Damals sei bei einer Feier die erste Herzsymptomatik aufgetreten, als er getrunken habe (Auslösesituation!). Er sei nach Hause gegangen, Mutter nicht dagewesen, sei aber sofort gekommen, als sie hörte, es ginge ihm schlecht. Ähnliche Situation einige Monate vor der Untersuchung mit verstärkter Symptomatik. Zu gleicher Zeit hatte er eine Beziehung zu einem Mädchen, „das mich anfangs begeistert hat, weil sie immer lachte und hübsch war". Dann ging sie mir auf die Nerven; ich mußte immer an Mutter denken, die jetzt allein wohnt."

Er selbst bezeichnet sich als ehrgeizig, könne aber nicht durchhalten, sei leicht kränkbar, könne schlecht mit Ärger umgehen, fresse ihn in sich rein oder „platze" heraus, sei sehr anhänglich.

Zu Punkt 3 (Krankheitsanamnese)

- als Kind mit 5 Jahren für 1 Jahr „Bronchialasthma" („immer, wenn ich zur Großmutter kam – das lag an den Bettfedern"),
- Scheuermannsche Krankheit,
- Appendektomie mit 7 Jahren,
- Tonsillektomie mit 9 Jahren,
- Prostatitis seit einigen Jahren,
- immer wieder mal Gastritiden,
- keine voraufgegangenen psychotherapeutischen Behandlungen.

Zu Punkt 4 (psychischer Befund zum Zeitpunkt der Antragstellung)

Sympathischer, aufgeschlossener, gut aussehender, sportlicher Patient, lässig gekleidet; guter Blickkontakt, emotional ansprechbar; er scheint bereit, seinen Lebensplan in Frage zu stellen, geht auf Reizdeutungen ein, ist differenziert, intelligent; wesentliche Abwehrmechanismen: Rationalisierung, Regression; keine Bewußtseinsstörungen, keine Wahnsymptomatik, keine suizidalen Tendenzen.

Zu Punkt 5 (somatischer Befund)

Es wurde kein pathologischer organischer Befund erhoben, weder am Herzen, am Herz-Kreislauf-System, noch an der Blase, der Prostata oder im Bereich des Magen-Darm-Traktes. Befunde anbei.

Zu Punkt 6 (Psychodynamik der neurotischen Erkrankung)

Die im Vordergrund der Problematik und Symptomatik stehenden Herzbeschwerden gehen hauptsächlich auf einen Trennungskonflikt in bezug auf die Mutter zurück. Auch sie „hängt" sehr an ihrem Sohn, kehrt aus dem Urlaub zurück, wenn es ihm mal nicht gut geht. Sie ist sehr besorgt um ihn. Patient seinerseits spricht von ihr als seiner „Existenzgrundlage", die nicht allein materiell zu deuten ist. Bis vor wenigen Monaten hat er noch bei ihr gewohnt. Eine Schuldproblematik spielt insofern eine Rolle, als er nicht frei von Gedanken an seine Mutter mit seinen Freundinnen zusammen sein kann, sich aber andererseits bei ihnen wohler fühlt, weil er hofft, den Armen der Mutter

„entfliehen" zu können. Individuationstendenzen stehen in Widerstreit mit Geborgenheitswünschen. Symptome traten zweimal in der Zeit auf, als die Mutter - mit einem Freund - in Urlaub war; mit Hilfe der Beschwerden hat er sie „zurückholen" können. Umgekehrt kann Patient nicht frei mit seinen Freundinnen zusammen sein. In diesem Zusammenhang ist ein Sichschuldigfühlen bei den ersten sexuellen Kontakten und den rezidivierenden Harnwegsinfektion mit der Prostatitis zu diskutieren. Hierbei gehört auch das betont progressiv-forsche Verhalten des Patienten als Kompensation der Abhängigkeit von der Mutter. Die wechselhaft intensive und ambivalente Beziehung zu seinem Vater dürfte die Findung der eigenen Geschlechtsrolle erschwert haben.

Zu Punkt 7 (neurosenpsychologische Diagnose zum Zeitpunkt der Antragstellung)

Es handelt sich bei dem Patienten überwiegend um eine narzißtische Persönlichkeitsentwicklung mit weitgehend depressiver, zwanghafter, aber auch schizoider Abwehrorganisation; der Symbiose-Individuations-Prozeß ist ebenso behindert wie die Findung eines sicheren Selbstswertgefühls und der Identität. Die ausgeprägten Somatisierungstendenzen sind in diesem Kontext zu sehen.

Zu Punkt 8 (Behandlungsplan und Zielsetzung der Therapie)

Bei dem Patienten ist eine analytische Psychotherapie (Einzelbehandlung) indiziert und vorgesehen. Eine analytische Gruppentherapie lehnt der Patient ab. Eine analytische Psychotherapie ist angezeigt, weil der beschriebene neurotische Konflikt als auch die erhebliche körperliche Symptomatik eng mit der Struktur der Gesamtpersönlichkeit verflochten ist und eine Besserung mit Hilfe einer niederfrequenten Form von Psychotherapie ohne Übertragungsneurose und deren Aufarbeitung nicht zu erwarten ist.

Die Voraussetzungen für diese Art von Psychotherapie sind günstig und sollte bei dem jugendlichen Alter des Patienten unbedingt versucht werden; Einschränkungen der Prognose ergeben sich aus der Frage des Durchhaltevermögens des Patienten.

Der Versicherungsträger wird um Zustimmung und Unterstützung dieses Antrages auf analytische Psychotherapie, durchgeführt nach den üblichen Regeln, von zunächst 80 Sitzungen gebeten.

Zu Punkt 9 (Prognose der Psychotherapie)

Die Prognose ist als nicht allzu schlecht anzusehen; dafür spricht das Introspektionsvermögen, die Differenziertheit des Patienten, die anzunehmende Flexibilität mit der Bereitschaft, den Lebensplan in Frage zu stellen. Der Leidensdruck ist groß, die Motivation zur Behandlung gut. Ein erfolgreicher Abschluß der Behandlung wird davon abhängen, ob der Patient die Therapie durchhalten wird. Nach dem Gesamteindruck, den bereits ausgeprägten Somatisierungstendenzen und wegen des relativ jungen Alters sollte eine analytische Psychotherapie unbedingt versucht werden.

Zur Antragstellung für eine tiefenpsychologisch fundierte Psychotherapie

Patientin I. S., 25 Jahre alt, Studentin

Zu Punkt 1 (Spontanangaben)

„Ich habe mich fast nicht mehr auf die Straße getraut, habe mich mit Tüchern verhängt ... für mich gibt es nur richtig oder falsch, gut oder böse ... lieber keine Beziehung, als ausgenützt zu werden ... ich leide unter meinen schlechten Gedanken, ich bin so neidisch, eifersüchtig ... ich kann Kritik nicht aushalten, da muß ich gleich weinen ... ich verschließe mich ganz, vor allem ... ich habe bisher noch nicht mit meinem Freund geschlafen."

Patientin sucht die psychosomatische Ambulanz einer Universitätsklinik auf, weil sie einen Zusammenhang zwischen ihren Akneschüben und den Beziehungsschwierigkeiten mit ihrem Freund vermutet.

Patientin kann sich nicht an Doktorspiele erinnern, sie bekam von den Eltern keine Aufklärung und „im Biologieunterricht hörte ich nicht zu".

Masturbation bis zum 12. Lebensjahr mit großen Schuldgefühlen, seitdem habe sie das Gefühl, daß sie nur bis zum Nabel existiere.

Traum aus dieser Zeit: „Ich bin in der Augenklinik, liege in einer Maschine, sehe mich an, da habe ich plötzlich Brüste und einen Penis, ich bin behaart, ich werde untersucht, das erlebe ich lustvoll." Dieser Traum wiederholt sich öfter vom 6.–12. Lebensjahr. Menarche mit 14 Jahren, „ich war total entsetzt", von der Mutter nicht aufgeklärt. Zitat Mutter: „Die Männer wollen immer nur das eine, laß dich nicht ausnützen." Seit der Pubertät Engagement in der Pfarrgemeinde, Jugendarbeit, „Männer ließ ich an mich nicht ran". Mit 23 Jahren erstmals feste Beziehung, nach 2 Monaten Trennung, kein GV, „bevor es soweit war, habe ich mich getrennt". Mit 24 Jahren lernte sie den jetzigen Partner kennen, gleichaltrig, fraulicher Typ, Religionspädagogikstudent. Nach 4 Wochen Bekanntschaft lernte dieser eine andere Frau im Urlaub kennen, ihr Reaktion: „Die andere ist selbstbewußter, schöner, er schläft vielleicht mit ihr, das halte ich nicht aus, ich kann nicht mit ihr kämpfen, das macht mich kaputt". Erneut schwerer Akneschub. Ihre Reaktion auf Partnerprobleme, sie zieht sich zurück, gekränkt, hängt Tagträumereien nach, innerliche Leere, Antriebslosigkeit, Sinnlosigkeit der Beziehung. „Ich darf nur mit ihm schlafen, wenn ich ihn auch heiraten könnte." Als er beschließt, den Abend mit einer früheren Freundin zu verbringen, geht sie wütend aus dem Haus und bastelt nach einem Spaziergang einen Adventskalender für ihn.

Berufliche Entwicklung

Nach dem Abitur geht sie ein Jahr als Au-pair-Mädchen nach T., gegen den Willen des Vaters. „Du schaffst das nicht, du kommst bald zurück." Sie hätte sich trotz großem Heimweh durchgebissen und dabei das Weinen verlernt.

Als einzige der Geschwister hätte sie das Abitur gemacht und jetzt das Pädagogikstudium fast abgeschlossen.

Zu Punkt 2: Kurze Darstellung der lebensgeschichtlichen Entwicklung (psychische Anamnese und soziale Familienanamnese)

Die Patientin wurde 1965 als zweite Tochter eines kleinen Landwirts (Haupterwerb) in einem Dorf in Schwaben geboren. Sie hat 3 Schwestern (+ 2, – 1, – 4 Jahre) und einen Bruder (– 9 Jahre).

Ihre Eltern waren beide 39 Jahre alt bei ihrer Geburt. Mit im Haushalt lebten die Großeltern mütterlicherseits sowie 2 Großtanten und -onkel, alle unverheiratet. Die Familienatmosphäre war geprägt von kath. Moralvorstellungen (ein Großonkel war Pfarrer, eine Großtante Pfarrhaushälterin), Fleiß, schwäbische Sparsamkeit, elterliche Autorität und Strenge.

Den Vater erlebte die Patientin in der traditionellen Männerrolle verhaftet, er habe nie den Kinderwagen geschoben, im Haushalt der Mutter geholfen. Er übte im Dorf viele Ämter aus, war geschätzt, freundlich und lustig, zuhause jedoch „despotisch", nörglerisch, abwertend, ungerecht und verteilte „ungefragt" Ohrfeigen. Der Mutter oblagen alle Pflichten im Haushalt, Garten, Stall und bei der Kinderbetreuung und -erziehung. Die Mutter beschreibt die Patientin als das „Gegenteil" vom Vater: gutmütig, sanft, nie aufmuckend, aufopfernd, jedoch stur. Zärtlichkeiten gab es zuhause keine, körperliche Berührungen seien ebenso wie Auseinandersetzungen, Gespräche und Diskussionen tabu gewesen. Der Vater war von den Schwiegereltern nicht akzeptiert und zog sich zunehmend in die Dorfwelt aus der Familie zurück. Die Beziehung zu ihren Schwestern sei gut gewesen, sie sei als Kleinkind wegen ihrer Bravheit immer gelobt worden, im Gegensatz zu ihren Schwestern, die sich oft gestritten hätten.

Zu Punkt 3 (Krankheitsanamnese)

Die zwei Jahre älter Schwester der Patientin leidet an einer Angstneurose. Familienanamnese sonst unauffällig.

Schwangerschaft unauffällig, Klinikspontangeburt, Dammschnitt, Nottaufe im Krankenhaus wegen lebensbedrohlicher Salmonellose, deswegen 9 Wochen stationär, keine Stillzeit, selten Besuche der Mutter, angeblich schlechte Verkehrsverbindung zur Klinik. Vom 3. – 6. Lebensjahr häufige ambulante Untersuchungen in der Augenuniklinik Tübingen wegen Schielens, Augenpflasteranwendungen. Frühe Sauberkeitserziehung (ca. 16. Monate), übl. Kinderkrankheiten, mit 14 Jahren erstmals Akne im Gesicht, Akneschübe vor allem bei Belastungssituationen, deswegen jahrelang dermatologische Behandlungen; in den letzten 12 Monaten Behandlung durch Heilpraktikerin; neuer Akneschub bei Neubeginn der jetzigen Partnerbeziehung; in den letzten Monaten erhöhte Infektanfälligkeit.

Zu Punkt 4 (psychischer Befund zum Zeitpunkt der Antragstellung)

Im Erstkontakt fällt an der jünger wirkenden, gut aussehenden, mittelgroßen Patientin der scheue Blick und die langen dunkelbraunen, das Gesicht halb verdeckenden Haare auf. Sie ist jungmädchenhaft, gepflegt gekleidet, die Bewegungen wirken etwas eckig und zögernd.
Im Kontakt ist sie aufmerksam, zugewandt. Sie ist für eine Therapie gut motiviert.

Verdrängung der libidinösen und symbiot. Wünsche, Projektion der Trennungswünsche, Isolierung, die zu einer betont sachlichen Haltung bezüglich Objektbeziehungen führt, Reaktionsbildung, statt Auseinandersetzungen zu führen, betonte Zärtlichkeit gegenüber Partner und Eltern, Identifizierung u.a. mit der Sexualmoral der Eltern.

Störungen der Affektivität etc. liegen nicht vor.

Zu Punkt 5 (somatischer Befund)

Patientin wurde vor 3 Wochen in der Hautklinik und der Inneren Klinik der Universität ambulant untersucht; ein pathologischer körperlicher Befund konnte nicht erhoben werden.

Zu Punkt 6 (Psychodynamik der neurotischen Erkrankung)

In der von emotionaler Kargheit geprägten, stark einengenden Familienatmosphäre kommt es zu schwersten Einschränkungen aller Entwicklungsstufen.

Die Patientin erlebt die ersten 9 Lebenswochen in einer Klinik, von ihrer Mutter getrennt, die sie nicht stillte und dort nur selten besuchte, bedroht von einer „schmutzigen" Krankheit, die bis heute vor der Patientin verheimlicht wurde. Wahrscheinlich fühlte sich die Mutter für die Salmonellose verantwortlich und war dazu von der Geburt einer zweiten Tochter enttäuscht, ebenso der Vater, der auf einen Hoferben hoffte.

Es ist anzunehmen, daß die Patientin aggressive Regungen in Bezug auf die rigide Mutter als äußerst gefährlich erlebte, mußte sie doch um den Verlust des einzigen Objekts fürchten, da der Vater selten anwesend war. Als Kind zeichnete sich die Patientin durch braves Verhalten aus, wahrscheinlich eine frühzeitige resignative Anpassung an die Eltern.

Die ödipale Entwicklung verlief vor dem Hintergrund des von der Familie abgelehnten, abwesenden Vaters, der bei Anwesenheit durch körperliche Züchtigung ängstigte, schwer gestört. So stellt die von symbiotischen Wünschen und Unterordnungstendenzen bestimmte Partnerbeziehung der in ihrer weiblichen Identität schwer gestörten Patientin eine Wiederholung der von symbiotischer Enge und unausgetragenen Machtkämpfen bestimmten Familienbeziehung dar.

Auslösend für die Verschlimmerung ihrer Symptome dürfte die Schwellensituation des Berufseintritts (Jahrespraktikum) und die damit verbundene notwendige Ablösung vom Elternhaus sein. Sie kann vor dem Hintergrund der eigenen nicht vollzogenen Trennung von den Eltern keine befriedigende Beziehung zu einem Partner aufbauen. Der Anspruch an sich, eine ideale Beziehung zu ihrem Freund zu verwirklichen, löst eine nicht erlebbare Wut über diese Enttäuschung in ihr aus und diese richtet sie nun gegen sich selbst.

Zu Punkt 7 (neurosenpsychologische Diagnose zum Zeitpunkt der Antragstellung)

Es handelt sich bei der Patientin um eine depressive Neurose bei narzißtischer Persönlichkeitsentwicklung mit überwiegend depressiven und zwanghaften Strukturanteilen sowie ausgeprägten Somatisierungstendenzen und Beziehungsstörungen.

Zu Punkt 8 (Behandlungsplan und Zielsetzung der Therapie)

Es soll versucht werden, mit einer tiefenpsychologisch orientierten Einzeltherapie bei einer Frequenz von 1 Wochenstunde die aktuelle Konfliktsituation zu bearbeiten. Zu einer tieferen Regression mit Anstreben einer Übertragungsneurose in einem analytisch-psychotherapeutischen Setting ist die Patientin derzeit nicht in der Lage. Die Einzeltherapie ist jedoch dringend indiziert, um einer weiteren Verschlechterung der Symptome vorzubeugen und der Patientin die autoaggressiven Anteile der vorliegenden Störung zu verdeutlichen. Über die Lockerung der extremen Agressionshemmung als auch der Objektverlustängste wird es – unter dem Schutz der therapeutischen Beziehung – der Patientin möglich sein, ihre Erfahrungen in die Realität zu übertragen.

Zu Punkt 9 (Prognose der Psychotherapie)

Aufgrund der bisher stattgefundenen Gespräche ist die Prognose als günstig anzusehen. Die Patientin konnte sich innerhalb weniger Stunden auf einen therapeutischen Prozeß einlassen. Wenngleich immer wieder eine leistungsorientierte Grundhaltung zu dominieren versucht, zeigt die Patientin ausreichende Flexibilität, Symbolisierungs- und Introspektionsfähigkeit. Im Assoziationsmaterial zeigt sich eine deutlich positive Übertragung, wobei jedoch auch die Ambivalenz in der Mutterübertragung deutlich spürbar ist, daß die Patientin trotz der genannten Beschwerden über ausreichende Ich-Stärke verfügt und bisher eine gute partielle Lebensbewältigung gezeigt hat.

Es werden zunächst 50 Stunden einer tiefenpsychologisch fundierten Psychotherapie beantragt. Danach sollte erneut abgeschätzt werden, ob die Überführung der beantragten Behandlung in eine analytische Langzeittherapie sinnvoll erscheint.

Literatur

Faber FR, Haarstrick R (1991) Psychotherapie-Richtlinien, Kommentar, 2. Aufl. Jungjohann, Neckarsulm

Anhang

A1 Ebenen der psychosomatisch-psychotherapeutischen Versorgung

Tabelle 29. Die Ebenen der Versorgung

Qualifizierung in	Bezeichnung	Besonderheiten
Basisversorgung	Psychosomatische Grundversorgung	Medizinstudium
Bereiche	Psychotherapie	Medizinstudium; zugeordnet den Gebietsärzten; unterteilt in „tiefenpsychologisch fundiert“ und „verhaltenstherapeutisch“
	Psychoanalyse	Medizin- oder Psychologiestudium; spezielle Behandlungskompetenz für die „Psychofachärzte“, auch Psychologen; kein Facharztäquivalent mehr.
Gebiete	Facharzt für Psychotherapeutische Medizin	Medizinstudium
	Facharzt für Psychiatrie und Psychotherapie	Medizinstudium
	Facharzt für Kinder- und Jugendpsychiatrie und Psychiatrie	Medizinstudium
Nach dem Psychotherapeutengesetz zum 1.1.1999	Psychologischer Psychotherapeut	Psychologiestudium
	Kinder- und Jugendlichenpsychotherapeut	Hochschulstudium; Sonderausbildung mit Schwerpunkt Psychoanalyse oder Verhaltenstherapie

Erläuterungen zur Neufassung der Psychotherapie-Richtlinien des Bundesausschusses der Ärzte und Krankenkassen in der besonderen Zusammensetzung für Fragen der Psychotherapie und der Psychotherapie-Vereinbarungen, die jeweils zum 1.1.1999 in Kraft getreten sind[1]

Das im Frühjahr 1998 von Bundestag und Bundesrat beschlossene Psychotherapeuten-Gesetz macht eine grundlegende Neufassung sowohl der Psychotherapie-Richtlinien als auch der Psychotherapie-Vereinbarungen gleichzeitig mit dem Inkrafttreten seiner wesentlichen Bestimmungen zum 1.1.1999 notwendig. Dies ergibt sich insbesondere aus der geänderten Rechtsstellung der Psychologischen Psychotherapeuten und Kinder- und Jugendlichenpsychotherapeuten, die in Zukunft eine Zulassung bzw. Ermächtigung zur vertragsärztlichen Versorgung erhalten und damit auch ordentliche bzw. außerordentliche Mitglieder der Kassenärztlichen Vereinigung werden. Die am 23.10.1998 vom Bundesausschuß der Ärzte und Krankenkassen in seiner besonderen Zusammensetzung für Fragen der Psychotherapie beschlossenen Neufassung der Psychotherapie-Richtlinien wurde in vier kurz aufeinanderfolgenden Sitzungen des vom Bundesausschuß dafür eingesetzten Arbeitsaussschusses vorbereitet. Gleichzeitig erfolgte eine Anpassung der bestehenden Psychotherapie-Vereinbarungen and die Neufassung der Psychotherapie-Richtlinien und die geänderten gesetzlichen Vorgaben zwischen den Vertragspartnern dieser Vereinbarung unter Hinzuziehung der Leistungserbringerseite des Arbeitsausschusses „Psychotherapie-Richtlinien".

[1] Deutsches Ärzteblatt 95, Heft 51–52, 21. Dezember 1998.

Erläuterungen zu der Neufassung der Psychotherapie-Richtlinien

Die Neufassung der Psychotherapie-Richtlinien, die zum 1. Januar 1999 in Kraft treten soll, enthält die nachfolgend aufgeführten Neuerungen. Zunächst sind Regelungen zum Konsilarverfahren vor Aufnahme einer Psychotherapie durch einen Psychologischen Psychotherapeuten oder Kinder- und Jugendlichenpsychotherapeuten aufgenommen worden. Danach haben diese Psychotherapeuten spätestens nach den probatorischen Sitzungen den Konsiliarbericht eines Vertragsarztes einzuholen. Der Konsiliarbericht dient der Abklärung einer somatischen oder, wenn der somatisch abklärende Arzt dies für erforderlich hält, psychiatrischen Erkrankung. Zu den Regelungen zum Konsiliarverfahren gehört auch die Festlegung der Qualifikation der den Konsiliarbericht abgebenden Ärzte. Danach sind bei Jugendlichen und Erwachsenen alle Ärzte mit Ausnahme derjenigen, die nur auf Überweisung in Anspruch genommen werden können, zur Abgabe des Konsiliarberichtes berechtigt. Der Konsiliarbericht im Falle vorgesehener Psychotherapie bei Kindern kann von Pädiatern, Kinder- und Jugendpsychiatern, Internisten, Allgemein- und Praktischen Ärzten abgegeben werden.

Weiterhin sieht die neue Psychotherapie-Richtlinie eine Modifikation des Gutachterverfahrens vor. Danach setzt zukünftig die Genehmigung auch von Kurzzeittherapie grundsätzlich eine vorherige Begutachtung voraus. Eine Befreiung von der Begutachtungspflicht ist möglich, wenn eine definierte Anzahl genehmigter Therapien den Kassenärztlichen Vereinigungen nachgewiesen wird. Hinsichtlich des Inkrafttretens der geschilderten Änderung des Gutachterverfahrens sehen die Richtlinien vor, daß diese zum 1.1.2000 in Kraft treten.

Neu in die Richtlinien aufgenommen wurden die Anforderungen an die Qualifikationen der nach den Richtlinien tätig werdenden Gutachter. Hier ist geregelt, welche Ärzte, Psychologische Psychotherapeuten oder Kinder- und Jugendlichenpsychotherapeuten Begutachtungen vornehmen können. Weiterhin wurden die Vorgaben des Psychotherapeutengesetzes hinsichtlich der Qualifikationsvoraussetzungen für Psychologische Psychotherapeuten und Kinder- und Jugendlichenpsychotherapeuten in den Richtlinien berücksichtigt, wonach jeweils der verfahrensbezogene Fachkundenachweis gem. §95c SGB V oder gem. §95 Abs. 10 und 11 SGB V diese Therapeuten zur Durchführung der Psychotherapie nach den Richtlinien berechtigt. Schließlich wurden die Regelungen zum Delegationsverfahren, das nach Zulassung der Psychologischen Psychotherapeuten und Kinder- und Jugendlichenpsychotherapeuten zur vertragsärztlichen Versorgung entfällt, gestrichen.

Erläuterungen zu der Neufassung der Psychotherapie-Vereinbarungen

Die wesentlichen Änderungen der neuen Psychotherapie-Vereinbarungen sind:

– Anpassung der Terminologie zur Genehmigungspflicht von Leistungen im Rahmen der Psychotherapie an die gesetzlichen Vorgaben, sowohl für den Bereich der ärztlichen Psychotherapie als auch für den Bereich der psychologischen Psychotherapie und der Kinder- und Jugendlichen-Psychotherapie.

– Regelung zur Abrechnung von Leistungen in Einrichtungen gem. §117 Abs. 2 SGB V. Aufgrund dieses Paragraphen besteht ein Ermächtigungstatbestand für Ambulanzen an psychologischen Universitätsinstituten und an anerkannten Ausbildungsstätten nach dem Psychotherapeuten-Gesetz, sofern sie in Richtlinien-Psychotherapie ausbilden. Die Psychotherapie-Vereinbarungen nehmen hier eine Konkretisierung zur Leistungserbringung an diesen Ambulanzen vor.

– Streichung der bisherigen sogenannten Beauftragungsregelung zur Erbringung von Leistungen im Rahmen der Ausbildung an nach den Psychotherapie-Vereinbarungen anerkannten Ausbildungsinstituten (diese ist notwendig, da in Zukunft eine Kompetenz zur Anerkennung entsprechender Ausbildungsinstitute allein bei den jeweiligen Bundesländern und nicht mehr bei den Vertragspartnern der Psychotherapie-Vereinbarungen liegt).

– Streichung der das bisherige Delegationsverfahren betreffenden Passagen in den Vereinbarungen.

– Anpassung der Vereinbarungen an die durch die Psychotherapie-Richtlinien geregelten Sachverhalte Konsiliarverfahren, Modifizierung des Gutachterverfahrens und Qualifikationsvoraussetzungen für eine Gutachtertätigkeit.

– Aufnahme von Maßnahmen zur Qualitätssicherung des Gutachterverfahrens.

– Anpassung der im Bereich der Psychotherapie verwendeten Formblätter an die geänderten Vorgaben der Psychotherapie-Richtlinien und -Vereinbarungen. Dabei handelt es sich im wesentlichen um Änderungen, die sich aufgrund des Wegfalls des Delegationsverfahrens ergeben. Das PTV 9 wird dadurch ersatzlos gestrichen. Das PTV 2a und b wird zu einem Formular PTV 2, das sowohl für die Kurzzeit- als auch Langzeittherapie verwendet werden kann. Neu hinzu kommen Formulare für den Konsiliarbericht vor Aufnahme einer Psychotherapie durch Psychologische Psychotherapeuten oder Kinder- und Jugendlichenpsychotherapeuten und eine Überweisung zur Abgabe des Konsiliarberichtes.

– Aufnahme von Übergangsregelungen für die Durchführung tiefenpsychologisch fundierter und analytischer Psychotherapie durch Psychologische Psychotherapeuten, die an den nach den Psychotherapie-Vereinbarungen anerkannten Ausbildungsinstituten ihre Ausbildung bis zum 31.12.2003 beenden und für das Beauftragungsverfahren an diesen Ausbildungsinstituten bis zum 30.6.1999.

– Ersatzlose Streichung der bisherigen Anlagen zu den Psychotherapie-Vereinbarungen, die die Anerkennungskriterien für entsprechende Ausbildungsinstitute regelten.

Zur Veröffentlichung gelangt hier nur der Text der Anlage 1 zum Bundesmantelvertrag, die jedoch grundsätzlich inhaltsgleich zur Anlage 1 des Arzt-/Ersatzkassenvertrages. Danach können Testverfahren während einer Psychotherapie grundsätzlich nicht abgerechnet werden.

Psychotherapie-Richtlinien

Der Bundesausschuß der Ärzte und Krankenkassen hat in seiner Sitzung am 23. Oktober 1998 die nachstehenden Richtlinien über die Durchführung der Psychotherapie (Psychotherapie-Richtlinien) beschlossen.

Richtlinien des Bundesausschusses der Ärzte und Krankenkassen über die Durchführung der Psychotherapie (Psychotherapie-Richtlinien)

in der Fassung vom 23. Oktober 1998

Die vom Bundesausschuß der Ärzte und Krankenkassen gemäß §92 Abs. 6a des Fünften Buches Sozialgesetzbuch beschlossenen Richtlinien dienen der Sicherung einer den gesetzlichen Erfordernissen entsprechenden ausreichenden, zweckmäßigen und wirtschaftlichen Psychotherapie der Versicherten und ihrer Angehörigen in der vertragsärztlichen Versorgung. Die Kosten trägt die Krankenkasse. Zur sinnvollen Verwendung der Mittel sind die folgenden Richtlinien zu beachten. Sie dienen als Grundlage für Vereinbarungen, die zur Durchführung von Psychotherapie in der vertragsärztlichen Versorgung zwischen den Vertragspartnern abzuschließen sind.

A Allgemeines

1. Psychotherapie kann im Rahmen dieser Richtlinien erbracht werden, soweit und solange eine seelische Krankheit vorliegt. Als seelische Krankheit gilt auch eine geistige oder seelische Behinderung, bei der Rehabilitationsmaßnahmen notwendig werden.

Psychotherapie ist keine Leistung der gesetzlichen Krankenversicherung und gehört nicht zur vertragsärztlichen Versorgung, wenn sie nicht der Heilung oder Besserung einer Krankheit bzw. der medizinischen Rehabilitation dient. Dies gilt ebenso für Maßnahmen, die ausschließlich zu beruflichen Anpassung oder zur Berufsförderung bestimmt sind, für Erziehungsberatung, Sexualberatung, körperbezogene Therapieverfahren, darstellende Gestaltungstherapie sowie heilpädagogische oder ähnliche Maßnahmen.

Die ärztliche Beratung über vorbeugende und diätetische Maßnahmen wie auch die Erläuterungen und Empfehlungen von übenden, therapiefördernden Begleitmaßnahmen sind ebenfalls nicht Psychotherapie und sind auch nicht Bestandteil der psychosomatischen Grundversorgung.

2. In diesen Richtlinien wird seelische Krankheit verstanden als krankhafte Störung der Wahrnehmung, des Verhaltens, der Erlebnisverarbeitung, der sozialen Beziehungen und der Körperfunktionen. Es gehört zum Wesen dieser Störungen, daß sie der willentlichen Steuerung durch den Patienten nicht mehr oder nur zum Teil zugänglich sind.

Krankhafte Störungen können durch seelische oder körperliche Faktoren verursacht werden; sie werden in seelischen und körperlichen Symptomen und in krankhaften Verhaltensweisen erkennbar, denen aktuelle Krisen seelischen Geschehens, aber auch pathologische Veränderungen seelischer Strukturen zugrunde liegen können.

Seelische Strukturen werden in diesen Richtlinien verstanden als die anlagemäßig disponierenden und lebensgeschichtlich erworbenen Grundlagen seelischen Geschehens, das direkt beobachtbar oder indirekt erschließbar ist.

Auch Beziehungsstörungen können Ausdruck von Krankheit sein; sie sind für sich allein nicht schon Krankheit im Sinne dieser Richtlinien, sondern können nur dann als seelische Krankheit gelten, wenn ihre ursächliche Verknüpfung mit einer krankhaften Veränderung des seelischen oder körperlichen Zustandes eines Menschen nachgewiesen wurde.

3. Psychotherapie, als Behandlung seelischer Krankheiten im Sinne dieser Richtlinien, setzt voraus, daß das Krankheitsgeschehen als ein ursächlich bestimmter Prozeß verstanden wird, der mit wissenschaftlich begründeten Methoden untersucht und in einem Theoriesystem mit einer Krankheitslehre definitorisch erfaßt ist.

Die Theoriesysteme müssen seelische und körperliche Symptome als Ausdruck des Krankheitsgeschehens eines ganzheitlich gesehenen Menschen wahrnehmen und berücksichtigen. Sie müssen den gegenwärtigen, lebensgeschichtlichen und gesellschaftlichen Faktoren in ihrer Bedeutung für das Krankheitsgeschehen gerecht werden.

4. Psychotherapie dieser Richtlinien wendet methodisch definierte Interventionen an, die auf als Krankheit diagnostiziert seelische Störungen einen systematisch verändernden Einfluß nehmen und Bewältigungsfähigkeiten des Individuums aufbauen.

Diese Interventionen setzen eine bestimmte Ordnung des Vorgehens voraus. Diese ergibt sich aus Erfahrungen und gesicherten Erkenntnissen, deren wissenschaftliche Reflexion zur Ausbildung von Behandlungsmethoden im Rahmen einer übergreifenden Theorie geführt hat.

In der psychotherapeutischen Intervention kommt, unabhängig von der Wahl des Therapieverfahrens, der systematischen Berücksichtigung und der kontinuierlichen Gestaltung der Therapeut-Patient-Beziehung eine zentrale Bedeutung zu.

5. Im Rahmen einer Psychotherapie kann es notwendig werden, zur Erreichung eines ausreichenden Behandlungserfolges Beziehungspersonen aus dem engeren Umfeld (Partner, Familie) des Patienten in die Behandlung einzubeziehen.

6. Psychotherapie setzt eine ätiologisch orientierte Diagnostik voraus, welche die jeweiligen Krankheitserscheinungen erklärt und zuordnet. Dies gilt auch für die vorwiegende übenden und suggestiven Techniken. Die angewandte Therapiemethode muß in einer angemessenen Relation zu Art uand Umfang der diagnostizierten Erkrankung stehen. Verfahren ohne Erfüllung der genannten

Erfordernisse sind als Psychotherapie im Sinne der Richtlinien nicht geeignet. Voraussetzung ist ferner, daß der Krankheitszustand in seiner Komplexität erfaßt wird, auch dann, wenn nur die Therapie eines Teilzieles angestrebt werden kann.

7. Die Psychotherapie im Sinne dieser Richtlinien wird in der vertragsärztlichen Versorgung ergänzt durch Maßnahmen der psychosomatischen Grundversorgung. Dabei handelt es sich um eine möglichst frühzeitige differentialdiagnostische Klärung psychischer und psychosomatischer Krankheitszustände in ihrer ätiologischen Verknüpfung und in der Gewichtung psychischer und somatischer Krankheitsfaktoren. Die psychosomatische Grundversorgung umfaßt seelische Krankenbehandlung durch verbale Interventionen und durch übende Psychotherapie-Verfahren bei akuten seelischen Krisen, auch im Verlauf chronischer Krankheiten und Behinderungen.

8. Verfahren und Techniken, die den vorgenannten Erfordernissen nicht entsprechen oder therapeutisch nicht hinreichend erprobt und wissenschaftlich begründet wurden, sind nicht Bestandteil der vertragsärztlichen Versorgung.

9. Psychotherapie und psychosomatische Grundversorgung erfordern eine schriftliche Dokumentation der diagnostischen Erhebungen und der wesentlichen Inhalte der psychotherapeutischen Interventionen.

B Psychotherapeutische Behandlungs- und Anwendungsformen

I. Behandlungsformen

1. Verfahren, denen ein umfassendes Theoriesystem der Krankheitsentstehung zugrunde liegt und deren spezifische Behandlungsmethoden in ihrer therapeutischen Wirksamkeit belegt sind.

1.1 Psychoanalytisch begründete Verfahren

Diese Verfahren stellen Formen einer ätiologisch orientierten Psychotherapie dar, welche die unbewußte Psychodynamik neurotischer Störungen mit psychischer oder somatischer Symptomatik zum Gegenstand der Behandlung machen. Zur Sicherung ihrer psychodynamischen Wirksamkeit sind bei diesen Verfahren suggestive und übende Techniken auch als Kombinationsbehandlung grundsätzlich ausgeschlossen.

Als psychoanalytisch begründete Behandlungsverfahren gelten im Rahmen dieser Richtlinien:

1.1.1 Tiefenpsychologisch fundierte Psychotherapie

Die tiefenpsychologisch fundierte Psychotherapie umfaßt ätiologisch orientierte Therapieformen, mit welchen die unbewußte Psychodynamik aktuell wirksamer neurotischer Konflikte unter Beachtung von Übertragung, Gegenübertragung und Widerstand behandelt werden.

Eine Konzentration des therapeutischen Prozesses wird durch Begrenzung des Behandlungszieles, durch ein vorwiegend konfliktzentriertes Vorgehen und durch Einschränkung regressiver Prozesse angestrebt. Die tiefenpsychologisch fundierte Psychotherapie gelangt auch in jenen Fällen zur Anwendung, in denen eine längerfristige therapeutische Beziehung erforderlich ist.

Als Sonderformen der tiefenpsychologisch fundierten Psychotherapie können folgende Behandlungsmethoden zur Anwendung kommen:

1.1.1.1 Kurztherapie

1.1.1.2 Fokaltherapie

1.1.1.3 Dynamische Psychotherapie

1.1.1.4 Niederfrequente Therapie in einer längerfristigen, Halt gewährenden therapeutischen Beziehung.

1.1.2 Analytische Psychotherapie

Die analytische Psychotherapie umfaßt jene Therapieformen, die zusammen mit der neurotischen Symptomatik den neurotischen Konfliktstoff und die zugrundeliegende neurotische Struktur des Patienten behandeln und dabei das therapeutische Geschehen mit Hilfe der Übertragungs-, Gegenübertragungs- und Widerstandsanalyse unter Nutzung regressiver Prozesse in Gang setzen und fördern.

1.2 Verhaltenstherapie

Die Verhaltenstherapie als Krankenbehandlung umfaßt Therapieverfahren, die vorwiegend auf der Basis der Lern- und Sozialpsychologie entwickelt worden sind. Unter den Begriff „Verhalten" fallen dabei beobachtbare Verhaltensweisen sowie kognitive, emotionale, motivationale und physiologische Vorgänge. Verhaltenstherapie im Sinne dieser Richtlinien erfordert die Analyse der ursächlichen und aufrechterhaltenden Bedingungen des Krankheitsgeschehens (Verhaltensanalyse). Sie entwickelt ein entsprechendes Störungsmodell und eine übergeordnete Behandlungsstrategie, aus der heraus die Anwendung spezifischer Interventionen zur Erreichung definierter Therapieziele erfolgt.

Aus dem jeweiligen Störungsmodell können sich folgende Schwerpunkte der therapeutischen Interventionen ergeben:

1.2.1 Stimulus-bezogene Methoden (z. B. systematische Desensibilisierung)

1.2.2 Response-bezogene Methoden (z. B. operante Konditionierung, Verhaltensübung)

1.2.3 Methoden des Modellernens

1.2.4 Methoden der kognitiven Umstrukturierung (z. B. Problemlösungsverfahren, Immunisierung gegen Streßbelastung)

1.2.5 Selbststeuerungsmethoden (z. B. psychologische und psychophysiologische Selbstkontrolltechniken).

Die Komplexität der Lebensgeschichte und der individuellen Situation des Kranken erfordert eine Integration mehrerer dieser Interventionen in die übergeordnete Behandlungsstrategie.

2. Psychoanalytisch begründete Verfahren und Verhaltenstherapie sind nicht kombinierbar, weil die Kombination der Verfahren zu einer Verfremdung der methodenbezogenen Eigengesetzlichkeit des therapeutischen Prozesses führen kann.

3. Über die in 1 genannten Verfahren hinaus können als Psychotherapie gemäß Abschnitt A der Richtlinien in der vertragsärztlichen Versorgung andere Verfahren Anwendung finden, wenn nachgewiesen ist, daß sie die nachstehenden Voraussetzungen nach 3.1 bis 3.4 erfüllen:

3.1 Feststellung durch den wissenschaftlichen Beirat gemäß § 11 Psychotherapeuten-Gesetz, daß das Verfahren als wissenschaftlich anerkannt angesehen werden kann.

3.2 Nachweis der erfolgreichen Anwendung an Kranken überwiegend in der ambulanten Versorgung über mindestens 10 Jahre durch wissenschaftliche Überprüfung (Stellungnahme aus der Psychotherapieforschung unabhängiger Einrichtungen, Evaluation von Behandlungen und langfristigen Katamnesen, Literatur).

3.3 Ausreichende Definition des Verfahrens und Abgrenzung von bereits angewandten und bewährten psychotherapeutischen Methoden, so daß die Einführung des neuartigen psychotherapeutischen Vorgehens eine Erweiterung oder Verbesserung der vertragsärztlichen Versorgung bedeutet.

3.4 Nachweis von Weiterbildungseinrichtungen für Ärzte sowie Ausbildungsstätten für Psychologische Psychotherapeuten und Kinder- und Jugendlichenpsychotherapeuten mit methodenbezogenem Cirriculum in theoretischer Ausbildung und praktischer Krankenbehandlung.

4. Der Bundesausschuß der Ärzte und Krankenkassen stellt fest, für welche Verfahren und Techniken in der Psychothe-

rapie und Psychosomatik die den Richtlinien zugrundeliegenden Erfordernisse als erfüllt gelten und gegebenenfalls unter welchen Bedingungen diese zur Behandlung von Krankheit Anwendung finden können. Die Feststellungen sind als Anlage 1 Bestandteil der Richtlinien.

II. Anwendungsformen

1. Einzeltherapie bei Erwachsenen:

Anwendung der unter I. 1 und C 1 genannten Behandlungsformen bei der Behandlung eines einzelnen Kranken.

2. Behandlung von Erwachsenen in Gruppen:

Anwendung der unter I. 1 genannten Verfahren, sofern die Interaktion zwischen mehreren Kranken therapeutisch erforderlich ist und die gruppendynamischen Prozesse entsprechend genutzt werden.

3. Einzeltherapie bei Kindern und Jugendlichen:

Anwendung der unter I. 1 und C 1 genannten Verfahren unter Berücksichtigung der altersspezifischen Bedingungen, ggf. unter Einbeziehung von Bezugspersonen aus dem engeren Umfeld.

4. Behandlung von Kindern und Jugendlichen in Gruppen:

Anwendung der unter I. 1 genannten Verfahren unter Berücksichtigung der altersspezifischen Bedingungen und unter Nutzung gruppendynamischer Prozesse bei der Behandlung mehrerer Kinder, ggf. unter Einbeziehung von Bezugspersonen aus dem engeren Umfeld.

5. Behandlung von Kranken in Gruppen:

Bei der Behandlung von Kranken in Gruppen soll die Größe der Gruppe bei

- psychoanalytisch begründeten Verfahren 6 bis 9,
- der Verhaltenstherapie 2 bis 9,
- den Entspannungstechniken 2 bis 10

Kranke umfassen.

6. Im Rahmen psychoanalytisch begründeter Verfahren ist die simultane Kombination von Einzel- und Gruppentherapie grundsätzlich ausgeschlossen. Auf dem Gebiet der tiefenpsychologisch fundierten Psychotherapie kann eine solche Kombination nur gemäß I. 1.1.1.4 aufgrund eines dazu besonders begründeten Erstantrages durchgeführt werden.

7. Die Behandlungsfrequenz ist in den psychoanalytisch begründeten Verfahren wie auch in der Verhaltenstherapie auf maximal 3 Behandlungsstunden in der Woche zu begrenzen, um eine ausreichende Therapiedauer im Rahmen der Kontingentierung zu gewährleisten.

Eine durchgehend hochfrequente Psychotherapie kann im Rahmen dieser Richtlinien keine Anwendung finden. Bei der Therapieplanung oder im Verlauf der Behandlung kann es sich jedoch als notwendig erweisen, ggf. einen Abschnitt der Psychotherapie in einer höheren Wochenfrequenz durchzuführen, um eine größere Effektivität der Therapie zu gewährleisten. Der entsprechende Abschnitt darf nicht das gesamte Kontingent eines Bewilligungsschrittes umfassen. Die Notwendigkeit einer abschnittsweisen höheren Wochenfrequenz ist in der Antragstellung differenziert zu begründen.

C Psychosomatische Grundversorgung

1. Die psychosomatische Grundversorgung kann nur im Rahmen einer übergeordneten somato-psychischen Behandlungsstrategie Anwendung finden. Voraussetzung ist, daß der Arzt die ursächliche Beteiligung psychischer Faktoren an einem komplexen Krankheitsgeschehen festgestellt hat oder aufgrund seiner ärztlichen Erfahrung diese als wahrscheinlich annehmen muß. Ziel der psychosomatischen Grundversorgung ist eine möglichst frühzeitige differentialdiagnostische Klärung komplexer Krankheitsbilder, eine verbale oder

übende Basistherapie psychischer, funktioneller und psychosomatischer Erkrankungen durch den primär somatisch orientierten Arzt und ggf. die Indikationsstellung zur Einleitung einer ätiologisch orientierten Psychotherapie.

Die begrenzte Zielsetzung der psychosomatischen Grundversorgung strebt eine an der aktuellen Krankheitssituation orientierte seelische Krankenbehandlung an; sie kann während der Behandlung von somatischen, funktionellen und psychischen Störungen von Krankheitswert als verbale Intervention oder als Anwendung übender Verfahren vom behandelnden Arzt durchgeführt werden.

1.1 Verbale Intervention

Die verbalen Interventionen orientieren sich in der psychosomatischen Grundversorgung an der jeweils aktuellen Krankheitssituation; sie fußen auf einer systematischen, die Introspektion fördernden Gesprächsführung und suchen Einsichten in psychosomatische Zusammenhänge des Krankheitsgeschehens und in die Bedeutung pathogener Beziehungen zu vermitteln. Der Arzt berücksichtigt und nutzt dabei die krankheitsspezifischen Interaktionen zwischen Patient und Therapeut, in denen die seelische Krankheit sich darstellt. Darüber hinaus wird angestrebt, Bewältigungsfähigkeiten des Kranken, evtl. unter Einschaltung der Beziehungspersonen aus dem engeren Umfeld, aufzubauen.

Die verbalen Interventionen können nur in Einzelbehandlungen durchgeführt und nicht mit suggestiven oder übenden Techniken in derselben Sitzung kombiniert werden; sie können in begrenztem Umfang sowohl über einen kürzeren Zeitraum als auch im Verlauf chronischer Erkrankungen über einen längeren Zeitraum niederfrequent Anwendung finden, wenn eine ätiologisch orientierte Psychotherapie nach B I, 1.1 und 1.2 nicht indiziert ist. Die Durchführung von Maßnahmen nach 1.1 ist neben der Anwendung psychotherapeutischer Verfahren nach B I., 1.1 und 1.2 ausgeschlossen.

1.2 Psychosomatische Grundversorgung durch übende und suggestive Techniken unter Einschluß von Instruktionen und von Bearbeitung therapeutisch bedeutsamer Phänomene. Dabei können folgende Techniken und Behandlungsmethoden zur Anwendung kommen:

1.2.1 Autogenes Training als Einzel- oder Gruppenbehandlung (Unterstufe)

1.2.2 Jacobsonsche Relaxationstherapie als Einzel- oder Gruppenbehandlung

1.2.3 Hypnose in Einzelbehandlung.

Diese Techniken dürfen während einer tiefenpsychologisch fundierten oder analytischen Psychotherapie grundsätzlich nicht angewendet werden.

2. Die Maßnahmen der psychosomatischen Grundversorgung gemäß 1.2.1 und 1.2.2 sind auch als Gruppenbehandlung durchführbar. Eine Kombination von Einzel- und Gruppenbehandlung ist möglich.

D Anwendungsbereiche

1. Indikationen zur Anwendung von Psychotherapie gemäß Abschnitt B und Maßnahmen der psychosomatischen Grundversorgung gemäß Abschnitt C der Richtlinien bei der Behandlung von Krankheiten können nur sein:

1.1 Psychoneurotische Störungen (z.B. Angstneurosen, Phobien, neurotische Depressionen, Konversionsneurosen)

1.2 Vegetativ-funktionelle und psychosomatische Störungen mit gesicherter psychischer Ätiologie

1.3 Im Rahmen der medizinischen Rehabilitation kann Psychotherapie angewendet werden, wenn psychodynamische Faktoren wesentlich Anteil an einer seelischen Behinderung oder an deren Auswirkung haben und mit ihrer Hilfe eine Eingliederung in Arbeit, Beruf und/oder Gesellschaft möglichst auf Dauer erreicht werden kann; Indikationen hierfür können nur sein:

1.3.1 Abhängigkeit von Alkohol, Drogen oder Medikamenten nach vorangegangener Entgiftungsbehandlung.

1.3.2 Seelische Behinderung aufgrund frühkindlicher emotionaler Mangelzustände, in Ausnahmefällen seelische Behinderungen, die im Zusammenhang mit frühkindlichen körperlichen Schädigungen und/oder Mißbildungen stehen.

1.3.3 Seelische Behinderung als Folge schwerer chronischer Krankheitsverläufe, sofern sie noch einen Ansatz für die Anwendung von Psychotherapie bietet.

1.3.4 Seelische Behinderung aufgrund extremer Situationen, die eine schwere Beeinträchtigung der Persönlichkeit zur Folge hatten.

1.3.5 Seelische Behinderung als Folge psychotischer Erkrankungen, die einen Ansatz für spezifische psychotherapeutische Interventionen erkennen lassen.

2. Psychotherapie ist als Leistung der gesetzlichen Krankenversicherung ausgeschlossen, wenn:

2.1 zwar seelische Krankheit vorliegt, aber ein Behandlungserfolg nicht erwartet werden kann, weil dafür beim Patienten die Voraussetzung hinsichtlich seiner Motivationslage, seiner Motivierbarkeit oder seiner Umstellungsfähigkeit nicht gegeben sind, oder weil die Eigenart der neurotischen Persönlichkeitsstruktur des Patienten (gegebenenfalls seine Lebensumstände) dem Behandlungserfolg entgegensteht,

2.2 sie nicht der Heilung oder Besserung einer seelischen Krankheit bzw. der medizinischen Rehabilitation, sondern allein der beruflichen oder schulischen Förderung dient.

2.3 sie allein der Erziehungs-, Ehe-, Lebens- und Sexualberatung dient.

3. Soll Psychotherapie im Rahmen einer die gesamten Lebensverhältnisse umfassenden psychosozialen Versorgung erbracht werden, so ist diese Psychotherapie nur dann und soweit eine Leistung der gesetzlichen Krankenversicherung, als sie der Behandlung von Krankheit im Sinne dieser Richtlinien dient.

4. Verhaltensweisen, die als psychosoziale Störung in Erscheinung treten, sind nur dann Gegenstand von Psychotherapie nach Abschnitt B und Maßnahmen der psychosomatischen Grundversorgung nach Abschnitt C der Richtlinien, wenn sie Ausdruck einer psychischen Erkrankung sind.

E Leistungsumfang

1. Für die Durchführung der Psychotherapie ist es sowohl unter therapeutischen als auch unter wirtschaftlichen Aspekten erforderlich, nach Klärung der Diagnose und der Indikationsstellung vor Beginn der Behandlung den Behandlungsumfang und die Behandlungsfrequenz festzulegen, damit sich Patient und Therapeut darauf einrichten können. In Ausnahmefällen, in denen der Behandlungsumfang und die Behandlungsfrequenz zu Beginn der Behandlung nicht mit ausreichender Sicherheit festgelegt werden kann, soll die Festlegung nach einer Probetherapie erfolgen.

Die im folgenden festgelegten Begrenzungen berücksichtigen die therapeutischen Erfahrungen in den unterschiedlichen Gebieten der Therapie und stellen einen Behandlungsumfang dar, in dem in der Regel ein Behandlungserfolg erwartet werden kann.

1.1 Therapieansätze in den Verfahren nach B I. 1.1 und 1.2

1.1.1 Vor der ersten Antragstellung sind bis zu 5, bei der analytischen Psychotherapie bis zu 8, probatorische Sitzungen möglich.

1.1.2 Kurzzeittherapie bis 25 Stunden als Einzeltherapie auch in halbstündigen Sitzungen mit entsprechender Vermehrung der Gesamtsitzungszahl (Antragsverfahren mit Begutachtung, sofern für den Therapeuten keine Befreiung gemäß Abschnitt F III. 2. gilt).

1.1.3 Kurzzeittherapie bis 25 Stunden als Gruppentherapie (als tiefenpsychologisch fundierte Gruppentherapie nur bei Erwachsenen und Jugendlichen) (Antragsverfahren mit Begutachtung, sofern für den Therapeuten keine Befreiung gemäß Abschnitt F III. 2. gilt).

1.1.4 Therapie mit einer Stundenzahl, die in bezug auf das Krankheitsbild und das geplante Therapieverfahren in der Antragsbegründung festzulegen ist (Antragsverfahren mit Begutachtung).

1.1.5 Die Überführung einer Kurzzeittherapie in die Langzeittherapie muß bis zur zwanzigsten Sitzung der Kurzzeittherapie beantragt und zugleich das Gutachterverfahren eingeleitet werden.

1.1.6 Probetherapie als Bestandteil der Langzeittherapie auf Antrag oder nach Empfehlung des Gutachters für tiefenpsychologisch fundierte bzw. analytische Psychotherapie bis zu 25 Stunden, für Verhaltenstherapie bis zu 15 Stunden (Antragsverfahren mit Begutachtung).

1.1.7 Die Therapiestunde im Rahmen der Psychotherapie umfaßt mindestens 50 Minuten.

1.2 Bewilligungsschritte für die Verfahren gemäß Abschnitt B I. 1.1 und 1.2

1.2.1 Analytische Psychotherapie bis 160 Stunden, in besonderen Fällen bis 240 Stunden, bei Gruppenbehandlung bis 80 Doppelstunden, in besonderen Fällen bis 120 Doppelstunden,

1.2.2 tiefenpsychologisch fundierte Psychotherapie bis 50 Stunden, in besonderen Fällen bis 80 Stunden, bei Gruppenbehandlung bis 40 Doppelstunden, in besonderen Fällen bis 60 Doppelstunden. Die in B I. 1.1.1.4 genannten Verfahren können als Einzeltherapie auch in halbstündigen Sitzungen mit entsprechender Vermehrung der Gesamtsitzungszahl Anwendung finden.

1.2.3 Verhaltenstherapie bis 45 Stunden, in besonderen Fällen bis 60 Stunden. Verhaltenstherapie kann als Einzeltherapie auch in halbstündigen Sitzungen mit entsprechender Vermehrung und in doppelstündigen Sitzungen mit entsprechender Verminderung der Gesamtsitzungszahl Anwendung finden. Verhaltenstherapie kann nur in Kombination mit der Einzeltherapie auch als Gruppenbehandlung durchgeführt werden, wobei die in der Gruppentherapie erbrachte Doppelstunde im Gesamttherapiekontingent als Einzelstunde gezählt wird.

1.2.4 Psychotherapie von Kindern bei analytischer und tiefenpsychologische fundierter Psychotherapie bis 70 Stunden, in besonderen Fällen bis 120 Stunden, bei Gruppenbehandlung bis 40 Doppelstunden, in besonderen Fällen bis 60 Doppelstunden.

1.2.5 Verhaltenstherapie von Kindern bis 45 Stunden, in besonderen Fällen bis 60 Stunden einschließlich Gruppentherapie in Doppelstunden.

1.2.6 Psychotherapie von Jugendlichen bei analytischer und tiefenpsychologisch fundierter Psychotherapie bis 90 Stunden, in besonderen Fällen bis 140 Stunden, bei Gruppenbehandlung bis 40 Doppelstunden, in besonderen Fällen bis 60 Doppelstunden.

1.2.7 Verhaltenstherapie bei Jugendlichen bis 45 Stunden, in besonderen Fällen bis 60 Stunden einschließlich Gruppentherapie in Doppelstunden.

1.2.8 Eine Überschreitung des in 1.2.1 bis 1.2.7 festgelegten Therapieumfanges ist für die folgenden Verfahren nur zulässig, wenn aus der Darstellung des therapeutischen Prozesses hervorgeht, daß mit der Beendigung der Therapie das Behandlungsziel nicht erreicht werden kann, aber begründete Aussicht auf Erreichung des Behandlungsziels bei Fortführung der Therapie besteht. Dabei sind grundsätzlich die folgenden Höchstgrenzen einzuhalten:

1.2.8.1 analytische Psychotherapie 300 Stunden, in Gruppen 150 Doppelstunden

1.2.8.2 tiefenpsychologisch fundierte Psychotherapie 100 Stunden, in Gruppen 80 Doppelstunden

1.2.8.3 Verhaltenstherapie 80 Stunden einschließlich Gruppentherapie in Doppelstunden

1.2.8.4 Bei analytischer und tiefenpsychologisch fundierter Psychotherapie von Kindern 150 Stunden, in Gruppen 90 Doppelstunden, bei Verhaltenstherapie von Kindern 80 Stunden einschließlich Gruppentherapie in Doppelstunden.

1.2.8.5 Bei analytischer und tiefenpsychologisch fundierter Psychotherapie von Jugendlichen 180 Stunden, in Gruppen 90 Doppelstunden, bei Verhaltenstherapie von Jugendlichen 80 Stunden einschließlich Gruppentherapie in Doppelstunden.

1.2.9 Wurde Kurzzeittherapie durchgeführt, ist bei Überführung von Kurzzeittherapie in Langzeittherapie die bewilligte Kurzzeittherapie auf das Kontingent der Langzeittherapie anzurechnen.

1.3 Übende und suggestive Techniken

1.3.1 Autogenes Training (C 1.2.1) einzeln und in Gruppen bis 12 Sitzungen im Behandlungsfall

1.3.2 Jacobsonsche Relaxationstherapie (C 1.2.2) einzeln und in Gruppen bis 12 Sitzungen im Behandlungsfall

1.3.3 Hypnose (C 1.2.3) bis 12 Sitzungen im Behandlungsfall (nur Einzelbehandlung)

1.3.4 Von diesen Techniken kann in der Regel im Behandlungsfall nur eine zur Anwendung kommen.

F Konsiliar-, Antrags- und Gutachterverfahren

I. Konsiliarbericht und Qualifikation der ihn abgebenden Ärzte

1. Konsiliarverfahren

Zur Einholung des Konsiliarberichtes überweist der Psychologische Psychotherapeut oder Kinder- und Jugendlichenpsychotherapeut spätestens nach Beendigung der probatorischen Sitzungen und vor Beginn der Psychotherapie den Patienten an einen Konsiliararzt. Auf der Überweisung hat er dem Konsiliararzt eine kurze Information über die von ihm erhobenen Befunde und die Indikation zur Durchführung einer Psychotherapie zukommen zu lassen.

Der Konsiliararzt hat den Konsiliarbericht nach Anforderung durch den Psychologischen Psychotherapeuten oder Kinder- und Jugendlichenpsychotherapeuten nach persönlicher Untersuchung des Patienten zu erstellen. Der Bericht ist dem Psychologischen Psychotherapeuten oder Kinder- und Jugendlichenpsychotherapeuten möglichst zeitnah, spätestens aber drei Wochen nach der Untersuchung zu übermitteln.

Der Konsiliarbericht enthält folgende Angaben:

1. Aktuelle Beschwerden des Patienten,

2. psychischer und somatischer Befund (bei Kindern und Jugendlichen insbesondere unter Berücksichtigung des Entwicklungszustandes),

3. im Zusammenhang mit den aktuellen Beschwerden relevante anamnestische Daten,

4. zu einer gegebenenfalls notwendigen psychiatrischen oder kinder- und jugendpsychiatrischen Abklärung,

5. relevante stationäre und/oder ambulante Vor- und Parallelbehandlungen inklusive gegebenenfalls laufende Medikation,

6. medizinische Diagnose(n), Differential- und Verdachtsdiagnose(n),

7. gegebenenfalls Befunde, die eine ärztliche/ärztlich veranlaßte Begleitbehandlung erforderliche machen,

8. zu gegebenenfalls erforderlichen weiteren ärztlichen Untersuchungen, und

9. zu gegebenenfalls bestehenden Kontraindikationen für die Durchführung einer psychotherapeutischen Behandlung zum Zeitpunkt der Untersuchung.

Der Konsiliararzt teilt der Krankenkasse nur die für ihre Leistungsentscheidung notwendigen Angaben mit.

Ist Psychotherapie nach Auffassung des Konsiliararztes kontraindiziert und wird dennoch ein entsprechender Antrag gestellt, so veranlaßt die Krankenkasse eine Begutachtung durch den Medizinischen Dienst der Krankenkassen.

2. Qualifikation der den Konsiliarbericht abgebenden Ärzte

Zur Abgabe des Konsiliarberichtes sind alle Vertragsärzte mit Ausnahme der folgenden Arztgruppen berechtigt: Laborärzte, Mikrobiologen und Infektionsepidemiologen, Nuklearmediziner, Pathologen, Radiologen, Strahlentherapeuten, Transfusionsmediziner und Humangenetiker.

Abweichend hiervon sind für die Abgabe eines Konsiliarberichtes vor einer psychotherapeutischen Behandlung von Kindern folgende Vertragsärzte berechtigt: Kinderärzte, Kinder- und Jugendpsychiater, Allgemeinärzte, praktische Ärzte und Internisten.

II. Antragsverfahren

1. Die Feststellung der Leistungspflicht für Psychotherapie nach Abschnitt B I. 1.1 und 1.2 erfolgt durch die Krankenkasse auf Antrag des Versicherten. Zu diesem Antrag teilt der ärztliche Psychotherapeut oder ärztliche Kinder- und Jugendlichenpsychotherapeut oder Psychologische Psychotherapeut oder Kinder- und Jugendlichenpsychotherapeut (nachfolgend zusammenfassend als Therapeuten bezeichnet) vor der Behandlung der Krankenkasse die Diagnose mit, begründet die Indikation und beschreibt Art und Umfang der geplanten Therapie. Wird ein Antrag auf Langzeittherapie gestellt oder soll eine Kurzzeittherapie in eine Langzeittherapie übergeleitet werden, so soll dieser Antag neben den Angaben zu Diagnose, Indikation sowie Art, Umfang und Frequenz der geplanten Therapie auch einen fallbezogenen Behandlungsplan enthalten (Bericht an den Gutachter).

2. Eine Verlängerung der Therapie gemäß Abschnitt E 1.2.1 – 1.2.4, 1.2.6 und 1.2.8 bedarf eines Fortsetzungsantrags, in dem Verlauf und Ergebnis der bisherigen Therapie darzustellen und eine begründete Prognose in bezug auf die beantragte Verlängerung abzugeben ist.

3. Ist die Psychotherapie gemäß Abschnitt E 1.1.2 und 1.1.3 mit den dort festgelegten Leistungen nicht erfolgreich abzuschließen und soll die Therapie deshalb fortgesetzt werden, bedarf es eines Antrags auf Feststellung der Leistungspflicht mit Darstellung des Behandlungsverlaufs, des erreichten Therapieerfolgs und der ausführlichen Begründung der Fortsetzung der Behandlung einschließlich der prognostischen Einschätzung.

4. Das Nähere zum Antragsverfahren ist in § 11 der Anlage 1 zum Bundesmantelvertrag-Ärzte in der Fassung vom 7. Dezember 1998 und in § 11 der Anlage 1 zum Arzt-/Ersatzkassenvertrag in der Fassung vom 7. Dezember 1998 (Psychotherapie-Vereinbarungen) geregelt.

III. Gutachterverfahren

1. Bei Psychotherapie gemäß Abschnitt B I. 1.1 und 1.2 ist der Antrag zu begründen. Er ist durch eine nach § 12 der Psychotherapie-Vereinbarungen bestellten Gutachter zu prüfen. Der Gutachter hat sich dazu zu äußern, ob die in diesen Richtlinien genannten Voraussetzungen erfüllt sind.

Der Psychologische Psychotherapeut oder Kinder- und Jugendlichenpsychotherapeut hat den Konsiliarbericht im verschlossenen Umschlag dem Bericht an den Gutachter beizufügen.

2. Von der in Nummer 1 festgelegten Begründungspflicht für einen Antrag im Gutachterverfahren können Therapeuten für die Kurzzeittherapie durch die Kassenärztliche Vereinigung befreit werden. Voraussetzung ist, daß sie für das jeweilige Verfahren 35 Therapiegenehmigungen im Gutachterverfahren gemäß diesen bzw. den bis zum 31.12.1998 gültigen Richtlinien aufgrund von Erstanträgen von Patienten ihrer zuständigen Kassenärztlichen Vereinigung vorlegen und nachweisen, daß sie die Therapien persönlich durchgeführt haben. Von den 35 Therapiegenehmigungen müssen mindestens 20 eine Einzeltherapie betreffen. Will der Therapeut eine Befreiung vom Gutachterverfahren auch für die Gruppentherapie erhalten, müssen von den für das entsprechende Verfahren und den entsprechenden Bewilligungsschritt vorgelegten 35 Therapiegenehmigungen 15 für eine Gruppentherapie erteilt worden sein. Voraussetzung für eine Befreiung vom Gutachterverfahren für die Kurzzeittherapie von Kindern und Jugendlichen ist die Vorlage von 35 im Gutachterverfahren genehmigten Therapien von Kindern und Jugendlichen.

Die Befreiung vom Gutachterverfahren für die Kurzzeittherapie gilt für Therapeuten, die die oben geforderten Nachweise erbracht haben und die Behandlung selbst durchführen.

3. Qualifikation der Gutachter

Im Gutachterverfahren nach den Psychotherapie-Richtlinien werden entsprechend qualifizierte Ärzte, Psychologische Psychotherapeuten und Kinder- und Jugendlichenpsychotherapeuten als Gutachter tätig. Die nachfolgend aufgeführten Kriterien gelten für alle Gutachter, die nach Inkrafttreten dieser Richtlinien erstmals bestellt werden. Die Gutachter müssen folgende Qualifikation besitzen: Für den Bereich der tiefenpsychologisch fundierten und analystischen Psychotherapie:

1. Die Gebietsbezeichnung als Arzt für Psychotherapeutische Medizin oder Psychiatrie und Psychotherapie oder für die Begutachtung von Kinder- und Jugendlichenpsychotherapie für Kinder- und Jugendpsychiatrie und -psychotherapie

oder

die Approbation als Psychologischer Psychotherapeut oder für die Begutachtung von Kinder- und Jugendlichenpsychotherapie als Kinder- und Jugendlichenpsychotherapeut,

2. eine abgeschlossene Weiter- oder Ausbildung an einem nach Anlage 1 oder für die Begutachtung von Kinder- und Jugendlichentherapie nach Anlage 2 der bis zum 31.12.1998 gültigen Psychotherapie-Vereinbarungen anerkannten Institut,

3. Nachweis von mindestens fünfjähriger Tätigkeit nach dem Abschluß einer unter 2. genannten Weiter- bzw. Ausbildung ganz oder überwiegend auf dem Gebiet der tiefenpsychologisch fundierten und analytischen Psychotherapie in einer Praxis oder einer psychotherapeutischen Fachklinik bzw. Poliklinik,

4. Nachweis über eine mindestens fünfjährige Tätigkeit als Dozent und Supervisor an einem der unter 2. genannten Institute oder einer psychotherapeutischen Fachklinik oder im Fachgebiet tiefenpsychologisch fundierte und analytische Psychotherapie an einer Universität, an der auch entsprechende Krankenbehandlung durchgeführt wird,

5. Nachweis einer zum Zeitpunkt der Bestellung andauernden Dozenten- und Supervisorentätigkeit auf dem Gebiet der tiefenpsychologisch fundierten und analytischen Psychotherapie,

6. Nachweis einer mindestens drei-

jährigen Teilnahme an der ambulanten Versorgung auf dem Gebiet der tiefenpsychologisch fundierten und analytischen Psychotherapie und

7. Nachweis, daß zu Beginn der Gutachtertätigkeit in der Regel kein höheres Lebensalter als 55 Jahre besteht.

Für den Bereich der Begutachtung von tiefenpsychologisch fundierter und analytischer Kinder- und Jugendlichentherapie muß die Erfüllung der Kriterien 3 bis 6 jeweils für die tiefenpsychologisch fundierte und analytische Psychotherapie von Kindern und Jugendlichen nachgewiesen werden.

Für den Bereich der Verhaltenstherapie:

1. Die Gebietsbezeichnung als Arzt für Psychotherapeutische Medizin oder Psychiatrie und Psychotherapie oder für die Begutachtung von Kinder- und Jugendlichenpsychotherapie für Kinder- und Jugendpsychiatrie und -psychotherapie

oder

die Approbation als Psychologischer Psychotherapeut oder als Kinder- und Jugendlichenpsychotherapeut,

2. – als Arzt eine abgeschlossene Weiterbildung in der Verhaltenstherapie

– als Psychologischer Psychotherapeut oder als Kinder- und Jugendlichenpsychotherapeut den Fachkundenachweis in Verhaltenstherapie

und

soweit Psychologische Psychotherapeuten zur Begutachtung von Kindern und Jugendlichen bestellt werden, zusätzlich zur Fachkunde den Nachweis nach § 6 Abs. 4 der Psychotherapie-Vereinbarungen im Hinblick auf die Anforderungen für Verhaltenstherapie bei Kindern und Jugendlichen,

3. Nachweis von mindestens fünfjähriger Tätigkeit nach dem Abschluß einer unter 2. genannten Weiter- bzw. Ausbildung ganz oder überwiegend auf dem Gebiet der Verhaltenstherapie in einer Praxis oder einer psychotherapeutischen Fachklinik bzw. Poliklinik,

4. Nachweis über eine mindestens fünfjährige Tätigkeit als Dozent und Supervisor an einem der nach Anlage 3 der bis zum 31.12.1998 gültigen Psychotherapie-Vereinbarungen anerkannten Institute oder einer psychotherapeutischen Fachklinik oder im Fachgebiet Verhaltenstherapie an einer Universität, an der entsprechende Krankenbehandlung durchgeführt wird,

5. Nachweis einer zum Zeitpunkt der Bestellung andauernden Dozenten- und Supervisortätigkeit auf dem Gebiet der Verhaltenstherapie,

6. Nachweis einer mindestens dreijährigen Teilnahme an der ambulanten Versorgung auf dem Gebiet der Verhaltenstherapie und

7. Nachweis, daß zu Beginn der Gutachtertätigkeit in der Regel kein höheres Lebensalter als 55 Jahre besteht.

Für den Bereich der Begutachtung von Kinder- und Jugendlichenverhaltenstherapie muß die Erfüllung der Kriterien 3 bis 6 jeweils für die Verhaltenstherapie bei Kindern und Jugendlichen nachgewiesen werden.

4. Die nach den bis zum 31.12.1998 gültigen Psychotherapie-Richtlinien tätigen Gutachter können unberührt von den unter III, 3 „Gutachterverfahren/Qualifikation der Gutachter“ aufgeführten Voraussetzungen weiterhin tätig bleiben.

G Qualifikation zur Durchführung der Psychotherapie und der psychosomatischen Grundversorgung

Die Qualifikation zur Durchführung der Psychotherapie und der psychosomatischen Grundversorgung ist in den Psychotherapie-Vereinbarungen näher bestimmt.

H Psychotherapie-Vereinbarungen

1. Das Nähere zur Durchführung der psychotherapeutischen Versorgung regeln die Kassenärztliche Bundesvereinigung und die Spitzenverbände der Krankenkassen durch entsprechende Vereinbarungen.

2. Zum 1. 1. 2000 wird ein Verfahren zur Dokumentation psychotherapeutischer Leistungen und zur Evaluation der Prozeß- und Ergebnisqualität zwischen den Vertragspartnern der Psychotherapie-Vereinbarungen vereinbart.

I Inkrafttreten

1. Der Abschnitt F III. „Gutachterverfahren", Nummer 1 Abs. 1 Satz 1 – soweit er die Gutachterpflichtigkeit von Kurzzeittherapie betrifft – und Nummer 2 sowie die darauf bezogenen Regelungen des Abschnittes E „Leistungsumfang", 1.1.2 und 1.1.3 treten zum 1. Januar 2000 in Kraft.

2. Im übrigen treten die Richtlinien am 1. Januar 1999 in Kraft.

3. Die Psychotherapie-Richtlinien i. d. F. vom 3. Juli 1987, zuletzt geändert am 17. Dezember 1996, treten mit Ausnahme des Abschnitts F II. am 31. Dezember 1998 außer Kraft. Abschnitt F II. der in Satz 1 genannten Psychotherapie-Richtlinien tritt am 31. Dezember 1999 außer Kraft.

Köln, den 23. Oktober 1998
Bundesausschuß der Ärzte und
Krankenkassen
Der Vorsitzende
J u n g

Anlage 1

Der Bundesausschuß der Ärzte und Krankenkassen stellt gemäß Abschnitt B I. 4 der Richtlinien fest:

1. *Katathymes Bilderleben* ist keine eigenständige Psychotherapie im Sinne der Richtlinien, sondern kann gegebenenfalls im Rahmen eines übergeordneten tiefenpsychologisch fundierten Therapiekonzeptes (B I. 1.1.1) Anwendung finden.

2. *Rational Emotaive Therapie (RET)* kann als Methode der kognitiven Umstrukturierung (B I. 1.2.4) im Rahmen eines umfassenden verhaltenstherapeutischen Behandlungskonzepts Anwendung finden.

3. Die Erfordernisse der Psychotherapie-Richtlinien werden nicht erfüllt von:
1. Gesprächspsychotherapie,
2. Gestalttherapie,
3. Logotherapie,
4. Psychodrama,
5. Respiratorisches Biofeedback,
6. Transaktionsanalyse.

Die Kassenärztliche Bundesvereinigung, K.d.ö.R., Köln, – einerseits – und der AOK-Bundesverband, K.d.ö.R., Bonn, Bundesverband der Betriebskrankenkassen, K.d.ö.R., Essen, IKK-Bundesverband, K.d.ö.R., Bergisch Gladbach, Bundesverband der landwirtschaftlichen Krankenkassen, K.d.ö.R., Kassel, Bundesknappschaft, K.d.ö.R., Bochum, See-Krankenkasse, Hamburg, – andererseits – schließen als Anlage zum Bundesmantelvertrag-Ärzte (BMV-Ä) die nachstehende

Vereinbarung über die Anwendung von Psychotherapie in der vertragsärztlichen Versorgung (Psychotherapie-Vereinbarung)

in der Fassung vom 7. Dezember 1998

Teil A

§ 1 Allgemeines

(1) Gegenstand dieser Vereinbarung ist die Anwendung von Psychotherapie gemäß den Psychotherapie-Richtlinien.[2]

Danach sind die tiefenpsychologisch fundierte Psychotherapie, die analytische Psychotherapie und die Verhaltenstherapie anerkannte Verfahren der Psychotherapie.

(2) Gegenstand dieser Vereinbarung sind auch die in den Richtlinien genannten psychotherapeutischen Maßnahmen im Rahmen der psychosomatischen Grundversorgung.

(3) Für die Psychotherapie einschließlich der psychologischen Testverfahren und für die psychosomatische Grundversorgung gelten die Grundsätze der Notwendigkeit, Zweckmäßigkeit und Wirtschaftlichkeit der Behandlung, auch hinsichtlich ihres Umfanges.

(4) Psychotherapie in der vertragsärztlichen Versorgung findet grundsätzlich in den Praxisräumen des Therapeuten statt.

Teil B Zur Ausübung Berechtigte

§ 2 Genehmigungspflicht

Die Ausführung und Abrechnung von psychotherapeutischen Leistungen im Rahmen der vertragsärztlichen Versorgung durch die an der vertragsärztlichen Versorgung teilnehmenden ärztlichen Psychotherapeuten und psychologischen Psychotherapeuten und Kinder- und Jugendlichenpsychotherapeuten ist erst nach Erteilung der Genehmigung durch die Kassenärztliche Vereinigung zulässig. Die Genehmigung ist zu erteilen, wenn der Arzt bzw. der Psychologische Psychotherapeut oder der Kinder- und Jugendlichenpsychotherapeut die nachstehenden Voraussetzungen der fachlichen Befähigung (§§ 5, 6, 7) erfüllt.

§ 3 Genehmigungsvoraussetzungen

Die Erfüllung der Voraussetzungen der fachlichen Befähigung ist gegenüber der Kassenärztlichen Vereinigung nachzuweisen. Das Verfahren richtet sich nach § 4 dieser Vereinbarung.

§ 4 Genehmigungsverfahren

(1) Anträge auf Genehmigung zur Ausführung und Abrechnung von Leistungen der Psychotherapie sind an die zuständige Kassenärztliche Vereinigung zu stellen. Die erforderlichen Nachweis (z.B. Zeugnisse und Bescheinigungen) sind in den Anträgen beizufügen. Über die Anträge und über den Widerruf oder

[2] Richtlinien des Bundesausschusses der Ärzte und Krankenkassen über die Durchführung der Psychotherapie in der vertragsärztlichen Versorgung (Psychotherapie-Richtlinien) in der Fassung vom 23. Oktober 1998 (in Kraft seit 1. Januar 1999).

die Rücknahme einer erteilten Genehmigung entscheidet die Kassenärztliche Vereinigung. Vor Erteilung der Genehmigung zur Ausführung und Abrechnung von Leistungen der Psychotherapie sind die vorgelegten Zeugnisse und Bescheinigungen von der Kassenärztlichen Vereinigung zu überprüfen.
(2) Die Genehmigung zur Ausführung und Abrechnung von Leistungen der Psychotherapie ist zu erteilen, wenn aus den vorgelegten Zeugnissen und Bescheinigungen hervorgeht, daß die in den §§ 5 bis 6 genannten fachlichen Voraussetzungen erfüllt sind.

§ 5 Fachliche Befähigung ärztlicher Psychotherapeuten
Die fachliche Befähigung gemäß § 3 gilt als nachgewiesen für die Ausführung und Abrechnung von:

(1) tiefenpsychologisch fundierter Psychotherapie nach dem Leistungsinhalt der Nrn. 860, 861, 862, 868, 870, 871, 872 des Bewertungsmaßstabes für vertragsärztliche Leistungen (BMÄ):
- durch die Berechtigung zum Führen der Gebietsbezeichnung Psychotherapeutische Medizin oder der Gebietsbezeichnung Psychiatrie und Psychotherapie oder der Zusatzbezeichnung „Psychotherapie"

und

- durch Vorlage von Weiterbildungszeugnissen, aus denen sich ergibt, daß eingehende Kenntnisse und Erfahrungen auf dem Gebiet der tiefenpsychologisch fundierten Psychotherapie erworben wurden.

Für Ärzte mit der Berechtigung zum Führen der Gebietsbezeichnung Psychotherapeutische Medizin erstreckt sich die entsprechende Genehmigung auch auf die Behandlung in Gruppen gemäß Absatz 5.

(2) tiefenpsychologisch fundierter und analytischer Psychotherapie nach dem Leistungsinhalt der Nrn. 860, 861, 862, 868, 870, 871, 872, 877 BMÄ:
- durch die Berechtigung zum Führen der Zusatzbezeichnung „Psychoanalyse".

(3) Verhaltenstherapie nach dem Leistungsinhalt der Nrn. 860, 861, 862, 868, 870, 881, 882 BMÄ:
- durch die Berechtigung zum Führen der Gebietsbezeichnung Psychotherapeutische Medizin oder der Gebietsbezeichnung Psychiatrie und Psychotherapie oder der Zusatzbezeichnung „Psychotherapie" oder „Psychoanalyse"

und

- durch Vorlage von Weiterbildungszeugnissen, aus denen sich ergibt, daß eingehende Kenntnisse und Erfahrungen auf dem Gebiet der Verhaltenstherapie erworben wurden.

für Ärzte mit der Berechtigung zum Führen der Gebietsbezeichnung Psychotherapeutische Medizin erstreckt sich die entsprechende Genehmigung auch auf die Behandlung in Gruppen gemäß Absatz 5.

(4) Psychotherapie bei Kindern und Jugendlichen nach dem Leistungsinhalt der Nrn. 860 bis 884 BMÄ:
- durch die Berechtigung zum Führen der Gebietsbezeichnung Kinder- und Jugendpsychiatrie und -psychotherapie

und

- durch Vorlage von Nachweisen entsprechend Abs. 1, 2. Halbsatz oder Abs. 2 oder Abs. 3, 2. Halbsatz für das jeweilige Verfahren

oder

- durch die Berechtigung zum Führen der Gebietsbezeichnung Psychotherapeutische Medizin oder Psychiatrie und Psychotherapie oder der Zusatzbezeichnung „Psychotherapie" oder „Psychoanalyse"

und

- durch Vorlage von Zeugnissen und Bescheinigungen, aus denen sich ergibt, daß eingehende Kenntnisse und Erfahrungen auf dem Gebiet der Psychotherapie bei Kindern und Jugendlichen erworben wurden. Aus den entsprechenden Zeugnissen und Bescheinigungen muß hervorgehen, daß der Arzt eingehende Kenntnisse und Erfahrungen in der Entwicklungs-Psychologie und Lern-Psychologie einschließlich der speziellen Neurosenlehre sowie in der Psychodiagnostik bei Kindern und Jugendlichen mit mindestens 200 Stunden erworben hat. Darüber hinaus ist nachzuweisen, daß mindestens vier Fälle analytischer oder tiefenpsychologisch fundierter Psychotherapie mit mindestens 200 Stunden insgesamt oder mindestens vier Fälle in Verhaltenstherapie mit insgesamt mindestens 180 Stunden selbstständig unter Supervision – möglichst nach jeder vierten Behandlungsstunde in analytischer oder tiefenpsychologisch fundierter Psychotherapie oder nach jeder dritten Behandlungsstunde in Verhaltenstherapie – durchgeführt und abgeschlossen wurden. Entsprechende Zusatzqualifikationen müssen an anerkannten Weiterbildungsstätten vermittelt worden sein.

(5) Psychotherapie als Gruppenbehandlung nach dem Leistungsinhalt der Nrn. 873, 874, 878, 883 und 884 BMÄ:

– durch Nachweis der Erfüllung der Voraussetzungen nach Abs. 1 (tiefenpsychologisch fundierte Psychotherapie) oder nach Abb. 2 (analytische und tiefenpsychologisch fundierte Psychotherapie) oder nach Abb. 3 (Verhaltenstherapie) und bei Kindern und Jugendlichen nach Abb. 4

und

– durch die Vorlage von Zeugnissen und Bescheinigungen, aus denen sich ergibt, daß Kenntnisse und Erfahrungen in der Gruppentherapie erworben wurden. Aus den entsprechenden Zeugnissen und Bescheinigungen muß hervorgehen, daß eingehende Kenntnisse und praktische Erfahrungen in der tiefenpsychologisch fundierten und analytischen Gruppen-Psychotherapie oder der Verhaltenstherapie in Gruppen erworben wurden. Ist im Rahmen der Weiterbildung diese Qualifikation nicht erworben worden, ist nachzuweisen, daß in mindestens 40 Doppelstunden analytische oder tiefenpsychologisch fundierte bzw. verhaltenstherapeutische Selbsterfahrung in der Gruppe, in mindestens 24 Doppelstunden eingehende Kenntnisse in der Theorie der Gruppen-Psychotherapie und Gruppen-Dynamik erworben wurden und mindestens 60 Doppelstunden kontinuierlicher Gruppenbehandlung – auch in mehreren Gruppen unter Supervision von mindestens 40 Stunden – mit tiefenpsychologisch fundierter oder analytischer Psychotherapie oder mit Verhaltenstherapie durchgeführt wurden.

Die Genehmigung zur Gruppenbehandlung wird für das Verfahren erteilt, für das die Erfüllung der in diesem Absatz geforderten Voraussetzungen an die Qualifikation nachgewiesen wurde.

(6) Maßnahmen der psychosomatischen Grundversorgung nach dem Leistungsinhalt der Nrn. 850 und 851 BMÄ:

– durch den Nachweis einer mindestens 3jährigen Erfahrung in selbstverantwortlicher ärztlicher Tätigkeit

und

– durch die Vorlage von Weiterbildungszeugnissen, nach denen Kenntnisse in einer psychosomatisch orientierten Krankheitslehre, reflektierte Erfahrungen über die Psychodynamik und therapeutische Relevanz der Arzt-Patienten-Beziehung und Erfahrungen in verbalen Interventionstechniken als Behandlungsmaßnahme erworben wurden. Aus entsprechenden Zeugnissen und Bescheinigungen muß hervorgehen, daß entsprechende Kenntnisse und Erfahrungen in einem Umfang von insgesamt mindestens 80 Stunden erworben wurden. Im Rahmen dieser Gesamtdauer müssen gesondert belegt werden:

1. Theorieseminare von mindestens 20stündiger Dauer, in denen Kenntnisse zur Theorie der Arzt-Patient-Beziehung, Kenntnisse und Erfahrungen in psychosomatischer Krankheitslehre und der

Abgrenzung psychosomatischer Störungen von Neurosen und Psychosen und Kenntnisse zur Krankheit und Familiendynamik, Interaktion in Gruppen, Krankheitsbewältigung (Coping) und Differentialindikation von Psychotherapie-Verfahren erworben wurden,

2. Reflexion der Arzt-Patient-Beziehung durch kontinuierliche Arbeit in Balint- oder patientenbezogenen Selbsterfahrungsgruppen von mindestens 30-stündiger Dauer (d.h. bei Balintgruppen mindestens 15 Doppelstunden) in regelmäßigen Abständen über einen Zeitraum von mindestens einem Jahr

und

3. Vermittlung und Einübung verbaler Interventionsstechniken von mindestens 30stündiger Dauer.

Die Kenntnisse und Erfahrungen müssen in anerkannten Weiterbildungsangeboten und die Reflexion der Arzt-Patient-Beziehung bei anerkannten Balint-Gruppenleitern bzw. anerkannten Supervisoren erworben worden sein.

(7) übenden und suggestiven Techniken (Autogenes Training, Jacobsonsche Relaxationstherapie, Hypnose) nach dem Leistungsinhalt der Nrn. 855, 856, 857 und 858 BMÄ:

- durch Vorlage von Weiterbildungszeugnissen, aus denen sich ergibt, daß eingehende Kenntnisse und Erfahrungen in diesen Techniken im Rahmen der Weiterbildung gemäß Abs. 1 bis 3 erworben wurden,

oder

- durch den Nachweis der erfolgreichen Teilnahme an zwei Kursen von jeweils acht Doppelstunden im Abstand von mindestens sechs Monaten in den jeweiligen Techniken.

§6 Fachliche Befähigung Psychologischer Psychotherapeuten

Die fachliche Befähigung gemäß §3 gilt als nachgewiesen für die Durchführung und Abrechnung von:

(1) tiefenpsychologisch fundierter Psychotherapie nach dem Leistungsinhalt der Nrn. 860, 861, 868, 870, 871, 872 des Bewertungsmaßstabes für vertragsärztliche Leistungen (BMÄ):

- durch den Fachkundenachweis gemäß §95c SGB V aufgrund einer vertieften Ausbildung mit Erwerb eingehender Kenntnisse und Erfahrungen in der tiefenpsychologisch fundierten Psychotherapie.

(2) analytischer Psychotherapie nach dem Leistungsinhalt der Nrn. 860, 861, 868, 870, 877 BMÄ:

- durch den Fachkundenachweis gemäß §95c SGB V aufgrund einer vertieften Ausbildung mit Erwerb eingehender Kenntnisse und Erfahrungen in der analytischen Psychotherapie.

(3) Verhaltenstherapie nach dem Leistungsinhalt der Nrn. 860, 861, 868, 870, 881, 882 BMÄ:

- durch den Fachkundenachweis gemäß §95c SGB V aufgrund einer vertieften Ausbildung mit Erwerb eingehender Kenntnisse und Erfahrungen in der Verhaltenstherapie.

(4) Psychotherapie bei Kindern und Jugendlichen nach dem Leistungsinhalt der Nrn. 870–884 BMÄ:

- durch Nachweis der Erfüllung der Voraussetzungen nach Abs. 1 (tiefenpsychologisch fundierte Psychotherapie) oder nach Abs. 2 (analytische Psychotherapie) oder nach Abs. 3 (Verhaltenstherapie)

und

- durch Vorlage von Zeugnissen, aus denen sich ergibt, daß eingehende Kenntnisse und Erfahrungen in der Entwicklungspsychologie und Lernpsychologie einschließlich der speziellen Neurosenlehre sowie der Psychodiagnostik bei Kindern und Jugendlichen mit mindestens 200 Stunden erworben wurden. Darüber hinaus ist nachzuweisen, daß mindestens vier Fälle analytischer oder tiefenpsychologisch fundierter Psychotherapie mit mindestens 200 Stunden insgesamt oder mindestens fünf Fälle in Verhaltenstherapie mit mindestens 180 Stunden insgesamt selbständig unter Supervision – möglichst nach jeder vierten Behandlungsstunde bei analytischer und tiefenpsychologisch fundierter Psychotherapie oder nach jeder dritten bis vierten Behandlungsstunde bei Verhaltenstherapie – bei Kindern und Jugendlichen durchgeführt und abgeschlossen wurden. Entsprechende Zusatzqualifikationen müssen an und über anerkannte Ausbildungsstätten gem. § 6 Psychotherapeuten-Gesetz erworben worden sein.

(5) Gruppen-Psychotherapie nach den Nrn. 873, 874, 878, 883 und 884 BMÄ:

– durch Nachweis der Erfüllung der Voraussetzungen nach Abs. 1 (tiefenpsychologisch fundierte Psychotherapie) oder nach Abs. 2 (analytische Psychotherapie) oder nach Abs. 3 (Verhaltenstherapie) und bei Kindern und Jugendlichen nach Abs. 4

und

– durch die Vorlage von Zeugnissen, aus denen sich ergibt, daß eingehende Kenntnisse und praktische Erfahrungen in der Gruppen-Psychotherapie der psychoanalytisch begründeten Verfahren oder der Verhaltenstherapie erworben wurden. Dabei ist nachzuweisen, daß in mindestens 40 Doppelstunden analytischer oder tiefenpsychologisch fundierter beziehungsweise verhaltenstherapeutischer Selbsterfahrung in der Gruppe, in mindestens 24 Doppelstunden eingehende Kenntnisse in der Theorie der Gruppen-Psychotherapie und Gruppen-Dynamik erworben wurden und mindestens 60 Doppelstunden kontinuierlicher Gruppenbehandlung, auch in mehreren Gruppen, unter Supervision von mindestens 40 Stunden mit tiefenpsychologisch fundierter und analytischer Psychotherapie oder mit Verhaltenstherapie durchgeführt wurden. Entsprechende Zusatzqualifikationen müssen an und über anerkannte Ausbildungsstätten gem. §6 Psychotherapeuten-Gesetz erworben worden sein.

Die Genehmigung wird für das Verfahren erteilt, für das die Erfüllung der in diesem Absatz geforderten Voraussetzungen an die Qualifikation nachgewiesen wurde.

(6) übende und suggestiven Techniken (Autogenes Training, Jacobsonsche Relaxationstherapie, Hypnose) nach dem Leistungsinhalt der Nrn. 855, 856, 857 und 858 BMÄ:

– durch Nachweis der Erfüllung der Voraussetzungen nach Abs. 1 (tiefenpsychologisch fundiert Psychotherapie) oder nach Abs. 2 (analytische Psychotherapie) oder nach Abs. 3 (Verhaltenstherapie)

und

– durch den Erwerb eingehender Kenntnisse und Erfahrungen in diesen Techniken im Rahmen des Fachkundenachweises gemäß Abs. 1 bis 3

oder

– durch die erfolgreich Teilnahme an zwei Kursen von jeweils acht Doppelstunden im Abstand von mindestens sechs Monaten in den jeweiligen Techniken.

§ 7 Fachliche Befähigung von Kinder- und Jugendlichenpsychotherapeuten

Die fachliche Befähigung gemäß § 3 gilt als nachgewiesen für die Durchführung und Abrechnung von:

(1) tiefenpsychologisch fundierter Psychotherapie nach dem Leistungsinhalt der Nrn. 860, 861, 868, 870, 871, 872 des Bewertungsmaßstabes für vertragsärztliche Leistungen (BMÄ):

– durch den Fachkundenachweis gemäß § 95 c SGB V aufgrund einer vertieften Ausbildung mit Erwerb eingehender Kenntnisse und Erfahrungen in der tiefenpsychologisch fundierten Psychotherapie.

(2) analytischer Psychotherapie nach dem Leistungsinhalt der Nrn. 860, 861, 868, 870, 877 BMÄ:

- durch den Fachkundenachweis gemäß §95c SGB V aufgrund einer vertieften Ausbildung und Erwerb eingehender Kenntnisse und Erfahrungen in der analytischen Psychotherapie.

(3) Verhaltenstherapie nach dem Leistungsinhalt der Nrn. 860, 861, 868, 870, 881, 882 BMÄ:

- durch den Fachkundenachweis gemäß § 95 c SGB V aufgrund einer vertieften Ausbildung mit Erwerb eingehender Kenntnisse und Erfahrungen in der Verhaltenstherapie.

(4) Gruppen-Psychotherapie nach den Nrn. 873, 874, 878, 883 und 884 BMÄ:

- durch Nachweis der Erfüllung der Voraussetzungen nach Abs. 1 (tiefenpsychologisch fundiert Psychotherapie) oder nach Abs. 2 (analytische Psychotherapie) oder nach Abs. 3 (Verhaltenstherapie)

und

- durch die Vorlage von Zeugnissen, aus denen sich ergibt, daß eingehende Kenntnisse und praktische Erfahrungen in der Gruppen-Psychotherapie der psychoanalytisch begründeten Verfahren oder der Verhaltenstherapie erworben wurden. Dabei ist nachzuweisen, daß in mindestens 40 Doppelstunden analytischer oder tiefenpsychologisch fundierter beziehungsweise verhaltenstherapeutischer Selbsterfahrung in der Gruppe, in mindestens 24 Doppelstunden eingehende Kenntnisse in der Theorie der Gruppen-Psychotherapie und Gruppen-Dynamik erworben wurden und mindestens 60 Doppelstunden kontinuierlicher Gruppenbehandlung, auch in mehreren Gruppen, unter Supervision von mindestens 40 Stunden mit tiefenpsychologisch fundierter oder analytischer Psychotherapie oder mit Verhaltenstherapie durchgeführt wurden. Entsprechende Zusatzqualifikationen müssen an und über anerkannte Ausbildungsstätten gem. §6 Psychotherapeuten-Gesetz erworben worden sein.

(5) übenden und suggestiven Techniken (Autogenes Training, Jacobsonsche Relaxationstherapie, Hypnose) nach dem Leistungsinhalt der Nrn. 855, 856, 857 und 858 BMÄ:

- durch Nachweis der Erfüllung der Voraussetzungen nach Abs. 1 (tiefenpsychologisch fundiert Psychotherapie) oder nach Abs. 2 (analytische Psychotherapie) oder nach Abs. 3 (Verhaltenstherapie)

und

- durch den Erwerb eingehender Kenntnisse und Erfahrungen in diesen Techniken im Rahmen des Fachkundenachweises gemäß Abs. 1 bis 3

oder

- durch die erfolgreich Teilnahme an zwei Kursen von jeweils acht Doppelstunden im Abstand von mindestens 6 Monaten in den jeweiligen Techniken.

(6) Therapeuten, die durch ihren Fachkundenachweis auf die Psychotherapie von Kindern und Jugendlichen beschränkt sind, dürfen nur bei Kindern und Jugendlichen tätig werden.

§8 Abrechnung von Leistungen in Einrichtungen gem. §117 Abs. 2 SGB V

Die Abrechnung von Leistungen, die in Einrichtungen erbracht werden, die gemäß §117 Abs. 2 SGB V an der vertragsärztlichen Versorgung teilnehmen, unterliegt der Maßgabe, daß die Leistungen der ambulanten Psychotherapie von ärztlichen oder Psychologischen Psychotherapeuten oder Kinder- und Jugendlichenpsychotherapeuten mit den in dieser Vereinbarung genannten Qualifikationen erbracht oder durch den Ausbildungsteilnehmer frühestens nach Absolvierung der Hälfte der entsprechenden Ausbildung und Nachweis von ausreichenden Kenntnissen und Erfahrungen in dem betreffenden Psychotherapie-Verfahren unter Supervison dafür qualifizierter Therapeuten durchgeführt werden.

§ 9 Konsiliarverfahren und Kooperation

(1) Das Konsiliarverfahren einschließlich der Qualifikation der den Konsiliarbericht abgebenden Ärzte richtet sich nach den in Abschnitt F I. 1. und 2. der Psychotherapie-Richtlinien festgelegten Bestimmungen.

(2) Sollen psychotherapeutische Leistungen von Psychologische Psychotherapeuten oder Kinder- und Jugendlichenpsychotherapeuten erbracht werden, die in der ärztlichen oder psychologischen oder kinder- und jugendlichenpsychotherapeutischen Praxis angestellt sind, ist dies nur zulässig, wenn der Praxisinhaber selbst regelmäßig tiefenpsychologisch fundierte oder analytische Psychotherapie oder Verhaltenstherapie anwendet und wenn die Leistungen an diesen Therapeuten delegiert werden und dieser eine Qualifikation gemäß §§ 5, 6 oder 7 nachgewiesen hat.

§ 10 Informationen der Krankenkassen

(1) Die Kassenärztlichen Vereinigungen führen eine Liste derjenigen Ärzte, Psychologischen Psychotherapeuten und Kinder- und Jugendlichenpsychotherapeuten, bei denen die in §§ 5, 6 und 7 genannten Voraussetzungen nachgewiesen worden sind, und stellen diese den Landesverbänden der Krankenkassen und den örtlich zuständigen Stellen der landwirtschaftlichen Krankenkassen zur Verfügung.

(2) Dabei sind die Ärzte und die Psychologischen Psychotherapeuten und Kinder- und Jugendlichenpsychotherapeuten zu kennzeichnen, die berechtigt sind, gemäß § 5 Abs. 4 bzw. § 6 Abs. 4 oder § 7 Psychotherapie bei Kindern und Jugendlichen sowie gemäß § 5 Abs. 5 bzw. § 6 Abs. 5 oder § 7 Abs. 4 Psychotherapie in Gruppen durchzuführen.

(3) Die Kassenärztliche Bundesvereinigung stellt den Bundesverbänden der Krankenkassen eine Liste der nach § 12 bestellten Gutachter und Obergutachter zur Verfügung.

Teil C Durchführung der Behandlung

§ 11 Antragstellung

(1) Beabsichtigt ein Arzt oder Psychologischer Psychotherapeut oder Kinder- und Jugendlichenpsychotherapeut, tiefenpsychologisch fundierte Psychotherapie oder analytische Psychotherapie oder Verhaltenstherapie durchzuführen, so veranlaßt er, wenn er – ggf. nach der Durchführung probatorischer Sitzungen – eine entsprechend Indikation gestellt hat, den Patienten, einen Antrag auf Feststellung der Leistungspflicht für Psychotherapie bei dessen Krankenkasse zu stellen (Formblatt PTV 1).

(2) Je nach Indikationsstellung ist festzulegen, ob ein Antrag auf Kurzzeit- oder Langzeittherapie gestellt werden soll. Dem Antrag des Patienten ist eine Begründung des Therapeuten für die beantragte Therapie beizufügen.

(3) Zum Antrag auf Kurzzeittherapie (PTV 2) muß aus der Begründung hervorgehen, daß aufgrund der Diagnose die gestellte Indikation mit dem vereinbarten Indikationskatalog übereinstimmt. Zusätzlich ist zu begründen, warum bei dem vorliegenden Krankheitsbild mit einem therapeutischen Erfolg im Rahmen der Kurzzeittherapie gerechnet werden kann.

(4) Die Kurzzeittherapie ist spätestens mit 25 Sitzungen zu je 50 Minuten abzuschließen. Die Einzelsitzung kann auch in Einheiten von 2 × 25 Minuten unter entsprechender Vermehrung der Gesamtsitzungszahl (maximal 50 Sitzungen) durchgeführt werden. Stellt sich während der Kurzzeittherapie heraus, daß eine Langzeittherapie durchgeführt werden muß, ist die Überführung der Kurzzeittherapie in die Langzeittherapie spätestens mit der zwanzigsten Sitzung der Kurzzeittherapie mit Begründung auf dem Formblatt PT 3 oder VT 3 gemäß Abs. 5 zu beantragen. Wird Kurzzeittherapie in Langzeittherapie überge-

führt, ist die bewilligte Kurzzeittherapie auf das Kontingent der Langzeittherapie anzurechnen. Die Krankenkasse hat diesen Antrag einem Sachverständigen zur Begutachtung vorzulegen (Gutachterverfahren). Das gleich gilt, wenn nach Abschluß einer Therapie eine Kurzzeittherapie beantragt werden soll, es sei denn, daß zwischen dem Abschluß der Therapie und dem Zeitpunkt der Antragstellung ein Zeitraum von mehr als 2 Jahren liegt.

(5) Dem Antrag auf Langzeittherapie (PTV 2) ist ein ausführlicher Bericht für den Gutachter gemäß einem entsprechenden Formblatt (PT 3 a, PT 3 a [K], VT 3 a) in einem verschlossenen Briefumschlag beizufügen.

(6) Die Möglichkeiten der Befreiung von der Begründungspflicht für einen Antrag im Gutachterverfahren richten sich nach den dafür festgelegten Bestimmung der Psychotherapie-Richtlinien.

(7) Führt die Langzeittherapie innerhalb des von der Krankenkasse genehmigten Umfangs nicht zum Erfolg, kann der Versicherte einen Antrag auf Fortsetzung der Behandlung stellen. Diesem Antrag werden vom Therapeuten die Angaben zur Indikation und die entsprechende Begründung zur Fortsetzung der Behandlung gemäß dem entsprechenden Formblatt bzw. zugehörigem von der Kassenärztlichen Vereinigung zur Verfügung gestellten Informationsblatt (PT 3b, PT 3b [K], VT 3b, ggf. PT 3c, PT 3c [K] oder VT 3c) im verschlossenen Briefumschlag beigefügt und an die zuständige Krankenkasse gesandt. Der Antrag ist so rechtzeitig zu stellen, daß eine kontinuierliche Weiterbehandlung gewährleistet ist.

(8) In der Begründung zum Antrag ist anzugeben, in welcher Weise die Behandlung als Einzeltherapie oder als Gruppentherapie durchgeführt werden soll. Werden im Rahmen einer genehmigten tiefenpsychologisch fundierten oder analytischen Gruppentherapie Einzelbehandlungen notwendig, die nicht beantragt wurden, können diese in einem Verhältnis von einer Einzelbehandlung auf zehn Gruppenbehandlungen ohne besondere Antragstellung durchgeführt werden. Dabei sind die Einzelbehandlungen dem genehmigten Kontingent der Gruppenbehandlungen hinzuzurechnen. Gruppenbehandlung in der Verhaltenstherapie ist nur in der Kombination mit Einzelbehandlung zulässig. Die Kombination von Gruppenbehandlung und Einzelbehandlung ist in der Begründung zum Antrag darzustellen.

(9) Bei der Behandlung von Kindern und Jugendlichen ist es häufig notwendig, Gespräche unter psychodynamischen bzw. verhaltenstherapeutischen Gesichtspunkten zur Einbeziehung von Bezugspersonen in das Therapiekonzept zu führen. In der Begründung zum Antrag ist anzugeben, ob und in welchem Umfang eine solche Einbeziehung der Bezugspersonen als notwendig angesehen wird. Die für diese Einbeziehung vorgesehene Stundenzahl soll ein Verhältnis von 1:4 zur Stundenzahl des Patienten möglichst nicht überschreiten. Die in diesem Verhältnis für die Einbeziehung der Bezugspersonen bewilligte Stundenzahl ist der Stundenzahl für die Behandlung des Patienten hinzuzurechnen. Ist eine höhere Stundenzahl für die Einbeziehung der Bezugspersonen therapeutisch geboten, ist dies zu begründen. Wird hierfür eine höhere Stundenzahl bewilligt, so reduziert sich die Stundenzahl für die Behandlung des Patienten entsprechend. Stellt sich im Verlauf der Einbeziehung von Bezugspersonen heraus, daß eine Psychotherapie der Bezugsperson notwendig ist, bedarf es dafür eines eigenen Antrags.

(10) Soll die Einbeziehung der Bezugsperson bzw. Bezugspersonen in Gruppen durchgeführt werden, darf ein Verhältnis von 1:2 zur Stundenzahl des

Patienten nicht überschritten werden. Die genehmigten Doppelstunden für die Gruppenbehandlung werden der Stundenzahl für die Behandlung des Patienten hinzugerechnet.

(11) Die Einbeziehung der Bezugsperson bzw. Bezugspersonen ohne eine in denselben Zeitabschnitt fallende, parallel laufende Behandlung des Patienten ist nicht zulässig.

(12) Probatorische Sitzungen dienen ausschließlich dem Zweck festzustellen, ob ein Antrag und ggf. welcher auf Psychotherapie gestellt werden soll. Sie werden nicht auf die für die Therapie genehmigten Behandlungsstunden angerechnet.

(13) Die Unterbrechung einer laufenden Psychotherapie für einen Zeitraum von mehr als einem halben Jahr ist nur zulässig, wenn sie besonders begründet wird.

(14) Maßnahmen einer Gruppenpsychotherapie (bis zu 9 Teilnehmern) können an einem Tag bis zu zweimal je 100 Minuten in voneinander getrennten Sitzungen ausgeführt werden. Die Durchführung einer Einzeltherapie als Doppelsitzung ist nur zulässig bei einer krisenhaften psychischen Situation des Patienten oder bei Anwendung besonderer Methoden der Verhaltenstherapie und der tiefenpsychologisch fundierten und analytischen Psychotherapie. Soll dies außerhalb der Praxisräume des Therapeuten geschehen, bedarf es einer besonderen Begründung gegenüber dem Gutachter im Antrag auf Feststellung der Leistungspflicht.

§ 12 Gutachterverfahren

(1) Das Gutachterverfahren dient dazu festzustellen, ob die in den Psychotherapie-Richtlinien des Bundesausschusses der Ärzte und Krankenkassen und in dieser Vereinbarung niedergelegten Voraussetzungen für die Durchführung einer Psychotherapie zu Lasten der gesetzlichen Krankenversicherung erfüllt sind. Dabei ist insbesondere zu prüfen, ob das beantragte Psychotherapie-Verfahren nach den Richtlinien anerkannt und im konkreten Behandlungsfall indiziert ist und ob die Prognose einen ausreichenden Behandlungserfolg erwarten läßt.

(2) Die Gutachterpflichtigkeit bzw. die Befreiung von der Gutachterpflichtigkeit richtet sich nach Abschnitt F III. 2. i. V. m. Abschnitt I. 1. der Psychotherapie-Richtlinien.

(3) Die Kassenärztliche Bundesvereinigung bestellt im Einvernehmen mit den Bundesverbänden der Krankenkassen die in dem Verfahren tätigen Gutachter getrennt für die psychoanalytisch begründeten Therapieverfahren und für die Verhaltenstherapie jeweils für die Dauer von fünf Jahren.

(4) Die Qualifikation der Gutachter ist in Abschnitt F III. 3. der Psychotherapie-Richtlinien festgelegt.

(5) Die Gutachter haben eine Statistik über die von ihnen durchgeführten Begutachtungen zu erstellen und sich gegebenenfalls an Maßnahmen zur Qualitätssicherung des Verfahrens zu beteiligten. Die Bundesverbände der Krankenkassen werden regelmäßig über die Ergebnisse informiert.

Die Gutachter haben ihre Gutachten in angemessener Frist gegenüber der beauftragenden Krankenkasse zu erstatten. Dabei soll zwischen Eintreffen der Unterlagen beim Gutachter und der Absendung des Gutachtens in der Regel kein größerer Zeitraum als zwei Wochen vergehen.

Die Gutachter haben urlaubsbedingte Abwesenheiten der Kassenärztlichen Bundesvereinigung rechtzeitig, spätestens aber vier Wochen vor Antritt des Urlaubs, mitzuteilen. Die jährliche urlaubsbedingte Abwesenheit sollte den Zeitraum von zwei Monaten nicht überschreiten.

Eine Zuwiderhandlung gegen diese Verpflichtungen kann den Ausschluß aus dem Gutachterkreis nach sich ziehen.

(6) Das Gutachterverfahren wird von der für den Versicherten zuständigen Krankenkasse eingeleitet.

(7) Anträge auf Fortsetzung der Behandlung sollen von der zuständigen Krankenkasse dem Gutachter zugeleitet werden, der den Erstantrag beurteilt hat.

(8) Die in der ärztlichen Berufsordnung festgelegten Aufbewahrungsfristen für ärztliche Aufzeichnungen gelten für den Gutachter nicht. Er soll jedoch die ihm zur Verfügung gestellten Unterlagen und seine gutachtliche Stellungnahme unter Wahrung der Schweigepflicht mindestens 2 Jahre über den von ihm befürworteten Behandlungszeitraum hinaus aufbewahren.

(9) Dem Gutachter dürfen sowohl vom behandelnden Therapeuten als auch von der Krankenkasse nur solche Unterlagen zur Verfügung gestellt werden, auf denen die Personaldaten des Patienten anonymisiert sind.

(10) Die Kassenärztliche Bundesvereinigung benennt im Einvernehmen mit den Bundesverbänden der Krankenkassen Obergutachter, die dann von den Krankenkassen angerufen werden können, wenn ein Versicherter Einspruch gegen ihre ablehnende Entscheidung einlegt (§ 13 Abs. 4).

(11) Dem Obergutachter sind alle bisherigen Unterlagen, insbesondere auch das ausgefüllte Formblatt PTV 2 des Verfahrens sowie gegebenenfalls der Konsiliarbericht vom behandelnden Therapeuten zur Verfügung zu stellen.

(12) Für Gutachten und Obergutachten werden die Gebühren zwischen den Vertragspartnern gesondert vereinbart.

§ 13 Entscheidung zur Leistungspflicht

(1) Sind die Voraussetzungen für die Leistungspflicht erfüllt, so teilt die Krankenkasse dies dem Versicherten ggf. formlos mit und übersendet dem Therapeuten, der den Antrag begründet hat, über die zuständige Kassenärztliche Vereinigung den Behandlungsausweis (Formblatt PTV 7b) mit Anerkenntnis ihrer Leistungspflicht (Formblatt PTV 7a).

(2) Bricht ein Patient die Behandlung ab, unterrichtet der die Psychotherapie ausführende Therapeut die Krankenkasse. Erlischt die Leistungspflicht der Krankenkasse während einer laufenden Behandlung, so unterrichtet sie unverzüglich den die Psychotherapie ausführenden Therapeuten.

(3) Verneint die Krankenkasse ihre Leistungspflicht, teilt sie dies dem Versicherten mit. Die Information an den Therapeuten, der den Antrag begründet hat, erfolgt auf Formblatt PTV 7c.

(4) Legt der Versicherte gegen die Ablehnung einer Kurztherapie Einspruch ein, kann die Krankenkasse eine gutachterliche Stellungnahme einholen. Bei Einspruch gegen die Ablehnung einer Therapie im Gutachterverfahren kann die Vertragskasse ein Obergutachten einholen.

(5) Bestätigt die Krankenkasse ihre Leistungspflicht für Psychotherapie aufgrund eines Antragsverfahrens, wird eine zusätzliche Wirtschaftlichkeitsprüfung für die bewilligte Psychotherapie nicht durchgeführt.

Teil D Vergütung

§ 14 Abrechnung

(1) Für die Abrechnung der von der Krankenkasse bewilligten Psychotherapie ist das Formblatt PTV 7 b zu verwenden. Auf ihm dürfen nur die Leistungen der bewilligten Psychotherapie berechnet werden. Alle anderen Leistungen, auch wenn sie während einer laufenden Psychotherapie anfallen, sind über die Krankenversichertenkarte oder den Abrechnungs- bzw. Überweisungsschein abzurechnen.

(2) Werden vor der Antragstellung probatorische Sitzungen durchgeführt, sind diese über die Krankenversichertenkarte oder den Abrechnungs- bzw. Überweisungsschein abzurechnen. Probatorische Sitzungen können nur als Einzeltherapie durchgeführt werden.

(3) Während der Durchführung oder Fortsetzung einer bewilligten Psychotherapie können Testverfahren nach der Nr. 890 BMÄ als Bestandteil der Therapie mit besonderer Begründung bis zu dreimal zusätzlich berechnet werden.

(4) Das Formblatt PTV 7b nach Abs. 1 wird dem Therapeuten als Formularsatz zur Abrechnung für mehrere Quartale zur Verfügung gestellt. Reicht der Formularsatz nicht aus oder tritt ein Wechsel des Kostenträgers ein, so fordert der Therapeut einen neuen Formularsatz bei der zuständigen Krankenkasse an.

(5) Die Abrechnung einer ggf. notwendig werdenden Einbeziehung der Bezugsperson bzw. Bezugspersonen erfolgt auf dem Behandlungsausweis des Patienten.

(6) Leistungen der Einbeziehung der Bezugsperson bzw. Bezugspersonen sind hinter der Abrechnungsposition mit einem „B" zu kennzeichnen.

Teil E Vordrucke

§ 15

(1) Es gelten die folgenden Formblätter:

PTV 1

– Antrag des Versicherten an die Krankenkasse auf Feststellung der Leistungspflicht

– Überweisung an einen Vertragsarzt zur Erstellung des Konsiliarberichtes vor Aufnahme einer Psychotherapie

– Konsiliarbericht eines Vertragsarztes vor Aufnahme einer Psychotherapie durch einen Psychologischen Psychotherapeuten oder Kinder- und Jugendlichenpsychotherapeuten

PTV 2

– Angaben des Therapeuten zum Antrag auf Kurzzeittherapie oder Langzeittherapie an die Krankenkasse

PT 3 a/b/c

– Bericht des Therapeuten als Grundlage für die gutachtliche Stellungnahme

a – zum Erstantrag
b – zur Fortführung der Behandlung
c – Ergänzungsbericht zu PT 3 b
Informationsblatt

PT 3 a/b/c(K)

– Bericht des Therapeuten als Grundlage für die gutachtliche Stellungnahme zur Psychotherapie bei Kindern und Jugendlichen

a – zum Erstantrag
b – zur Fortführung der Behandlung
c – Ergänzungsbericht zu PT 3 b (K)
Informationsblatt

VT 3 a/b/c

– Bericht des Therapeuten als Grundlage für die gutachtliche Stellungnahme

a – zum Erstantrag
b – zur Fortführung der Behandlung
c – Ergänzungsbericht zu VT 3 b
Informationsblatt

PTV 4

– Auftrag der Krankenkasse zur Begutachtung eines Antrags

PTV 5

– Stellungnahme des Gutachters

PTV 6

– Mitteilung der Leistungspflicht (ggf. formlos) an den Antragsteller

PTV 7 a

– Mitteilung der Leistungspflicht an den Therapeuten

PTV 7 b

– Behandlungsausweis für bewilligte tiefenpsychologisch fundierte Psychotherapie, analytische Psychotherapie und Verhaltenstherapie

PTV 7 c
– Mitteilung über die nicht gegebene Leistungspflicht der Krankenkasse an den Therapeuten

PT 8
– Roter Umschlag zur Weiterleitung des Berichts (PT 3 a/b/c, PT 3 a/b/c [K]) an den Gutachter für tiefenpsychologisch fundierte und analytische Psychotherapie

VT 8
– Gelber Umschlag zur Weiterleitung des Berichtes (VT 3 a/b/c) an den Gutachter für Verhaltenstherapie

(2) Das Formblatt PTV 1 wird einfach erstellt und ist für die Krankenkasse bestimmt. Das Formblatt PTV 2 wird im Zweifachsatz erstellt. Das Original ist für die Krankenkasse bestimmt, die Durchschrift für den Gutachter. Der Konsiliarbericht wird im Dreifachsatz erstellt. Das Original ist für den Therapeuten bestimmt, die erste Durchschrift zum Verbleib beim Konsiliararzt und die zweite Durchschrift für die Krankenkasse.

(3) Die Formblätter PT 3 a/b/c, PT 3 a/ b/c (K) oder VT 3 a/b/c werden einfach erstellt. Für die beim Therapeuten verbleibende Durchschrift kann ein zweites Formblatt benutzt werden. Das Original wird im verschlossenen Umschlag mit dem Antrag PTV 1 und PTV 2 an die Krankenkasse gesandt.

(4) Die Krankenkasse beauftragt den Gutachter mit Formblatt PTV 4 unter Beifügung des Formblattes PTV 5 (Dreifachsatz), des ausgefüllten PTV 2 und des verschlossenen Umschlags.

(5) Das Formblatt PTV 5 wird im selbstdurchschreibenden Dreifachsatz erstellt. Die 1. Durchschrift ist zur Rücksendung an die Krankenkasse bestimmt. Die Mitteilung über die Leistungspflicht (PTV 7 a) wird ggf. mit dem Behandlungsausweis (PTV 7 b) an die Kassenärztliche Vereinigung zur Weiterleitung an den behandelnden Therapeuten übersandt. Die Ablehnung ihrer Leistungspflicht teilt die Krankenkasse dem behandelnden Therapeuten auf PTV 7 c mit. Der Gutachter sendet das Original des PTV 5 direkt an den Therapeuten.

(6) Das Formblatt PTV 7 a wird einfach erstellt. Das Original ist zur Weiterleitung an den Therapeuten bestimmt, eine Kopie ist ggf. für die Krankenkasse anzufertigen.

(7) Das Formblatt PTV 7 b wird als selbstdurchschreibender Drucksatz im Vierfachsatz erstellt und ist zur quartalsweisen Abrechnung für drei Quartale bestimmt. Erstreckt sich die Behandlung über mehr als drei Quartale, so hat der Therapeut bei der Krankenkasse einen neuen Formblattsatz PTV 7 b anzufordern.

(8) Die Formblätter PTV 1, PTV 2, PT 3 a/b/c, PT 3 a/b/c (K), VT 3 a/b/c, die Informationsblätter zu PT 3 a/b/c, PT 3 a/ b/c (K) und VT 3 a/b/c sowie PT 8, VT 8 und gegebenenfalls die Überweisung zur Abgabe des Konsiliarberichtes hält der Therapeut, die Formblätter PTV 4, PTV 5, ggf. PTV 6 und PTV 7 a/b/c die Krankenkasse bereit.

(9) Inhalt und Gestaltung der Formblätter sind verbindlich.

Teil F Übergangsbestimmungen

§ 16

(1) Ärzte, die Aufgrund der bis zum 31. 12. 1998 gültigen Psychotherapievereinbarung eine Abrechnungsgenehmigung erhalten haben, behalten diese in gleichem Umfang. Dies gilt für Psychologische Psychotherapeuten oder analytische Kinder- und Jugendlichenpsychotherapeuten, die bis zum 31. 12. 1998 am Delegationsverfahren teilgenommen haben, entsprechend, sofern sie eine Zulassung zur vertragsärztlichen Versorgung erhalten.

(2) Psychologishe Psychotherapeuten oder Kinder- und Jugendlichenpsychotherapeuten, die nach den Übergangsregelungen in §95 Abs. 10 SGB V zugelassen worden sind, erhalten die Abrechnungsgenehmigung für das Verfahren, für welches sie gegenüber dem Zulassungsausschuß den Nachweis eingehender Kenntnisse und Erfahrungen geführt haben.

Eine Abrechnungsgenehmigung für mehr als ein Verfahren ist nur dann zu erteilen, wenn gegenüber der Kassenärztlichen Vereinigung die Erfüllung der Anforderungen nachgewiesen wird, die dem Zulassungsausschuß hätten nachgewiesen werden müssen, um eine entsprechende Zulassung zu erhalten. Voraussetzung für eine Abrechnungsgenehmigung gemäß den Anforderungen nach §6 Abs. 4 und 5, jeweils Satz 1 und 2, und Abs. 6 oder §7 Abs. 4, Satz 1 und 2, und Abs. 5 ist der Nachweis über die Erfüllung der dort jeweils festgelegten Anforderungen gegenüber der Kassenärztlichen Vereinigung.

(3) Psychologische Psychotherapeuten oder Kinder- und Jugendlichenpsychotherapeuten, die nach den Übergangsregelungen gemäß § 95 Abs. 11 SGB V eine Ermächtigung zur Nachqualifikation zur vertragsärztlichen Versorgung erhalten haben, erhalten die Abrechnungsgenehmigung für das Verfahren, für welches sie gegenüber dem Zulassungsausschuß den Nachweis von Kenntnissen und Erfahrungen gemäß §95 Abs. 11 Nr. 1 geführt haben.

Voraussetzung für eine Abrechnungsgenehmigung gemäß den Anforderungen nach §6 Abs. 4 und 5, jeweils Satz 1 und 2, und Abs. 6 oder §7 Abs. 4, Satz 1 und 2, und Abs. 5 ist der Nachweis über die Erfüllung der dort jeweils festgelegten Anforderungen gegenüber der Kassenärztlichen Vereinigung.

Die Abrechnungsgenehmigung ist befristet für den Zeitraum der Ermächtigung zu erteilen. Wird der ermächtigte Psychologische Psychotherapeut oder Kinder- und Jugendlichenpsychotherapeut zur vertragsärztlichen Versorgung zugelassen, ist die entsprechende Abrechnungsgenehmigung unbefristet zu erteilen.

(4) Diejenigen Psychologischen Psychotherapeuten, die eine dreijährige ganztägige Ausbildung spätestens bis zum 31.12.2001 oder eine fünfjährige berufsbegleitende Ausbildung spätestens zum 31.12.2003 an einem Ausbildungsinstitut für tiefenpsychologisch fundierte und analytische Psychotherapie, das zum 31.12.1998 als anerkannt gemäß Anlage 1 der bis zum 31.12.1998 gültigen Psychotherapievereinbarung angesehen werden konnte, erfolgreich mit einer Abschlußprüfung beenden, werden als qualifiziert sowohl für die Erbringung tiefenpsychologisch fundierter Psychotherapie als auch analytischer Psychotherapie nach dieser Vereinbarung angesehen. Dies gilt auch für die analytischen Kinder- und Jugendlichenpsychotherapeuten, die eine abgeschlossene Ausbildung an einem zum 31.12.1998 als anerkannt anzusehenden Ausbildungsinstitut nach Anlage 2 der bis zum 31.12.1998 gültigen Psychotherapievereinbarung bei einer dreijährigen ganztägigen Ausbildung spätestens bis zum 31.12.2001 und bei einer fünfjährigen berufsbegleitenden Ausbildung spätestens bis zum 31.12.2003 nachweisen können.

(5) Das Beauftragungsverfahren an Ausbildungsinstituten, die zum 31.12.98 als anerkannt nach den Anlagen 1 bis 3 der bis zum 31.12.1998 gültigen Psychotherapievereinbarung angesehen werden konnten, kann von den dafür autorisierten Ausbildungsleitern und gemäß den Bestimmungen des §5 der bis zum 31.12.1998 gültigen Psychotherapievereinbarung bis zum 30.6.1999 weitergeführt werden. Spätestens bis zu diesem Zeitpunkt sind an den entsprechenden

Instituten die Bestimmungen des § 117 Abs. 2 SGB V umzusetzen.

(6) Im Hinblick auf Artikel 10 des Psychotherapeuten-Gesetzes gelten die Bestimmungen zum Delegationsverfahren der bis zum 31.12.1998 gültigen Psychotherapievereinbarung für die an dieser Vereinbarung teilnehmenden Psychologischen Psychotherapeuten und Kinder- und Jugendlichenpsychotherapeuten bis zur Entscheidung des Zulassungsausschusses.

Teil G Inkrafttreten

§ 17
Diese Vereinbarung tritt am 1. Januar 1999 in Kraft. Sie ersetzt die Vereinbarung über die Anwendung von Psychotherapie in der vertrgsärztlichen Versorgung vom 20. September 1990.

Teil H Kündigung

§ 18
Eine gesonderte Kündigung dieser Anlage zum Bundesmantelvertrag-Ärzte ist mit einer Frist von 6 Monaten zum Ende eines Kalenderhalbjahres möglich. Durch eine Kündigung werden bereits im Gutachterverfahren bewilligte Fälle nicht berührt. Im übrigen gilt § 55 Bundesmantelvertrag-Ärzte sinngemäß.

Diese Vereinbarung tritt am 1. Januar 1999 im Kraft.

Ausbildungs- und Prüfungsverordnung für Psychologische Psychotherapeuten (PsychTh-AprV)

vom 18. Dezember 1998[3]

Auf Grund des § 8 des Psychotherapeutengesetzes vom 16. Juni 1998 (BGBl. I S. 1311) verordnet das Bundesministerium für Gesundheit:

Erster Abschnitt Ausbildung

§ 1 Ziel und Gliederung

(1) Die Ausbildung der Psychologischen Psychotherapeuten erfolgt auf der Grundlage von Ausbildungsplänen und erstreckt sich auf die Vermittlung von eingehenden Grundkenntnissen in wissenschaftlich anerkannten psychotherapeutischen Verfahren sowie auf eine vertiefte Ausbildung in einem dieser Verfahren. Sie ist auf der Grundlage des wissenschaftlichen Erkenntnisstandes praxisnah und patientenbezogen durchzuführen.

(2) Die Ausbildung hat den Ausbildungsteilnehmern insbesondere Kenntnisse, Fähigkeiten und Fertigkeiten zu vermitteln, die erforderlich sind, um

1. in Diagnostik, Therapie und Rehabilitation von Störungen mit Krankheitswert, bei denen Psychotherapie indiziert ist, und
2. bei der Therapie psychischer Ursachen, Begleiterscheinungen und Folgen von körperlichen Erkrankungen unter Berücksichtigung der ärztlich erhobenen Befunde zum körperlichen Status und der sozialen Lage des Patienten

auf den wissenschaftlichen, geistigen und ethischen Grundlagen der Psychotherapie eigenverantwortlich und selbständig handeln zu können (Ausbildungsziel).

(3) Die Ausbildung umfaßt mindestens 4200 Stunden und besteht aus einer praktischen Tätigkeit (§ 2), einer theore-

[3] Bundesgesetzblatt Jahrgang 1998 Teil I Nr. 83, ausgegeben zu Bonn am 22. Dezember 1998.

tischen Ausbildung (§ 3), einer praktischen Ausbildung mit Krankenbehandlungen unter Supervision (§ 4) sowie einer Selbsterfahrung, die die Ausbildungsteilnehmer zur Reflexion eigenen therapeutischen Handelns befähigt (§ 5). Sie schließt mit Bestehen der staatlichen Prüfung ab.

(4) Die regelmäßige und erfolgreiche Teilnahme an den Ausbildungsveranstaltungen nach Absatz 3 ist durch eine Bescheinigung nach Muster der Anlage 2 nachzuweisen.

§ 2 Praktische Tätigkeit

(1) Die praktische Tätigkeit nach § 1 Abs. 3 Satz 1 dient dem Erwerb praktischer Erfahrungen in der Behandlung von Störungen mit Krankheitswert im Sinne des § 1 Abs. 3 Satz 1 des Psychotherapeutengesetzes sowie von Kenntnissen anderer Störungen, bei denen Psychotherapie nicht indiziert ist. Sie steht unter fachkundiger Anleitung und Aufsicht.

(2) Die praktische Tätigkeit umfaßt mindestens 1800 Stunden und ist in Abschnitten von jeweils mindestens drei Monaten abzuleisten. Hiervon sind

1. mindestens 1200 Stunden an einer psychiachtrischen klinischen Einrichtung, die im Sinne des ärztlichen Weiterbildungsrechts zur Weiterbildung für Psychiatrie und Psychotherapie zugelassen ist oder die von der nach § 10 Abs. 4 Psychotherapeutengesetz zuständigen Behörde als gleichwertige Einrichtung zugelassen wird, und
2. mindestens 600 Stunden an einer von einem Sozialversicherungsträger anerkannten Einrichtung der psychotherapeutischen oder psychosomatischen Versorgung, in der Praxis eines Arztes mit einer ärztlichen Weiterbildung in der Psychotherapie oder eines Psychologischen Psychotherapeuten

zu erbringen.

3. Während der praktischen Tätigkeit in der psychiatrischen klinischen Einrichtung ist der Ausbildungsteilnehmer jeweils über einen längeren Zeitraum an der Diagnostik und der Behandlung von mindestens 30 Patienten zu beteiligen. Bei mindestens vier dieser Patienten müssen die Familie oder andere Sozialpartner des Patienten in das Behandlungskonzept einbezogen sein. Der Ausbildungsteilnehmer hat dabei Kenntnisse und Erfahrungen über die akute, abklingende und chronifizierte Symptomatik unterschiedlicher psychiatrischer Erkrankungen zu erwerben sowie die Patientenbehandlung fallbezogen und unter Angabe von Umfang und Dauer zu dokumentieren.

§ 3 Theoretische Ausbildung

(1) Die theoretische Ausbildung nach § 1 Abs. 3 Satz 1 umfaßt mindestens 600 Stunden. Sie erstreckt sich auf die zu vermittelnden Grundkenntnisse für die psychotherapeutische Tätigkeit und im Rahmen der vertieften Ausbildung auf Spezialkenntnisse in einem wissenschaftlich anerkannten psychotherapeutischen Verfahren (Anlage 1). Sie findet in Form von Vorlesungen, Seminaren und praktischen Übungen statt. Die Vorlesungen dürfen ein Drittel der Stundenzahl der theoretischen Ausbildung nicht überschreiten.

(2) In den Seminaren nach Absatz 1 Satz 2 sind die in den Vorlesungen und praktischen Übungen vermittelten Ausbildungsinhalte der Anlage 1 mit den Ausbildungsteilnehmern vertiefend und anwendungsbezogen zu erörtern. Dabei sind insbesondere psychologische, psychopathologische und medizinische Zusammenhänge herauszuarbeiten. Während der Seminar hat ferner die Vorstellung der praktischen psychotherapeutischen Arbeit mit Patienten zu erfolgen. Die Zahl der Ausbildungsteilnehmer an einem Seminar soll 15 nicht überschreiten.

(3) Die praktischen Übungen nach Absatz 1 Satz 2 umfassen Falldarstellungen und Behandlungstechniken der praktischen psychotherapeutischen Arbeit mit Patienten. Dabei sind die rechtlich geschützten Belange des Patienten zu berücksichtigen. Praktische Übungen sind, soweit der Lehrstoff dies erfordert, in kleinen Gruppen durchzuführen.

§ 4 Praktische Ausbildung

(1) Die praktische Ausbildung nach § 1 Abs. 3 Satz 1 ist Teil der vertieften Ausbildung in einem wissenschaftlich anerkannten psychotherapeutischen Verfahren und dient dem Erwerb sowie der Vertiefung von Kenntnissen und praktischen Kompetenzen bei der Behandlung von Patienten mit Störungen mit Krankheitswert nach § 1 Abs. 3 Satz 1 des Psychotherapeutengesetzes. Sie umfaßt mindestens 600 Behandlungsstunden unter Supervison mit mindestens sechs Patientenbehandlungen sowie mindestens 150 Supervisionsstunden, von denen mindestens 50 Stunden als Einzelsupervision durchzuführen sind.

(2) Die in Absatz 1 Satz 2 genannten Supervisionsstunden sind bei mindestens drei Supervisoren abzuleisten und auf die Behandlungsstunden regelmäßig zu verteilen. Die Supervision erfolgt durch Supervisoren, die von der Hochschule oder anderen Einrichtungen nach § 6 Abs. 1 des Psychotherapeutengesetzes (Ausbildungsstätte) anerkannt sind. Bei Gruppensupervision soll die Gruppe aus vier Teilnehmern bestehen.

(3) Voraussetzungen für die Anerkennung als Supervisor nach Absatz 2 Satz 2 sind:

1. eine mindestens fünfjährige psychotherapeutische Tätigkeit in der Krankenbehandlung nach der Approbation zum Psychologischen Psychotherapeuten oder nach Abschluß einer ärztlichen Weiterbildung in der Psychotherapie, schwerpunktmäßig auf dem Gebiet des wissenschaftlich anerkannten Verfahrens, das Gegenstand der praktischen Ausbildung ist,
2. eine mindestens dreijährige Lehrtätigkeit an einer Ausbildungsstätte und
3. die persönliche Eignung.

Die Anerkennung als Supervisor ist von der Ausbildungsstätte regelmäßig zu überprüfen.

(4) Während eines Übergangszeitraums von sechs Jahren nach Inkrafttreten dieser Verordnung können Personen mit einer Approbation als Psychologischer Psychotherapeut, die vor Inkrafttreten des Psychotherapeutengesetztes mindestens fünf Jahr psychotherapeutisch im Sinne des Absatzes 3 Satz 1 Nr. 1 tätig waren, bei Nachweis dieser Tätigkeit als Supervisoren nach Absatz 3 anerkannt werden, wenn sie zugleich die Voraussetzungen des Absatzes 3 Satz 1 Nr. 2 und 3 erfüllen. Absatz 3 Satz 2 gilt entsprechend.

(5) Die Zuweisung von Behandlungsfällen hat zu gewährleisten, daß die Ausbildungsteilnehmer über das Spektrum von Störungen mit Krankheitswert, bei denen Psychotherapie indiziert ist, eingehende Kenntnisse und Erfahrungen erwerben.

(6) Während der praktischen Ausbildung hat der Ausbildungsteilnehmer mindestens sechs anonymisierte schriftliche Falldarstellungen über eigene Patientenbehandlungen, die unter Supervision stattgefunden haben, zu erstellen. Die Falldarstellungen haben die wissenschaftlichen Erkenntnisse zu berücksichtigen, die Diagnostik, Indikationsstellung und eine Evaluation der Therapieergebnisse mit einzuschließen, ein ätiologisch orientiertes Krankheitsverständnis nachzuweisen sowie den Behandlungsverlauf und die Behandlungstechnik in Verbindung mit der Theorie

darzustellen. Sie sind von der Ausbildungsstätte zu beurteilen.

§ 5 Selbsterfahrung

(1) Die Selbsterfahrung nach § 1 Abs. 3 Satz 1 richtet sich nach dem wissenschaftlich anerkannten psychotherapeutischen Verfahren, das Gegenstand der vertieften Ausbildung ist, und umfaßt mindestens 120 Stunden. Gegenstand der Selbsterfahrung sind die Reflexion oder Modifikation persönlicher Voraussetzungen für das therapeutische Erleben und Handeln unter Einbeziehung biographischer Aspekte sowie bedeutsame Aspekte des Erlebens und Handelns im Zusammenhang mit einer therapeutischen Beziehung und mit der persönlichen Entwicklung im Ausbildungsverlauf.

(2) Die Selbsterfahrung findet bei von der Ausbildungsstätte anerkannten Selbsterfahrungsleitern, die als Supervisoren nach § 4 Abs. 3 Satz 1 oder Abs. 4 anerkannt sind, statt, zu denen der Ausbildungsteilnehmer keine verwandtschaftlichen Beziehungen hat und nicht in wirtschaftlichen oder dienstlichen Abhängigkeiten steht. § 4 Abs. 3 Satz 2 gilt entsprechend.

§ 6 Unterbrechung der Ausbildung, Anrechnung der Ausbildungen

(1) Auf die Dauer der Ausbildung werden angerechnet

1. eine ausbildungsfreie Zeit von bis zu sechs Wochen jährlich und
2. Unterbrechungen durch Krankheit oder aus anderen, vom Ausbildungsteilnehmer nicht zu vertretenden Gründen, bei Ausbildungsteilnehmerinnen auch Unterbrechungen durch Schwangerschaft, bis zu höchstens vier Wochen je Ausbildungsjahr.

Die zuständige Behörde kann auf Antrag auch darüber hinausgehende Fehlzeiten berücksichtigen, soweit eine besondere Härte vorliegt und das Erreichen des Ausbildungszieles durch die Anrechnung nicht gefährdet wird.

(2) Wird die Ausbildung vom Psychologischen Psychotherapeuten gemäß § 5 Abs. 3 des Psychotherapeutengesetzes verkürzt, hat der Antragsteller sich einer weiteren Ausbildung zu unterziehen, die sich auf die Defizite seiner Ausbildung im Vergleich zu der in den §§ 2 bis 5 geregelten Ausbildung erstreckt, ihm Grundkenntnisse in wissenschaftlich anerkannten psychotherapeutischen Verfahren sowie eine vertiefte Ausbildung in einem dieser Verfahren vermittelt und sicherstellt, daß er das Ausbildungsziel nach § 1 Abs. 2 erreicht. Die Dauer und Inhalte der weiteren Ausbildung werden von der zuständigen Behörde festgelegt; sie legt ferner die Gesamtstundenzahl

1. der praktischen Tätigkeit nach § 2,
2. der theoretischen Ausbildung nach § 3,
3. der praktischen Ausbildung nach § 4, ihre Aufteilung in Behandlungs- und Supervisionsstunden und die Anzahl der Patientenbehandlungen sowie
4. der Selbsterfahrung nach § 5

fest. Die weitere Ausbildung schließt mit der staatlichen Prüfung nach § 8 ab.

Zweiter Abschnitt
Allgemeine Prüfungsbestimmungen

§ 7 Zulassung zur Prüfung

(1) Die zuständige Behörde nach § 8 Abs. 2 entscheidet auf Antrag des Prüflings über die Zulassung zur staatlichen Prüfung und im Benehmen mit der Leitung der Ausbildungsstätte über die Ladungen zu den Prüfungsterminen. Die Prüfungstermine sollen nicht früher als zwei Monate vor dem Ende der Ausbildung liegen.

(2) Die Zulassung zur Prüfung wird erteilt, wenn folgende Nachweise vorliegen:

1. die Geburtsurkunde oder ein Auszug aus dem Familienbuch der Eltern, bei Verheirateten die Heiratsurkunde, ein Auszug aus dem für die Ehe geführten Familienbuch oder jede sonstige Urkunde, die eine Namensänderung zur Folge hat,
2. der Nachweis über die bestandene Abschlußprüfung im Studiengang Psychologie, die das Fach Klinische Psychologie einschließt, oder eine Bescheinigung über eine gleichwertige Ausbildung nach § 5 Abs. 2 Nr. 1 Buchstabe b oder c des Psychotherapeutengesetzes,
3. die Bescheinigung nach § 1 Abs. 4 über die Teilnahme an den Ausbildungsveranstaltungen und
4. mindestens zwei Falldarstellungen nach § 4 Abs. 6, die von der Ausbildungsstätte als Prüfungsfall angenommen wurden.

(3) Die Zulassung zur Prüfung und die Ladung zu den Prüfungsterminen sollen dem Prüfling spätestens zwei Wochen vor Prüfungsbeginn schriftlich mitgeteilt werden.

§ 8 Staatliche Prüfung

(1) Die staatliche Prüfung nach § 5 Abs. 1 Satz 2 des Psychotherapeutenesetzes umfaßt einen schriftlichen und einen mündlichen Teil.

(2) Der Prüfling legt die Prüfung bei der zuständigen Behörde ab. Zuständig ist die Behörde des Landes, in dem der Prüfling im Zeitpunkt der Antragstellung nach § 7 Abs. 1 an der Ausbildung teilnimmt.

§ 9 Prüfungskommission

(1) Die Prüfung nach § 8 wird vor einer staatlichen Prüfungskommission abgelegt. Die Prüfungskommission besteht aus folgenden Mitgliedern, von denen zwei keine Lehrkräfte der Ausbildungsstätte sein dürfen, an der die Ausbildung durchgeführt wurde:

1. einem Psychologischen Psychotherapeuten, der für das psychotherapeutische Verfahren qualifiziert ist, das Gegenstand der vertieften Ausbildung war, und der nach § 4 Abs. 3 Satz 1 oder Abs. 4 als Supervisor anerkannt ist, als Vorsitzendem,
2. mindestens zwei weiteren Psychologischen Psychotherapeuten mit der in Nummer 1 genannten Qualifikation, von denen mindestens einer zusätzlich über die Supervisorenanerkennung nach § 4 Abs. 3 Satz 1 oder Abs. 4 verfügen muß, und
3. einem Arzt mit einer ärztlichen Weiterbildung in der Psychiatrie und Psychotherapie, in der Kinder- und Jugendpsychiatrie und -psychotherapie oder in der Psychotherapeutischen Medizin, der an einer Ausbildungsstätte lehrt.

Der Selbsterfahrungsleiter des Prüflings darf der Prüfungskommission nicht angehören.

(2) Jedes Mitglied der Prüfungskommission hat einen oder mehrere Stellvertreter. Die Mitglieder der Prüfungskommission und ihre Stellvertreter werden von der zuständigen Behörde bestellt.

§ 10 Niederschrift

Über die Prüfung ist eine Niederschrift zu fertigen, aus der Gegenstand, Ablauf und Ergebnisse der Prüfung sowie etwa vorkommende Unregelmäßigkeiten hervorgehen. Sie ist von allen Mitgliedern der Prüfungskommission zu unterzeichnen. Lautet die Note „mangelhaft“ oder „ungenügend“, so sind die Gründe anzugeben und in die Niederschrift aufzunehmen.

§ 11 Benotung

Die schriftliche Aufsichtsarbeit und die Leistungen im mündlichen Teil der Prüfung werden wie folgt benotet:

„sehr gut“ (1), wenn die Leistung hervorragend ist,

„gut“ (2), wenn die Leistung erheblich über den durchschnittlichen Anforderungen liegt,

„befriedigend“ (3), wenn die Leistung in jeder Hinsicht durchschnittlichen Anforderungen gerecht wird,

„ausreichend“ (4), wenn die Leistung trotz Mängeln noch den Anforderungen genügt,

„mangelhaft“ (5), wenn die Leistung wegen erheblicher Mängel den Anforderungen nicht mehr genügt,

„ungenügend“ (6), wenn die Leistung unbrauchbar ist.

§ 12 Bestehen und Wiederholung der Prüfung

(1) Die Prüfung ist bestanden, wenn jeder der in § 8 Abs. 1 vorgeschriebenen Prüfungsteile bestanden ist.

(2) Über die bestandene staatliche Prüfung wird eine Zeugnis nach dem Muster der Anlage 3 erteilt. Über das Nichtbestehen erhält der Prüfling von der zuständigen Behörde eine schriftliche Mitteilung, in der die Prüfungsnoten anzugeben sind.

(3) Der Prüfling kann den schriftlichen und den mündlichen Teil der Prüfung jeweils zweimal wiederholen, wenn er die Note „mangelhaft“ oder „ungenügend“ erhalten hat. Eine weitere Wiederholung ist auch nach einer erneuten Ausbildung zum Psychologischen Psychotherapeuten nicht zulässig.

(4) Hat der Prüfling den mündlichen Teil der Prüfung oder die gesamte Prüfung zu wiederholen, so wird er zu den Wiederholungsprüfungen nur geladen, wenn er an einer weiteren praktischen Ausbildung teilgenommen hat, deren Dauer und Inhalt von der zuständigen Behörde bestimmt werden. Dem Antrag des Prüflings auf Zulassung zu den Wiederholungsprüfungen ist jeweils ein Nachweis über die weitere Ausbildung sowie mindestens eine Falldarstellung nach § 4 Abs. 6, die von der Ausbildungsstätte als Prüfungsfall angenommen wurde, beizufügen. Die Wiederholungsprüfung soll jeweils spätestens sechs Monate nach der letzten Prüfung abgeschlossen sein.

§ 13 Rücktritt von der Prüfung

(1) Tritt ein Prüfling nach seiner Zulassung von der Prüfung oder einem Prüfungsteil zurück, so hat er die Gründe für seinen Rücktritt unverzüglich der zuständigen Behörde schriftlich mitzuteilen. Genehmigt die zuständige Behörde den Rücktritt, so gilt die Prüfung oder der betreffende Teil der Prüfung als nicht unternommen. Die Genehmigung ist nur zu erteilen, wenn wichtige Gründe vorliegen. Im Falle einer Krankheit kann die Vorlage einer ärztlichen Bescheinigung verlangt werden.

(2) Wird die Genehmigung für den Rücktritt nicht erteilt oder unterläßt es der Prüfling, die Gründe für seinen Rücktritt unverzüglich mitzuteilen, so gilt die Prüfung oder der betreffende Teil der Prüfung als nicht bestanden. § 12 Abs. 3 gilt entsprechend.

§ 14 Versäumnisfolgen

(1) Versäumt ein Prüfling einen Prüfungstermin, gibt er die Aufsichtsarbeit nicht oder nicht rechtzeitig ab oder unterbricht er die Prüfung, so gilt der betreffende Teil der Prüfung als nicht bestanden, wenn nicht ein wichtiger Grund vorliegt; § 12 Abs. 3 gilt entsprechend. Liegt ein wichtiger Grund vor, so gilt der betreffende Teil der Prüfung als nicht unternommen.

(2) Die Entscheidung darüber, ob ein wichtiger Grund vorliegt, trifft die zuständige Behörde. § 13 Abs. 1 Satz 1 und 4 gilt entsprechend.

§ 15 Ordnungsverstöße und Täuschungsversuche
Die zuständige Behörde kann bei Prüflingen, die die ordnungsgemäße Durchführung der Prüfung in erheblichem Maße gestört oder sich eines Täuschungsversuchs schuldig gemacht haben, den betreffenden Teil der Prüfung für nicht bestanden erklären; § 12 Abs. 3 gilt entsprechend. Eine solche Entscheidung ist nur bis zum Abschluß der gesamten Prüfung zulässig.

Dritter Abschnitt Besondere Prüfungsbestimmungen

§ 16 Schriftlicher Teil der Prüfung
(1) Der schriftliche Teil der Prüfung erstreckt sich auf die in Anlage 1 Teil A aufgeführten Grundkenntnisse in den wissenschaftlich anerkannten psychotherapeutischen Verfahren. Der Prüfling hat in einer Aufsichtsarbeit schriftlich gestellte Fragen zu beantworten. Die Aufsichtsarbeit dauert 120 Minuten. Die Aufsichtsführenden werden von der zuständigen Behörde bestimmt.

(2) Die Aufgaben für die Aufsichtsarbeit werden von der zuständigen Behörde auf Vorschlag des Vorsitzenden der Prüfungskommission ausgewählt. Die zuständige Behörde soll sich im Benehmen mit dem Vorsitzenden der Prüfungskommission einer zentralen Einrichtung bedienen, die die Aufgaben für die Aufsichtsarbeit erstellt. Die Aufsichtsarbeit ist von mindestens zwei Mitgliedern der Prüfungskommission zu benoten. Aus den Noten der Prüfer bildet der Vorsitzende der Prüfungskommission im Benehmen mit den Prüfern die Prüfungsnote für die Aufsichtsarbeit. Der schriftliche Teil der Prüfung ist bestanden, wenn die Aufsichtsarbeit mindestens mit „ausreichend" benotet wird.

§ 17 Mündlicher Teil der Prüfung
(1) Der mündliche Teil der Prüfung erstreckt sich unter besonderer Berücksichtigung des wissenschaftlich anerkannten psychotherapeutischen Verfahrens, das Gegenstand der vertieften Ausbildung war, auf folgende Inhalte:

1. Ätiologie, Pathogenese und Aufrechterhaltung von Störungen mit Krankheitswert von § 1 Abs. 3 Satz 1 des Psychotherapeutengesetzes,
2. theoretische Grundlagen und klinisch-empirische Befunde zu wissenschaftlich anerkannten psychotherapeutischen Verfahren,
3. Kriterien der generellen und differentiellen Indikation in den wissenschaftlich anerkannten psychotherapeutischen Verfahren und Methoden einschließlich der Evaluation von Behandlungsverläufen sowie
4. Theorie und Praxis der Therapeuten-Patienten-Beziehung.

(2) In der mündlichen Prüfung hat der Prüfling anhand mindestens eines Falles nach § 7 Abs. 2 Nr. 4 nachzuweisen, daß er über das für die Tätigkeit der Psychologischen Psychotherapeuten erforderliche eingehende Wissen und Können verfügt, in der Lage ist, die während der Ausbildung erworbenen Kenntnisse, Fähigkeiten und Fertigkeiten in der beruflichen Praxis anzuwenden und zu eigenständiger wissenschaftlich begründeter Diagnostik und psychotherapeutischer Krankenbehandlung befähigt ist. Der Prüfling soll insbesondere zeigen, daß er

1. die Technik der Anamneseerhebung und der psychodiagnostischen Untersuchungsmethoden beherrscht und ihre Resultate zu beurteilen vermag,
2. in der Lage ist, die Informationen, die zur Stellung der Diagnose erforderlich sind, zu gewinnen, ihre unterschiedliche Bedeutung und Gewichtung für die Diagnosestellung zu erkennen und im Rahmen differentialdiagnostischer Überlegungen un-

ter Berücksichtigung des körperlichen Status und der sozialen Lebensbedingungen des Patienten kritisch zu verwerten,
3. in der Lage ist, ätiologische Zusammenhänge vor dem Hintergrund seiner Kenntnisse der Psychopathologie und seines Störungswissens zu erkennen,
4. in der Lage ist, die generelle und differentielle Indikation zur Psychotherapie zu stellen und dabei die Grundkenntnisse in denjenigen Verfahren, die nicht Gegenstand der vertieften Ausbildung waren, zu berücksichtigen,
5. über vertiefte Kenntnisse und eingehende Fertigkeiten in dem psychotherapeutischen Verfahren verfügt, das Gegenstand der vertieften Ausbildung war,
6. in der Lage ist, die Therapeuten-Patienten-Beziehung in ihren zentralen Aspekten zu handhaben,
7. in der Lage ist, die erworbenen Grundkenntnisse in Prävention und Rehabilitation fallbezogen anzuwenden sowie
8. die allgemeinen, berufsrechtlichen und ethischen Regeln psychotherapeutischen Verhaltens kennt und anzuwenden weiß.

(3) Der mündliche Teil der Prüfung besteht aus zwei Abschnitten. Der erste Abschnitt wird als Einzelprüfung durchgeführt und soll 30 Minuten dauern, in denen der Prüfungsfall nach Absatz 2 Satz 1 mit dem Prüfling zu erörtern ist. Der zweite Abschnitt wird als Gruppenprüfung in Gruppen bis zu vier Prüflingen durchgeführt und soll 120 Minuten dauern. Die Dauer der Prüfung reduziert sich entsprechend der Anzahl der Prüflinge. Die mündliche Prüfung wird vom Vorsitzenden der Prüfungskommission geleitet. Die Prüfungskommission ist während der gesamten Dauer der mündlichen Prüfung zur Anwesenheit verpflichtet. Jedes Mitglied der Prüfungskommission ist berechtigt, Fragen an den Prüfling zu stellen.

(4) Jeder Abschnitt des mündlichen Teils der Prüfung ist von jedem Mitglied der Prüfungskommission zu benoten. Aus den Noten der Prüfer bildet der Vorsitzende der Prüfungskommission im Benehmen mit den Prüfern die Note für den jeweiligen Abschnitt der mündlichen Prüfung sowie aus den Noten der beiden Abschnitte die Prüfungsnote für den mündlichen Teil der Prüfung. Der mündliche Teil der Prüfung ist bestanden, wenn jeder Abschnitt mindestens mit „ausreichend" bewertet wird und die Prüfungsnote mindestens „ausreichend" ist.

(5) Die zuständige Behörde kann zum mündlichen Teil der Prüfung Beobachter entsenden. Der Vorsitzende der Prüfungskommission kann auf begründeten Antrag die Anwesenheit von Zuhörern beim mündlichen Teil der Prüfung gestatten. Er hat zu Beginn der Prüfung alle Anwesenden auf die Schweigepflicht hinzuweisen. Bei Bekanntgabe des Prüfungsergebnisses ist die Anwesenheit von Zuhörern nicht gestattet.

§ 18 Gesamtnote der Prüfung

Für die staatliche Prüfung nach § 8 Abs. 1 wird vom Vorsitzenden der Prüfungskommission eine Gesamtnote wie folgt gebildet: Die Note für den schriftlichen Teil der Prüfung wird mit 1, die Note für den mündlichen Teil der Prüfung mit 2 vervielfacht; die Summe der auf diese Weise gewonnenen Zahl wird durch 3 geteilt. Die Gesamtnote wird bis auf die zweite Stelle hinter dem Komma errechnet. Sie lautet:

„sehr gut" bei einem Zahlenwert bis 1,5,

„gut" bei einem Zahlenwert über 1,5 bis 2,5,

„befriedigend" bei einem Zahlenwert über 2,5 bis 3,5,

„ausreichend" bei einem Zahlenwert über 3,5 bis 4.

Vierter Abschnitt Approbationserteilung

§ 19 Antrag auf Approbation

(1) Die Approbation wird von der zuständigen Behörde auf Antrag erteilt. Dem Antrag sind beizufügen:

1. ein tabellarischer Lebenslauf,
2. die Geburtsurkunde oder ein Auszug aus dem Familienbuch der Eltern, bei Verheirateten die Heiratsurkunde, ein Auszug aus dem für die Ehe geführten Familienbuch oder jede sonstige Urkunde, die eine Namensänderung zur Folge hat,
3. ein Nachweis über die Staatsangehörigkeit des Antragstellers,
4. ein amtliches Führungszeugnis, das nicht früher als einen Monat vor der Vorlage ausgestellt sein darf,
5. eine Erklärung darüber, ob gegen den Antragsteller ein gerichtliches Strafverfahren oder ein staatsanwaltliches Ermittlungsverfahren anhängig ist,
6. eine ärztliche Bescheinigung, die nicht früher als einen Monat vor der Vorlage ausgestellt sein darf, wonach keine Anhaltspunkte dafür vorliegen, daß der Antragsteller wegen eines körperlichen Gebrechens oder wegen Schwäche seiner geistigen oder körperlichen Kräfte oder wegen einer Sucht zur Ausübung des Berufs des Psychologischen Psychotherapeuten unfähig oder ungeeignet ist und
7. das Zeugnis über die staatliche Prüfung für Psychologische Psychotherapeuten nach § 12 Abs. 2 Satz 1.

(2) Soll eine Approbation nach § 2 Abs. 2 oder 3 des Psychotherapeutengesetzes erteilt werden, sind, sofern die Ausbildung nicht nach den Vorschriften dieser Verordnung erfolgt ist, an Stelle des Nachweises nach Absatz 1 Nr. 7 Unterlagen über die abgeschlossene Ausbildung des Antragstellers in Urschrift, in amtlich beglaubigter Abschrift oder amtlich beglaubigter Ablichtung vorzulegen. Soweit diese Nachweis nicht in deutscher Sprache ausgestellt sind, sind sie zusätzlich in amtlich beglaubigter Übersetzung vorzulegen. Die zuständige Behörde kann die Vorlage weiterer Nachweise, insbesondere über eine bisherige Tätigkeit, verlangen.

(3) Staatsangehörige eines anderen Mitgliedstaates der Europäischen Union oder eines anderen Vertragsstaates des Abkommens über den Europäischen Wirtschaftsraum können anstelle des in Absatz 1 Nr. 4 genannten Zeugnisses eine von der zuständigen Behörde des Heimat- ode Herkunftstaates ausgestellte entsprechende Bescheinigung oder einen von einer solchen Behörde ausgestellten Strafregisterauszug oder, wenn ein solcher nicht beigebracht werden kann, einen gleichwertigen Nachweis vorlegen. Hat der Antragsteller einen dem Beruf des Psychologischen Psychotherapeuten entsprechenden Beruf im Heimat- ode Herkunftstaat bereits ausgeübt, so kann die für die Erteilung der Approbation als Psychologische Psychotherapeut zuständige Behörde bei der zuständigen Behörde des Heimat- oder Herkunftstaates Auskünfte über etwa gegen den Antragsteller verhängte Strafen oder sonstige berufs- oder strafrechtliche Maßnahmen wegen schwerwiegenden standeswidrigen Verhaltens oder strafbarer Handlungen, die die Ausübung des Berufs im Heimat- oder Herkunftsstaat betreffen, einholen. Hat die für die Erteilung der Approbation zuständige Behörde in den Fällen des Satzes 1 oder 2 von Tatbeständen Kenntnis, die außerhalb des Geltungsbereichs des Psychotherapeutengesetzes eingetreten sind und im Hinblick auf die Voraussetzungen des § 2 Abs. 1 Nr. 3 des Psychotherapeutengesetzes von Bedeutung sein können, hat sie die zuständige Stelle des

Heimat- oder Herkunftstaates zu unterrichten und sie zu bitten, diese Tatbestände zu überprüfen und ihr das Ergebnis und die Folgerungen, die sie hinsichtlich der von ihr ausgestellten Bescheinigungen und Nachweise daraus zieht, mitzuteilen. Die in Satz 1 bis 3 genannten Bescheinigungen und Mitteilungen sind vertraulich zu behandeln. Sie dürfen der Beurteilung nur zugrunde gelegt werden, wenn bei der Vorlage die Ausstellung nicht mehr als drei Monate zurückliegt.

(4) Staatsangehörige eines anderen Mitgliedstaates der Europäischen Union oder eines anderen Vertragsstaates des Abkommens über den Europäischen Wirtschaftsraum können anstelle der in Absatz 1 Nr. 6 genannten ärztlichen Bescheinigung eine entsprechende Bescheinigung der zuständigen Behörde ihres Heimat- oder Herkunftstaates vorlegen. Absatz 3 Satz 4 und 5 gilt entsprechend.

(5) Antragsteller, die eine Approbation nach § 2 Abs. 2 Satz 2 oder Abs. 3 Satz 2 des Psychotherapeutengesetzes beantragen, können ihre im Heimat- oder Herkunftstaat bestehende rechtmäßige Ausbildungsbezeichnung und, soweit dies nach dem Recht des Heimat- oder Herkunftstaates zulässig ist, die Abkürzung in der Sprache dieses Staates führen. Daneben sind Name und Ort der Lehranstalt, die die Ausbildungsbezeichnung verliehen hat, aufzuführen.

(6) Über den Antrag eines anderen Staatsangehörigen eines Mitgliedstaates der Europäischen Union oder eines anderen Vertragsstaates des Abkommens über den Europäischen Wirtschaftsraum ist kurzfristig, spätestens vier Monate nach Vorlage der nach Absatz 1 bis 4 vom Antragsteller vorzulegenden Unterlagen zu entscheiden. Werden Auskünfte nach Absatz 3 Satz 2 oder 3 von der zuständigen Stelle des Heimat- oder Herkunftstaates eingeholt, so wird der Ablauf der in Satz 1 genannten Frist bis zu dem Zeitpunkt gehemmt, zu dem die Auskünfte eingehen oder, wenn eine Antwort des Heimat- oder Herkunftstaates innerhalb von vier Monaten nicht eingeht, bis zum Ablauf dieser vier Monate. Werden von der zuständigen Stelle des Heimat- oder Herkunftstaates die in Absatz 3 Satz 1 genannten Bescheinigungen nicht ausgestellt oder die nach Absatz 3 Satz 2 oder 3 nachgefragten Mitteilungen innerhalb von vier Monaten nicht gemacht, kann der Antragsteller sie durch die Vorlage einer Bescheinigung über die Abgabe einer eidesstattlichen Erklärung gegenüber der zuständigen Behörde ersetzen.

§ 20 Weitere Sonderregelungen für Inhaber von Diplomen aus anderen Mitgliedstaaten der Europäischen Union oder einem anderen Vertragsstaat des Abkommens über den Europäischen Wirtschaftsraum

(1) Antragsteller nach § 2 Abs. 2 Satz 3 Psychotherapeutengesetzes, die zwischen einem Anpassungslehrgang und einer Eignungsprüfung wählen können, haben der zuständigen Behörde die von ihnen getroffene Wahl schriftlich mitzuteilen.

(2) Die zuständige Behörde legt bei der Meldung zur Eignungsprüfung die Termine für die Eignungsprüfung fest und gibt sie den Antragstellern drei Monate im voraus schriftlich bekannt. Sie kann bei der Meldung zur Eignungsprüfung die Vorlage von erbrachten Ausbildungs- und Prüfungsnachweisen verlangen. Diese sind ihr spätestens zwei Monate vor der Eignungsprüfung vorzulegen. Die Eignungsprüfung kann nur einmal wiederholt werden. Die §§ 9 bis 15 gelten entsprechend.

(3) Die zuständige Behörde legt bei der Meldung zum Anpassungslehrgang den Termin für den Beginn des Lehrgangs fest und gibt ihn den Antragstel-

lern schriftlich bekannt. Der Anpassungslehrgang erstreckt sich auf die Defizite der Ausbildung des Lehrgangsteilnehmers im Vergleich zu der in den §§ 2 bis 5 geregelten Ausbildung. Er muß gewährleisten, daß die Teilnehmer nach seinem Abschluß das Ausbildungsziel nach § 1 Abs. 2 erreicht haben und über Grundkenntnisse in wissenschaftlich anerkannten Verfahren sowie vertiefte Kenntnisse in einem dieser Verfahren verfügen. Die zuständige Behörde legt die Ausbildungsstätten fest, an denen der Anpassungslehrgang abgeleistet werden kann, seine Dauer und die Inhalte, die während des Lehrgangs zu vermitteln sind. Sie legt ferner die Gesamtstundenzahl

1. der praktischen Tätigkeit nach § 2,
2. der theoretischen Ausbildung nach § 3,
3. der praktischen Ausbildung nach § 4, ihre Aufteilung in Behandlungs- und Supervisionsstunden und die Anzahl der Patientenbehandlungen sowie
4. der Selbsterfahrung nach § 5

fest.

§ 21 Approbationsurkunde
Die Approbationsurkunde wird nach dem Muster der Anlage 4 ausgestellt. Sie ist dem Antragsteller gegen Empfangsbekenntnis auszuhändigen oder mit Zustellungsurkunde zuzustellen.

Fünfter Abschnitt Schlußvorschriften

§ 22 Inkrafttreten
Diese Verordnung tritt am 1. Januar 1999 in Kraft.

Der Bundesrat hat zugestimmt.

Bonn, den 18. Dezember 1998

Die Bundesministerin für Gesundheit
Andrea Fischer

Anlage 1
(zu § 3 Abs. 1)

Theoretische Ausbildung
A. Grundkenntnisse 200 Stunden

1. Entwicklungs-, sozial-, persönlichkeits- und neuropsychologische Grundlagen der Psychotherapie
2. Konzepte über die Entstehung, Aufrechterhaltung und den Verlauf psychischer und psychisch mitbedingter Erkrankungen verschiedener Altersgruppen
   - 2.1 Allgemeine und spezielle Krankheitslehren der Störungen mit Krankheitswert, bei denen Psychotherapie indiziert ist, unter Berücksichtigung der wissenschaftlich anerkannten Verfahren
   - 2.2 Psychosomatische Krankheitslehre
   - 2.3 Psychiatrische Krankheitslehre
3. Methoden und Erkenntnisse der Psychotherapieforschung
4. Diagnostik und Differentialdiagnostik einschließlich Testverfahren zur Abgrenzung verschiedener Störungen mit Krankheitswert, bei denen Psychotherapie indiziert ist, psychosozial- und entwicklungsbedingter Krisen sowie körperlich begründbarer Störungen
5. Besonders entwicklungs- und geschlechtsspezifische Aspekte der Persönlichkeit, der Psychopathologie und der Methodik der Psychotherapie verschiedener Altersgruppen
6. Intra- und interpersonelle Aspekte psychischer und psychisch mitbedingter Störungen in Paarbeziehungen, Familien und Gruppen
7. Prävention und Rehabilitation
8. Medizinische und pharmakologische Grundkenntnisse für Psychotherapeuten

9. Methoden und differentielle Indikationsstellung wissenschaftlich anerkannter psychotherapeutischer Verfahren
10. Dokumentation und Evaluation von psychotherapeutischen Behandlungsverläufen
11. Berufsethik und Berufsrecht, medizinische und psychosoziale Versorgungssysteme,
    Organisationsstrukturen des Arbeitsfeldes,
    Kooperation mit Ärzten und anderen Berufsgruppen
12. Geschichte der Psychotherapie

B. Vertiefte Ausbildung 400 Stunden
1. Theorie und Praxis der Diagnostik, insbesondere Anamnese,
   Indikationsstellung und Prognose,
   Fallkonzeptualisierung und Behandlungsplanung
2. Rahmenbedingungen der Psychotherapie, Behandlungssetting,
   Einleitung und Beendigung der Behandlung
3. Behandlungskonzepte und -techniken sowie deren Anwendung
4. Krisenintervention
5. Behandlungstechniken bei Kurz- und Langzeittherapie
6. Therapiemotivation des Patienten, Entscheidungsprozesse des Therapeuten,
   Therapeuten-Patienten-Beziehung im Psychotherapieprozeß
7. Einführung in Behandlungsverfahren bei Kindern und Jugendlichen
8. Behandlungsverfahren bei Paaren, Familien und Gruppen

Ausbildungs- und Prüfungsverordnung für Kinder- und Jugendlichenpsychotherapeuten (KJPsychTh-AprV)

vom 18. Dezember 1998[4]

Auf Grund des § 8 des Psychotherapeutengesetzes vom 16. Juni 1998 (BGBl. I S. 1311) verordnet das Bundesministerium für Gesundheit:

Erster Abschnitt Ausbildung

§ 1 Ziel und Gliederung

(1) Die Ausbildung der Kinder- und Jugendlichenpsychotherapeuten erfolgt auf der Grundlage von Ausbildungsplänen und erstreckt sich auf die Vermittlung von eingehenden Grundkenntnissen in wissenschaftlich anerkannten psychotherapeutischen Verfahren sowie auf eine vertiefte Ausbildung in einem dieser Verfahren. Sie ist auf der Grundlage des wissenschaftlichen Erkenntnisstandes praxisnah und patientenbezogen durchzuführen.

(2) Die Ausbildung hat den Ausbildungsteilnehmern insbesondere die Kenntnisse, Fähigkeiten und Fertigkeiten zu vermitteln, die erforderlich sind, um

1. in Diagnostik, Therapie und Rehabilitation von Störungen mit Krankheitswert, bei denen Psychotherapie im Kindes- und Jugendalter indiziert ist, und
2. bei der Therapie psychischer Ursachen, Begleiterscheinungen und Folgen von körperlichen Erkrankungen unter Berücksichtigung der ärztlich erhobenen Befunde zum körperlichen Status und der sozialen Lage des Kindes oder Jugendlichen

auf den wissenschaftlichen, geistigen und ethischen Grundlagen der Psycho-

[4] Bundesgesetzblatt Jahrgang 1998 Teil I Nr. 83, ausgegeben zu Bonn am 22. Dezember 1998.

therapie eigenverantwortlich und selbständig handeln zu können (Ausbildungsziel).

(3) Die Ausbildung umfaßt mindestens 4200 Stunden und besteht aus einer praktischen Tätigkeit (§ 2), einer theoretischen Ausbildung (§ 3), einer praktischen Ausbildung mit Krankenbehandlungen unter Supervision (§ 4) sowie einer Selbsterfahrung, die die Ausbildungsteilnehmer zur Reflexion eigenen therapeutischen Handelns befähigt (§ 5). Sie schließt mit Bestehen der staatlichen Prüfung ab.

(4) Die regelmäßige und erfolgreiche Teilnahme an den Ausbildungsveranstaltungen nach Absatz 3 ist durch eine Bescheinigung nach dem Muster der Anlage 2 nachzuweisen.

§ 2 Praktische Tätigkeit

(1) Die praktische Tätigkeit nach § 1 Abs. 3 Satz 1 dient dem Erwerb praktischer Erfahrungen in der Behandlung von Störungen mit Krankheitswert im Sinne des § 1 Abs. 3 Satz 1 des Psychotherapeutengesetzes sowie von Kenntnissen anderer Störungen, bei denen Psychotherapie nicht indiziert ist. Sie steht unter fachkundiger Anleitung und Aufsicht.

(2) Die praktische Tätigkeit umfaßt mindestens 1800 Stunden und ist in Abschnitten von jeweils mindestens drei Monaten abzuleisten. Hiervon sind

1. mindestens 1200 Stunden an einer kinder- und jugendpsychiatrischen klinischen Einrichtung, die im Sinne des ärztlichen Weiterbildungsrechts zur Weiterbildung für Kinder- und Jugendpsychiatrie und -psychotherapie zugelassen ist oder die von der nach § 10 Abs. 4 Psychotherapeutengesetz zuständigen Behörde als gleichwertige Einrichtung zugelassen wird, und
2. mindestens 600 Stunden an einer von einem Sozialversicherungsträger anerkannten Einrichtung, die der psychotherapeutischen oder psychosomatischen Versorgung von Kindern und Jugendlichen dient, in der Praxis eines Arztes mit einer ärztlichen Weiterbildung in der Kinder- und Jugendpsychotherapie oder eines Kinder- und Jugendlichenpsychotherapeuten

zu erbringen. Soweit die praktische Tätigkeit an einer klinischen Einrichtung nach Nummer 1 nicht sichergestellt ist, kann sie für die Dauer von höchstens 600 Stunden an einer kinder- und jugendpsychiatrischen ambulanten Einrichtung mit entsprechender Zulassung abgeleistet werden. Die praktische Tätigkeit nach Nummer 2 kann auch in der Praxis eines Psychologischen Psychotherapeuten abgeleistet werden, wenn dieser überwiegend Kinder und Jugendliche behandelt.

(3) Während der praktischen Tätigkeit in der kinder- und jugendpsychiatrischen klinischen oder ambulanten Einrichtung ist der Ausbildungsteilnehmer jeweils über einen längeren Zeitraum an der Diagnostik und der Behandlung von mindestens 30 Kindern und Jugendlichen unter Einbeziehung der bedeutsamen Beziehungspersonen (Patienten) zu beteiligten. Der Ausbildungsteilnehmer hat dabei Kenntnisse und Erfahrungen über die akute, abklingende und chronifizierte Symptomatik unterschiedlicher psychiatrischer Erkrankungen zu erwerben sowie die Patientenbehandlungen fallbezogen und unter Angabe von Umfang und Dauer zu dokumentieren.

§ 3 Theoretische Ausbildung

(1) Die theoretische Ausbildung nach § 1 Abs. 3 Satz 1 umfaßt mindestens 600 Stunden. Sie erstreckt sich auf die zu vermittelnden Grundkenntnisse für die psychotherapeutische Tätigkeit und im Rahmen der vertieften Ausbildung auf Spezialkenntnisse für die psychotherapeutische Tätigkeit und im Rahmen der

vertieften Ausbildung auf Spezialkenntnisse in einem wissenschaftlich anerkannten psychotherapeutischen Verfahren (Anlage 1). Sie findet in Form von Vorlesungen, Seminaren und praktischen Übungen statt. Die Vorlesungen dürfen ein Drittel der Stundenzahl der theoretischen Ausbildung nicht überschreiten.

(2) In den Seminaren nach Absatz 1 Satz 2 sind die in den Vorlesungen und praktischen Übungen vermittelten Ausbildungsinhalte der Anlage 1 mit den Ausbildungsteilnehmern vertiefend und anwendungsbezogen zu erörtern. Dabei sind insbesondere psychologische, psychopathologische und medizinische Zusammenhänge herauszuarbeiten. Während der Seminare hat ferner die Vorstellung der praktischen psychotherapeutischen Arbeit mit Patienten zu erfolgen. Die Zahl der Ausbildungsteilnehmer an einem Seminar soll 15 nicht überschreiten.

(3) Die praktischen Übungen nach Absatz 1 Satz 2 umfassen Falldarstellungen und Behandlungstechniken der praktischen psychotherapeutischen Arbeit mit Patienten. Dabei sind die rechtlich geschützten Belange des Patienten zu berücksichtigen. Praktische Übungen sind, soweit der Lehrstoff dies erfordert, in kleinen Gruppen durchzuführen.

§ 4 Praktische Ausbildung

(1) Die praktische Ausbildung nach § 1 Abs. 3 Satz 1 ist Teil der vertieften Ausbildung in einem wissenschaftlich anerkannten psychotherapeutischen Verfahren und dient dem Erwerb sowie der Vertiefung von Kenntnissen und praktischen Kompetenzen bei der Behandlung von Patienten mit Störungen mit Krankheitswert nach § 1 Abs. 3 Satz 1 des Psychotherapeutengesetzes. Sie umfaßt mindestens 600 Behandlungsstunden unter Supervision mit mindestens sechs Patientenbehandlungen sowie mindestens 150 Supervisionsstunden, von denen mindestens 50 Stunden als Einzelsupervision durchzuführen sind.

(2) Die in Absatz 1 Satz 2 genannten Supervisionsstunden sind bei mindestens drei Supervisoren abzuleisten und auf die Behandlungsstunden regelmäßig zu verteilen. Die Supervision erfolgt durch Supervisoren, die von der Hochschule oder anderen Einrichtung nach § 6 Abs. 1 des Psychotherapeutengesetzes (Ausbildungsstätte) anerkannt sind. Bei Gruppensupervision soll die Gruppe aus vier Teilnehmern bestehen.

(3) Voraussetzungen für die Anerkennung als Supervisor nach Absatz 2 Satz 2 sind:

1. eine mindestens fünfjährige psychotherapeutische Tätigkeit in der Krankenbehandlung nach der Approbation zum Kinder- und Jugendlichenpsychotherapeuten oder nach Abschluß einer ärztlichen Weiterbildung in der Kinder- und Jugendpsychotherapie, schwerpunktmäßig auf dem Gebiet des wissenschaftlich anerkannten Verfahrens, das Gegenstand der praktischen Ausbildung ist,
2. eine mindestens dreijährige Lehrtätigkeit an einer Ausbildungsstätte und
3. die persönliche Eignung.

Ein Psychologischer Psychotherapeut kann als Supervisor anerkannt werden, wenn er die Voraussetzung der Nummer 1 durch eine überwiegende Tätigkeit in der Krankenbehandlung mit Kindern und Jugendlichen erfüllt. Die Nummern 2 und 3 gelten entsprechend. Die Anerkennung als Supervisor ist von der Ausbildungsstätte regelmäßig zu überprüfen.

(4) Während eines Übergangszeitraums von sechs Jahren nach Inkrafttreten der Verordnung können Personen mit einer Approbation als Kinder- und Jugendlichenpsychotherapeut oder einer Approbation als Psychologischer Psy-

chotherapeut, die vor Inkrafttreten des Psychotherapeutengesetzes mindestens fünf Jahre psychotherapeutisch im Sinne des Absatzes 3 Satz 1 Nr. 1 oder Satz 2 tätig waren, bei Nachweis dieser Tätigkeit als Supervison nach Absatz 3 anerkannt werden, wenn sie zugleich die Voraussetzungen des Absatzes 3 Satz 1 Nr. 2 und 3 füllen. Absatz 3 Satz 4 gilt entsprechend.

(5) Die Zuweisung von Behandlungsfällen hat zu gewährleisten, daß die Ausbildungsteilnehmer über das Spektrum von Störungen mit Krankheitswert, bei denen Kinder- und Jugendlichenpsychotherapie indiziert ist, eingehende Kenntnisse und Erfahrungen erwerben. Dabei sind die verschiedenen Stufen des Kindes- und Jugendalters zu berücksichtigen.

(6) Während der praktischen Ausbildung hat der Ausbildungsteilnehmer mindestens sechs anonymisierte schriftliche Falldarstellungen über eigene Patientenbehandlungen, die unter Supervision stattgefunden haben, zu erstellen. Die Falldarstellungen haben die wissenschaftlichen Erkenntnisse zu berücksichtigen, die Diagnostik, Indikationsstellung und eine Evaluation der Therapieergebnisse mit einzuschließen, ein ätiologisch orientiertes Krankheitsverständnis nachzuweisen sowie den Behandlungsverlauf und die Behandlungstechnik in Verbindung mit der Theorie darzustellen. Sie sind von der Ausbildungsstätte zu urteilen.

§ 5 Selbsterfahrung

(1) Die Selbsterfahrung nach § 1 Abs. 3 Satz 1 richtet sich nach dem wissenschaftlich anerkannten psychotherapeutischen Verfahren, das Gegenstand der vertieften Ausbildung ist, und umfaßt mindestens 120 Stunden. Gegenstand der Selbsterfahrung sind die Reflexion oder Modifikation persönlicher Voraussetzungen für das therapeutische Erleben und Handeln unter Einbeziehung biographischer Aspekte sowie bedeutsame Aspekte des Erlebens und Handelns im Zusammenhang mit einer therapeutischen Beziehung und mit der persönlichen Entwicklung im Ausbildungsverlauf.

(2) Die Selbsterfahrung findet bei von der Ausbildungsstätte anerkannten Selbsterfahrungsleitern, die als Supervisoren nach § 4 Abs. 3 oder 4 dieser Verordnung oder nach § 4 Abs. 3 oder 4 der Ausbildungs- und Prüfungsverordnung für Psychologische Psychotherapeuten anerkannt sind, statt, zu denen der Ausbildungsteilnehmer eine verwandtschaftlichen Beziehungen hat und nicht in wirtschaftlichen oder dienstlichen Abhängigkeiten steht. § 4 Abs. 3 Satz 4 gilt entsprechend.

§ 6 Unterbrechung der Ausbildung, Anrechnung anderer Ausbildungen

(1) Auf die Dauer der Ausbildung werden angerechnet

1. eine ausbildungsfreie Zeit von bis zu sechs Wochen jährlich und
2. Unterbrechungen durch Krankheit oder aus anderen, vom Ausbildungsteilnehmer nicht zu vertretenden Gründen, bei Ausbildungsteilnehmerinnen auch Unterbrechungen durch Schwangerschaft, bis zu höchstens vier Wochen je Ausbildungsjahr.

Die zuständige Behörde kann auf Antrag auch darüber hinausgehende Fehlzeiten berücksichtigen, soweit eine besondere Härte vorliegt und das Erreichen des Ausbildungszieles durch die Anrechnung nicht gefährdet wird.

(2) Wird die Ausbildung zum Kinder- und Jugendlichenpsychotherapeuten gemäß § 5 Abs. 3 des Psychotherapeutengesetzes verkürzt, hat der Antragsteller sich einer weiteren Ausbildung zu unterziehen, die sich auf die Defizite seiner Ausbildung im Vergleich zu der in

den §§ 2 bis 5 geregelten Ausbildung erstreckt, ihm Grundkenntnisse in wissenschaftlich anerkannten psvchotherapeutischen Verfahren sowie eine vertiefte Ausbildung in einem dieser Verfahren vermittelt und sicherstellt, daß er das Ausbildungsziel nach § 1 Abs. 2 erreicht. Die Dauer und Inhalte der weiteren Ausbildung werden von der zuständigen Behörde festgelegt; sie legt ferner die Gesamtstundenzahl

1. der praktischen Tätigkeit nach § 2,
2. der theoretischen Ausbildung nach § 3,
3. der praktischen Ausbildung nach § 4, ihre Aufteilung in Behandlungs- und Supervisionsstunden und die Anzahl der Patientenbehandlungen sowie
4. der Selbsterfahrung nach § 5

fest. Die weitere Ausbildung schließt mit der staatlichen Prüfung nach § 8 ab.

Zweiter Abschnitt
Allgemeine Prüfungsbestimmungen

§7 Zulassung zur Prüfung

(1) Die zuständige Behörde nach § 8 Abs. 2 entscheidet auf Antrag des Prüflings über die Zulassung zur staatlichen Prüfung und im Benehmen mit der Leitung der Ausbildungsstätte über die Ladungen zu den Prüfungsterminen. Die Prüfungstermine sollen nicht früher als zwei Monate vor dem Ende der Ausbildung liegen.

(2) Die Zulassung zur Prüfung wird erteilt, wenn folgende Nachweise vorliegen:

1. die Geburtsurkunde oder ein Auszug aus dem Familienbuch der Eltern, bei Verheirateten die Heiratsurkunde, ein Auszug aus dem für die Ehe geführten Familienbuch oder jede sonstige Urkunde, die eine Namensänderung zur Folge hat,
2. der Nachweis über die bestandene Abschlußprüfung im Studiengang Psychologie, die das Fach Klinische Psychologie einschließt, eine Bescheinigung über eine gleichwertige Ausbildung nach § 5 Abs. 2 Nr. 1 Buchstabe b oder c des Psychotherapeutengesetzes, der Nachweis über die bestandene Abschlußprüfung im Studiengang Pädagogik oder Sozialpädagogik oder eine Bescheinigung über eine gleichwertige Ausbildung nach § 5 Abs. 2 Nr. 2 Buchstabe c oder d des Psychotherapeutengesetzes,
3. die Bescheinigung nach § 1 Abs. 4 über die Teilnahme an den Ausbildungsveranstaltungen und
4. mindestens zwei Falldarstellungen nach § 4 Abs. 6, die von der Ausbildungsstätte als Prüfungsfall angenommen wurden.

(3) Die Zulassung zur Prüfung und die Ladungen zu den Prüfungsterminen sollen dem Prüfling spätestens zwei Wochen vor Prüfungsbeginn schriftlich mitgeteilt werden.

§ 8 Staatliche Prüfung

(1) Die staatliche Prüfung nach § 5 Abs. 1 Satz 2 des Psychotherapeutengesetzes umfaßt einen schriftlichen und einen mündlichen Teil.

(2) Der Prüfling legt die Prüfung bei der zuständigen Behörde ab. Zuständig ist die Behörde des Landes, in dem der Prüfling im Zeitpunkt der Antragsteilung nach § 7 Abs. 1 an der Ausbildung teilnimmt.

§9 Prüfungskommission

(1) Die Prüfung nach § 8 wird vor einer staatlichen Prüfungskommission abgelegt. Die Prüfungskommission besteht aus folgenden Mitgliedern, von denen zwei keine Lehrkräfte der Ausbildungsstätte sein dürfen, an der die Ausbildung durchgeführt wurde:

1. einem Kinder- und Jugendlichenpsychotherapeuten, der für das psycho-

therapeutische Verfahren qualifiziert ist, das Gegenstand der vertieften Ausbildung war, und der nach § 4 Abs. 3 Satz 1 oder Abs. 4 als Supervisor anerkannt ist, als Vorsitzendem,
2. mindestens zwei weiteren Kinder- und Jugendlichenpsychotherapeuten mit der in Nummer 1 genannten Qualifikation, von denen mindestens einer zusätzlich über die Supervisorenanerkennung nach § 4 Abs. 3 Satz 1 oder Abs. 4 verfügen muß, und
3. einem Arzt mit einer ärztlichen Weiterbildung in der Psychiatrie und Psychotherapie, in der Kinder- und Jugendpsychiatrie und -psychotherapie oder in der Psychotherapeutischen Medizin, der an einer Ausbildungsstätte lehrt.

Soweit Kinder- und Jugendlichenpsychotherapeuten nicht zur Verfügung stehen, kann ein Psychologischer Psychotherapeut als Mitglied der Prüfungskommission nach Nummer 1 oder 2 benannt werden, wenn er die dort genannten Voraussetzungen erfüllt. Der Selbsterfahrungsleiter des Prüflings darf der Prüfungskommission nicht angehören.

(2) Jedes Mitglied der Prüfungskommission hat einen oder mehrere Stellvertreter. Die Mitglieder der Prüfungskommission und ihre Stellvertreter werden von der zuständigen Behörde bestellt.

§ 10 Niederschrift
Über die Prüfung ist eine Niederschrift zu fertigen, aus der Gegenstand, Ablauf und Ergebnisse der Prüfung sowie etwa vorkommende Unregelmäßigkeiten hervorgehen. Sie ist von allen Mitgliedern der Prüfungskommission zu unterzeichnen. Lautet die Note „mangelhaft" oder „ungenügend", so sind die Gründe anzugeben und in die Niederschrift aufzunehmen.

§ 11 Benotung
Die schriftliche Aufsichtsarbeit und die Leistungen der mündlichen Prüfung werden wie folgt benotet:

„sehr gut" (1), wenn die Leistung hervorragend ist,

gut" (2), wenn die Leistung erheblich über den durchschnittlichen Anforderungen liegt,

„befriedigend" (3), wenn die Leistung in jeder Hinsicht durchschnittlichen Anforderungen gerecht wird,

ausreichend" (4), wenn die Leistung trotz Mängeln noch den Anforderungen genügt,

„mangelhaft" (5), wenn die Leistung wegen erheblicher Mängel den Anforderungen nicht mehr genügt,

„ungenügend" (6), wenn die Leistung unbrauchbar ist.

§ 12 Wiederholung der Prüfung
(1) Die Prüfung ist bestanden, wenn jeder der in § 8 Abs. 1 vorgeschriebenen Prüfungsteile bestanden ist.

(2) Über die bestandene staatliche Prüfung wird ein Zeugnis nach dem Muster der Anlage 3 erteilt. Über das Nichtbestehen erhält der Prüfling von der zuständigen Behörde eine schriftliche Mitteilung, in der die Prüfungsnoten anzugeben sind.

(3) Der Prüfling kann den schriftlichen und den mündlichen Teil der Prüfung jeweils zweimal wiederholen, wenn er die Note „mangelhaft" oder „ungenügend" erhalten hat. Eine weitere Wiederholung ist auch nach einer erneuten Ausbildung zum Kinder- und Jugendlichenpsychotherapeuten nicht zulässig.

(4) Hat der Prüfling den mündlichen Teil der Prüfung oder die gesamte Prüfung zu wiederholen, so wird er zu den Wiederholungsprüfungen nur geladen,

wenn er an einer weiteren praktischen Ausbildung teilgenommen hat, deren Dauer und Inhalt von der zuständigen Behörde bestimmt werden. Dem Antrag des Prüflings auf Zulassung zu den Wiederholungsprüfungen ist jeweils ein Nachweis über die weitere Ausbildung sowie mindestens eine Falldarstellung nach § 4 Abs. 6, die von der Ausbildungsstätte als Prüfungsfall angenommen wurde, beizufügen. Die Wiederholungsprüfung soll jeweils spätestens sechs Monate nach der letzten Prüfung abgeschlossen sein.

§ 13 Rücktritt von der Prüfung

(1) Tritt ein Prüfling nach seiner Zulassung von der Prüfung oder einem Prüfungsteil zurück, so hat er die Gründe für seinen Rücktritt unverzüglich der zuständigen Behörde schriftlich mitzuteilen. Genehmigt die zuständige Behörde den Rücktritt, so gilt die Prüfung oder der betreffende Teil der Prüfung als nicht unternommen. Die Genehmigung ist nur zu erteilen, wenn wichtige Gründe vorliegen. Im Falle einer Krankheit kann die Vorlage einer ärztlichen Bescheinigung verlangt werden.

(2) Wird die Genehmigung für den Rücktritt nicht erteilt oder unterläßt es der Prüfling, die Gründe für seinen Rücktritt unverzüglich mitzuteilen, so gilt die Prüfung oder der betreffende Teil der Prüfung als nicht bestanden. § 12 Abs. 3 gilt entsprechend.

§ 14 Versäumnisfolgen

(1) Versäumt ein Prüfling einen Prüfungstermin, gibt er die Aufsichtsarbeit nicht oder nicht rechtzeitig ab oder unterbricht er die Prüfung, so gilt der betreffende Teil der Prüfung als nicht bestanden, wenn nicht ein wichtiger Grund vorliegt: § 12 Abs. 3 gilt entsprechend. Liegt ein wichtiger Grund vor, so gilt der betreffende Teil der Prüfung als nicht unternommen.

(2) Die Entscheidung darüber, ob ein wichtiger Grund vorliegt, trifft die zuständige Behörde. § 13 Abs. 1 Satz 1 und 4 gilt entsprechend.

§ 15 Ordnungsverstöße und Täuschungsversuche

Die zuständige Behörde kann bei Prüfungen, die die ordnungsgemäße Durchführung der Prüfung in erheblichem Maße gestört oder sich eines Täuschungsversuchs schuldig gemacht haben, den betreffenden Teil der Prüfung für nicht bestanden erklären: § 12 Abs. 3 gilt entsprechend. Eine solche Entscheidung ist nur bis zum Abschluß der gesamten Prüfung zulässig.

Dritter Abschnitt
Besondere Prüfungsbestimmungen

§16 Schriftlicher Teil der Prüfung

(1) Der schriftliche Teil der Prüfung erstreckt sich auf die in Anlage 1 Teil A aufgeführten Grundkenntnisse in den wissenschaftlich anerkannten psychotherapeutischen Verfahren. Der Prüfling hat in einer Aufsichtsarbeit schriftlich gestellte Fragen zu beantworten. Die Aufsichtsarbeit dauert 120 Minuten. Die Aufsichtsführenden werden von der zuständigen Behörde bestimmt.

(2) Die Aufgaben für die Aufsichtsarbeit werden von der zuständigen Behörde auf Vorschlag des Vorsitzenden der Prüfungskommission ausgewählt. Die zuständige Behörde soll sich im Benehmen mit dem Vorsitzenden der Prüfungskommission einer zentralen Einrichtung bedienen, die die Aufgaben für die Aufsichtsarbeit erstellt. Die Aufsichtsarbeit ist von mindestens zwei Mitgliedern der Prüfungskommission zu benoten. Aus den Noten der Prüfer bildet der Vorsitzende der Prüfungskommission im Benehmen mit den Prüfern die Prüfungsnote für die Aufsichtsarbeit. Der schriftliche Teil der Prüfung ist

bestanden, wenn die Aufsichtsarbeit mindestens mit „ausreichend“ benotet wird.

§ 17 Mündlicher Teil der Prüfung

(1) Der mündliche Teil der Prüfung erstreckt sich unter besonderer Berücksichtigung des wissenschaftlich anerkannten psychotherapeutischen Verfahrens, das Gegenstand der vertieften Ausbildung war, auf folgende Inhalte:

1. Ätiologie, Pathogenese und Aufrechterhaltung von Störungen mit Krankheitswert nach § 1 Abs. 3 Satz 1 des Psychotherapeutengesetzes,
2. theoretische Grundlagen und klinisch-empirische Befunde zu wissenschaftlich anerkannten psychotherapeutischen Verfahren bei Kindern und Jugendlichen,
3. Kriterien der generellen und differentiellen Indikation in den wissenschaftlich anerkannten psychotherapeutischen Verfahren und Methoden bei Kindern und Jugendlichen einschließlich der Evaluation von Behandlungsverläufen sowie
4. Theorie und Praxis der Therapeuten-Patienten-Beziehung.

(2) In der mündlichen Prüfung hat der Prüfling anhand mindestens eines Falles nach § 7 Abs. 2 Nr. 4 nachzuweisen, daß er über das für die Tätigkeit der Kinder- und Jugendlichenpsychotherapeuten erforderliche eingehende Wissen und Können verfügt, in der Lage ist, die während der Ausbildung erworbenen Kenntnisse, Fähigkeiten und Fertigkeiten in der beruflichen Praxis anzuwenden und zu eigenständiger wissenschaftlich begründeter Diagnostik und psychotherapeutischer Krankenbehandlung befähigt ist. Der Prüfling soll insbesondere zeigen, daß er

1. die Technik der Anamneseerhebung und der psychodiagnostischen Untersuchungsmethoden bei Kindern und Jugendlichen beherrscht und ihre Resultate zu beurteilen vermag,
2. in der Lage ist, die Informationen, die zur Stellung der Diagnose erforderlich sind, zu gewinnen, ihre unterschiedliche Bedeutung und Gewichtung für die Diagnosestellung zu erkennen und im Rahmen differentialdiagnostischer Überlegungen unter Berücksichtigung des körperlichen Status und der sozialen Lebensbedingungen des Patienten kritisch zu verwerten,
3. in der Lage ist, ätiologische Zusammenhänge vor dem Hintergrund seiner Kenntnisse der Psychopathologie und seines Störungswissens zuerkennen,
4. in der Lage ist, die generelle und differentielle Indikation zur Kinder- und Jugendlichenpsychotherapie zu stellen und dabei die Grundkenntnisse in denjenigen Verfahren, die nicht Gegenstand der vertieften Ausbildung waren, zu berücksichtigen,
5. über vertiefte Kenntnisse und eingehende Fertigkeiten in dem psychotherapeutischen Verfahren verfügt, das Gegenstand der vertieften Ausbildung war,
6. in der Lage ist, die Therapeuten-Patienten-Beziehung in ihren zentralen Aspekten zu handhaben,
7. in der Lage ist, die erworbenen Grundkenntnisse in Prävention und Rehabilitation fallbezogen anzuwenden sowie
8. die allgemeinen, berufsrechtlichen und ethischen Regeln psychotherapeutischen Verhaltens kennt und anzuwenden weiß.

(3) Der mündliche Teil der Prüfung besteht aus zwei Abschnitten. Der erste Abschnitt wird als Einzelprüfung durchgeführt und soll 30 Minuten dauern, in denen der Prüfungsfall nach Absatz 2 Satz

1 mit dem Prüfling zu erörtern ist. Der zweite Abschnitt wird als Gruppenprüfung in Gruppen bis zu vier Prüfungen durchgeführt und soll 120 Minuten dauern. Die Dauer der Prüfung reduziert sich entsprechend der Anzahl der Prüflinge. Die mündliche Prüfung wird vom Vorsitzenden der Prüfungskommission geleitet. Die Prüfungskommission ist während der gesamten Dauer der mündlichen Prüfung zur Anwesenheit verpflichtet. Jedes Mitglied der Prüfungskommission ist berechtigt. Fragen an den Prüfling zu stellen.

(4) Jeder Abschnitt des mündlichen Teils der Prüfung ist von jedem Mitglied der Prüfungskommission zu benoten. Aus den Noten der Prüfer bildet der Vorsitzende der Prüfungskommission im Benehmen mit den Prüfern die Note für den jeweiligen Abschnitt der mündlichen Prüfung sowie aus den Noten der beiden Abschnitte die Prüfungsnote für den mündlichen Teil der Prüfung. Der mündliche Teil der Prüfung ist bestanden, wenn jeder Abschnitt mindestens mit „ausreichend" bewertet wird und die Prüfungsnote mindestens „ausreichend" ist.

(5) Die zuständige Behörde kann zum mündlichen Teil der Prüfung Beobachter entsenden. Der Vorsitzende der Prüfungskommission kann auf begründeten Antrag die Anwesenheit von Zuhörern beim mündlichen Teil der Prüfung gestatten. Er hat zu Beginn der Prüfung alle Anwesenden auf die Schweigepflicht hinzuweisen. Bei Bekanntgabe des Prüfungsergebnisses ist die Anwesenheit von Zuhörern nicht gestattet.

§ 18 Gesamtnote der Prüfung

Für die staatliche Prüfung nach § 8 Abs. 1 wird vom Vorsitzenden der Prüfungskommission eine Gesamtnote wie folgt gebildet: Die Note für den schriftlichen Teil der Prüfung wird mit 1, die Note für den mündlichen Teil der Prüfung mit 2 vervielfacht; die Summe der auf diese Weise gewonnenen Zahl wird durch 3 geteilt. Die Gesamtnote wird bis auf die zweite Stelle hinter dem Komma errechnet. Sie lautet:

„sehr gut bei einem Zahlenwert bis 1,5,

„gut" bei einem Zahlenwert über 1,5 bis 2,5,

„befriedigend" bei einem Zahlenwert über 2,5 bis 3,5,

„ausreichend" bei einem Zahlenwert über 3,5 bis 4.

Vierter Abschnitt Approbationserteilung

§19 Antrag auf Approbation

(1) Die Approbation wird von der zuständigen Behörde auf Antrag erteilt. Dem Antrag sind beizufügen:

1. ein tabellarischer Lebenslauf,
2. die Geburtsurkunde oder ein Auszug aus dem Familienbuch der Eltern, bei Verheirateten die Heiratsurkunde, ein Auszug aus dem für die Ehe geführten Familienbuch oder jede sonstige Urkunde, die eine Namensänderung zur Folge hat,
3. ein Nachweis über die Staatsangehörigkeit des Antragstellers,
4. ein amtliches Führungszeugnis, das nicht früher als einen Monat vor der Vorlage ausgestellt sein darf,
5. eine Erklärung darüber, ob gegen den Antragsteller ein gerichtliches Strafverfahren oder ein staatsanwaltliches Ermittlungsverfahren anhängig ist,
6. eine ärztliche Bescheinigung, die nicht früher als einen Monat vor der Vorlage ausgestellt sein darf, wonach keine Anhaltspunkte dafür vorliegen, daß der Antragsteller wegen eines körperlichen Gebrechens oder wegen Schwäche seiner geistigen oder körperlichen Kräfte oder wegen einer Sucht zur Ausübung des Berufs des Kinder- und Jugendlichenpsychothe-

rapeuten unfähig oder ungeeignet ist und

7. das Zeugnis über die staatliche Prüfung für Kinder- und Jugendlichenpsychotherapeuten nach § 12 Abs. 2 Satz 1.

(2) Soll eine Approbation nach § 2 Abs. 2 oder 3 des Psychotherapeutengesetzes erteilt werden, sind, sofern die Ausbildung nicht nach den Vorschriften dieser Verordnung erfolgt ist, an Stelle des Nachweises nach Absatz 1 Nr. 7 Unterlagen über die abgeschlossene Ausbildung des Antragstellers in Urschrift, in amtlich beglaubigter Abschrift oder amtlich beglaubigter Ablichtung vorzulegen. Soweit diese Nachweise nicht in deutscher Sprache ausgestellt sind, sind sie zusätzlich in amtlich beglaubigter Übersetzung vorzulegen. Die zuständige Behörde kann die Vorlage weiterer Nachweise, insbesondere über eine bisherige Tätigkeit, verlangen.

(3) Staatsangehörige eines anderen Mitgliedstaates der Europäischen Union oder eines anderen Vertragsstaates des Abkommens über den Europäischen Wirtschaftsraum können anstelle des in Absatz 1 Nr. 4 genannten Zeugnisses eine von der zuständigen Behörde des Heimat- oder Herkunftsstaates ausgestellte entsprechende Bescheinigung oder einen von einer solchen Behörde ausgestellten Strafregisterauszug oder, wenn ein solcher nicht beigebracht werden kann, einen gleichwertigen Nachweis vorlegen. Hat der Antragsteller einen dem Beruf des Kinder- und Jugendlichenpsychotherapeuten entsprechenden Beruf im Heimat- oder Herkunftstaat bereits ausgeübt, so kann die für die Erteilung der Approbation als Kinder- und Jugendlichenpsychotherapeut zuständige Behörde bei der zuständigen Behörde des Heimat- oder Herkunftstaates Auskünfte über etwa gegen den Antragsteller verhängte Strafen oder sonstige berufs- oder strafrechtliche Maßnahmen wegen schwerwiegenden standeswidrigen Verhaltens oder strafbarer Handlungen, die die Ausübung des Berufs im Heimat- oder Herkunftstaat betreffen, einholen. Hat die für die Erteilung der Approbation zuständige Behörde in den Fällen des Satzes 1 oder 2 von Tatbeständen Kenntnis, die außerhalb des Geltungsbereichs des Psychotherapeutengesetzes eingetreten sind und im Hinblick auf die Voraussetzungen des § 2 Abs. 1 Nr. 3 des Psychotherapeutengesetzes von Bedeutung sein können, hat sie die zuständige Stelle des Heimat- oder Herkunftstaates zu unterrichten und sie zu bitten, diese Tatbestände zu überprüfen und ihr das Ergebnis und die Folgerungen, die sie hinsichtlich der von ihr ausgestellten Bescheinigungen und Nachweise daraus zieht, mitzuteilen. Die in Satz 1 bis 3 genannten Bescheinigungen und Mitteilungen sind vertraulich zu behandeln. Sie dürfen der Beurteilung nur zugrunde gelegt werden, wenn bei der Vorlage die Ausstellung nicht mehr als drei Monate zurückliegt.

(4) Staatsangehörige eines anderen Mitgliedstaates der Europäischen Union oder eines anderen Vertragsstaates des Abkommens über den Europäischen Wirtschaftsraum können anstelle der in Absatz 1 Nr. 6 genannten ärztlichen Bescheinigung eine entsprechende Bescheinigung der zuständigen Behörde ihres Heimat- oder Herkunftstaates vorlegen. Absatz 3 Satz 4 und 5 gilt entsprechend.

(5) Antragsteller, die eine Approbation nach § 2 Abs. 2 Satz 2 oder Abs. 3 Satz 2 des Psychotherapeutengesetzes beantragen, können Ihre im Heimat- oder Herkunftstaat bestehende rechtmäßige Ausbildungsbezeichnung und, soweit dies nach dem Recht des Heimat- oder Herkunftstaates zulässig ist, die Abkürzung in der Sprache dieses Staates

führen. Daneben sind Name und Ort der Lehranstalt, die die Ausbildungsbezeichnung verliehen hat, aufzuführen.

(6) Über den Antrag eines anderen Staatsangehörigen eines Mitgliedstaates der Europäischen Union oder eines anderen Vertragsstaates des Abkommens über den Europäischen Wirtschaftsraum ist kurzfristig, spätestens vier Monate nach Vorlage der nach Absatz 1 bis 4 vom Antragsteller vorzulegenden Unterlagen zu entscheiden. Werden Auskünfte nach Absatz 3 Satz 2 oder 3 von der zuständigen Stelle des Heimat- oder Herkunftstaates eingeholt, so wird der Ablauf der in Satz 1 genannten Frist bis zu dem Zeitpunkt gehemmt, zu dem die Auskünfte eingehen oder, wenn eine Antwort des Heimat- oder Herkunftstaates innerhalb von vier Monaten nicht eingeht, bis zum Ablauf dieser vier Monate. Werden von der zuständigen Stelle des Heimat- oder Herkunftstaates die in Absatz 3 Satz 1 genannten Bescheinigungen nicht ausgestellt oder die nach Absatz 3 Satz 2 oder 3 nachgefragten Mitteilungen innerhalb von vier Monaten nicht gemacht, kann der Antragsteller sie durch die Vorlage einer Bescheinigung über die Abgabe einer eidesstattlichen Erklärung gegenüber der zuständigen Behörde ersetzen.

§ 20 Weitere Sonderregelungen für Inhaber von Diplomen aus anderen Mitgliedstaaten der Europäischen Union oder einem anderen Vertragsstaat des Abkommens über den Europäischen Wirtschaftsraum

(1) Antragsteller nach § 2 Abs. 2 Satz 3 des Psychotherapeutengesetzes, die zwischen einem Anpassungslehrgang und einer Eignungsprüfung wählen können, haben der zuständigen Behörde die von ihnen getroffene Wahl schriftlich mitzuteilen.

(2) Die zuständige Behörde legt bei der Meldung zur Eignungsprüfung die Termine für die Eignungsprüfung fest und gibt sie den Antragstellern drei Monate im voraus schriftlich bekannt. Sie kann bei der Meldung zur Eignungsprüfung die Vorlage von erbrachten Ausbildungs- und Prüfungsnachweisen verlangen. Diese sind ihr spätestens zwei Monate vor der Eignungsprüfung vorzulegen. Die Eignungsprüfung kann nur einmal wiederholt werden. Die §§ 9 bis 15 gelten entsprechend.

(3) Die zuständige Behörde legt bei der Meldung zum Anpassungslehrgang den Termin für den Beginn des Lehrgangs fest und gibt ihn den Antragstellern schriftlich bekannt. Der Anpassungslehrgang erstreckt sich auf die Defizite der Ausbildung des Lehrgangsteilnehmers im Vergleich zu der in den §§ 2 bis 5 geregelten Ausbildung. Er muß gewährleisten, daß die Teilnehmer nach seinem Abschluß das Ausbildungsziel nach § 1 Abs. 2 erreicht haben und über Grundkenntnisse in wissenschaftlich anerkannten psychotherapeutischen Verfahren verfügen. Die zuständige Behörde legt die Ausbildungsstätten fest, an denen der Anpassungslehrgang abgeleistet werden kann, seine Dauer und die Inhalte, die während des Lehrgangs zu vermitteln sind. Sie legt ferner die Gesamtstunden

1. der praktischen Tätigkeit nach § 2,
2. der theoretischen Ausbildung nach § 3,
3. der praktischen Ausbildung nach § 4, ihre Aufteilung in Behandlungs- und Supervisionsstunden und die Anzahl der Patientenbehandlungen sowie
4. der Selbsterfahrung nach § 5

fest.

§ 21 Approbationsurkunde

Die Approbationsurkunde wird nach dem Muster der Anlage 4 ausgestellt. Sie ist dem Antragsteller gegen Empfangsbekenntnis auszuhändigen oder mit Zustellungsurkunde zuzustellen.

Fünfter Abschnitt Schlußvorschriften

§ 22 Inkrafttreten
Diese Verordnung tritt am 1. Januar 1999 in Kraft.

Der Bundesrat hat zugestimmt.

Bonn, den 18. Dezember 1998

Die Bundesministerin für Gesundheit
Andrea Fischer

A2 Aus- und Weiterbildung nach den Psychotherapie-Richtlinien*

Kritik zu den Ausbildungsinhalten

Psychotherapie

- Es wird entschieden zu wenig Selbsterfahrung gefordert; manche Kurz- oder Fokaltherapie erfordert besonders viel Erfahrung.

Psychoanalyse

- Die Ausbildung sollte kontinuierlich und möglichst nicht in Blockform stattfinden,
- Selbsterfahrung noch zu gering,
- Behandlungsfälle unter Supervision zu wenig,
- insgesamt zu wenig Supervisionsarbeit (vgl. Richtlinien der DGPT).

Aus- und Weiterbildung für Gebietsbezeichnungen[5]

Gebietsbezeichnung „Psychotherapeutische Medizin"

DEFINITION

Die Psychotherapeutische Medizin umfaßt die Erkennung, psychotherapeutische Behandlung, die Prävention und Rehabilitation von Krankheiten und Leidenszuständen, an deren Verursachung psychosoziale Faktoren, deren subjektive Verarbeitung und/oder körperlich-seelische Wechselwirkungen maßgeblich beteiligt sind.

Weiterbildungszeit

5 Jahre an einer Weiterbildungsstätte gem. § 7 Abs. 1,

3 Jahre Psychotherapeutische Medizin, davon 2 Jahre im Stationsdienst,

* Bundesausschuß der Ärzte und Krankenkassen über die Durchführung der Psychotherapie in der Fassung vom 23. Oktober 1998, veröffentlicht im Deutschen Ärzteblatt 95, Heft 51–52, 21. Dezember 1998.

5 Nach Weiterbildungsordnung für die Ärzte Bayerns, Neufassung vom 1. Oktober 1993, (veröffentlicht im Bayerischen Ärzteblatt 9/93); in der Fassung vom 11. Oktober 1998.

1 Jahr Psychiatrie und Psychotherapie.
Angerechnet werden können auf die 1jährige Weiterbildung in Psychiatrie und Psychotherapie 1/2 Jahr Weiterbildung in Kinder- und Jugendpsychiatrie und -psychotherapie oder 1/2 Jahr Tätigkeit in medizinischer Psychologie oder medizinischer Soziologie.
1 Jahr Innere Medizin.
Angerechnet werden können auf die 1jährige Weiterbildung in Innere Medizin 1/2 Jahr Weiterbildung in Haut und Geschlechtskrankheiten oder Frauenheilkunde und Geburtshilfe oder Kinderheilkunde oder Neurologie oder Orthopädie.
2 Jahre der Weiterbildung können bei einem niedergelassenen Arzt abgeleistet werden.

Inhalt und Ziel der Weiterbildung
Vermittlung, Erwerb und Nachweis eingehender Kenntnisse, Erfahrungen und Fertigkeiten in den theoretischen Grundlagen, in der Diagnostik und Differentialdiagnostik seelisch bedingter und mitbedingter Krankheiten und solcher Leidenszustände, an deren Entstehung psychosomatische und somatopsychische Momente maßgeblich beteiligt sind, sowie in der differenzierten Indikationsstellung und selbständigen, eigenverantwortlich durchgeführten Psychotherapie im ambulanten und stationären Bereich, einschließlich präventiver und rehabilitativer Maßnahmen.

Hierzu gehören in der Psychotherapeutischen Medizin
Eingehende Kenntnisse, Erfahrungen und Fertigkeiten in

- den theoretischen Grundlagen, insbesondere Psychobiologie, Ethologie, Psychophysiologie, Entwicklungspsychologie, Persönlichkeitslehre, allgemeiner und spezieller Psychopathologie, psychiatrischer Nosologie einschließlich Klassifikation allgemeiner und spezieller Neurosenlehre und Psychosomatik einschließlich der Diagnose, Differentialdiagnose, Pathogenese, Psychodynamik und des Verlaufes der Erkrankungen des Gebietes,
- den theoretischen Grundlagen in der Sozial-, Lernpsychologie und allgemeiner und spezieller Verhaltenslehre zur Pathogenese und Verlauf der Erkrankungen des Gebietes,
- psychodiagnostischen Testverfahren und der Verhaltensdiagnostik,
- Dynamik der Paarbeziehungen, der Familie und Gruppe,
- den theoretischen Grundlagen der psychoanalytisch begründeten und kognitiv-behavioralen Psychotherapiemethoden einschließlich der Indikation für spezielle Therapieverfahren,
- Prävention, Rehabilitation, Krisenintervention, Suizid- und Suchtprophylaxe, Organisationspsychologie und Familienberatung, psychoanalytisch begründeter oder verhaltenstherapeutischer Diagnostik; hierzu gehört eine Mindestzahl selbständig durchgeführter Untersuchungen (analytisches Erstinterview, biographische Anamnese bzw. Verhaltensanalyse) einschließlich supervidierten Untersuchungen,
- der Durchführung tiefenpsychologischer Psychotherapie oder kognitiv-behavioraler Therapie; hierzu gehört eine Mindestzahl selbständig durchgeführter Behandlungen einschließlich supervidierter Behandlungen (Einzel-, Paar-, Familien- und Gruppentherapie),
- der Durchführung von suggestiven und entspannenden Verfahren,
- der Durchführung der supportiven Psychotherapie und Notfallpsychotherapie,

- der Anwendung weiterer tiefenpsychologischer Verfahren oder erlebensorientierter Verfahren und averbaler Verfahren,
- dem psychosomatisch-psychotherapeutischen Konsiliar- und Liaisondienst,
- Dokumentation von Befunden, ärztlichem Berichtswesen, einschlägigen Bestimmungen der Sozialgesetzgebung (Reichsversicherungsordnung, Sozialgesetzbuch, Krankenkassenverträge, Rentenversicherung, Unfallversicherung, Mutterschutzgesetz, Jugend- und Arbeitsschutzgesetz u.a. Bestimmungen) und für die Arzt-Patienten-Beziehung wichtigen Rechtsnormen,
- der Qualitätssicherung ärztlicher Berufsausübung,
- der Balint-Gruppenarbeit,
- der Einzelselbsterfahrung und Gruppenselbsterfahrung, ständig begleitend während der gesamten Weiterbildungszeit,
- der psychosomatischen Begutachtung bei fachspezifischen und typischen Fragestellungen in der Straf-, Zivil, Sozial- und freiwilligen Gerichtsbarkeit.

Hierzu gehören in der Psychotherapeutischen Medizin aus dem Gebiet der Inneren Medizin
Eingehende Kenntnisse, Erfahrungen und Fertigkeiten in

- der Diagnostik und Differentialdiagnostik häufiger innerer Erkrankungen einschließlich der medikamentösen, diätetischen, physikalischen Behandlung, der Therapie chronischer Erkrankungen der Notfalltherapie und Rehabilitation, soweit für psychosomatische Erkrankungen erforderlich.

Hierzu gehören in der Psychotherapeutischen Medizin aus dem Gebiet der Psychiatrie und Psychotherapie
Eingehende Kenntnisse, Erfahrungen und Fertigkeiten in

- der psychiatrischen Anamnese und Befunderhebung sowie der Behandlung psychischer Erkrankungen unter Nutzung psychopharmakologischer und soziotherapeutischer Verfahren, soweit für psychosomatische Erkrankungen erforderlich.

Gebietsbezeichnung „Psychiatrie und Psychotherapie"

DEFINITION

Die Psychiatrie und Psychotherapie umfaßt Wissen, Erfahrungen und Befähigungen zur Erkennung, nichtoperativen Behandlung, Prävention und Rehabilitation hirnorganischer, endogener, persönlichkeitsbedingter, neurotischer und situativ-reaktiver psychischer Krankheiten oder Störungen einschließlich ihrer sozialen Anteile und psychosomatischen Bezüge unter Anwendung somato-, sozio- und psychotherapeutischer Verfahren.

Weiterbildungszeit
5 Jahre an einer Weiterbildungsstätte gem. § 7 Abs. 1,
1 Jahr Neurologie,
4 Jahre Psychiatrie und Psychotherapie, davon 3 Jahre im Stationsdienst.
Angerechnet werden können auf die 4jährige Weiterbildung in Psychiatrie und Psychotherapie bis zu 1 Jahr Weiterbildung in Kinder- und Jugendpsychiatrie und -psy-

chotherapie oder $^1/_2$ Jahr Weiterbildung in Neurochirurgie oder Neuropathologie oder $^1/_2$ Jahr Tätigkeit in Neurophysiologie oder Medizinpsychologie.
2 Jahre der Weiterbildung können bei einem niedergelassenen Arzt abgeleistet werden.

Inhalt und Ziel der Weiterbildung
Vermittlung, Erwerb und Nachweis eingehender Kenntnisse, Erfahrungen und Fertigkeiten in den theoretischen Grundlagen, der Diagnostik, Differentialdiagnostik und Therapie psychischer Erkrankungen und Störungen unter Anwendung der Somato-, Sozio- und Psychotherapie.

Vermittlung und Erwerb von Kenntnissen über Neurologie

Hierzu gehören in der Psychiatrie und Psychotherapie
Eingehende Kenntnisse, Erfahrungen und Fertigkeiten in

- der Theorie und Technik der Anamnese- und Befunderhebung unter Einbeziehung biologisch-somatischer, psychopathologischer, psychologischer, psychodynamischer und sozialer Gesichtspunkte,
- der beschreibenden und operationalisierten Klassifikation, Diagnose und Differentialdiagnose psychischer Krankheiten und Störungen unter Berücksichtigung ihrer Häufigkeit und Erscheinungsformen,
- allgemeiner und spezieller Psychopathologie,
- der psychopathologischen Symptomatik und der neuropsychologischen Diagnostik organischer Erkrankungen und Störungen des zentralen Nerven-Systems,
- diagnostischen Methoden des Gebietes einschließlich der standardisierten Befunderhebung unter Anwendung von Fremd- und Selbstbeurteilungsskalen,
- der psychodiagnostischen Testverfahren,
- den Verlaufsformen psychischer Erkrankungen und Störungen auch bei chronischen Verläufen,
- den Entstehungsbedingungen psychischer Krankheiten und Störungen einschließlich deren somatischer, psychologischer, psychodynamischer und sozialer Faktoren mit disponierenden, auslösenden und verlaufbestimmenden Aspekten unter Einbeziehung der Erkenntnisse anderer Wissenschaftsbereiche,
- der Behandlung psychischer Krankheiten und Störungen mit der Definition von Behandlungszielen, der Festlegung eines Therapieplanes, der Indikationsstellung für verschiedene Therapieverfahren einschließlich Anwendungstechnik und Erfolgskontrolle; hierzu gehören insbesondere somato-, sozio- und psychotherapeutische Verfahren,
- Krankheitsverhütung, Früherkennung, Rückfallverhütung und Verhütung unerwünschter Therapieeffekte (primäre, sekundäre, tertiäre und quartäre Prävention) unter Einbeziehung von Familienberatung, Krisenintervention, Sucht- und Suizidprophylaxe,
- der Methodik und Durchführung des Grundleistungslabors des Gebietes sowie der Bewertung der Befunde,
- der Probenentnahme und sachgerechten Probenbehandlung von Körperflüssigkeiten und Ausscheidungen für das allgemeine Labor des Gebietes sowie in der Einordnung der Befunde in das Krankheitsbild,

- der Methodik und Durchführung des speziellen Labors des Gebietes sowie der Bewertung der Befunde,
- der Pharmakologie der im Gebiet gebräuchlichen Pharmake (Pharmakokinetik, Pharmakodynamik, Wechsel- und Nebenwirkungen) einschließlich ihres therapeutischen Nutzens (auch Kosten-/Nutzenrelation), Risiken des Arzneimittelmißbrauchs, gesetzliche Auflagen bei der Arzneimittelverschreibung und Arzneimittelprüfung sowie der hierbei zu beachtenden ethischen Grundsätze,
- der sozialpsychiatrischen Behandlung und Rehabilitation einschließlich extramuraler, komplementärer Versorgungsstrukturen, Ergotherapie sowie multidisziplinärer Teamarbeit und Gruppenarbeit mit Patienten, Angehörigen und Laienhelfern,
- den theoretischen Grundlagen der Psychotherapie, insbesondere allgemeiner und spezieller Neurosenlehre, Entwicklungs- und Persönlichkeitspsychologie, Lernpsychologie und Tiefenpsychologie, Dynamik der Gruppe und Familie, Psychosomatik, entwicklungsgeschichtlichen, lerngeschichtlichen und psychodynamischen Aspekten von Persönlichkeitsstörungen, Psychosen, Süchten und Alterserkrankungen,
- der therapeutischen Anwendung der Grundorientierungen, Tiefenpsychologie oder Verhaltens- und kognitive Therapie (Einzel-, Paar-, Gruppen- und Familientherapie); mit dem Schwerpunkt auf einem der beiden Hauptverfahren; hierzu gehört eine Mindestzahl abgeschlossener und dokumentierter tiefenpsychologischer Einzelbehandlungen mit Supervision, auch durch Gruppensupervision oder eine Mindestzahl abgeschlossener und dokumentierter verhaltens- und kognitivtherapeutischer Behandlungen mit Supervision, auch durch Gruppensupervision,
- der praktischen Anwendung eines weiteren Psychotherapieverfahrens,
- der praktischen Anwendung von Entspannungsverfahren,
- der Krisenintervention, supportiven Verfahren und Beratung,
- der psychiatrisch-psychotherapeutischen Konsil- und Liaisonarbeit,
- der Balintgruppenarbeit,
- der Selbsterfahrung in der Tiefenpsychologie oder Verhaltens- und kognitiven Therapie; hierzu gehört eine Mindeststundenzahl in einer Selbsterfahrungsgruppe oder Einzelselbsterfahrung,
- der Indikationsstellung und Bewertung der Elektroenzephalographie; hierzu gehört eine Mindestzahl selbständig beurteilter Elektroenzephalogramme,
- der Indikationssteilung, Methodik und Befundbewertung bildgebender neuroradiologischer Verfahren,
- der Dokumentation von Befunden, dem ärztlichen Berichtswesen, einschlägigen Bestimmungen der Sozialgesetzgebung (Reichsversicherungsordnung, Sozialgesetzbuch. Krankenkassenverträge, Rentenversicherung, Unfallversicherung, Mutterschutzgesetz, Jugend- und Arbeitsschutzgesetz und andere Bestimmungen) und für die Arzt-Patienten-Beziehung wichtigen Rechtsnormen,
- der Anwendung von Rechtsvorschriften bei der Unterbringung und Behandlung psychisch Kranker unter besonderer Berücksichtigung der ärztlichen Aufklärungs- und Schweigepflicht,
- psychiatrischer Begutachtung bei üblichen und typischen Fragestellungen in der Straf-, Zivil-, Sozial- und freiwilligen Gerichtsbarkeit, einschließlich Personenrechtsfragen,
- der Qualitätssicherung ärztlichen Handelns.

Vermittlung und Erwerb von Kenntnissen über

- Indikationsstellung und Technik neurologischer Behandlungsverfahren einschließlich der Akut- und Intensivversorgung sowie der Rehabilitation,
- Anatomie, Physiologie und Biochemie des zentralen, peripheren und vegetativen Nervensystems,
- Neuropathologie und pathologische Neurophysiologie des zentralen Nervensystems,
- die Durchführung der Laboruntersuchungen.

Hierzu gehören in der Psychiatrie und Psychotherapie aus dem Gebiet der Neurologie

Eingehende Kenntnisse, Erfahrungen und Fertigkeiten in

- Methodik und Technik der neurologischen Untersuchungen, soweit dies für die Differentialdiagnose psychiatrischer Erkrankungen erforderlich ist,
- Diagnostik und Differentialdiagnostik neurologischer Krankheitsbilder, soweit dies für die Diagnose und Therapie psychiatrischer Erkrankungen erforderlich ist.

Gebietsbezeichnung „Kinder- und Jugendpsychiatrie und -psychotherapie"

DEFINITION

Die Kinder- und Jugendpsychiatrie und -psychotherapie umfaßt die Erkennung, nichtoperative Behandlung, Prävention und Rehabilitation bei psychischen, psychosomatischen, entwicklungsbedingten und neurologischen Erkrankungen oder Störungen sowie bei psychischen und sozialen Verhaltensauffälligkeiten im Kindes- und Jugendalter.

Weiterbildungszeit

5 Jahre an einer Weiterbildungsstätte gemäß § 7 Abs. 1.
1 Jahr Kinderheilkunde oder Psychiatrie und Psychotherapie.
Angerechnet werden kann $^1/_2$ Jahr Weiterbildung in der Neurologie.
4 Jahre Kinder- und Jugendpsychiatrie und -psychotherapie, davon mindestens 2 Jahre im Stationsdienst.
2 Jahre Weiterbildung können bei einem niedergelassenen Arzt abgeleistet werden.

Inhalt und Ziel der Weiterbildung

Vermittlung, Erwerb und Nachweis eingehender Kenntnisse, Erfahrungen und Fertigkeiten in den theoretischen Grundlagen, der Diagnostik und Differentialdiagnostik psychischer Erkrankungen des Kindes-, Jugend- und Adoleszentenalters, einschließlich neurologischer Untersuchungen sowie in der Differentialdiagnostik psychiatrischer Krankheitsbilder und Störungen, in der Pharmakotherapie, der Psychotherapie und der Soziotherapie von Kindern und Jugendlichen, auch unter Einbeziehung der erwachsenen Bezugspersonen.

Vermittlung und Erwerb von Kenntnissen über Neurologie des Kindes- und Jugendalters

Hierzu gehören in der Kinder- und Jugendpsychiatrie und -psychotherapie

1. Eingehende Kenntnisse, Erfahrungen und Fertigkeiten in
   - allgemeiner und spezieller Psychopathologie einschließlich der biographischen Anamneseerhebung, Verhaltungsbeobachtung und Explorationstechnik,
   - Abklärung und Gewichtung der Entstehungsbedingungen psychischer Erkrankungen und Störungen im Kindes- und Jugendalter einschließlich der Aufstellung eines Behandlungsplanes,
   - Entwicklungspsychologie, Psychosomatik und Neurosenlehre,
   - der Methodik der psychologischen Testverfahren und der Beurteilung psychologischer Befunderhebungen,
   - spezifischen neurologischen Untersuchungsmethoden,
   - Krankheitslehre und Differentialdiagnostik psychosomatischer, psychiatrischer und neurologischer Krankheitsbilder,
   - der Indikationsstellung und Technik der Psychotherapie einschließlich der psychotherapeutischen Verfahren sowie der Teilnahme an Balint-Gruppen, Selbsterfahrung und tiefenpsychologischen Behandlungen mit Supervision,
   - der Indikationsstellung und Technik der Übungsbehandlung sowie in der indirekten kinder- und jugendpsychiatrischen Behandlung durch Verhaltensmodifikationen von Bezugspersonen,
   - der Somato- und Pharmakotherapie psychiatrischer und neurologischer Erkrankungen,
   - der Beurteilung labordiagnostischer Befunde,
   - der Indikationsstellung und Methodik neuroradiologischer und elektro-physiologischer Verfahren einschließlich der Beurteilung und der Einordnung in das Krankheitsbild,
   - der Dokumentation von Befunden, ärztlichen Berichtswesen einschlägigen Bestimmungen der Sozialgesetzgebung (Reichsversicherungsordnung, Sozialgesetzbuch, Krankenkassenverträge, Rentenversicherung, Unfallversicherung, Mutterschutzgesetz, Jugend- und Arbeitsschutzgesetz und andere Bestimmungen) und für die Arzt-Patienten-Beziehung wichtigen Rechtsnormen,
   - der Qualitätssicherung ärztlicher Berufsausübung,
   - der Begutachtung.

   1.1 Vermittlung und Erwerb von Kenntnissen über
   - Entwicklung, Anatomie, Physiologie und Pathologie des Nervensystems, der Reifungsbiologie und Reifungspathologie, der Humangenetik und Stoffwechselpathologie sowie des endokrinen Systems,
   - die Technik spezifischer Punktionsmethoden,
   - Technik neuroradiologischer und elektrophysiologischer Verfahren,
   - Grundlagen der phasenspezifischen Psychohygiene,
   - Prävention, Gesundheitsberatung und -erziehung sowie die Rehabilitation.

Übergangsbestimmungen[6]

(1) Die bisher ausgesprochenen Anerkennungen von Arztbezeichnungen bleiben gültig mit der Maßgabe, daß die in dieser Weiterbildungsordnung bestimmten entsprechenden Arztbezeichnungen zu führen sind.
(2) Wer vor Inkrafttreten dieser Weiterbildungsordnung die Weiterbildung in einem Gebiet, einem Schwerpunkt oder in einem Bereich nach der bisherigen Weiterbildungsordnung begonnen hat, darf diese nach der bisherigen Weiterbildungsordnung abschließen. Für die Anerkennung der Arztbezeichnungen gilt Absatz 1 entsprechend.
(3) Wer bei Einführung einer neuen Arztbezeichnung in diese Weiterbildungsordnung in dem Gebiet, Schwerpunkt oder Bereich, für das bzw. für den diese Arztbezeichnung eingeführt worden ist, innerhalb der letzten acht Jahre vor der Einführung mindestens die gleiche Zeit regelmäßig an Weiterbildungsstätten oder vergleichbaren Einrichtungen tätig war, welche der jeweiligen Mindestdauer der Weiterbildung entspricht, kann auf Antrag die Anerkennung zum Führen dieser Arztbezeichnung erhalten. Abweichendes ist in den Abschnitten 1 und II der Weiterbildungsordnung für einzelne Gebiete, Schwerpunkte oder Bereiche bestimmt. Der Antragsteller hat den Nachweis einer regelmäßigen Tätigkeit für die in Satz 1 angegebene Mindestdauer in dem jeweiligen Gebiet, Schwerpunkt oder Bereich zu erbringen. Aus dem Nachweis muß hervorgehen, daß der Antragsteller in dieser Zeit überwiegend im betreffenden Gebiet, Schwerpunkt oder Bereich tätig gewesen ist und dabei umfassende Kenntnisse, Erfahrungen und Fertigkeiten erworben hat.
(4) Bei Einführung von fakultativen Weiterbildungen im Gebiet sowie für die darauf bezogenen Anträge auf entsprechende Bescheinigungen gilt Absatz 3 entsprechend. Bei Einführung einer Fachkunde im Gebiet kann ein Arzt auf Antrag die entsprechende Bescheinigung auch erhalten, wenn er innerhalb der letzten 4 Jahre vor Einführung entsprechende Tätigkeiten in ausreichendem Umfang ausgeübt und hierbei die notwendigen Kenntnisse erworben hat. Der Antragsteller hat den Nachweis der ausreichenden Tätigkeit und der notwendigen Kenntnisse und Erfahrungen gegenüber der Ärztekammer zu führen.
(5) … (7)
(8) Wer bei Inkrafttreten dieser Weiterbildungsordnung die Bezeichnung Psychiater oder Arzt für Psychiatrie führt, kann sie beibehalten. Auf Antrag erhält er das Recht, die Facharztbezeichnung „Facharzt für Psychiatrie und Psychotherapie" zu führen, wenn er die Zusatzbezeichnung „Psychotherapie" führen darf. Wer im Zeitpunkt des Inkrafttretens dieser Weiterbildungsordnung die Facharztbezeichnung für Kinder- und Jugendpsychiatrie führt, erhält auf Antrag das Recht die Fachbezeichnung Kinder- und Jugendpsychiatrie und Psychotherapie zu führen.
(9) Wer bei Inkrafttreten dieser Weiterbildungsordnung die Zusatzbezeichnungen „Psychoanalyse" oder „Psychotherapie" führt, kann sie beibehalten. Er erhält auf Antrag das Recht, die Bezeichnung „Facharzt für Psychotherapeutische Medizin" zu führen, wenn er nach Erwerb der Zusatzbezeichnung über einen Zeitraum von mindestens fünf Jahren überwiegend Psychotherapie ausgeübt hat.
(10) … (11)

[6] Neufassung vom 1. Oktober 1993 (veröffentlicht im Bayerischen Ärzteblatt 4/93); in der Fassung vom 11. Oktober 1998).

(12) Anträge nach diesen Übergangsvorschriften müssen innerhalb von zwei Jahren nach Inkrafttreten dieser Weiterbildungsordnung gestellt werden.

Ausbildung zum Psychoanalytischen Therapeuten („Vollausbildung")

Die Weiterbildungsrichtlinien der Deutschen Gesellschaft für Psychoanalyse, Psychotherapie, Psychosomatik und Tiefenpsychologie e. V. (DGPT) legen die Grundanforderungen an die Weiterbildung von psychoanalytischen Therapeuten entsprechend §2.2 der Satzung fest, wie sie für die Aufnahme als Mitglied der im Sinne von Mindestvoraussetzungen erfüllt sein müssen.[7]

1. Zulassung zur Weiterbildung
   Die Zulassung zur Weiterbildung zum psychoanalytischen Therapeuten ist an folgende Bedingungen geknüpft;
   1.1 Wissenschaftliche Vorbildung
   Als wissenschaftliche Vorbildung muß gegenwärtig die Approbation als Arzt oder ein abgeschlossenes Hochschulstudium der Psychologie (in der BRD das Psychologie-Diplom) nachgewiesen werden.
   1.2 Berufliche Erfahrung
   Der Bewerber soll vor Beginn der Weiterbildung in der Regel zwei Jahre in seinem zur Zulassung berechtigenden Grundberuf tätig gewesen sein.
   1.3 Persönliche Eignung
   Die Zulassung zur Weiterbildung setzt die persönliche Eignung des Bewerbers voraus. Über die persönliche Eignung befindet ein Weiterbildungsausschuß, der nach der Satzung seines jeweiligen Institutes zu dieser Prüfung ermächtigt wurde.
2. Verlauf der Weiterbildung
   Die Weiterbildung erfolgt an gemäß Ziff. 2 anerkannten Instituten, ist kontinuierlich, in der Regel berufsbegleitend und erstreckt sich erfahrungsgemäß über mindestens fünf Jahre. Sie umfaßt
   1. die Lehranalyse
   2. die theoretischen Lehrveranstaltungen und Praktika
      und
   3. die praktische Weiterbildung.

   Einzelheiten des Weiterbildungsganges werden in Studienordnungen der Institute geregelt.
   2.1 Die Lehranalyse
   2.1.1 Unverzichtbare Grundlage
   Die Lehranalyse ist Grundlage und zentraler Bestandteil der psychoanalytischen Weiterbildung. Sie vermittelt die unverzichtbare Selbsterfahrung in der psychoanalytischen Grundmethode, von der sich alle Modifikationen psychoanalytischer Behandlungstechnik ableiten; sie fördert die Persönlichkeitsentwicklung und dient darüber hinaus der Betrachtung des individuellen analytischen Prozesses unter Bezugnahme auf

[7] Soweit die Anerkennung als psychologischer Psychoanalytiker oder der Erwerb der Zusatzbezeichnung „Psychoanalyse" angestrebt werden, sind die Bestimmungen der Psychotherapie-Vereinbarungen bzw. der ärztlichen Weiterbildungsordnungen zu berücksichtigen.

das psychoanalytische Theoriensystem. Die Lehranalyse hat eine entwicklungsfördernde und eine wissenschaftlich-didaktische Funktion.

2.1.2 Dauer der Lehranalyse
Die Lehranalyse vermittelt Selbsterfahrung in einem regressiven Beziehungsprozeß. In der Regel findet sie in mindestens drei Einzel-Sitzungen pro Woche statt und begleitet die Weiterbildung kontinuierlich.

2.1.3 Auswahl der Lehranalytiker
Seinen Lehranalytiker kann sich der Weiterbildungsteilnehmer aus dem Kreis der von seinem Institut anerkannten, zur Durchführung von Lehranalysen ermächtigten Psychoanalytiker auswählen. Zwischen dem Lehranalytiker und seinem Lehranalysanden dürfen keine dienstlichen Abhängigkeitsverhältnisse bestehen.

2.2 Theoretische Lehrveranstaltungen

2.2.1 Umfang der theoretischen Lehrveranstaltungen
In Lehrveranstaltungen und Praktika werden dem Weiterbildungsteilnehmer die Grundlagen und der gegenwärtige Erkenntnisstand der Psychoanalyse vermittelt. Im Rahmen einer berufsbegleitenden Weiterbildung sollen sich diese Lehrveranstaltungen auf mehrere Jahre verteilen und insgesamt mindestens 600 Stunden, einschließlich kasuistisch-technischer Seminare, umfassen.

2.2.2 Theoretisches Lehrprogramm
In Vorlesungen und/oder Seminaren sollen folgende Inhalte erarbeitet werden:

- Psychoanalytische Entwicklungs- und Persönlichkeitstheorien,
- allgemeine psychoanalytische Krankheitslehre,
- spezielle psychoanalytische Krankheitslehre einschließlich Psychosomatik,
- psychoanalytische Traumtheorien,
- Theorien des therapeutischen Prozesses und der psychoanalytischen Behandlungstechniken,
- Techniken der psychoanalytischen (diagnostischen und therapeutischen) Gesprächsführung,
- Theorien von der Psychodynamik der Familie und der Gruppe,
- Grundlagen der psychoanalytischen Kulturtheorie und der analytischen Sozialpsychologie,
- Indikation und Methodik der psychoanalytisch begründeten Verfahren einschließlich Prävention und Rehabilitation,
- Einführung in die Psychiatrie,
- Einführung in Psychodiagnostik, allgemeine Entwicklungspsychologie, Lerntheorie sowie Indikation und Methodik der Verhaltenstherapie.

2.2.3 Klinisch-psychiatrische Erfahrung
Der Bewerber soll eine einjährige klinisch-psychiatrische Erfahrung erwerben, mindestens aber entsprechende Kenntnisse in der Psychiatrie nachweisen können.

2.2.4 Interviewpraktikum[8]

[8] Zur Teilnahme am praktischen Teil der Weiterbildung ist der Abschluß einer Berufshaftpflichtversicherung erforderlich.

Erste praktische Erfahrungen erwirbt der Weiterbildungsteilnehmer, indem er nach der Teilnahme an einem technischen Interview-Seminar eine ausreichende Anzahl von Erstuntersuchungen (mindestens 20) einschließlich Erstinterviews durchführt und diese mit einem Kontrollanalytiker bespricht.

2.3 Praktische Weiterbildung

2.3.1 Zulassung zur praktischen Weiterbildung

Dem Weiterbildungsteilnehmer wird der Status eines zur praktischen Weiterbildung zugelassenen Weiterbildungskandidaten zuerkannt, wenn er mindestens die Hälfte seiner psychoanalytischen Weiterbildung absolviert und in einem Kolloquium mit dem Weiterbildungsausschuß seines Instituts sein Verständnis für die Grundlagen der psychoanalytischen Behandlungsmethoden gezeigt hat.

2.3.2 Inhalt der praktischen Weiterbildung

Hauptbestandteil der praktischen Weiterbildung ist die psychoanalytische Krankheitsbehandlung unter regelmäßiger Kontrolle. Unter den zu behandelnden Patienten müssen zwei Patienten mit Erkrankungen sein, für deren psychoanalytische Behandlung erfahrungsgemäß 250 bis 300 oder mehr Einzelsitzungen erforderlich sind.

Darüber hinaus sollen praktische Erfahrungen in der Anwendung von modifizierten psychoanalytischen Behandlungsverfahren erworben werden (u.a. in einer tiefenpsychologisch fundierten Psychotherapie und einer Kurztherapie).

Insgesamt müssen bis zum Abschluß der Weiterbildung mindestens sechs Behandlungen mit einer Gesamtzahl von mindestens 700 Behandlungsstunden nachgewiesen werden, darunter zwei Behandlungen mit jeweils mindestens 250 Stunden in Einzelsitzung.

2.3.3 Kontrolle der praktischen Weiterbildung

Die vom Weiterbildungskandidaten durchgeführten Krankenbehandlungen müssen von Kontrollanalytikern in ausreichender Frequenz kontrolliert worden sein. Bis zum Abschluß der Weiterbildung müssen bei einer Gesamtzahl von 700 Behandlungsstunden insgesamt 150 Kontrollstunden nachgewiesen werden. Davon müssen 100 Kontrollstunden in Einzelsitzungen stattgefunden haben, während die restlichen 50 Kontrollstunden auch in einer Gruppenkontrolle mit einer Teilnehmerzahl von maximal vier Weiterbildungskandidaten stattfinden können.

2.3.4 Kasuistisch-technische Seminare

Während der gesamten praktischen Weiterbildung ist bis zu ihrem Abschluß die Teilnahme an kasuistisch-technischen Seminaren obligatorisch.

3. Abschluß der Weiterbildung

Die Weiterbildung wird mit einem Kolloquium nach Maßgabe der Prüfungsordnung des Weiterbildungsinstitutes oder einer Fachgesellschaft über eine von dem Kandidaten schriftlich niedergelegte und mündlich ergänzte Darstellung einer kontinuierlich kontrollierten psychoanalytischen Krankenbehandlung abgeschlossen, aus der die Befähigung des Kandidaten zur selbständigen psychoanalytisch-therapeutischen Arbeit ersichtlich ist.

4. Anderweitige Weiterbildung
Psychoanalytiker, die ihre Weiterbildung außerhalb von der DGPT anerkannter Institute absolviert haben, können auf Vorschlag von mindestens zwei Mitgliedern aufgenommen werden, wenn die Weiterbildung aufgrund eines diesen Weiterbildungsrichtlinien formal und inhaltlich vergleichbaren Curriculums erfolgte. Voraussetzung ist ferner, daß die Vergleichbarkeit vom Aufnahmeausschuß der DGPT – in der Regel nach Vorprüfung durch ein von der DGPT anerkanntes Institut – bestätigt wird.

5. Bewertung der Aus-/Weiterbildung im Ausland
   5.1 Eine im Ausland abgeschlossene Ausbildung in Medizin oder Psychologie muß der deutschen Ausbildung zum approbierten Arzt bzw. Diplom-Psychologen gleichwertig sein. Die Gleichwertigkeit ist aufgrund amtlicher Auskünfte festzustellen.
   5.2 Die Aufnahme eines Bewerbers, der eine gleichwertige Weiterbildung im Ausland abgeschlossen hat, setzt im Regelfall die Mitgliedschaft an einem anerkannten Institut oder in einer Fachgesellschaft voraus; in besonderen Ausnahmefällen kann die Gleichwertigkeit der Weiterbildung vom Aufnahmeausschuß festgestellt werden.

A3 Auswahl von Aus- und Weiterbildungsinstituten im Bereich Psychotherapie und Psychoanalyse

Die Auflistung der Ausbildungsstätten nach dem Psychotherapeutengesetz (PsychThG) ist bis zum Zeitpunkt der Drucklegung nicht möglich, weil die für die jeweiligen Länder zuständigen Approbationsbehörden die Zulassung zur Ausbildung der jeweiligen Institute bisher nur z. T. ausgesprochen haben, viele Anträge noch nicht vorliegen und damit nicht beantwortet werden konnten. Anfrage: Bei entsprechenden Ausbildungsinteresse ist es günstig und notwendig, sich an die zuständigen Fachgesellschaften (Adressen weiter unten), an die Ärztekammern, auch an die zuständigen Approbationsbehörden zu wenden, die der jeweiligen Landesregierung, oft den Sozial- und/oder Gesundheitsministerien angeschlossen sind. Folgende Fachgesellschaften sollten konsultiert werden:

1. Überwiegend für Psychoanalytische Psychotherapie:

   - Deutsche Gesellschaft für Psychoanalyse, Psychotherapie, Psychosomatik und Tiefenpsychologie e. V. (DGPT)
     Johannisbollwerk 20, 20459 Hamburg, Tel. 040/3192619, Fax 040/3194300
   - Allgemeine Ärztliche Gesellschaft für Psychotherapie e. V. (AÄGP)
     Geschäftsstelle: Postfach 221280, 41435 Neuss, Tel. 02182/69575,
     Fax 02182/69643

2. Überwiegend für Verhaltenstherapie:

   - Deutsche Gesellschaft für Verhaltenstherapie e. V. (DGVT)
     Neckarhalde 55, 72070 Tübingen, Tel. 07071/41211, Fax 07071/45021
   - Deutscher Fachverband für Verhaltenstherapie e. V.
     Salzstr. 52, 48143 Münster, Tel. 0251/44075, Fax 0251/44074

Eine Auswahl von Psychotherapieinstituten, insbesondere der DGPT, seien aufgeführt. Mit der Anfrage sollte immer diejenige nach der gesetzlichen Zulassung gestellt werden.

04103 Leipzig
Sächsisches Institut für Psychoanalyse und Psychotherapie e.V., Czermaks Garten 11, Tel. 0341/9615603, Fax 0341/2131257

10557 Berlin
Institut für Psychoanalyse, Psychotherapie und Psychosomatik e.V., Helgoländer Ufer 5, Tel. 030/3934858, Fax 030/3931640

10779 Berlin
Berliner Institut für Psychotherapie und Psychoanalyse e.V., Münchner Str. 24, Tel. 030/21474678, Fax 030/21474679

14167 Berlin
C.G. Jung-Institut e.V., Knesebeckstr. 15, Tel. 030/8117828

14193 Berlin
Alfred Adler Gesellschaft für Individualpsychologie e.V., Trabenerstr. 39, Tel. 030/8913001, Fax 030/8913001

14195 Berlin
Institut für Psychotherapie e.V., Koserstr. 8–12, Tel. 030/8314363, Fax 030/8315340

14199 Berlin
Berliner Psychoanalytisches Institut, Karl-Abraham-Institut e.V. (DPV), Sulzaer Str. 3, Tel. 030/8264540, Fax 030/8256550

20146 Hamburg
Institut für Psychoanalyse und Psychotherapie e.V. (DPV), Schlüterstr. 18, Tel. 040/444981

20251 Hamburg
Michael-Balint-Institut für Psychoanalyse und Psychotherapie, Falkenried 7, Tel. 040/42924212, Fax 040/42924214

24105 Kiel
John-Rittmeister-Institut für Psychoanalyse, Psychotherapie und Psychosomatik Schleswig-Holstein e.V., Niemannsweg 147, Tel. 0431/5972650, Fax 0431/5972651

27749 Delmenhorst
Alfred-Adler-Institut Nord e.V., Bismarckstr. 26, Tel. 04221/17237, Fax 04221/129606

28203 Bremen
Psychoanalytisches Institut e.V., Am Dobben 21, Tel. 0421/324729, Fax 0421/324724

28209 Bremen
Psychoanalystische Arbeitsgemeinschaft e.V. (DPV), Klugkiststr. 26, Tel. 0421/3477872, Fax 0421/3477872

20173 Hannover
Lehrinstitut für Psychoanalyse und Psychotherapie e. V. in Zusammenarbeit mit dem Institut für Kinder- und Jugendlichen-Psychotherapie, Geibelstr. 104, Tel. 0511/804790

33619 Bielefeld
Institut für Psychoanalyse und Psychotherapie Ostwestfalen e. V. (DPV), Graf-von-Galen-Str. 58, Tel. 0521/8011531

34117 Kassel
Alexander-Mitscherlich-Institut, Kasseler Psychoanalytisches Institut e. V. (DPV), Karthäuserstr. 5a, Tel. 0561/779620

34121 Kassel
Institut für Psychoanalyse und Psychotherapie e. V. (DPV), Frankfurter Str. 86, Tel. 0561/25679, Fax 0561/25679

35392 Gießen
Institut für Psychoanalyse und Psychotherapie e. V., Ludwigstr. 73, Tel. 0641/74527, Fax 0641/57593

37037 Göttingen
Lou-Andreas-Salomé-Institut für Psychoanalyse und Psychotherapie e. V. (DPG), Wilhelm-Weber-Str. 24, Tel. 0551/42696

40211 Düsseldorf
Alfred-Adler-Institut e. V., Schützenstr. 53, Tel. 0211/357773

40479 Düsseldorf
Institut für Psychoanalyse und Psychotherapie in Zusammenarbeit mit den Abteilungen für Psychosomatische Medizin und Psychotherapie, Prinz-Georg-Str. 126, Tel. 0211/1719917, Fax 02182/69643

50668 Köln
Psychoanalytische Arbeitsgemeinschaft Köln-Düsseldorf e. V., Dagobertstr. 35–37, Tel. 0221/135901, Fax 0221/134439

50931 Köln
Institut für analytische Psychotherapie im Rheinland e. V., Klosterstr. 79c, Tel. 0221/4009717, Fax 0221/4009819

50935 Köln
Alfred-Adler-Institut Aachen-Köln e. V., Tel. 0221/4301044, Fax 0221/4301044

55131 Mainz
Mainzer Psychoanalytische Arbeitsgemeinschaft i. A. Universitätspoliklinik für Psychosomatische Medizin und Psychotherapie, Untere Zahlbacher Str. 8, Tel. 06192/99510, Fax 06192/21664

57319 Bad Berleburg
Institut für Psychoanalyse und Psychotherapie Siegen-Wittgenstein (DPG), Sählingstr. 60, Tel. 02751/81242, Fax 02751/81275

60323 Frankfurt
Frankfurter Psychoanalytisches Institut (DPV), Wiesenau 27–29, Tel. 069/174628/9, Fax 069/174659

60325 Frankfurt
Institut für Psychoanalyse e. V. (DPV), Mendelssohnstr. 49, Tel. 069/747090

79098 Freiburg
Institut für Psychoanalyse und Psychotherapie e. V., Kaiser-Joseph-Str. 39, Tel. 0761/36933, Fax 0761/36924

66111 Saarbrücken
Saarländisches Institut für Psychoanalyse und Psychotherapie e. V., Ursulinenstr. 43–45, Tel. 0681/3904945, Fax 0681/3904947

69115 Heidelberg
Institut für Psychotherapie und Psychoanalyse Heidelberg-Mannheim e. V., Alte Bergheimer Str. 5, Tel. 06221/184345

69115 Heidelberg
Psychoanalytisches Institut Heidelberg-Karlsruhe der DPV e. V., Vangerowstr. 23, Tel. 06221/167723, Fax 06221/167723

72072 Tübingen
Psychoanalytische Arbeitsgemeinschaft Stuttgart-Tübingen (DPV), Eugenstr. 22, Tel. 07071/33201

79100 Freiburg
Psychoanalytisches Seminar e. V. (DPV), Schwaighoferstr. 6, Tel. 0761/77221, Fax 0761/77210

70178 Stuttgart
Institut für Psychoanalyse und Psychotherapie e. V. (DPV), Hohenzollernstr. 26, Tel. 0711/2364206

70178 Stuttgart
Psychoanalytisches Lehr- und Forschungsinstitut „Stuttgarter Gruppe" e. V., Hohenzollernstr. 26, Tel. 0711/6485221

70182 Stuttgart
C. G. Jung-Institut e. V. Institut für analytische Psychologie und Psychotherapie, Alexanderstr. 92, Tel. 0711/242829

80339 München
Akademie für Psychoanalyse und Psychotherapie e.V., Schwanthalerstr. 106, Tel. 089/5023498, Fax 089/5023153

80638 München
Alfred-Adler-Institut für Individualpsychologie e.V., Dall'Armistr. 24, Tel. 089/176091

80799 München
Münchner Arbeitsgemeinschaft für Psychoanalyse MAP e.V., Barerstr. 48, Tel. 089/2715966, Fax 089/2717085

80804 München
Psychoanalytische Arbeitsgemeinschaft e.V. (DPV), Heckscherstr. 13, Tel. 089/365336

89081 Ulm
Psychoanalytische Arbeitsgemeinschaft, Am Hochsträß 8, Tel. 0731/5025681, Fax 0731/5025662

90575 Roßtal
Institut für Psychoanalyse Nürnberg e.V. (DPG), Birkenstr. 4, Tel. 09127/951457

Für die **Schweiz** gelten folgende Adressen:

1. Psychoanalytische Psychotherapie:
   EFPP Europäische Föderation für Psychoanalytische Psychotherapie im öffentlichen Sektor. Sekretariat: c/o Dorothee Leeser-Juack, Spiegelbergstr. 5, CH-4059 Basel, Tel. +41/61-331, Fax +41/61-3338031
2. Die Facharzttitel werden in der Schweiz von der Foederatio Medicorum Helveticorum FMH vergeben. Adresse: Elfenstr. 18, CH-3000 Bern 16, Tel. +41/31-3591111, Fax +41/31-3591112
3. Für die psychoanalytische Ausbildung ist die Schweizerische Gesellschaft für Psychoanalyse, Zweig der IPA, zuständig. Präsident: Dr. Alexander Moser, Froschaugasse 3, CH-8001 Zürich, Tel. +41/1-2528171, Fax +41/1-2621406
4. Für die verhaltenstherapeutische Weiterbildung ist die Schweizerische Gesellschaft für Verhaltenstherapie SGVT, zuständig. Sekretariat: Frau G. Houchidar, 11, avenue du casino, CH-1820 Montreux, Tel./Fax +41/21-9632927
5. Koordination der ärztlichen Weiterbildung Psychiatrie und Psychotherapie in der Basler Region: Prof. Dr. J. Küchenhoff, Psychiatrische Universitätsklinik, Abtlg. Psychotherapie und Psychohygiene, Socinstr. 55a, CH-4051 Basel, Tel. +41/61-2726311, Fax +41/61-2726775
6. Ökologisch-systemische Therapie:
   Prof. Dr. med. Jörg Willi, Psychiatrische Poliklinik, Universität Zürich, Culmannstr. 8, CH-8091 Zürich, Tel. +41/1-2255300, Fax +41/1-2554408

7. Weiterbildung zum Psychologischen Psychotherapeuten:
   Föderation Schweizer Psychologen und Psychologinnen, Choisystr. 11, Postfach, CH-3000 Bern 14, Tel. +41/31-3820377, Fax +41/31-3820857

   Schweizerischer Psychotherapeutinnen Verband SPV, Weinbergstr. 31, CH-8006 Zürich, Tel. +41/1-2666400, Fax +41/1-2622996

Für **Österreich** gelten folgende Adressen:

1. Für Ärzte:
   Österreichische Gesellschaft für Psychotherapeutische Medizin, c/o Dr. Siegfried Odehnal, Schelleingasse 8, A-1040 Wien, Tel. +43/1-5054454, Fax +43/1-505445414
2. Für Psychologen:
   Berufsverband Österreichischer Psychologinnen und Psychologen, Garnisongasse 1, A-1090 Wien, Tel. +43/1-4072671, Fax +43/1-4072673
3. Für jene, die eine Ausbildung nach dem Psychotherapeutengesetz anstreben:
   Österreichischer Berufsverband für Psychotherapie, Rosenbursenstr. 8/3/7, A-1010 Wien, Tel. +43/1-5127090

Für **Italien** gelten folgende Adressen:

I-20145 Milano
Associazione di Studi Psicoanalytici, Via Guido d'Arezzo 4, Tel. +39/2-4982515, Fax +39/2-433487 (Ausbildungsleiter: Prof. Dr. J. Cremerius, Freiburg, Tel. 0761/493348)

I-39019 Dorf Tirol
Institut für Psychoanalyse und -therapie, Seminarstr. 31 (Leiterin: Dr. med. M. Pixner-Oberhuber, Tel. +39/473-923526

A4 Auswahl klinisch psychosomatischer und psychotherapeutischer Einrichtungen

Die derzeitig unsichere berufspolitische Situation wirkt sich in erheblichem Ausmaß auch auf die psychosomatisch-psychotherapeutischen Einrichtungen aus. Konzepte ändern sich. Die Entscheidung, ob eine Einrichtung einer Akutpsychosomatik (Einweisung mit einem Krankenhauseinweisungsschein, finanziert von den Krankenkassen) oder über den Rentenversicherungsträger im Sinne einer Rehabilitation belegt wird, ist ebenfalls im Fluß. Deshalb haben wir uns zu diesem Zeitpunkt zu einer örtlichen Einteilung entschlossen. Den uns bekannten Schwerpunkt einer Klinik haben wir mit folgenden Abkürzungen gekennzeichnet:

TFP: überwiegend tiefenpsychologisch fundiert, psychoanalytisch arbeitend,
VT: überwiegend verhaltenstherapeutisch arbeitend,
integriert: kombiniert tiefenpsychologisch und verhaltenstherapeutisch arbeitend,
AP: Akutpsychosomatik,
Reha: Rehabilitation.

Deutschland

01307 Dresden
Klinik für Psychotherapie und Psychosomatische Medizin, Universitätskliniken Carl Gustav Carus der TU Dresden, Löscherstr. 18, Tel. 0351/3177325, Fax 0351/3177324, 10 Betten, 10 Tagesklinische Plätze, Leiter: Prof. Dr. P. Joraschky (TFP, AP)

01324 Dresden
Klinik für Psychosomatik und Psychotherapie, Städt. Klinikum, Heinrich-Cotta-Str. 12, Tel. 0351/2693340, 24 stationäre, 10 Tagesklinische Behandlungsplätze, Leiter: Dr. med. G. Lobeck (TFP, AP)

01896 Pulsnitz
Klinik Schwedenstein, Obersteinaer Weg, Tel. 035955/47501, Fax 035955/31214, 200 Betten, Leiter: Dr. B. Sprenger (TFP, VT, Reha)

04107 Leipzig
Klinik und Poliklinik für Psychotherapie und Psychosomatische Medizin, Universitätsklinikum, Karl-Trauchnitz-Str. 25, Tel. 0341/9718865, Fax 0341/2131257, 34 Betten, Leiter: Prof. Dr. med. M. Geyer (TFP, AP)

06097 Halle
Klinik für Psychotherapie und Psychosomatik, Medizinische Fakultät, Universität Halle-Wittenberg, Kulius-Kühn-Str. 7, Tel. 0345/557-3682, Fax 0345/557-3697, 18 Betten, Leiterin: Prof Dr. med. E. Fikentscher (TFP, AP)

06114 Halle
Klinik für Psychotherapie und Psychosomatik, Diakoniekrankenhaus, Lafontainestr. 15, Tel. 0345/7786306, Fax 0345/7786666, 25 Betten, Leiter: Dr. med. H.-J. Maaz (TFP, AP)

07747 Jena
Ableitung Internistische Psychotherapie, Klinik Innere Medizin I, Klinikum der Universität, Erlanger Allee 101, Tel. 03641/639194/95, Fax 03641/639196, 10 Betten, Leiterin: Dr. med. M. Venner (TFP, AP)

08228 Rodewisch
Psychotherapie-Abteilung, Sächsisches Krankenhaus für Psychiatrie und Neurologie, Bahnhofstraße, Tel. 03744/366327, Fax 03744/366198, 18 Betten, Leiter: Dr. med. H.-J. v. Kirchbach (TFP, AP)

08349 Erlabrunn
Klinik für Psychotherapie und Psychosomatik, Landkreiskrankenhaus, Am Märzenberg 1a, Tel. 03773/62301, 60 Betten, Leiter: Dr. med. H. Röhrborn (integriert, Reha)

12200 Berlin
Abteilung für Psychosomatik und Psychotherapie der Medizinischen Klinik und Poliklinik, Universitätsklinikum Steglitz der FU, Hindenburgdamm 30, Tel. 030/798-3996, Fax 030/834-9336, Ambulanz, Leiter: Prof. Dr. med. H. H. Studt (TFP, AP)

14050 Berlin
Abteilung für Psychosomatische Medizin und Psychotherapie, Universitätsklinikum Rudolf Virchow, Spandauer Damm 130, Tel. 030/3035-2092, Fax 030/3035-3766, 26 Betten, Leiter: Prof. Dr. med. B. Klapp (TFP, AP)

14109 Berlin
Abteilung Innere Medizin und Psychosomatik, Kliniken im Theodor-Wenzel-Werk, Hohenzollernstr. 15–19, Tel. 030/8109-2120, 75 Betten, Leiter: Dr. med. W. Keller (TFP, AP)

14139 Berlin
Privatklinik für psychogene Störungen, Höhmannstr. 2, Tel. 030/826-2066, Fax 030/825-5563, 54 Betten, Leiter: Dr. med. H. Kallfass (TFP, AP)

16321 Bernau-Waldsiedlung
Brandenburg Klinik, Brandenburger Allee 1, Tel. 033397/630, Fax 033397/633333, Betten: Zahl?, Leiter: Dr. J. Münch (TFP, Reha)

17489 Greifswald
Klinik für Psychiatrie und Psychotherapie, Ellernholzstr. 1/2, Tel. 03834/75-0, Fax 03834/75-251, 80 Betten, Leiter: Prof. Dr. med. Fischer (TFP, AP)

18055 Rostock
Abteilung für Psychosomatik und Psychotherapeutische Medizin, Universitätsnervenklinik, Gehlsheimerstr. 20, Tel. 0381/4949671, Fax 0381/4949672, 16 Betten, Leiter: Prof. Dr. Dr. med. W. Schneider (TFP, AP)

19017 Schwerin
Klinik für Neurosen und psychosomatische Erkrankungen, Nervenklinik, Wismarsche Str. 393–395, Tel. 0385/5203391, 34 Betten, Leiter: Dr. med. W. Gunia (TFP, AP)

20246 Hamburg
Abteilung für Psychosomatik und Psychotherapie, Universitätskrankenhaus Eppendorf, Martinistr. 52, Tel. 040/4717-3993, Fax 040/4717-3975, keine Betten, Leiter: (Komm) Prof. Dr. med. F. W. Deneke (TFP, AP)

21224 Rosengarten
Psychosomatische Klinik, Krankenhaus Ginsterhof, Metzdorfer Weg 21, Tel. 04108/598-0, Fax 04108-598-234, 150 Betten, Leiter: Dr. med. R. Papenhausen (TFP)

22559 Hamburg
Psychosomatische Abteilung, Krankenhaus Rissen, Suurheid 20, Tel. 040/8191-2500, Fax 040/8191-2599, 65 Betten, Leiter: Prof. Dr. Dr. med. S. Ahrens (TFP, AP)

23538 Lübeck
Bereich Psychosomatik und Psychotherapie, Klinik für Innere Medizin der Universität, Ratzeburger Allee 160, Tel. 0451/500-6244 od. 2307, Fax 0451/500-2307, 24 Betten, Leiter; Priv.-Doz. Dr. med. G. Jantschek (TFP, AF)

24105 Kiel
Klinik für Psychotherapie und Psychosomatik, Klinikum der Universität, Niemannsweg 147, Tel. 0431/5972562, Fax 0431/597-2651, 8 Betten, Leiter: Prof. Dr. med. H. Speidel (TFP, AP)

24837 Schleswig
Abteilung für Psychotherapeutische Medizin, Fachklinik für Neurologie, Psychiatrie und Rehabilitation, Am Damm 3, Tel. 04621/831303, Fax 04621/21844, 18 Betten, Leiter: Prof. Dr. med. H. Willms (TFP, Reha)

28323 Bremen
Klinik für Psychotherapeutische Medizin und Psychosomatik, Zentralkrankenkaus Bremen-Ost, Züricher Str. 40, Haus 16, Tel. 0421/408-2102, Fax 0421/408-1002, 18 Betten, Leiter: Dr. med. H. Haack

30559 Hannover
Klinik für Psychosomatische Medizin der Henriettenstiftung, Schwemannstr. 19, Tel. 0511/289-3131, Fax 0511/289-3000, 27 Betten, Leiter: Dr. med. W. Kämmerer (TFP, AP)

30625 Hannover
Abteilung Psychosomatik und Psychotherapie, Zentrum Psychologische Medizin der Medizinischen Hochschule, Carl-Neuberg-Str. 1, Tel. 0511/532-6569, Fax 0511/532-3190, 15 Betten, Leiter: Prof. Dr. med. F. Lamprecht (TFP, AP)

31812 Bad Pyrmont
Psychosomatische Klinik Bad Pyrmont, Bombergerallee 10, Tel. 05281/619-0, Fax 05281/619666, 175 Betten, Leiter: Prof. Dr. med. Dipl.-Psych. R. Meermann (VT, Reha)

32105 Bad Salzuflen
Abteilung für Psychosomatik und Psychotherapie, Kliniken am Burggraben, Klinik Flachsheide, Forsthausweg 1, Tel. 05222/398-811, Fax 05222/398-840, 236 Betten, Leiter: Dr. med. F. Damhorst (TFP, Reha)

32545 Bad Oeynhausen
Fachzentrum für gestörtes Eßverhalten, Klinik am Korso, Ostkorso 4, Tel. 05731/181-0, Fax 05731/181-118, 92 Betten, Leiter: Dr. med. G. E. Jacoby (integriert, Reha)

32805 Horn-Bad Meinberg
Psychosomatische Kliniken Bad Meinberg, Rolandklinik, Brunnenstr. 106, Tel. 05234/906-0, Fax 05234/906-400, 103 Betten, Leiter: Dr. med. D. Olbrich (TFP, Reha)

32805 Horn-Bad Meinberg
Psychosomatische Kliniken Bad Meinberg, Brunnenklinik, Blomberger Str. 9, Tel. 05234/906-0, Fax 05234/906-400, 160 Betten, Leiter: Dr. med. K. M. Hocker (TFP, Reha)

33619 Bielefeld
Klinik für Psychotherapeutische und Psychosomatische Medizin, Ev. Johannis-krankenhaus, Graf-von-Galen-Str. 58, Tel. 0521/801-1531, 25 Betten, Leiterin: Dr. med. L. Reddemann (TFP, AP)

34530 Bad Wildungen
Fachklinik für Psychotherapie und Psychosomatik, Parklandklinik, Im Kreuzfeld 6, Tel. 05621/706-0, Fax 05621/706-705, 232 Betten, Leiter: Dr. med. E. Hillenbrand (TFP, Reha)

34537 Bad Wildungen
Wicker-Klinik, Fürst-Friedrich-Str. 2–4, Tel. 05621/792-237, Fax 05621/792-690, 90 Betten, Leiterin: Dr. med. I. Olbricht (TFP, Reha)

34537 Bad Wildungen
Abteilung Psychosomatik/Psychotherapie, Klinik am Homberg, Am Kurpark, Tel. 05621/793-1, Fax 05621/793-292, 125 Betten, Leiter: Dr. med. A. Harrach (TFP, Reha)

34596 Bad Zwesten
Hardtwaldklinik II, Hardtstr. 32, Tel. 05626/88-0, Fax 05626/881111, 234 Betten, Leiter: Dr. med. P. Bernhard (TFP, Reha)

35033 Marburg
Abteilung Psychosomatik, Zentrum Innere Medizin, Klinikum der Universität, Baldinger Str./Lahnberge, Tel. 06421/28-4012, Fax 06421/28-6724, 8 Betten, Leiter: Prof. Dr. med. W. Schüffel (TFP, AP)

35385 Gießen
Klinik für Psychosomatik und Psychotherapie, Medizinisches Zentrum für Psychosomatische Medizin, Klinikum der Universität, Friedrichstr. 33, Tel. 0641/99-45600/01, Fax 0641/99-45 09, 24 Betten, Leiter: Prof. Dr. med. Ch. Reimer (TFP, AP)

36251 Bad Hersfeld
Klinik für Psychosomatik und Psychotherapie, Klinik am Hainberg, Ludwig-Braun-Str. 32, Tel. 06621/173-0, Fax 06621/173-100, 199 Betten, Leiter: Dr. med. W. Dahlmann, Dr. med. H. Neun (TFP, Reha)

36457 Stadtlengenfeld
Burg-Klinik, Burgstr. 19, Tel. 036965/68-0, Fax 036965/68555, 220 Betten, Leiter: Prof. Dr. R. Plassmann (TFP, VT, Reha)

37035 Göttingen
Abteilung Psychosomatik und Psychotherapie, Zentrum Psychologische Medizin der Universität, von-Siebold-Str. 5, Tel. 0551/396706, Fax 0551/394592, 15 Betten, Leiter: Prof. Dr. med. U. Rüger (TFP, AP)

37124 Rosdorf
Krankenhaus für Psychotherapie und Psychosomatische Medizin des Landes Niedersachsen, Tiefenbrunn, Tel. 0551/5005-0, Fax 0551/5005-300, 178 Betten, Leiter: Prof. Dr. med. U. Streeck (TFP, AP)

37581 Bad Gandersheim
Paracelsus Roswitha-Klinik, Hildesheimer Str. 6, Tel. 05382/740, Fax 05382/74473, 155 Betten, Leiterin: Dr. R. Jacoby (VT, Reha)

39599 Uchtspringe
Fachkrankenhaus für Psychiatrie/Psychotherapie, Kinder- und Jugendpsychiatrie/Psychotherapie, Neurologie und Schlafmedizin Psychotherapieabteilung, Tel. 039325/700, Fax 039325/70102, 20 Betten, Leiter: Dr. med. G. Schulz; Bereich: Kinder- und Jugendpsychiatrie/Psychotherapie: 15 Betten, Leiterin: Dr. med. G. Tuchscheer

40225 Düsseldorf
Klinisches Institut für Psychosomatische Medizin und Psychotherapie der Universität, Moorenstr. 5, Tel. 0211/311-3883, Fax 0211/311-6259, Ambulanz, Leiter: Prof. Dr. Dr. med. W. Trees (TFP, AP)

40629 Düsseldorf
Klinik für Psychosomatische Medizin und Psychotherapie der Universität, Bergische Landstr. 2, Tel. 0211/922-4700, Fax 0211/297628, 31 Betten, Leiter: Prof Dr. Dr. med. W. Tress (TFP, AP)

44278 Dortmund
Abteilung für Psychosomatik und Psychotherapeutische Medizin, Westfälisches Zentrum für Psychiatrie, Psychotherapie und Psychosomatik, Marsbruchstr; 179, Tel. 0231/4503226, Fax 0231/4503667, 44 Betten, Leiter: Prof. Dr. med. P. Janssen (TFP, AP)

45147 Essen
Klinik für Psychotherapie und Psychosomatik der Rheinischen Kliniken am Universititsklinikum, Virchowstr. 174, Tel. 0201/7227-220/225, Fax 0201/7227-304, 30 Betten, Leiter: Prof. Dr. med. W. Senf (TFP, AP)

47608 Geldern
Fachklinik für Psychotherapie und Psychosomatik, Gelderlandklinik, Clemensstr., Tel. 02831/137-300, Fax 02831/137-302, 160 Betten, Leiter: Dr. med. G. H. Paar (TFP, Reha)

48366 Laer
Psychosomatisch-psychotherapeutische Abteilung, Marienhospital, Pohlstr. 21, Tel. 02554/18-0, Fax 02554/18-10, 60 Betten, Leiter: Dr. med. G. Engelhardt (TFP, AP)

49434 Neuenkirchen
Fachkrankenhaus für Psychotherapie und Psychosomatische Medizin, Clemens-August-Klinik, Bergstraße, Tel. 05493/504-0, Fax 05493/504-123, 139 Betten, Leiterin: Dr. med. E. Schütter

49525 Lengerich
Psychotherapeutische Abteilung, Westfälische Klinik für Psychiatrie, Neurologie und Psychotherapie, Parkallee 10, Tel. 05481/12-0, Fax 05481/12-482, 45 Betten, Leiterin: Dr. med. Dipl.-Psych. E. Ehmann-Hänsch (TFP, AP)

50735 Köln
Psychosomatische Abteilung, St.-Agatha-Krankenhaus, Feldgärtenstr. 97, Tel. 0221/7175-250/251, Fax 0221/7175-252, 40 Betten, Leiterin: Dr. med. L. M. Kütemeyer (TFP, AP)

50924 Köln
Institut und Poliklinik für Psychosomatik, Psychotherapie und Medizinische Psychologie der Universität, Joseph-Stelzmann-Str. 9, Tel. 0221/478-4365, Fax 0221/478-4365/4103, Ambulanz, Leiter: Prof. Dr. med. K. Köhle (TFP, AP)

52057 Aachen
Klinik für Psychosomatik und Psychotherapeutische Medizin der RWTH, Pauwelsstr. 30, Tel. 0241/8088407, Fax 0241/8888422, 16 Betten, Leiter: Prof. Dr. med. F.R. Petzold (TFP, AP)

52249 Eschweiler
Röher Parkklinik, Röher Str. 53, Tel. 02403/78910, Fax 02403/789130, 16 Betten und Tagesklinik, Leiter: Dr. S. Hagemann (integriert, AP)

53604 Bad Honnef
Krankenhaus für Psychosomatische Medizin und Psychotherapie, Rhein-Klinik, Luisenstr. 3, Tel. 02224/185-104, Fax 02224/185-138, 100 Betten, Leiter: Dr. med. E. Häckl (TFP, AP)

55131 Mainz
Klinik und Poliklinik für Psychosomatische Medizin und Psychotherapie, Klinikum der Universität, Untere Zahlbacher St. 8, Tel. 06131/17-2841, Fax 06131/17-6688, 18 Betten, Leiter: Prof. Dr. med. Dipl.-Psych. S. O. Hoffmann (TFP, AP)

55505 Bad Kreuznach
Psychosomatische Fachklinik, St.-Franziska-Stift, Franziska-Puricelle-Str. 3, Tel. 0671/8820-200, Fax 0671/8820-190, 180 Betten, Leiter: Prof. Dr. med. H. Rüddel (integriert, Reha)

57319 Bad Berleburg
Krankenhaus für Psychosomatische, Psychoanalytische und Sozialpsychiatrische Medizin mit Tagesklinik Netphen, Klinik Wittgenstein, Sählingerstr. 60, Tel. 02751/81-0, Fax 02751/81-275, 170 Betten, Leiter: Dr. Dr. med. W. Ruff (TFP, Reha)

57319 Bad Berleburg
Klinik für Psychosomatische Medizin, Rothaarklinik, Am Spielacker, Tel. 02751/83-0, Fax 02751/83-213, 141 Betten, Leiter: Dr. med. W. Köbel (TFP, Reha)

57392 Schmallenberg-Bad Fredeburg
Fachklinik Hochsauerland, Zu den drei Buchen 2, Tel. 02974/73-0, Fax 02974/732800, 175 Betten, Leiter: Dr. K. Rodewig (TFP, Reha)

58515 Lüdenscheid
Abtlg. für Psychosomatik und Psychotherapeutische Medizin der Krankenhäuser des Märkischen Kreises, Paulmannshöher Str. 14, Tel. 02351/462730/1, Fax 02351/462735, 30 Betten, Leiter: Dr. G. Hildebrand (TFP, AP)

60528 Frankfurt
Klinik für Psychosomatische Medizin und Psychotherapie, Universitätsklinikum, Heinrich-Hoffmann-Str. 10, Tel. 069/6301-5986/5041, Fax 069/6301-6676, 15 Betten, Leiter: Prof. Dr. med. G. Overbeck (TFP, AP)

61440 Oberursel
Psychotherapeutische Abteilung, Klinik Hohe Mark, Friedländer Str. 2, Tel. 06171/204-555, Fax 06171/204-555, 73 Betten, Leiter: Dr. med. H. v. Knorre (TFP, AP)

61461 Königstein
Klinik Hainerberg, Altenhainer Str. 1, Tel. 06174/206-100, Fax 06174/206172, 93 Betten, Leiter: Prof. Dr. med. W. H. Krause (TFP, AP)

65307 Bad Schwalbach
Fachklinik für Psychotherapeutische Medizin, Psychiatrie, Innere Medizin, Psychosomatik, Tannenwaldklinik, Martha-von-Opel-Weg 31, Tel. 06124/507-0, Fax 06124/507-639, 200 Betten, Leiter: Dr. med. H. Stegemann (integriert, Reha)

65719 Hofheim
Klinik für psychische, psychosomatische und neurologische Krankheiten, Fachklinik Hofheim GmbH, Kurhausstr. 33, Tel. 06192/9951-0, Fax 06192/21664, 93 Betten, Leiter: Dr. med. H. Luft (TFP, Reha)

66440 Blieskastel
Saar-Klinik, Tel. 06842/542258, Fax 06842/542240, 196 Betten, Leiter: Dr. P. Sandweg (TFP, Reha)

66421 Homburg/Saar
Institut für Klinische Psychotherapie, Universitäts-Kliniken, Haus 2, Tel. 06841/163997, Ambulanz, Leiter: Prof. Dr. med. S. Zepf (TFP, AP)

66540 Neunkirchen-Münchwies/Saar
Psychosomatische Fachklinik Münchwies, Turmstr. 50–58, Tel. 06858/691-215, 230 Betten, Leiterin: Dr. R. Jahrreis (VT, Reha)

66802 Überherrn-Berus
Klinik Berus, Orannastr. 55, Tel. 06836/39-186, Fax 06836/39-178, 159 Betten, Leiter: Dr. med. W. Carls (VT, Reha)

67098 Bad Dürkheim
Psychosomatische Fachklinik, Kurbrunnenstr. 12, Tel. 06322/934-0, Fax 06322/934-201, 225 Betten, Leiter: Dr. med. K. Limbacher (VT, Reha)

68159 Mannheim
Psychosomatische Klinik, Zentralinstitut für seelische Gesundheit, Quadrat J 5, Tel. 0621/1703-425-426, Fax 0621/23429, 48 Betten, Leiter: Prof. Dr. med. H. Schepank (TFP, AP)

69115 Heidelberg
Psychosomatische Klinik, Klinikum der Universität, Thibautstr. 2, Tel. 06221/56-5888, Fax 06221/56-5330, 22 Betten, Leiter: Prof. Dr. med. G. Rudolf (TFP, AP)

69115 Heidelberg
Abteilung Innere Medizin II der Universität, Schwerpunkt: Allgemeine Klinische und Psychosomatische Medizin, Bergheimer Str. 58, Tel. 06221/56-8649, Fax 06221/56-5749, 42 Betten, Leiter: Priv.-Doz. Dr. med. W. Herzog (TFP, AP)

70176 Stuttgart
Psychosomatische Abteilung, Diakonissenkrankenhaus, Rosenbergstr. 38, Tel. 0711/991-2900, Fax 0711/991-1090, 14 Betten, Leiter: Dr. med. J. M. Lachenmann (TFP, AP)

70597 Stuttgart
Krankenhaus für analytische Psychotherapie und Psychosomatik, Christian-Belser-Str. 79, Tel. 0711/6781-0, Fax 0711/6781-105, 102 Betten, Leiter: Prof. Dr. med. U. Schultz-Venrath (TFP, AP)

73730 Esslingen
Klinik für Psychosomatik und Psychotherapeutische Medizin, Städt. Kliniken, Hirschlandstr. 97, Tel. 0711/3103-3100, Fax 0711/3103-3115, 38 Betten, Leiter: Dr. med. E. Gaus (TFP, AP)

74321 Bietigheim
Bereich Psychosomatische Medizin, Städt. Krankenhaus, Riedstr. 10, Tel. 07142/79-5071, Fax 07142/79-5078, 6 Betten, Leiter: Dr. E. Semm (TFP, AP)

75328 Schömberg
Fachklinik für psychosomatische Erkrankungen, Klinik Schömberg, Dr.-Schröder-Weg 12, Tel. 07084/50-0, Fax 07084/50-135, 240 Betten, Leiter: Dr. med. R. Johnen (TFP, Reha)

76332 Bad Herrenalb
Fachklinik für Psychosomatische Medizin, Klinik Bad Herrenalb, Kurpromenade 42, Tel. 07083/509-0, Fax 07083/509-242, 88 Betten, Leiter: Dr. med. M. Oppl (TFP, Reha)

76887 Bad Bergzabern
Parkklinik GmbH, Kurtalstr. 83–85, Tel. 06343/9420, Fax 06343/942299, 67 Betten, Leiter: Dr. N. Klinkenberg (VT, Reha)

77723 Gengenbach
Psychosomatische Klinik Kinzigtal, Wolfsweg 12, Tel. 07803/8080, Fax 07803/1651, 240 Betten, Leiter: Priv.-Doz. Dr. med. G. Bergmann (TFP, Reha)

78166 Donaueschingen
Baar Klinik, Alte Wolterdinger Str. 6, Tel. 0771/851212, Fax 0771/5135, 190 Betten, Leiter: Dr. S. Tonscheidt (VT, Reha)

79100 Freiburg
Rehabilitationsklinik für Psychosomatische und Psychotherapeutische Medizin, Georg-Groddeck-Klinik, Mercystr. 22, Tel. 0761/708710, Fax 0761/708 7189, 39 Betten, Leiter: Dr. med. C. Kemmerich (TFP, Reha)

79104 Freiburg
Abteilung für Psychosomatik und Psychotherapeutische Medizin am Klinikum der Universität, Hauptstr. 8, Tel. 0761/2706806, -6805, Fax 0761/270-6885, 23 Betten, Leiter: Prof. Dr. med. M. Wirsching (TFP, AP)

79189 Bad Krozingen
Werner-Schwidder-Klinik für Psychosomatische Medizin, Kirchhofener Str. 4, Tel. 07633/927502, Fax 07633/2615, 61 Betten, Leiter: Prof. Dr. med. Dr. phil. U. Rosin (TFP, AP)

79286 Glottertal
Klinik für Rehabilitation Innere Medizin/Psychosomatik, Glotterbad, Badstr., Tel. 07684/809-120, Fax 07684/809-253, 164 Betten, Leiter: Prof. Dr. med. J. M. Herrmann (TFP, Reha)

79837 St. Blasien
Weissenstein-Klinik St. Blasien, Fachklinik für Psychosomatische und Psychotherapeutische Medizin, Johann-Rothmeier-Str. 14, Tel. 07672/4820, Fax 07672/482100, 120 Betten, Leiter: Dr. med. D. Volz (TFP, Reha)

79837 St. Blasien
Kohlwald-Klinik, Johann-Rothmeier-Str. 10, Tel. 07672/483-0, Fax 07672/4629, 111 Betten, Leiter: Dr. med. H. Reiff (TFP, Reha)

80336 München
Abteilung für Psychotherapie und Psychosomatik, Psychiatrische Klinik und Poliklinik der Universität, Nußbaumstr. 7, Tel. 089/5160-3358, Fax 089/5160-3930, Ambulanz, Leiter: Prof. Dr. med. M. Ermann (TFP, AP)

80336 München
Psychosomatische Beratungsstelle der Medizinischen Poliklinik der Universität, Pettenkoferstr. 8a, Tel, 089/5160-3597, Fax 089/5160-4751, Ambulanz, Leiter: Prof. Dr. med. R. Klußmann (TFP, AP)

81545 München
Abteilung für Psychosomatische Medizin und Psychotherapie, Städt. Krankenhaus München-Harlaching, Sanatoriumsplatz 2, Tel. 089/6424352 26, Fax 089/6424252 28, 60 Betten, Leiter: Prof. Dr. med. M. v. Rad (TFP, AP)

81675 München
Institut und Poliklinik für Psychosomatische Medizin, Psychotherapie und Medizinische Psychologie der Technischen Universität, Langerstr. 3, Tel. 089/4140-4313, Fax 089/4140-4845, Ambulanz, Leiter: Prof. Dr. M. v. Rad (TFP, AP)

83209 Prien/Chiemsee
Klinik Roseneck, Am Roseneck 6, Tel. 08051/683510, Fax 08051/683532, 354 Betten, Leiter: Prof. Dr. med. M. Fischer (VT, Reha)

84034 Landshut
Psychotherapie Station, Bezirkskrankenhaus Landshut, Prof.-Buchner-Str. 22, Tel. 0871/6008-140, Fax 0871/6008-148, 22 Betten, Leiter: Dr. med. J. Becker (TFP, AP)

84359 Simbach/Inn
Psychosomatische Abteilung, Kreiskrankenhaus Rottal-Inn, Plinganserstr. 10, Tel. 08571/980-424, Fax 08571/980-264, 19 Betten, Leiter; Dr. med. J. Gosda (TFP, AP)

84359 Simbach/Inn
Inntalklinik, Jacob-Weindler-Str. 1, Tel. 08571/9850, Fax 08751/5038, 187 Betten, Leiter: Dr. med. W. Rother (integriert, Reha) (mit Mutter-Kind-Station)

85540 Haar bei München
Psychosomatisch-psychotherapeutische Station 16 D, Bezirkskrankenhaus, Vockestr. 72, Tel. 089/4562, Fax 089/4562-2960, 14 Betten, Leiter: Dr. med. G. Zilker (TFP, AP)

86949 Windach/Ammersee
Psychosomatische Klinik Windach, Schützenstr. 16, Tel. 08193/72-802, Fax 08193/72-809, 166 Betten, Leiter: Priv.-Doz. Dr. med. M. Zaudig (VT, AP)

87730 Bad Grönenbach
Klinik fur Psychosomatische Medizin, Haus I, Sebastian-Kneipp-Allee 4, Tel. 08334/981-100, Fax 08334/981-299, 100 Betten, Leiter: Dr. med. K. Stauss
Haus II, Sebastian-Kneipp-Allee 3, Tel, 08334/981-300, Fax 08334/981-399, 54 Betten, Leiter: Dr. med. J. Klingelhöfer

88316 Isny-Neutrauchburg
Klinik für psychosomatische Erkrankungen, Fachklinik Alpenblick, Tel. 07562/711501, Fax 07562/71-1519, 254 Betten, Leiter: Dr. med. G. Glettler (TFP Reha)

88321 Aulendorf
Schussental Klinik, Safran-Moosstr. 5, Tel. 07525/9320, Fax 07525/932222, 150 Betten, Leiter: Dr. H. Schlachter (Reha, integriert, AP)

88348 Saulgau
Klinik am Schönen Moos, Am Schönen Moos 7, Tel. 07581/5070, Fax 07581/507-211, 170 Betten, Leiter: Dr. med. B. Michelitsch (TFP, Reha)

90340 Nürnberg
Klinik für Psychosomatik und Psychotherapeutische Medizin, Städt. Klinikum, Flurstr. 17, Tel. 0911/398-2839, Fax 0911/398-2861, 16 Betten, Leiter: Prof. Dr. med. W. Pontzen (TFP, AP)

91054 Erlangen
Abteilung Psychosomatische Medizin und Psychotherapie, Klinikum der Universität, Schwabachanlage 6, Tel. 09131/854596, Fax 09131/854436, 16 Betten, Leiter: N. N. (TFP, AP)

97616 Bad Neustadt/Saale
Psychosomatische Klinik, Salzburger Leite 1, Tel. 09771/6701, Fax 09771/659301, 180 Betten, Leiter: Dr. med. F. Bleichner (TFP, AP)

97980 Bad Mergentheim
Kitzberg-Klinik, Erlenbachweg 24, Tel. 07931/53160, Fax 07931/5316350, 76 Betten, Leiter: Dr. T. Weider (TFP, VT, Reha)

Schweiz

1011 Lausanne
Policlinique psych. universitaire, Division autonome de médicine psychosociale de CHUV, Tel. 021/3141090, Fax 021/3141098, Ambulanz, Leiter: Prof. Dr. med. P. Guex

1205 Genève
Division de psychiatrie de liaison, 51, Boulevard de Ia Cluse, Tel. 022/3824870, Fax 022/3824899, Ambulanz, Leiter: Dr. med. M. Archinard

3010 Bern
Medizinische Abteilung, C. L. Lory-Haus, Inselspital, Tel. 004131/6322019, Fax 004131/3821184, Leiter: Prof. Dr. med. R. Adler

4013 Basel
Psychosnrnatische Abteilung, Kantonsspital, Petersgraben 4, Tel. 041/2652525, Fax 041/257405, Leiter: Priv.-Doz. Dr. A. Kiss

4051 Basel
Abteilung Psychotherapie und Psychohygiene, Psychiatrische Universitätsklinik, Socinstr. 55 A, Tel. 061/2726311, Fax 061/2726775, Ambulanz, Leiter: Prof. Dr. med. J. Küchenhoff

8032 Zürich
Daseinsanalytisches Institut für Psychotherapie und Psychosomatik, Asylstr. 119, Tel. 01/4227060, Fax 01/4227066, Leiter: Prof Dr. Dr. G. Condrau

8091 Zürich
Abteilung für Psychosoziale Medizin, Psychiatrische Poliklinik, Universitäts-Spital, Culmannstr. 8, Tel. 01/2555127, Fax 01/2554384, Ambulanz, Leiter: Prof Dr. med. C. Buddeberg

9007 St. Gallen
Psychosomatischer Dienst, Kantonsspital, Tel, 071/4941111, Fax 071/4946177, Ambulanz, Leiter: Dr. med. H. Egli

Österreich

5020 Salzburg
Psychotherapiestation und Psychosomatische Abteilung, Landesnervenklinik, Ignaz-Harrer-Str. 79, Tel. 0662/335014416/2, 83 Betten, Leiter: Univ.-Doz. Dr. med. Danzinger

5020 Salzburg
Psychologische Beratungsstelle des Instituts für Psychologie der Universität, Heilbrunnerstr. 34, Tel. 0662/8044-5103/17, Ambulanz, Leiter: Prof. Dr. Baumann

6020 Innsbruck
Psychotherapeutische Ambulanz der Univ.-Klinik für Medizinische Psychologie und Psychotherapie, Sonnenburgstr. 16, Tel. 0512/5073042, Fax 0512/586335-6, Ambulanz, Leiter: Prof. Dr. med. G. Schüßler

8036 Graz
Univ.-Klinik für Medizinische Psychologie und Psychotherapie, Auenbruggerplatz 39, Tel. 0316/3852516, Fax 0316/3853155, Ambulanz, Leiter: Prof. Dr. med. W. Pieringer
Gemeinsame Einrichtung „Klinische Psychosomatik", 40 Betten, Leiter: Prof. Dr. med. P. Stix

9500 Villach
Abteilung Neurologie und Psychosomatik, Landeskrankenhaus, Nikolaigasse 43, Tel. 04242/208447/49; Leiter: Prof. Dr. H. Scholz

1090 Wien
Univ.-Klinik für Tiefenpsychologie und Psychotherapie, Währinger Gürtel 18–20, Tel. 01/40400-3061, Fax 01/4066803, Ambulanz, Leiterin: Prof. Dr. med. M. Springer-Kremser

1090 Wien
Psychosomatische Frauenambulanz, Währinger Gürtel 18–20, Leitstelle C, Tel. 0901/40400-2939, Ambulanz, Leiterin: Prof. Dr. med. M. Springer-Kremser

1090 Wien
Psychosomatische Ambulanz, I. Medizinische Abteilung der Universität, Lazarettgasse 14, Tel. 01/40400-2012/3, Ambulanz, Leiter: Prof. Dr. med. Waldhäsl

1160 Wien
Abteilung Kinder- und Jugendheilkunde, Wilhelmsspital, Montleartstr. 37, Tel. 01/49150/2908, Kinderstation: 10 Betten, Jugend-Station: 12 Betten, Säuglingspsychosomatik: 8 Betten, Leiter: Prim. Dr. H. Zimprich

Literatur

Einführende Werke/Allgemeine Übersichten

Balint M (1996) Der Arzt, sein Patient und die Krankheit. 9. Aufl. Klett-Cotta, Stuttgart

Balint M (1997) Die Urformen der Liebe und die Technik der Psychoanalyse. 2. Aufl. Klett-Cotta, Stuttgart

Balint M (1997) Therapeutische Aspekte der Regression. Therapie der Grundstörung. 2. Aufl. Klett-Cotta, Stuttgart

Blanck G, Blanck R (1994) Ich-Psychologie II 3. Aufl. Klett-Cotta, Stuttgart

Blanck G, Blanck R (1998) Angewandte Ich-Psychologie. 7. Aufl. Klett-Cotta, Stuttgart

Bräutigam W (1994) Reaktionen, Neurosen, abnorme Persönlichkeiten. 6. Aufl. Thieme, Stuttgart

Bräutigam W, Christian P, Rad M v (1997), Psychosomatische Medizin. 6. Aufl. Thieme, Stuttgart

Brenner C (1992) Grundzüge der Psychoanalyse. 15. Aufl. Fischer, Frankfurt

Buddeberg C, Willi J (1999) Psychosoziale Medizin. 2. Aufl. Springer, Heidelberg

Dührssen A (1972) Analytische Psychotherapie in Theorie, Praxis und Ergebnissen.

Dührssen A (1995) Dynamische Psychotherapie. 2. Aufl. Springer, Berlin

Eagle M (1988) Neue Entwicklungen in der Psychoanalyse. Eine kritische Würdigung. Internationale Psychoanalyse, München

Elhardt S (1998) Tiefenpsychologie. Eine Einführung. 14. Aufl. Kohlhammer, Stuttgart

Erikson EH (1992) Kindheit und Gesellschaft. 11. Aufl. Klett-Cotta, Stuttgart

Erikson EH (1998) Jugend und Krise. Die Psychodynamik im sozialen Wandel. 4. Aufl. Klett-Cotta, Stuttgart

Fenichel O (1992) Psychoanalytische Neurosenlehre. Walter, Olten

Freud A (1964) Das Ich und die Abwehrmechanismen. Kindler, München

Freud S (1969–1975) Studienausgabe. S. Fischer, Frankfurt, daraus insbesondere: Vorlesung zur Einführung in die Psychoanalyse und Neue Folge der Vorlesung zur Einführung in die Psychoanalyse

Greenson RR (1996) Technik und Praxis der Psychoanalyse. 7. Aufl. Klett-Cotta, Stuttgart

Heigl-Evers A, Heigl F, Ott J (1997) Lehrbuch der Psychotherapie. 3. Aufl. G Fischer, Jena

Hoffmann SO, Hochapfel G (1995) Neurosenlehre, Psychotherapeutische und Psychosomatische Medizin. 5. Aufl. Schattauer, Stuttgart

Kernberg O (1983) Borderline-Störungen und pathologischer Narzißmus. Suhrkamp, Frankfurt

Kernberg O (1991) Schwere Persönlichkeitsstörungen. Theorie, Diagnose und Behandlungsstrategien, 3. Aufl. Klett-Cotta, Stuttgart

Klußmann R (1998) Psychosomatische Medizin. Kompendium für alle medizinischen Teilbereiche. 4. Aufl. Springer, Heidelberg

Knapp G (1988) Narzißmus und Primärbeziehung. Psychoanalytisch-anthropologische Grundlagen für ein neues Verständnis von Kindheit. Springer, Heidelberg

Kohut H (1976) Narzißmus. Suhrkamp, Frankfurt

Kohut H (1981) Die Heilung des Selbst. Suhrkamp, Frankfurt

Loch W (1999) Die Krankheitslehre der Psychoanalyse. 6. Aufl. Hirzel, Stuttgart

Luborsky L (1995) Einführung in die analytische Psychotherapie. 2. Aufl. Springer, Heidelberg

Mentzos S (1993) Neurotische Konfliktverarbeitung. 10. Aufl. Fischer, Frankfurt

Mertens W (1996) Psychoanalyse. 5. Aufl. Kohlhammer, Stuttgart

Riemann F (1999) Grundformen der Angst. Eine tiefenpsychologische Studie. Jubiläumsausgabe. Reinhardt, München
Thomä H, Kächele H (1996) Lehrbuch der psychoanalytischen Therapie 2. Aufl. Springer, Heidelberg
Uekül T v (Hrsg) (1998) Psychosomatische Medizin. Studienausgabe. 5. Aufl. Urban & Schwarzenberg, München

Basisliteratur Psychoanalyse

Anzieu DD (1991) Das Haut-Ich. Suhrkamp, Frankfurt
Balint M (1997) Die Urformen der Liebe und die Technik der Psychoanalyse. 2. Aufl. Fischer, Frankfurt
Balint M (1997) Therapeutische Aspekte der Regression. Die Theorie der Grundstörungen. 2. Aufl. Klett-Cotta, Stuttgart
Blanck G, Blanck R (1994) Ich-Psychologie II. 3. Aufl. Klett-Cotta, Stuttgart
Blanck G, Blanck R (1998) Angewandte Ich-Psychologie. 7. Aufl. Klett-Cotta, Stuttgart
Dornes M (1993) Der kompetente Säugling. Die präverbale Entwicklung des Menschen. Fischer, Frankfurt
Ferenzci S (1972) Schriften zur Psychoanalyse. Fischer, Frankfurt
Freud A (1964) Das Ich und die Abwehrmechanismen. Kindler, München
Freud S (1969–1975) Studienausgabe, 11 Bände. Fischer, Frankfurt
Gedo J, Goldberg E, Goldberg J (1973) Models of the mind. A psychoanalytic theory. University of Chicago Press, Chicago
Jacobson F (1978) Das Selbst und die Welt der Objekte. Suhrkamp, Frankfurt
Kernberg OF (1989) Objektbeziehungen und Praxis der Psychoanalyse. Klett-Cotta, Stuttgart
Kernberg OF (1991) Schwere Persönlichkeitsstörungen. Theorie, Diagnose, Behandlungsstrategien. 3. Aufl. Klett-Cotta, Stuttgart
Kohut H (1976) Narzißmus. Suhrkamp, Frankfurt
Kohut H (1981) Die Heilung des Selbst. Suhrkamp, Frankfurt
Lichtenberg JD (1993) Psychoanalyse und Säuglingsforschung. Springer, Heidelberg
Spitz R (1973) Die Entstehung der ersten Objektbeziehungen. Klett-Cotta, Stuttgart
Stern DN (1992) Die Lebenserfahrung des Säuglings. Klett-Cotta, Stuttgart
Thomä H, Kächele H (1996) Lehrbuch der psychoanalytischen Therapie. 2. Aufl. Springer, Heidelberg
Winnicott DW (1976) Reifungsprozesse und fördernde Umwelt. Klett-Cotta, Stuttgart
Winnicott DW (1997) Von Spiel zur Kreativität. 9. Aufl. Klett-Cotta, Stuttgart.

Behandlungstechnik

Argelander H (1992) Das Erstinterview in der Psychotherapie. 5. Aufl. Wissenschaftliche Buchgesellschaft, Darmstadt
Blanck G, Blanck R (1994) Ich-Psychologie II. 3. Aufl. Klett-Cotta, Stuttgart
Blanck G, Blanck R (1998) Angewandte Ich-Psychologie. 7. Aufl. Klett-Cotta, Stuttgart
Cremerius J (1990) Vom Handwerk des Psychoanalytikers. 2. Aufl. Fromm & Holzboog, Stuttgart
Freud S (1912) Ratschläge für den Arzt bei der psychoanalytischen Behandlung. In: Gesammelte Werke, Bd VIII, Imago Publishing, London, 1948
Greenson RR (1996) Technik und Praxis der Psychoanalyse. 7. Aufl. Klett-Cotta, Stuttgart
König K (1990) Praxis der psychoanalytischen Therapie. Vandenhoeck & Ruprecht, Göttingen
Mertens W (1990) Einführung in die psychoanalytische Therapie, Bd I–III, Kohlhammer, Stuttgart
Morgenthaler F (1978) Technik. Zur Dialektik der psychoanalytischen Praxis. Syndikat, Frankfurt
Thomä H, Kächele H (1996) Lehrbuch der psychoanalytischen Therapie. 2. Aufl. Springer, Heidelberg

Verhaltenstherapie

Deutsche Gesellschaft für Verhaltenstherapie (Hrsg) (1990) Verhaltenstherapie – Theorie und Methoden. Deutscher Ärzteverlag
Fliegel S, Groeger MW, Künzel R, Schulte D, Sorgatz H (1994) Verhaltenstherapeutische Methoden. 3. Aufl. Beltz, Psychologie Verlags Union, Weinheim
Grawe K (1998) Psychologische Therapie. Hogrefe, Göttingen.
Grawe K, Donati R, Bernauer F (1994) Von der Konfession zur Profession. 2. Aufl. Hogrefe, Göttingen
Hand I, Wittchen HU (1992) Verhaltenstherapie in der Medizin. Springer, Heidelberg
Hautzinger M (1998) Kognitive Verhaltenstherapie bei psychischen Störungen. 2. Aufl. Beltz, Weinheim
Hellhammer DH, Ehlert U (1991) Verhaltensmedizin: Ergebnisse und Anwendung. Huber, Bern
Meermann R, Vandereycken W (Hrsg) (1996) Verhaltenstherapeutische Psychosomatik. 2. Aufl. Schattauer, Stuttgart
Reinecker H (1998) Lehrbuch der Verhaltenstherapie. Deutsche Gesellschaft für Verhaltenstherapie
Senf W, Broda M (1996) Praxis der Psychotherapie. Thieme, Stuttgart
Wahl R, Hautzinger M (Hrsg) (1989) Verhaltensmedizin – Konzepte, Anwendungsgebiete, Perspektiven. Deutscher Ärzteverlag, Köln

Allgemeine und spezielle Neurosenlehre

Dührssen A (1972) Analytische Psychotherapie in Theorie, Praxis und Ergebnissen. Vandenhoek & Ruprecht, Göttingen
Fenichel O (1977) Psychoanalytische Neurosenlehre. Walter, Olten
Hoffmann SO (1984) Charakter und Neurose. 2. Aufl. Suhrkamp, Frankfurt
Hoffmann SO, Hochapfel G (1995) Neurosenlehre, psychotherapeutische und psychosomatische Medizin. 5. Aufl. Schattauer, Stuttgart
Kutter S (1992) Moderne Psychoanalyse. Eine Einführung in die Psychologie unbewußter Prozesse. Klett-Cotta, Stuttgart.
Kutter P, Loch W, Roskamp H, Wesiack W (1989) Die Krankheitslehre der Psychoanalyse. 5. Aufl. Hirzel, Stuttgart
Mentzos S (1990) Neurotische Konfliktverarbeitung. 4. Aufl. Fischer, Frankfurt
Mentzos S (Hrsg) (1993) Angstneurose. Psychodynamische und psychotherapeutische Aspekte. 7. Aufl. Fischer, Frankfurt
Mertens W (1996) Psychoanalyse. 5. Aufl. Kohlhammer, Stuttgart

Psychoanalytische Entwicklungspsychologie/Kleinkindforschung

Bowlby J (1975) Bindung. Kindler, München
Bowlby J (1976) Trennung. Kindler, München
Dornes M (1993) Der kompetente Säugling. Die präverbale Entwicklung des Menschen. Fischer, Frankfurt
Freud A (1968) Wege und Irrwege der Kleinkindentwicklung. Klett-Cotta, Stuttgart
Klein M (1962) Das Seelenleben des Kleinkindes und andere Beiträge zur Psychoanalyse. Klett-Cotta, Stuttgart
Lichtenberg JD (1993) Psychoanalyse und Säuglingsforschung. Springer, Heidelberg
Mahler MS (1998) Symbiose und Individuation. 7. Aufl. Klett-Cotta, Stuttgart
Spitz R (1970) Ja und Nein. Die Ursprünge der menschlichen Kommunikation. 2. Aufl. Klett-Cotta, Stuttgart
Spitz R (1992) Vom Säugling zum Kleinkind. 10. Aufl. Klett-Cotta, Stuttgart
Stern DN (1992) Die Lebenserfahrung des Säuglings. Klett-Cotta, Stuttgart

Psychosomatische Medizin

Adler R, Hemmeler W (1992) Anamnese und Körperuntersuchung. 3. Aufl. Fischer, Stuttgart
Alexander F (1985) Psychosomatische Medizin. 4. Aufl. De Gruyter, Berlin
Bräutigam W, Christian P, Rad M v (1997) Psychosomatische Medizin, 6. Aufl. Thieme, Stuttgart
Brede C (Hrsg) (1974) Einführung in die Psychosomatische Medizin, Athenäum, Frankfurt
Buddeberg C, Willi J (1999) Psychosoziale Medizin. 2. Aufl. Springer, Heidelberg
Hau TF (1986) Psychosomatische Medizin. Verlag für angewandte Wissenschaften, München
Hoffmann SO, Hochapfel G (1995) Neurosenlehre, Psychosomatische und Psychotherapeutische Medizin. 5. Aufl. Schattauer, Stuttgart
Klußmann R (1998) Psychosomatische Medizin. Ein Kompendium für alle medizinischen Teilbereiche. 4. Aufl. Springer, Heidelberg
Meyer AE, Freyberger H, Kerekjarto M v, Liedtke R, Spedel H (1996) Jores. Praktische Psychosomatik. Huber, Bern
Mitscherlich A (1976) Krankheit als Konflikt. Studien zur psychosomatischen Medizin. Suhrkamp, Frankfurt
Overbeck G (1983) Krankheit als Anpassung. Suhrkamp, Frankfurt
Overbeck G, Overbeck A (Hg) (1997) Seelischer Konflikt – Körperliches Leiden. 7. Aufl. Rowohlt, Reinbek
Uexküll T v (Hrsg) (1998) Psychosomatische Medizin. Studienausgabe 1998 der 5. Aufl. 1995. Urban & Schwarzenberg, München
Uexküll T v , Wesiack W (1991) Theorie der Humanmedizin. 2. Auflage. Urban & Schwarzenberg, München
Zepf S (1986) Tatort Körper – Spurensicherung. Springer, Heidelberg

Psychotherapeutische Medizin

Ahrens S (1997) Lehrbuch der psychotherapeutischen Medizin. Schattauer, Stuttgart
Ermann M (1997) Psychotherapeutische und psychosomatische Medizin. 2. Auflage. Kohlhammer, Stuttgart
Rudolf G (1996) Psychotherapeutische Medizin. 3. Aufl. Enke, Stuttgart

Begutachtung

Keil-Kuri F (Hrsg) (1998) Vom Erstinterview zum Kassenantrag. 3. Aufl. G. Fischer, Stuttgart
Schröder E, Glücksmann R (1993) Das Kassengutachten in der psychotherapeutischen Praxis. 2. Aufl. Glücksmann, Hamburg

Zeitschriften

Forum der Psychoanalyse. Springer, Heidelberg
The International Journal of Psychoanalysis. Baiiliere & Tindall for the Institute of Psychoanalysis, London
The Journal of the American Psychoanalytic Association. International University Press, New York.
Psyche. Klett-Cotta, Stuttgart
The Psychoanalytic Study of the Child. International University Press, New York
Psychosomatic Medicine. Journal of die American Psychosomatic Society. Lippincott Williams & Wilkins, Baltimore, USA
Psychotherapeut. Springer, Heidelberg
Psychotherapie, Psychosomatik, Medizinische Psychologie. Thieme, Stuttgart
Verhaltenstherapie. Karger, Basel
Zeitschrift für psychosomatische Medizin und Psychoanalyse. Vandenhoeck & Ruprecht, Göttingen

Sachverzeichnis

Die **fettgedruckten Ziffern** beziehen sich auf wesentliche, auch die angegebene Seite überschreitende Ausführungen des entsprechenden Begriffs.

Abasie 91, 113
Abstinenz 198
  -regel 186
Abwehrmechanismen 9, 14, **20**, 24, 35, 54, 83, 95, 97, 99, 104, 111, 116, 123, 125, 127, 140-142, 158, 182, 187, 198, 207, 241, 253
  Agieren 187, 219, 236
  archaische 98
  Idealisierung **28**
  Identifikation 11, **21**, 35
  Identifizierung mit dem Aggressor **22**, 71
  Intellektualisierung 35, 71, 78
  Introjektion 11, **28**
  Isolierung 12, 35, 78
  Konversion 14, **24**
  Projektion 11, 14, **22**, 35, 38, 71, 78
  Rationalisierung 12, **25**, 71, 78
  Reaktionsbildung 12, **24**, 35, 71
  Regression 11, 12, **23**, 78
  Spaltung **26**, 30, 52, 99, 140-142, 153
  Sublimierung 12, **26**
  Ungeschehenmachen 12
  Verdrängung **21**, 35, 71
  Verleugnung **27**, 28, 35, 71
  Verschiebung 12, **24**, 59, 60, 88, 127, 134, 184
  Wendung gegen das Selbst 71
Achtmonatsangst 9, 48
Adipositas (s. auch Fettsucht) 10, 82, 202, 226
Affekt(e) 20, 67, 88, 95, 97, 133, 141, **161**, 164, 185, 195, 198, 200, 214, 239
  negative 119
  -intoleranz 234
  -überflutung 235
Aggression(s) 12, 16, 22, 53, 83, 88, 96, 103, 104, 105, 108, 128, 149, 164, 182
  Enttäuschungsaggression 141, 143
  narzißtische Wut 141
  orale 50, 54, 100, 141, 142
  -trieb 50, 53
  -verhalten 40
Aggressivität, entneutralisierte 11, 40
Agieren 187, 219, 236
Agoraphobie 120, 127, **128**
Aktualneurose 127
akute Krisen 221
Alexithymie 17, 72
Alkohol 74, 117, 140, 222
Allmachtsphantasien 110, 137
Alter-Ego-Übertragung 37
Altruismus 23
Ambitendenz 36, 49
Ambivalenz 36, 104
anale Phase **11**, 12, 15, 19, **69**, 80, 85, 87, 126, 127, 178
analytische (s. auch Psycho-)Therapie **180**, 196, 222, 251, 252, 259, 263
  Einzeltherapie 264
  Gruppentherapie 263
  Übertragungsanalyse 251
  Widerstandsanalyse 251
Anamnese **172**, 174, 176
  auslösende Konfliktsituation 252
  biografische 172
  erweiterte 174, 175
Anankasmus (s. auch Zwang) 12, 25, 49, **85**, 90, 103, 107, 109, 126
Anginen 10, 82
Angst 3, 12, 14-16, 19, 20, 22, 23, 40, 50, 52, 54, 55, 69, 77, 78, 80-82, 85, 89, 91, 96, 101, 103, 104, 106, 111, 114, 115, **116**, 119, 121-130, 134, 140-143, 146, 147, 162, 172, 181, 185-187, 200-202, 212, 223, 226, 230, 242
  -formen **122**
  Kastrations- 122, 125, 126, 128, 134, 149, 185
  -krankheiten **116**
  -neurose 91, 121
  als Notfall 130
Anorexia nervosa (s. auch Magersucht) 10, 72, 82, 153, 202, 213, 219, 226, 242, 234
Anpassung 3
Antrieberleben 6
  intentionales 6
  motorisch-aggressives 6
  urethrales 6
Arbeitsbündnis 170, 191, 205, 225, 226, 230, **245**, 246
Arbeitsstörungen 14, 70, 91, 114, 140

arc de cercle 25, 113
ärztliches Gespräch **205**
Aspergersche Persönlichkeitsstörung 129
Astasie 113
Asthma bronchiale 15, 72, 77, 153, 213, 219, 226, 236
Ataxie 91
Atemtherapie 241
Autarkiestreben 8, 76, 78
autistische Phase 47
autogenes Training 135, 154, 195, **214**, 220, 229, 241
Autonomie 7, 111, 127
Aversionstechnik 204

Bakteriophobie 12, **128**
Balint-Arbeit **223**, 224, 231
Bettnässen (s. auch Enuresis) 17, 23
Bindungsneigung
- affektiver Kern des Selbst 160
- affektives Überwachen 160
- Motivationssystem 159
- positiver Affekt 160

Bioenergetik 210, **211**, 241
Biofeedback 204, **211**, 229
biografische Anamnese s. Anamnese
Blindheit 25, 113
Blutdruck, erhöhter (s. auch Hypertonie) 12, 15, 124, 212
Borderline-Störung 56, 72, 96, 97, 100, 101, 113, 117, **139**, 141–144, 174, 222, 240
Bulimia nervosa 226

Charakterneurose 72, 94, 97, 101, **150**, 211
chronisches Schmerzsyndrom 243
Colitis ulcerosa 11, 12, 15, 86, 154, 312, 219, 226, 230, 236
Colon irritabile 96
Compliance 202, 225
Container – Contained 58

Deck-Abwehr 141
Deck-Erinnerungen 178
Depersonalisationserscheinungen 8, 77, 101, 113, 139
Depression 10, 25, 46, 51, 53, 55–57, 73, 80, 83, 84, 98, **101**, 102–107, 117, 120, 125, 126, 134, 139, 141, 164, 188, 225, 226, 230
- agitierte 117
- anaklitische 46, 105, 125
- depressive Verstimmung 102
- endogene 106, 107
- Ich- 105
- narzißtische 105
- neurotische 94, 101
- reaktive 84
- Struktur **10**, **80**, 83
- Über-Ich-Aggression 102

Derealisation 76, 77, 101, 113, 139
Desensibilisierung 202, 204
Diagnostik **169**, 170, 206
diakritische Phase 9
Diarrhoe (s. auch Durchfall) 11, 12, 121, 122, 230
Differentialdiagnose **233**
Dreimonatskolik 45, 47
Drogen 222
Durchfall s. Diarrhoe
dynamische Psychotherapie 189, 240, **241**, 251, 259, 261

Einkoten (s. auch Enkopresis) 17, 177
Einnässen s. Enuresis
Elternimago, idealisierte 52
Enkopresis s. Einkoten
Enuresis s. auch Bettnässen 17, 23
Epilepsie 86, 212
Erröten 16, 67, 91
Es **5**, 18, 22, 43, 53, 60, 65, 68, 94, 140, 141, 185, 187, 213, 226
Essstörungen 17, 243
Exhibitionismus **149**

falsches Selbst (s. auch Selbst) 40
Familientherapie **213**, 241
Feldenkrais-Methode 241
Fettsucht (s. auch Adipositas) 10, 82, 202, 226
Fokaltherapie (s. auch Kurz-) 189, **190**, 191, **241**, 251, 263
Fragmentierung 162
freie Assoziation 61
Fremdenangst 9, 48, 49
Fresssucht 10, 82, 140

Gangstörungen 219
Gastritis
Gegenkonditionierung 20, 41, 82
Gegenübertragung 10, 16, 96, 103, 143, 144, 173, 181, 182, 185, **186**, 187, 189, 191, 198, 233–235, 254
- autoaggressiver Zirkel 108
- komplementäre 182
- konkordante 182
- Widerstand 186, 198

Gesprächspsychotherapie **206**
Gestalttherapie 195, **209**, 210
Gestaltungstherapie 218, 220, 222, 235, 237
Gewissensangst 12, 85
Gleichgewichtsstörungen 9, 77
Globus hystericus 25, 113
Greifling 9
Größen-Selbst (s. auch Selbst) 39, 50, 140, 142, 148
Größenphantasien 50, 52, 108
Gruppentherapie 131, 189, **192**, 194, 195, 219, 220, **241**, 255, 259, 263

Herz
-angst 212
-beschwerden 110, 176
-infarkt 124, 214, 230
-klopfen 121
-neurose, Therapie 130
-phobie 127, 130, 213
-rhythmusstörungen 104
histrionische Persönlichkeit s. Hysterie
Homosexualität 42, 147, **148**
Hypertonie s. auch Bluthochdruck 12, 15, 87, 154, 226
Hyperventilation 91, 114, 121, 124
Hypnose **215**, 216, 222, 229
Hypochondrie 75, 101, 103, 121, **132**, 133-135, 139
Hysterie 25, 89, 90, 101, 103, **112**, 113, 126, 139
Amnesie 113
Blindheit 25
Dämmerzustände 113, 139
Neurose **112**
Struktur **14**, **89**, 90, 101

Ich 3, **5**, 6, 17, 19, 20, 23, 26, 28-30, 39, 42-44, 46, 49, 50, 53, 55, 59, 65, 66, 75, 76, 80, 94-97, 99, 102-105, 108, 111, 125, 128, 134, 140-142, 144, 148, 164, 165, 171, 183, 185, 187, 188, 192, 197, 213, 220, 226, 234, 246
-Defekt 3
-Depression 105
-Funktionen 17, 96, 103, 134, 140, 220
-Ideal **6**, 17, 39, 42, 141, 148
-Psychologie 3, **20**
-Zerfall 23
Ideal-Ich **6**
Idealisierung **28**, 39, 50, 99, 140
Identifikation 11, 13, **21**, 22, 27, 28, 49, 53, 81, 83, 90, 114, 133, 140-142, 148, 149, 174, 187, 192
Identitätsdiffusion 99, 140, 142, 174
Ideologiebildung, neurotische s. neurotische Ideologiebildung
Impotenz 12, 82, 87, 212
Impulskontrolle 140, 234
Indikation **228**
Individuation 42, 47
Instanzenmodell **4**
Intellektualisierung 18, 99
Intentionale Phase **8**, 14, 19, 125, 126
Internalisierung 30, 38, 65, 69
Interview s. psychoanalytisches Erstinterview, Anamnese
Introjektion 22, **28**, 53, 54, 83, 185
Isolierung 12, 77, 87, 99

Kanner-Syndrom 129
Kastrationsangst 12, 54, 85
katathymes Bilderleben **207**
Klaustrophobie 128
klientenzentrierte Therapie (Rogers) **206**
Kollusion 192, 194, 205, 241
Kommunikationsverhalten 16, 17
komplementäre Übertragung s. Übertragung
Konditionierung 201, 202
Konflikte 16, 19, 59, 60, **65**, 73, 94, 102, 170, 172, 173, 176, 190
konkordante Übertragung s. Übertragung
Konversion 14, **24**, 90, 92, **112**, 113, 123
konzentrative Bewegungstherapie **216**, 217, 220, 237, 241
Körper-Bild 133, 134
körperorientierte Verfahren 241, **242**
Krankheitsauslösende Konfliktsituation s. Konfliktsituation, Anamnese
Krankheitsgewinn, sekundärer 73, 188, 218, 230, 235
Krisenintervention 144
Kurztherapie 189, **190**, 191, 219, 240, **241**, 257, 259, 263

Latenzphase **17**, 178
Lerntheorie (s. auch Verhaltenstherapie) **200**, 201, 202
Libido 3, **4**, 17, 18, 25, 36, 37, 42, 53, 75, 77, 81, 100, 123, 164, 187

Magersucht (s. auch Anorexia nervosa) 10, 72, 82, 153, 202, 213, 219, 226, 242
Migräne 12, 15, 87, 212
Moralentwicklung, frühe 160
Morbus Crohn 213, 219, 226, 230, 236
Musiktherapie 218, 219

Nägelkauen 23
Narzißmus 4, **29**, 36, 37, 39, 40, 42, 43, **50**, 51, 52, **70**, 90, 100, 101, 103, 125, 126, 138, 141, 142, 147, 178, 188, 190, 235
Neid 40, 50, 81, 83, 100, 137
Neurose (s. auch Aktualneurose, Psychoneurose) 4, 7, 19, 55, 65, **67**, 68-72, 101, 115, 116, 146, 238
depressive 7, 19, **101**
frühe Störung 19
hysterische 7, 19, 71, 101, 115
narzißtische 7, 68
schizoide 101
zwanghafte 7, 67, 69, 71, 101
Neurosenstruktur 71
depressive 15
hysterische (histrionische) 16
schizoide 15
zwanghafte 15

Objekt 3, 8, 9, 15, 27, 29-33, 36-38, 40, 42, 44, 45, 49, 50, 51, 53-55, 75, 81, 83, 94, 95, 99, 100, 104, 108, 119, 127, 133, 141, 142, 148, 164, 165, 185, 187, 190, 192, 198, 239, 240

Objekt
-abhängigkeit 15, 45, 83
-beziehung 3, **29**, 44, 50, 141, 165, 185, 240
-repräsentanz 9, 30, 31, 38, 40, 81, 94, 100, 104, 119, 127, 142, 187, 239
-verlust 9
Obstipation (s. auch Verstopfung) 11, 12, 86, 104, 110, 212
ödipale Phase **12**, 19, 39, 54, 92, 114, 127, 134, 178, 184, 185
Ödipuskomplex 12
Ohnmachten (s. auch Synkopen) 16, 44, 90, 113, 121, 143
Oknophilie 44
Onanie 23, 76, 81, 85, 147, 178, 188
operante Methoden 204
orale Phase **9**, 15, 19, 49, 54, **69**, 80, 85, 104, 114, 125, 126, 178
Organisator 45, 46, 165

Paartherapie **242**
Panik 117, 119, 126, 127, 162
paradoxe Intention 202
paranoid 68, 101, 235
Partialtrieb 4, 187
Persönlichkeit(s) 6, 7, 73, 94, 97-100, 107, 110, 111, 117, 126, 133, 137, 139, 150, 151, 173, 175, 177, 230, 237
-störung 94, 117, 139, **150**, 151, 230, 237
-struktur **94**, 97, 175, 177
Perversion 4, 8, 14, 15, 19, 42, 72, 76, 91, 125, 126, **146**, 147, 148, 221, 238
phallische (ödipale) Phase **15**, 19, **70**, 125, 126, 147
Philobatie 44
Phobie 14, 19, 22, 24, 71, 91, 113, 119, 121, **128**, 129-131, 134, 139, 202, 219, 313
Primordialsymptomatik 73, 177, 188, 238
progressive Muskelentspannung 229, 237, 241
Projektion 11, 14, **22**, 54, 56, 83, 92, 115, 127, 140, 184, 187, 192
projektive Identifikation **27**, 28, **186**
psychischer Apparat **5**, 94
Psychoanalyse 67, 94, 108, 162, 164, 171-173, **180**, 181, 188-191, 209, **239**, 240, 246, **251**
Psychodrama 195, **208**
Psychoneurose 56, **67**, **101**, 123, 183
Psychopharmaka 106, **225**
Psychosen 18, 53, 55, 72, 84, 97, 101, 117, 122, 142, 174, 202, 221, 252
psychosomatische Grundversorgung 222, **226**, 235
Psychosomatose 72, 236
Psychotherapie 111, **180**, 181, 196, 218, 221, 228, 229, 236, 246, 251, 252, 254, 255, 262
stationäre 181, **218**, 221, 222, 246
teilstationäre **238**
Pubertät **18**, 19, 178

Rationalisierung 12, **25**, 73, 88, 89
Reaktionsbildung 12, **24**, 69, 87, 99, 111
Regression 11, 12, **23**, 30, 39, 66, 83, 88, 99, 102, 111, 114, 128, 134, 141, 182, 192, 197, 205, 235, 239, 254
Rehabilitation, stationäre 236, **237**
Rentenneurose **136**, 137, 237
Repräsentanzen (Objekt-, Selbst-) 94, 95, 100, 105, 159, 185, 198

Sadismus 54, 100, 147-149
Sadomasochismus **148**
Säuglingsforschung **157**, 158, 161-165
Scham 3, 7, 40, 111, 137, 160, 161
schizoide Struktur **9**, **75**, 76, 101, 126, 185
Schizophrenie 56, 68, 109-111, 117, 120, 121, 134, 174, 202, 214, 230
Schlafstörungen 10, 82, 110, 212, 230, 242
Schuld 3, 24, 28, 40, 90, 104, 106, 107, 111, 125, 129, 137, 140, 160
Schwindel 16, 91, 104, 120-122
sekundärer Krankheitsgewinn s. Krankheitsgewinn, sekundärer
Selbst 3, 4, 8, 9, **29**, 31, 33, 38-40, 42, 43, 49, 51-53, 55, 56, 74, 76, 77, 81, 93, 94, 95, 96, 99, 100, 102, 108, 122, 126, 129, 143, 148, 161, 164, 165, 184, 185, 187, 193, 198, 203, 204, 209
-erfahrung 172
-repräsentanz 9, 30, 94, 114, 140, 239
Selbstmord (s. auch Suizid) 8, 10, 39, 73, 77, 125
sensorische Phase 14
Sexualität 4, 11, 16, 22, 25, 85, 114, 176, 177, 178, 230, 242
Signalangst 143
Spaltung **26**, 30, 52, 99, 140-142, 157
Spiegelübertragung 52
stationäre Psychotherapie (s. auch Psychotherapie, stationäre) **218**, **236**
Stottern 11, 15, 86, 202, 212
Struktur s. Persönlichkeitsstruktur
-begriff, psychoanalytischer 94
-modell (s. auch psychischer Apparat) 5
Sublimierung 12, **26**, 88
Sucht 72, 81, 219, 221, 230, 234
Suggestion 180, 238, 241
Suizid (s. auch Selbstmord) 10, 103, 230, 241
Symbiose 14, **47**, 49, 37, 127, 163
Symbolisierung 57, 60, 114
Synkopen s. Ohnmacht

Tagesklinik **238**
Tagesrest 60, 61
Tagträumerei 81
Themenzentrierte Interaktion **213**
Therapieformen **180**
Tics 15, 17, 86, 113, 176, 202, 212, 243

tiefenpsychologisch fundierte Psychotherapie (TFP) 180, **195,** 196, 198, 222, 240, **241, 251,** 252, 253, 259, 262
Tierphobie 128
Todestrieb 4, 43
topografisches Modell **94**
Traum **59,** 77, 87, 91, 92, 182, 201, 209
Triangulierung 127
Triebe **4,** 18, 20, 29, 38, 42, 43, 53, 94, 96, 100, 103, 104, 114, 123, 124, 126, 170, 185, 198, 239
  Partialtrieb 4
  Sexualtrieb 4
  Todestrieb 4, 43

Über-Ich **5,** 12, 17, 22, 24, 30, 36, 37, 39, 49, 50, 54, 65, 66, 68, 80, 85 – 87, 89, 94 – 97, 103, 104, 114, 125, 128, 140, 141, 185, 187, 195, 196, 226, 240, 246, 251, 253
Übertragung 23, 39, 52, 79, 109, 133, 142, 143, 154, 162, 173, 180 – 183, **184,** 185 – 192, 196, 198, 210, 234, 246
  komplementäre 192
  konkordante 192
  Selbst-Objekt- 184
  Spiegel- 37, 39
Ungeschehenmachen 12, 87, 99, 111
urethraler Charakter 70
Urvertrauen 14, 25, 78

Vater 32
Verdrängung 11, 14, **21,** 23, 28, 83, 87, 89, 92, 115, 123, 188
Verhaltenstherapie 108, 111, 154, **200,** 201, 222, 235, 237, **243**
Verleugnung **27,** 28, 30, 39, 40, 56, 77, 115, 140
Verneinungsgeste 46, 48
Versagungssituation 176, 196, 228, 252
Verschiebung 12, **24,** 59, 60, 88, 115, 127, 134, 184
Versuchungssituation 176, 196, 228, 252
Voyeurismus **149**

Wahn 75, 77
Waschzwang 86
Widerstand 60, 182, 183, 185, 186, **187,** 188, 189, 191, 192, 198, 254
Widerstandsanalyse 181, 187
Wiederannäherung **49,** 143
Wut, narzißtische 100

Zwang (s. auch Anankasmus) 25, 49, **85,** 90, 103, 107, 109, 126
zwanghafte Struktur **12, 85,** 86, 87, 94, 101, 128, 139, 176, 187
Zwangshandlungen 11, 87, 176
Zwangsneurose (s. auch Neurose) 24, **109,** 139, 209, 242
Zwillings- oder Alter-Ego-Übertragung 52